국제해양법과 이어도 문제

김 부 찬

The Law of the Sea and Ieodo Problem

온누리디앤피
DESIGN & PRESS

복잡하게 얽혀있는 국제적 문제도
기본적으로 법규범 및 법원칙에 바탕을 두고 접근할 때
공정하고 객관적인 해법이 도출될 수 있다.

머리말

'이어도'는 전설과 문학을 통한 상징적 의미에서 제주도민의 피안의 섬이자 영원한 이상향으로 생각되어 왔다. 그러나 보통 우리가 '波浪島'라고 불러 오던 수중암초인 '소코트라岩'(Socotra Rock)을 이어도로 인식하기 시작한 다음부터 이어도는 매우 중요한 현실적 의미를 갖게 되었다. 국제해도에 'Socotra Rock'으로 표기되고 있는 이어도는 우리나라 馬羅島로부터 서남방으로 149㎞(81해리), 일본의 鳥島(Torishima)로부터 서쪽으로 276㎞(149해리), 그리고 중국의 童島(Tung tao)로부터는 북동쪽으로 245㎞(133해리) 떨어져 있으며, 우리나라와 가장 가까운 위치에 있다. 이어도는 전체적으로 山體 모양을 하고 있으나, 그 頂峰이 수심 4.6m 아래에 있어서 항상 수면 하에 잠겨 있으며, 가끔 큰 파도가 칠 때만 언뜻언뜻 그 모습을 드러낼 뿐이다.

국제(해양)법상 섬(島嶼)은 "항상 수면 위로 솟아 올라와 있는 자연적으로 형성된 육지 지역"을 의미하기 때문에 이어도는 법적으로 섬이 아니라 수중암초에 해당하는 것이다. 그러나 이어도는 그 명칭에 '도'(島)가 포함되어 있기 때문에 그 실체를 모르는 사람들은 하나의 실재하는 섬으로 오해하는 경우가 많다. 이어도는 국제해도에 Socotra 'Rock'으로 표기되어 있는데, 해양법상 rock(암석)도 수면 위에 솟아 올라와 있지만 사람이 살 수 없는 매우 작은 육지를 지칭하는 것이기 때문에 Socotra Rock도 그 실체와 관련하여 오해를 야기할 수 있는 명칭이다. 결국 이어도는 국제법상 영토로 인정될 수 없기 때문에 이어도에 대하여 領有權을 주장하거나, 이를 근거로 영해, 배타적경제수역, 대륙붕 등 해양 관할수역을 설정하거나 해양관할권 확장을 위한 기점(base point)으로 삼으려는 시도는 아무런 법적 효력이 없는 것이다.

이어도 주변수역은 북상하는 쿠로시오 해류와 남하하는 황해의 한류, 그리고 중국 대륙의 연안수가 서로 접촉하고 합류함으로써 꽁치, 조기, 멸치, 도미, 북어 등 어종이 풍부하게 서식하는, 동중국해의 주요 어장을 이루고 있다. 이어도는 그 해저에 유용한 광물자원이 부존하고 있을 것으로 추정되고 있으며 그 해상은 주요 태풍의 길목이어서 해양과학조사 및 기상관측을 위한 거점으로서의 가치를 지니고 있을 뿐만 아니라 동북아 해상교통로의 중심에 위치하고 있어서 해로보호를 둘러싼 주변국의 이해관계가 크게 걸려있는 곳이기도 하다.

이어도는 우리나라의 해저광물자원개발법상 제4광구에 속하며, 배타적경제수역법에 따라 설정되는 배타적경제수역의 범위에도 포함되고 있다. 해양법협약에 따른 형평한 해결(equitable solution)의 원칙을 적용하더라도 특별한 사정이 없는 한 대향국 간에는 중간선(median line)이 가장 합리적인 경계획정의 기준이라고 할 수 있으므로, 이어도는 한·중 간 중간선에 의할 때 당연히 우리나라의 관할권에 속하게 된다.

이어도에는 우리나라가 종합해양과학기지를 건설하여 운용 중에 있다. 물론 양국 간에 최종적인 해양경계획정이 이루어지지는 않았지만 과학기지 건설이 최종적인 경계획정에 회복하기 어려운 결과를 초래하는 것도 아니며 해양법협약상 연안국의 권리로서 인공구조물이나 시설을 설치·운용할 수 있다는 점에서 이어도 해양과학기지에 대한 우리나라의 법적 근거는 분명하다는 게 우리 정부의 입장이다. 그러나 중국 정부는 이어도를 '쑤앤자오'(蘇岩礁)로 부르면서, 양국 간에 해양경계가 최종적으로 획정되기 전에 양국의 중첩수역에 위치하고 있는 이어도에 과학기지를 건설·운용하는 것은 한국의 일방적인 행동으로서 아무런 법률적 효력을 갖지 못한다고 주장하고 있다. 한국과 중국은, 이어도가 국제법상 섬으로서의 지위를 가지지 않기 때문에 양국 간에 '영유권' 문제가 존재하지 않는다는 데는 견해를 같이하고 있다. 그러나 이어도와 그 주변수역을 자신의 관할수역에 포함시키려는 중국의 무리한 주장으로 인하여 양국 간에 의견 대립이나 갈등이 불거지는 경우가 종종 발생하고 있는 것이다.

이러한 배경 하에 본서는 이어도 및 해양과학기지를 둘러싸고 한·중 양국 간에 발생하고 있는 문제를 '이어도 문제'(Ieodo Problem)로 규정하고, 이어도 문제를 해양법적 차원에서 이해하고 해결하기 위한 방안을 모색하기 위하여 집필되었다. 이어도 문제는, 물론 단순한 해양관할권이나 해양경계획정 문제만으로 접근하기 어려운 복잡한 요소가 함의되어 있는 것도 사실이다. 이어도 및 해양과학기지에 대한 문제 제기는 동중국해 및 남중국해에서 海洋崛起를 지향하고 있는 중국의 국가적 목표에 바탕을 두고 있다는 점에서 그 정치역학적 측면을 간과할 수는 없다. 그러나 복잡하게 얽혀있는 국제적 문제도 기본적으로 법규범 및 법원칙에 바탕을 두고 접근할 때 공정하고 객관적인 해법이 도출될 수 있다고 보며, 이는 이어도 문제의 경우도 예외가 아니라고 생각한다.

본서는 두 개의 章과 附錄으로 구성된다. 제1장은 유엔해양법협약을 중심으로 해양법의 전반에 대하여 概觀하는 내용으로 되어 있으며, 이를 바탕으로 제2장은 이어도 문제의 해양법적 쟁점 및 그 해결에 대하여 본격적으로 검토하는 내용으로 되어 있다. 그리고 부록에는 1982년 유엔해양법협약과 1994년 유엔해양법협약 제11부 이행에 관한 협정을 수록하였다. 본서의 주제인 제2장은 1990년대 후반 한·중 어업협정 체결 과정에서 이어도 및 그 주변수역이 우리나라의 배타적경제수역이나 과도수역에 포함되지 않고 있는 데 대한 문제점을 지적하고 아울러 일반인들이나 似而非 전문가들이 이어도의 실체를 잘 모르고 이어도 문제를 영유권의 관점에서 접근하는 것을 바로잡기 위한 목적으로 학술회의와 논문을 통하여 발표해 왔던 내용을 중심으로 이어도 문제의 합리적인 해결을 위한 방안을 수록하고 있다. 그리고 제1장은, 해양법 전반에 대한 설명을 위하여 저자가 共著者로 참여하여 간행되었으나 지금은 사실상 絶版 상태에 있는 『국제법신강』(신영사)에서 저자가 집필한 내용을 수정·보완하여 수록하고 있음을 밝힌다.

본서가 출판되기까지 수고해 주신 온누리디앤피의 김용택 대표님과 직원 여러분, 교정을 도와 준 법과정책연구원의 송서순 연구원, 그리고 본서의 출간을 지원해 준 제주대학교 법학전문대학원에게 심심한 謝意를 표한다.

마지막으로 삼가 본서를 지난 6월에 永眠하신 아버님의 靈前에 바치고자 한다.

2015년 歲暮에 제주대 로스쿨 연구실에서

김 부 찬

차 례

| 제1장 |

해양법의 개관

제1절

해양법의 의의 및 법전화

Ⅰ. 해양법의 의의

해양(ocean, sea)이란 일반적으로 지구상의 짠물이 괴어 있는 부분, 즉 짠물로 된 공간을 말하며, 특히 해양법상 해양이라 함은 이러한 공간이 자연적으로 지구상에 연결되어 있는 것을 말한다. 해양은 수면, 수중, 해저, 그리고 그 지하 등으로 구성되어 있으며, 전 지구표면적의 약 71%를 차지하고 있다. 해양은 환경적·경제적·군사적 또는 안보적 측면에서 매우 중요한 의미를 가지고 있다. 해양은 그 존재 및 활용가치가 대단히 큰 반면, 다양한 변화와 유동성을 특징으로 하는 수역으로 되어 있어서 그 관리와 이용에 관하여 여러 국가들 간의 이해관계가 복잡하게 얽히고 있는 실정이다.

해양법(Law of the Sea) 또는 국제해양법(International Law of the Sea)은 '해양에 관한 국제법'으로서 이러한 해양을 국제사회 구성원들이 합리적으로 질서 있게 이용할 수 있도록 하는 법체제로 성립하고 발전해왔다. 해양법은 해양문제를 둘러싼 국제관계에 있어서 국가를 비롯한 국제사회의 구성원들을 구속하는 규칙들, 즉 해양의 법적 체제와 그 이용에 관한 실질적인 원칙의 정립을 주된 내용으로 하고 있으며, 이와 관련하여 국제사회의 구성원들이 서로 대립·충돌하는 것을 조정·예방하고 해결하는 것을 그 목적으로 하고 있다.

II. 해양법의 법전화

해양법은 전통적으로 형성되어온 관습국제법 및 여러 해양법 관련조약들에 의하여 그 동안 상당한 발전을 이루어왔다. 해양법은 오랜 기간에 걸쳐서 쌓여진 제국의 관행 위에 기초를 둔 불문의 관습법으로 형성되어 왔으나, 해양의 법질서에 관련된 문제가 많이 발생함에 따라 법규칙의 정비 및 법전화의 필요성이 제기되었다. 1930년에 영해법의 제정을 위한 국제법전편찬회의가 헤이그에서 열렸으나, 각국의 대립된 이해관계 때문에 영해의 범위 등에 관하여 통일된 규칙의 마련에 실패하였다. 제2차 세계대전 이후에는 국제법의 법전화와 점진적 발달을 임무로 하여 1947년 국제연합 산하에 설치된 국제법위원회(International Law Commission: ILC)를 중심으로 하여 해양법의 법전화 작업이 이루어져 왔다. 1958년 제네바에서 제1차 국제연합 해양법회의가 개최되었으며, 여기에서 「영해 및 접속수역에 관한 협약」(Convention on the Territorial Sea and the Contiguous Zone: 이하 '영해협약'으로 약칭), 「대륙붕에 관한 협약」(Convention on the Continental Shelf: 이하 '대륙붕협약'으로 약칭), 「공해에 관한 협약」(Convention of the High Seas: 이하 '공해협약'으로 약칭), 그리고 「어업 및 공해생물자원보존에 관한 협약」(Convention on Fishing and Conservation of the Living Resources of the High Seas) 등 4개의 제네바 해양법협약이 채택되었다. 1960년에는 제1차 국제연합 해양법회의에서 합의하지 못한 영해의 폭을 결정하기 위하여 제2차 국제연합 해양법회의가 열렸으나, 구체적인 성과 없이 종결되고 말았다.

III. 해양법협약의 채택

국제사회가 발달되고 해양 이용의 방법 및 그 범위가 점차 증대됨에 따라 영해의 폭뿐만 아니라 대륙붕개발, 어업, 심해저자원 개발, 그리고 해양환경의 보존 등 새로운 문제가 제기되었으며, 해양에 관한 법체제를 새롭게 정립할 필요가 나타나게 되었다. 1967년 심해저에 관한 몰타(Malta)의 Arvid Pardo 대사의 제안을 계기로 국제연합은 '심해저 평화적 이용 특별위원회'(Ad Hoc Committee to Study the Peaceful Uses of the Sea-Bed and the Ocean Floor beyond the Limits of the National Jurisdiction)를 설치하여 심해저 이용 문제에 관한 본격적인 논의에 들어갔다. 국제연합 총회는 이 위원회의 보고를 기초로 1968년 12월 31일에 결의 2467을 채택하여 '국가관할권 밖의 해저 및 해상의 평화적 이용에 관한 위원회', 즉 '심해저위원회'(Committee of the Peaceful Uses of the Sea-Bed and the Ocean Floor beyond the Limits of National Jurisdiction)를 설치하였다.

국제연합은 이 심해저위원회의 작업결과를 기초로 하여 1970년 12월 17일 「국가관할권 밖의 해저·해상 및 그 지하를 지배하는 원칙」(Principles Governing the Sea-Bed and the Ocean Floor, and the Subsoil thereof, beyond the Limits of National Jurisdiction)을 선언하고, 제3차 국제연합 해양법회의(the Third UN Conference on the Law of the Sea)를 1973년부터 개최하기로 하였다.

제3차 국제연합 해양법회의는 1973년 12월 3일 뉴욕(New York)에 있는 국제연합 본부에서 개막되었으며, 1974년 6월 20일 베네수엘라의 카라카스(Caracas)에서 개최된 제2회기부터 본격적인 회의가 진행되었다. 제네바와 뉴욕을 번갈아 오가면서 수 년 동안 어려운 협상과 교섭을 진행한 결과, 1977년부터 많은 진전이 이루어져 1980년에는 실질적인 협상을 끝내고 '비공식협약안'(informal draft)을 채택할 수 있게 되었다.

1982년 3월 8일부터 4월 30일 사이의 회기 동안 미국을 중심으로 하는 몇 개의 국가와 나머지 국가들 간에, 특히 심해저 개발 문제를 둘러싸고 심각한 논쟁을 벌였다. 미국은 사전투자보호, 심해저의 자유로운 개발, 기술의 강제이전 반대, 국제심해저기구의 권한 제한 등을 주장하였으나, 다른 나라들은 이에 강력히 반대하였다. 이후 개발도상국들이 사전투자 보호 문제 등 몇 가지 사항에 관하여 양보함으로써 총의(consensus)에 의한 협약의 채택이 기대되었으나, 끝내 미국 등이 반대하여 표결에 붙인 결과 찬성 130, 반대 4(미국, 터키, 이스라엘, 베네수엘라), 기권 17로 채택되었다.

협약의 서명을 위한 마지막 회의는 1982년 12월 자마이카의 몬테고 베이(Montego Bay)에서 개최되었고, 12월 10일 열린 서명식에서 119개의 국가 또는 실체(entities)들이 서명한 바 있다. 이 협약은 국가의 비준을 받도록 되어 있으며, 60개국이 비준한 날로부터 12개월이 지나면 효력을 발생하도록 되어 있다. 1993년 11월 16일에 60번째로 가이아나(Guyana)가 비준을 함으로써 「해양법에관한국제연합협약」(UN Convention on the Law of the Sea: 이하 '해양법협약'으로 약칭)은 1994년 11월 16일부터 효력이 발생되고 있다. 해양법협약은 과거 4개의 제네바 해양법협약으로 규율되어 오던 해양법질서를 단일의 포괄적인 협약으로 규율할 수 있도록 함으로써 명실상부한 '해양의 헌법'(Constitution of the Ocean)으로서의 지위를 갖고 있다고 할 수 있다.

해양법협약은 전통적으로 해양을 영해와 공해로 양분하고 공해의 범위를 넓게 인정해 오던 것과는 달리 특별한(*sui generis*) 법적 지위를 갖는 배타적경제수역(exclusive economic zone) 제도를 도입하고 영해 및 대륙붕의 범위를 확대함으로써 연안국의 관할권을 강화하는 한편, 심해저(deep sea-bed) 제도를 통하여 제3세계 진영이 주장하는 '인류공동유산'(common heritage of mankind) 개념을 도입하고 해양분쟁의 강제적 해결제도를 도입하는 등 전통 해양법과는 다른 모습을 보이고 있다.

그러나 해양법협약은 발효 이후에도 미국을 비롯한 선진국들의 비준이 이루어지지 않아 그 실효성이 의문시되었기 때문에, 1990년부터 해양법협약 제11부의 개정을 통하여 선진해양국들을 해양법협약 체제로 유인하기 위한 교섭이 진행되기 시작하였다. 드디어 1994년 7월 28일 국제연합 총회는 「1982년12월10일자해양법에관한국제연합협약제11부이행에관한협정」(Agreement relating to the Implementation of Part XI of the United Nations Convention on the Law of the Sea of 10 December 1982: 이하 '해양법협약제11부이행협정'으로 약칭)을 채택함으로써 해양법협약에 대한 선진국들의 불만을 해소하고 이들을 해양법협약체제 속으로 끌어들이는 데 성공하였으나, 심해저제도를 통하여 인류공동유산 개념을 실현하고자 했던 해양법협약의 본래 취지는 상당 부분 퇴색된 것이 사실이다.

제2절

내수 및 군도수역

Ⅰ. 내수

연안국(coastal Stares)의 영역주권이 미치는 일체의 수역을 보통 영수(territorial waters)라고 부른다. 그리고 이 수역 내에서 특히 일정한 요건을 구비한 港·灣·內海 등을 내수(internal waters)라고 한다(하천·호소·운하 등을 내수에 포함시키기도 하지만, 이들은 원칙적으로 영토의 일부로 취급된다). 따라서 영해(territorial sea)는 영수 가운데 내수를 제외한 나머지 수역으로서 기선(후술)으로부터 측정된 일정한 범위의 수역을 말한다. 이와 같이 영수를 영해와 내수로 구별하는 것은 양자가 모두 국가영역에 포함되는 것으로 연안국의 영역권이 인정되는 수역이면서도 그 국제법상의 지위가 서로 다르기 때문이다. 내수는 기선의 내측에 위치함으로써 영해보다는 영토에 준하는 지위를 인정받고 있다. 연안국은 영해의 경우와는 달리 내수에서는 외국선박에 대하여 무해통항권을 보장할 의무가 없으며, 영해에 비하여 폭넓은 재판관할권을 향유한다. 내수제도에 관한 일반적인 법원으로서는, 관습국제법 및 이를 성문화한 1958년의 영해협약과 1982년의 해양법협약이 있다.

1. 항구

항 또는 항구는 선박이 수시로 정박하여 하역·승선·하선 등을 행할 수 있도록 해안에 인공적으로 영구적 시설을 설치한 곳을 말한다. 항의 범위는 항구의 본질적 부분을 구성하는 최외곽의 영구적 시설(통상적으로 항구 양단의 방파제)을 경계선으로 하는 그 내부 수역이다. 따라서 항의 앞바다에 있는 시설물 또는 인공도서는 항의 영구적 시설로는 보지 않는다(해양법협약 제11조).

항의 내부 수역은 만 또는 내해와는 달리, 특별한 요건을 요하지 아니하고 내수로 된다. 따라서 영해는 항의 외측에 설정된다. 또한 항은 정박지(roadsteads)와 구별된다. 항은 해안에 설치된 인공적인 시설이며, 정박지는 자연에 의하여 형성된 편의상의 정박장소이기 때문이다. 그러므로 정박지는 설령 그것이 선박의 하역 또는 投錨를 위하여 통상적으로 사용된다고 할지라도 그 내부 수역은 영해를 구성할 뿐이며, 내수로는 되지 않는다(영해협약 제9조, 해양법협약 제12조 참조).

연안국은 특별히 조약에서 정한 것이 없는 한, 선박의 파손이나 해난 또는 식량, 식수, 연료 등의 결핍과 같은 불가항력의 경우를 제외하고, 외국의 군함은 물론 외국 상선에 대하여도 입항과 정박을 허용할 의무가 없다. 그러나 현재 각국은 조약상 근거 없이도 '상호주의'(reciprocal principle)에 의거하여 외국 선박의 입항을 인정하는 것이 보통이다. 외국 선박의 입항을 인정할 경우 입항세 및 시설 사용료를 부과할 수 있다. 단, 외국군함에 대하여는 이러한 부담을 과하지 않는 것이 원칙이다.

일반적으로 외교관계가 수립되어 있는 국가 사이에서는 「우호·통상·항해조약」(Friendship, Commerce and Navigation Treaty)에서 항구의 호혜적 이용관계를 정하고 있다(예를 들어, 「한·미 통상항해조약」 제19조). 그리고 현재 항의 출입 사용과 편의의 향유 등 일반적 제도에 관하여는 1923년 「해항의 국제제도에 관한 협약」(Convention respecting the International Regime of Maritime Ports) 및 그 부속규정에서 소상한 규정을 두고 있다.

항 내에서의 외국 선박(군함 등의 정부 선박은 제외)에 대한 재판관할권은 원칙적으로 연안국에 있다. 이 원칙은 민사사건에는 완전히 적용되나, 형사사건에 있어서는 '영국주의'와 '프랑스주의'의 두 입장이 있다. 프랑스주의에 의하면, 선박 내부사항 및 승무원 상호간의 사건에 대하여는 선장 또는 선박 소속국 영사의 요청이 있을 경우 또는 연안국의 공안을 해치는 경우를 제외하고는, 연안국이 관할권을 행사하지 않는다. 이에 반하여 영국주의는 모든 경우에 연안국이 관할권을 행사하는 것이다. 프랑스주의가 학설상로나 다수 국가의 관행으로 널리 행해지고 있으나, 영국주의도 개개의 경우에 따라서는 조약에 의하여 프랑스주의의 경우처럼 연안국의 재판관할권을 제한하는 경우가 많으므로, 양 입장 사이에 실질적으로는 큰 차이가 없다고 할 수 있다.

2. 만

단일한 국가에 속하는 해안선이 안으로 깊이 굴입되고 있는 형태가 많이 있다. 보통 삼면이 육지에 연해 있고 일면의 입구에 의하여 바다와 접속된 수역을 만이라고 한다. 이 때 그것이 해안선의 '단순한 屈入'(mere curvature)이 아닌 해양법상 내수로서의 만이 되기 위해서는 일정한 조건을 갖추어야 한다. 해양법상 만이란 그 灣入 수역의 면적이 만입의 입구를 연결한 선을 직경으로 하는 반원의 면적보다 넓을 만큼 뚜렷이 만입되는 형태(well-marked indentation)를 의미한다(영해협약 제7조 2항, 해양법협약 제10조 2항).

만입의 자연적 입구 양측을 직선으로 연결하는 폐쇄선의 내부 수역은 내수로 간주되며, 내수로 간주될 수 있는 만의 자연적 입구 양측의 低潮 지점 간의 거리는 최대 24해리로 제한되어 있다(동 조 4항). 그러나 만의 屈入度가 만의 입구를 직경으로 하여 그은 반원의 면적과 동일하거나 또는 그 이상의 크기를 갖지 않을 때에는 단순한 해안의 굴곡일 뿐이지 만으로 보지 않는다(영해협약 제7조 2항, 해양법협약 제10조 2항). 만의 입구가 24해리를 초과할 때에는 만내의 양안이 최초로 24해리로 좁아지는 지점에 직선을 그어서 그 내측이 내수로 된다(해양법협약 제10조 5항). 단, 입구의 폭이 24해리를 초과할지라도 이른바 '역사적 만'(historic bay)일 경우, 그것은 연안국의 내수로 인정된다. 역사적 만이란, 역사적으로 장기간에 걸쳐 연안국이 자국의 만인 것을 주장하여 실제로 주권을 행사해 왔고 또 이를 타국이 명시적 또는 묵시적으로 승인한 것을 말한다. 만에 관한 영해협약(제7조 6항) 및 해양법협약(제10조 6항)의 조항에는 역사적 만에 관한 직접적인 개념규정을 두지 아니하고, 이 협약상의 "만에 관한 규정이 역사적 만에는 적용되지 않는다."라고만 되어 있다. 그러나 오늘날 역사적 만의 경우 캐나다의 Hudson 만이나 러시아의 Peter 大帝灣과 같이 그 지위에 관하여 논란이 생기는 경우도 많다.

해안에 만입 수역이 존재하더라도 그 연안국이 복수일 경우에는 만으로 간주되지 않는다. 이러한 경우에는 만의 굴곡에 따라 영해가 설정되고 영해를 제외한 부분은 공해로 된다. 그리고 만입 수역에 도서가 존재함으로써 만입이 1개 이상의 입구를 갖는 경우에는 보통의 다른 방식이 적용된다. 만의 입구에 도서가 존재하는 경우에는 도서 자체의 길이를 제외하고 만입의 여러 입구를 연결하는 직선 길이의 합이 24해리를 초과하지 않는 경우, 입구들을 연결하는 직선을 직경으로 하는 반원을 그려서 반원보다 만입 수역의 면적이 더 넓으면 이 직선의 내부 수역도 만으로서의 지위가 부여된다. 이러한 만을 '多入口灣'(multi-mouthed bay)이라고 한다. 그리고 만입의 입구나 수역 내의 도서는 만입 수역의 일부로 간주된다(해양법협약 제10조 3항 참조).

3. 내해

수역이 육지에 둘러싸여 있으나, 두 개 이상의 입구에 의하여 공해와 접속된 경우 육지에 둘러싸인 이 수역을 내해라 한다. 영해협약 및 해양법협약에는 모두 내해에 관한 규정이 포함되지 않고 않으나, 관습국제법상 내해에는 만에 관한 규정이 준용되는 것으로 보고 있다. 그러므로 내해가 다음의 요건을 갖추었을 때는 내수로 인정된다. ① 주위의 육지가 동일국가에 속하고, ② 모든 입구가 일정한 폭을 초과하지 않았을 경우이다. 일정한 폭에 관한 학설과 관행은 만의 경우와 같이 24해리가 적용된다. 단, 내수로 인정되는 내해라 할지라도 항·만의 경우와는 달리 국제교통의 요로가 되는 경우에는 외국 선박에 대하여 무해통항의 권리를 인정하여야 한다.

내해가 두 개 이상의 국가의 영토로 둘러싸여 있거나 또는 그 입구가 일정한 폭을 초과하는 경우에는 내수로 되지 않는다. 내수로 되지 않는 내해에는 해안선에 따라 영해가 있게 되며 나머지 부분은 공해로 된다.

II. 群島水域

1. 개념 및 제도화

인도네시아, 피지, 그리고 필리핀과 같이 많은 도서들로 구성되고 있는 국가의 경우에는 일찍부터 '군도'(archipelago)에 속하는 섬 전체를 하나의 단위로 보려는 주장이 제기되었다. 이 주장은 군도의 외곽을 연결하는 직선을 그어서 그 외곽에 영해를 설정함으로써, 군도 내의 정치적·경제적 일체성을 유지·강화하려는 것인바, 이를 '군도이론'(archipelago theory)이라 한다. 군도이론은 1930년의 국제법전편찬회의 및 1958년의 제1차 국제연합 해양법회의에서 주장되기도 하였으나, 제3차 국제연합 해양법회의에서 정식으로 채택됨으로써 군도수역이 이제는 하나의 해양법상 제도로 인정되게 되었다.

해양법협약에 의하면 군도는 상호 밀접하게 관련되어 고유의 지리적·경제적·정치적 단위를 형성하거나 또는 역사적으로 그렇게 간주되어온 도서군, 수역 및 기타의 자연지형의 총체를 말한다(제46조 b). '군도국가'(archipelagic state)는 1개 또는 그 이상의 군도나 기타 도서로 구성된 국가를 말한다(제46조 a). 군도국가의 설정은 경제적 목적이 중요한 요소로 고려되기는 하나, 또 한편으로는 국가의 영토가 도서의 형태로 산만하게 흩어져 있기 때문에 군도 전체를 하나의 실체(entities)로 묶음으로써 국가 안전보장상의 불안을 해소하고 또한 협소한 국토의 면적을 보충하려는 의도로 설정되는 측면도 고려되고 있다.

2. 군도직선기선

군도국가는 군도의 최외곽 도서들(the outermost islands) 및 乾暗礁(drying reefs)의 최외곽점을 연결하는 군도직선기선을 그을 수 있다(해양법협약 제47조 1항). 군도국가의 영해, 접속수역, 배타적 경제수역, 대륙붕 등의 폭은 이 군도직선기선으로부터 측정된다(동 협약 제48조). 군도직선기선의 획정조건은 해양법협약 제2부에 규정되고 있는 연안군도의 경우에 적용되는 직선기선의 획정조건과 비슷한 점도 많으나, 그보다 훨씬 복잡하면서도 수학적인 내용을 갖는 조항들이 포함되고 있다.

군도직선기선 내의 육지와 해양의 비율은 1:1에서 1:9 이내에 있어야 한다(해양법협약 제47조 1항). 이 비율을 산정함에 있어서 육지면적은 그 해양고원(oceanic plateau)의 주변에 있는 일련의 석회암도서(limestone islands)와 건암초에 의하여 둘러싸여 있거나 거의 둘러싸여진 급경사 해양고원의 수역을 포함한 裾礁(fringing reefs) 및 環礁(atolls) 내의 수역이 포함될 수 있다(동조 7항). 최대비율인 1:9의 조건은 극히 멀리 떨어져 있는 도서를 따라 직선기선을 획정하는 것을 방지하는 효과가 있다. 이러한 제한은 군도직선기선이 군도의 일반적인 형태로부터 현저히 일탈해서는 안 되며(동조 3항), 또한 군도수역에 대하여 군도국가가 주권을 행사할 수 있을 만큼 충분히 육지지역과 연관성을 유지해야 한다는 조건에 따른 것이다. 따라서 군도직선기선은 타국의 영해를 공해 또는 배타적 경제수역으로부터 격리시키는 방법으로는 설정될 수 없는 것이다(동조 5항). 원칙적으로 군도직선기선의 길이는 최대 100해리로 제한되고 있다. 그러나 군도를 둘러싸는 기선의 전체 개수의 3%까지는 최대 125해리까지 획정할 수 있도록 되어 있다(동조 2항).

3. 군도수역의 법적 지위 및 군도항로통항권

군도수역은 군도직선기선으로 둘러싸여진 수역 가운데 본래의 내수(항, 만, 내해 등)에 해당하는 수역을 제외한 나머지 수역을 말한다(해양법협약 제50조 참조). 군도수역은 기선 내의 수역이므로 내수와 유사하나 앞에서 언급한 것처럼 본래의 내수를 제외한 나머지 수역으로서 반드시 내수와 동일한 것도 아니며, 내수의 외측에 위치하고 있다는 점에서 영해와 유사한 점도 있으나 영해기선 내측 수역이기 때문에 영해와도 구별되는 독자성을 가지고 있다.

군도국가는 군도수역의 전체와 그 상공, 해저, 지상 및 그 속에 포함되고 있는 자원에 대하여 주권을 행사할 수 있다. 단, 군도수역에 있어서 군도국가의 주권은 군도제도에 관한 해양법협약의 제규정에 따라 행사된다(해양법협약 제49조). 군도수역의 특성은 군도수역 내에서의 외국의 어업활동과 선박의 통항권과 관련하여 나타나고 있다. 새롭게 군도수역으로 설정되는 광범위한 수역 내에서 전통적으로 행해오던 외국의 어로행위와 해전전선의 설치 또는 선박의 통행을 금지하는 것은 많은 문제를 초래할 것으로 예상되어 해양법협약은 군도국가로 하여금 군도수역 내에서 기존 협정에 의하여 향유되고 있는 타국의 권리를 존중해야 하며, 또한 인접한 국가의 전통적인 어업권과 기타 합법적인 활동을 인정하도록 규정하고 있다.

외국 선박 및 항공기의 통항권과 관련하여, 우선 해양법협약은 군도수역 내에서 모든 외국의 선박들은 전통적으로 향유해 온 '무해통항권'(right of innocent passage)을 향유한다고 규정하고 있다. 단, 군도국가는 자국의 안보상 불가피한 경우에는 군도수역 내의 특정구역에서 외국 선박의 무해통항을 일시적으로 정지케 할 수 있다. 이러한 경우 군도국가는 통항 금지를 사전에 공시하여야 하며, 외국 선박들 간에 형식적으로나 사실상으로나 차별을 두어서는 안 된다(해양법협약 제52조). 군도국가는 필요한 경우 '해양항로'(sea lanes) 및 '항공로'(air routes)를 지정할 수 있으며, 이 때 외국의 모든 선박과 항공기는 국제해협에서의 '통과통항권'(right of transit passage)과 유사한 '군도항로통항권'(right of archipelagic sea lanes passage)을 향유하게 된다(동협약 제53조 1, 2항). 이 때 군도항로통항이라 함은 해양법협약에 따라 계속적이고 신속한, 그리고 방해받지 않는 통항만을 목적으로 하여, 통상적인 방법으로써 항행 및 비행의 권리를 행사함을 말한다(동조 3항).

제3절

영해 및 접속수역

Ⅰ. 영해

1. 의의 및 역사적 배경

중세까지는 일반적으로 해양 영유의 관념이 지배적이었다. 이탈리아 도시국가를 비롯하여 당시의 국가들은 실력으로써 지배 가능한 한도까지 해양의 영유를 주장하였고, 이를 실효적으로 행사한 국가도 적지 않았다. 그러나 근대 국제법상 영해제도가 형성되게 된 것은, 근세 초에 들어와서 일련의 해양논쟁을 겪은 후 해양이 이른바 '폐쇄해'(*mare clausum*)보다는 '자유해'(*mare liberum*)로 인식되면서 일반적으로 해양자유의 관념이 확립된 데 따른 것이다. 즉 해상교통 및 국제통상의 발달에 따라 광대한 해양이 자유로운 바다인 공해로 인정되면서 오히려 이에 대응한 연안국의 안전보장, 중립의 유지, 또는 어업·관세 등에 관한 국가이익을 보호하기 위하여 영해제도가 성립된 것이다.

오늘날 영해는 영해를 측정하는 기준선인 基線(baseline)으로부터 일정한 범위에 포함되는 수역을 말하며, 영토 및 영공과 함께 국가의 영역을 구성한다. 영해를 획정하기 위한 기선으로는 보통 '通常基線'(normal baseline)을 사용하지만, 해안선의 굴곡이 심하거나 내수인 항·만·내해 또는 군도수역 등이 있는 경우에는 '直線基線'(straight baseline)을 활용하기도 한다.

오늘날 영해에 대하여 국가의 주권이 미친다고 하는 점에는 이론이 없으나(영해협약 제1조, 해양법협약 제2조 참조), 영토에서 적용되고 있는 주권에 비하여 무해통항권의 인정 등으로 다소간 제한이 이루어지고 있음을 알 수 있다. 영해의 범위에 관하여는 오랫동안 국가들 간에 견해의 차이가 있었으나 해양법협약의 체결을 통하여 최대 12해리로 확정된 바 있다.

2. 영해의 범위

오늘날 영해의 최대 범위는 12해리로 한정되고 있다. 해양법협약에서는 "모든 국가는 이 협약에 따라 결정된 기선으로부터 12해리를 초과하지 않는 범위에서 영해를 설정할 권리를 갖는다."라고 규정하고 있다(제3조). 영해의 범위에 관해서는 오랫동안 100해리 설 또는 해상 2일 항로설(14세기 이탈리아의 Bartolus의 설)이라든가, 60해리 설 또는 1일 항로설(14세기 말 이탈리아의 Baldus의 설), 혹은 육안으로 볼 수 있는 한도까지라는 설, 해안 포대에서 포탄이 도달하는 지점까지라는 설 등 여러 가지 입장들이 표명되어왔다. 그 중 널리 인정되어온 것은 18세기에 주장되었던 '착탄거리설'(canon-shot rule)이다. 네덜란드의 Bynkershoek는 「해양주권론」(*De Dominio Maris Dissertatio,* 1702년)에서 "국토의 지배권은 무기의 힘이 그치는 곳에서 끝난다."라고 함으로써, 대포의 착탄거리로써 영해의 범위를 결정할 것을 주장하였다. 한편 1772년 이탈리아의

Galiani는 착탄거리를 3해리로 규정하면서 이를 영해의 범위로 할 것을 주장하였고, 1792년에는 역시 이탈리아의 Azuni가 영해의 범위를 3해리로 고정할 것을 주장하였다. 이후 오랫동안 '3해리 설'이 다수설로 인정되어왔던 것이다.

한편 국가의 실행 면에서 명시적으로 3해리 설을 채택한 최초의 국가는 미국이었다. 1793년 영·불 전쟁 당시 미국은 중립국의 권리·의무와 관련하여 영해의 범위를 확정할 목적으로 3해리의 영해를 선언하였다. 이어서 1800년 영국도 3해리 설을 채택하였다. 차츰 이것이 일반적인 관행으로 인정되어, 각국의 국내법 또는 조약으로써 3해리를 영해의 범위로 정하는 사례가 많아졌다. 그러나 제국가의 관행이 모두 3해리로 일치된 것은 아니었다. 가령, 스칸디나비아(Scandinavia) 제국은 오랜 관행을 통하여 영해 4해리를 주장해왔고, 그 외에 적지 않은 국가들이 6해리, 8해리, 10 해리, 12해리 혹은 그 이상의 범위(200해리)를 주장하기도 하였다. 또한 국제법학회(Institut de Droit International)는 19세기 말경 영해의 범위를 6해리로 할 것을 결의한 바도 있었다.

영해의 범위를 확정하려는 작업은 해양법상 하나의 큰 과제로 부각되었다. 1930년 헤이그 국제법전편찬회의에서 「영해의 법적 지위에 관한 조약안」이 작성되었으나, 영해의 범위에 관하여 각국의 의견이 일치되지 않아 성문화되지 못하였다. 국제연합총회의 의결에 의거하여 1958년 제네바(Geneva)에서 개최된 제1차 국제연합 해양법회의는 영해협약을 비롯하여 해양법에 관한 4개 협약을 채택함으로써 국제법의 점진적인 발전과 법전화에 기여한 공헌이 컸으나, 영해의 범위에 대하여는 아무런 결정을 보지 못하였다. 이 문제의 해결을 위하여 1960년에 제2차 국제연합 해양법회의가 다시금 제네바에서 개최되었으나, 여기에서도 영해의 범위에 관한 합의는 이루어지지 않았다.

1960년대에 와서 중남미 제국을 비롯하여 아시아 아프리카의 일부 개발도상국은 영해를 12해리 이상으로 할 것을 주장하게 되었고, 그 중에는 200해리의 영해를 주장하는 국가의 수도 차츰 많아지게 되었다. 이러한 급진적인 요구에 당면하여 비로소 선진국 측에서는 조건부로 '영해 12해리 案'에 동의할 뜻을 표명하기에 이르렀다. 미국은 1970년에 다음과 같이 제안하였다. ① 영해의 범위를 12해리로 확장함에 따라 해협 수역이 해협 연안국의 영해로 될 경우, 해협 연안국은 그와 같은 해협에서 외국의 모든 선박과 항공기(군함과 군용기 포함)에 대하여 자유통항(free transit)을 보장하고, ② 그 대신에 연안국은 12해리의 영해 외측에서 일정한 범위에 걸쳐 우선적 어업권을 갖도록 한다는 내용이었다. 그러나 이러한 미국의 제안에도 불구하고 남미 제국은 1972년 「산토 도밍고(Santo Domingo) 선언」을 통하여 12해리의 영해와 200해리의 소위 '고유수역'(partrimonial sea)을 주장하였고, 아프리카 국가들은 케냐(Kenya)의 제안에 따라 200해리의 경제수역(economic zone)안을 지지하였다.

이러한 혼란 속에서 국제연합 총회는 영해의 범위를 포함하여 해양법 전반에 걸쳐 재검토를 행하고 새로운 해양법질서를 확립하기 위하여 제3차 국제연합 해양법회의를 갖기로 하였다. 이미 앞에서 언급한 것처럼 오랜 토의와 협상 끝에 단일화된 조약으로서 새로운 해양법협약이 채택되었고 여기에서 영해의 범위가 최대 12해리로 정해진 것이다.

3. 영해의 기선과 측정방법

1) 기선의 의의와 종류

기선이란 영해의 범위를 측정하는 기준선을 말한다. 그러나 기선은 영해뿐만 아니라 접속수역, 대륙붕, 또는 배타적경제수역 등 모든 해양관할수역의 범위를 측정하는 기준이 된다. 보통의 경우, 기선은 원칙적으로 연안국에서 공인된 大縮尺海圖上에 기재된 해안의 低潮線(low-tide line)이다. 이를 '통상기선'이라고 한다(영해협약 제3조, 해양법협약 제5조). 단, 내수로 인정되는 항, 만, 또는 내해가 있는 때에는 이 수역(내수)의 외측경계선이 기선이 된다.

해안의 굴곡이 극히 심하거나, 해안선 부근에 다수의 섬(도서), 干出地 또는 사주 등이 산재하여 통상기선의 방식을 적용하기 어려운 경우에는 해안의 돌출부 또는 섬의 外端 등의 적절한 기점들(base points)을 서로 직선으로 연결하는 직선기선 방식이 인정된다. '직선기선' 제도는 1935년 노르웨이가 칙령에서 의하여 채택한 방식인바, 1951년 '영국-노르웨이 어업분쟁 사건'(the Anglo-Norwegian Fisheries Case)에서 국제사법재판소에 의하여 인정됨으로써 국제적인 승인을 받게 된 방식이다.

이 판결을 기초로 하여 직선기선 방식은 제1차 국제연합 해양법회의에서 처음으로 제도화되어 오늘날에 이르렀다(영해협약 제4조, 해양법협약 제7조). 단 직선의 길이와 해안으로부터의 거리의 제한에 관해서는 규정된 것이 없으며, 다만 직선기선을 해안의 일반적 방향으로부터 현저할 정도로 어긋나게 引線해서는 안 된다고 규정하고 있을 뿐이다(영해협약 제4조 2항, 해양법협약 제7조 3항).

기선의 내측 수역은 내수를 형성한다(영해협약 제5조 1항, 해양법협약 제8조 1항). 단, 상기협약에 따라서 직선기선을 설정함으로써 종래 영해 또는 공해였던 부분이 내수로 되는 경우에 한하여 외국 선박의 무해통항권이 인정된다(영해협약 제5조 2항, 해양법협약 제8조 2항).

2) 영해의 측정방식

영해의 폭을 측정하는 방법에는 두 종류가 있다. 그 하나는 '平行線 방법'(method of trace parallel)이다. 다른 하나는 '圓弧式 방법'(the arcs of circles method)이다. 이는 기선 위의 모든 점에서 영해의 범위를 반경으로 하는 원을 그려서, 그 원호를 형성하는 곡선을 영해의 한계선으로 하는 것이다. 영해협약 및 해양법협약에는 영해의 측정방법에 관하여 명시적으로 규정한 것이 없으나, 통상기선에서 측정할 경우 일반적으로는 항행에 편리하다는 실제적 편의상 원호식 방법이 많이 사용되고 있다.

3) 하천의 입구 및 섬의 존재

하천이 직접 바다로 유입할 경우에는 하천 입구 兩岸의 저조선상의 지점을 연결하는 직선을 그어서 이를 기선으로 한다(영해협약 제13조, 해양법협약 제9조). 이 기선의 내측 수역은 내수로 된다.

해양법상 섬(島嶼)은 수면에 둘러싸인 육지지역으로서 자연적으로 형성되고 또는 만조시에도 수면 위에 돌출되어 있는 것을 말한다(영해협약 제10조 1항, 해양법협약 제121조 1항). 섬은 공해상에 있건 또는 영해상에 있건 간에 스스로 영해 및 접속수역을 갖는다(영해협약 제10조 2항, 해양법협약 제121조 2항). 섬이 영해 내에 있는 경우 연안국의 영해는 섬의 존재로 인하여 그 만큼 확대될 것이다. 그러나 섬이 내수 안에 존재할 경우에는 영해를 갖지 않는다. 섬이 環礁(atolls)로 둘러싸여 있거나 혹은 섬에 암초가 있는 경우에는 공인 해도상에 표시된 환초 또는 암초의 外側 저조선을 기선으로 한다(해양법협약 제6조). 일반적으로 섬은 접속수역, 배타적경제수역, 그리고 대륙붕을 독자적으로 가질 수 있다(동협약 제121조 2항). 그러나 섬의 자연적 조건상 민간인이 거주할 수 없거나 독자적인 경제생활을 지속할 수 없는 경우는 배타적경제수역과 대륙붕을 가질 수 없다(동조 3항).

자연적으로 형성된 육지지역이라고 할지라도, 저조 시에만 수면상에 나타나고 만조 시에는 수중으로 잠몰하는 것(예컨대 암석 또는 사주)을 '干出地'(low-tide elevation)라고 한다. 간출지의 전부 또는 일부가 영해 내에 있을 경우, 간출지의 저조선을 영해 측정을 위한 기선으로 사용할 수 있다(영해협약 제11조 1항, 해양법협약 제13조 1항). 따라서 영해 내에 있는 간출지는 영해의 폭을 확장시키는 효과를 갖게 된다. 그러나 간출지의 전부가 영해 밖에 위치하는 경우, 간출지는 그 자체의 영해를 갖지도 못하고 또한 영해 측정을 위한 기선(또는 기점)으로도 사용하지 못한다(영해협약 제11조 2항, 해양법협약 제12조 2항). 단, 그러한 경우에도 간출지 위에 등대가 있거나 또는 이와 비슷한 시설물이 있는 경우, 혹은 간출지까지 그리고 간출지로부터의 기선 설정이 일반적으로 국제적인 승인을 받은 경우에는 그 간출지를 직선기선을 위한 기점으로 활용할 수 있다(영해협약 제4조 3항, 해양법협약 제7조 4항).

인공적으로 건설된 섬인 인공도(artificial island) 혹은 어로나 대륙붕 개발 및 기타의 경제적 목적을 위하여 설치된 시설(installations) 및 구조물(structures)은 모두 자연적으로 형성된 것이 아니므로, 섬으로서의 법적 지위를 갖지 않는다. 그러므로 이것들은 독자적인 영해, 접속수역, 대륙붕, 또는 배타적경제수역을 가질 수 없다(해양법협약 제60조 8항). 다만 이러한 인공도서나 시설 또는 구조물이 배타적경제수역 내에 건설되었을 경우, 연안국은 이것들에 대하여 관세·위생·안전·출입국관리 등에 관한 배타적인 관할권을 가지며(동 협약 제60조 2항), 또한 이것들의 안전을 확보하기 위하여 적절한 조치를 취할 수 있도록 그 주변에 시설물 등의 외곽으로 500미터를 초과하지 않는 범위 내에서 '안전수역'(safety zone)을 설치할 수 있다. 이러한 안전수역의 범위는 적절하게 공시되어야 한다(동 협약 제60조 4, 5항).

4. 영해의 경계획정

2국의 해안이 서로 對向하거나(opposite) 인접하고(adjacent) 있는 경우, 영해의 경계에 대하여 양국 간에 달리 합의된 것이 없을 때에는 어느 국가도 중간선(median line)을 넘어서 영해를 확장할 수 없다. 이 중간선은 양국의 영해 측정을 위한 기선상의 가장 가까운 지점으로부터 등거리에 있는 것을 말한다. 그러나 '역사적 권원'(historic title)이나 기타의 특별 상황이 있을 경우에는 중간선의 원칙이 적용되지 않는다(양해협약 제12조, 해양법협약 제15조). 오늘날 영해를 포함한 여러 관할수역의 경계획정에 있어서는 단순한 '등거리 원칙'(equidistance principle)보다 특별 상황을 고려하는 '형평의 원칙'(equitable principle)에 의거하는 것이 일반적인 경향이다(배타적경제수역 및 대륙붕의 경우 참조).

한편 직접기선 또는 이에 입각하는 영해의 한계와 대향국 또는 인접국 간의 영해의 경계선은 그 위치를 확인할 수 있도록 해도상에 이를 표시해야 하며, 연안국은 이러한 해도를 공시하고 그 사본을 국제연합 사무총장에게 기탁하여야 한다(해양법협약 제16조).

5. 연안국의 권리

해양법협약에 의하면 연안국은 영해의 해저와 그 지하 및 상공에 있어서 주권, 즉 領域權을 향유하며, 본 협약 및 기타 국제법의 규칙에 따라 권리를 행사하도록 규정되고 있다(제2조). 일반적으로 영해에 있어서 연안국이 향유하는 것으로 설명되는 권리에는 다음과 같은 것들이 포함되고 있다.

1) 연안어업 및 자원개발권

연안국은 영해에 있어서 어업과 해저 및 그 지하의 자원개발에 대하여 배타적 권리를 갖는다. 연안국은 연안어업이나 자원개발을 자국민에게만 허용할 수도 있고 조약에 의하여 타국민에게 개방할 수도 있다.

2) 연안무역권

연안국은 자국의 항구 간의 화물 및 여객수송에 대한 권리를 자국민에 대해서만 허용할 수 있다. 연안무역권(cabotage)은 일반국제법상의 확립된 원칙이지만, 개별적으로 체결되는 우호통상항해조약(FCNT)에서도 거의 예외 없이 연안무역은 내국민대우(national treatment)의 적용으로부터 제외된다고 하는 것을 명시하고 있다.

3) 경찰권 및 재판권

연안국은 자국의 영해에 있어서 안전과 질서를 유지하기 위하여 항행·위생·관세·이민·해양오염 등에 관한 법규를 제정하여 시행하고 민·형사 재판권을 행사할 수 있다. 외국 선박도 연안국의 입법관할권 및 경찰권에 반드시 따라야 하며, 일부 예외적인 경우(연안국의 재판권이 제한되는 경우)를 제외하고는 연안국의 재판권 행사에 응하여야 한다.

4) 해양과학조사권

연안국은 영해에 있어서 해양과학조사에 관한 배타적 권리를 갖는다. 따라서 외국 또는 국제기구는 연안국의 명시적인 동의 없이는 연안국의 영해 내에서 해양과학조사를 행할 수 없게 된다.

6. 연안국의 영역권에 대한 제한

영해에 있어서의 연안국의 권리는 절대적인 것이 아니라 해양법협약 등 국제법의 규칙에 따라서 허용되고 행사되어야 하는 것이다. 일반 국제법상 영해에 있어서의 연안국의 권리가 제한되고 있는 것으로는 외국 선박에 대한 무해통항권의 인정과 연안국의 재판관할권의 제한이 있다.

1) 무해통항권

① 의의

영해는 내수와 달라서 국제교통의 요로인 공해와 직접 접속되어 있기 때문에 특히 통항의 편의상 모든 국가(내륙국을 포함)의 선박에 대하여 외국 영해에서의 '無害通航權'(right of innocent passage)이 인정된다(영해협약 제14조1항, 해양법협약 제17조).

여기에서 '통항'이라 함은 ① 단순히 영해를 통과하는 경우, ② 항 등의 내수에 출입하기 위하여 영해를 항행하는 경우를 말한다. 통항은 계속적이고 신속함을 요한다. 그러므로 통항 중의 정지 및 投錨는 인정되지 않는다. 그러나 불가항력이거나 조난을 당한 경우, 혹은 위험상태나 조난상태에 있는 사람·선박·항공기를 구조하기 위한 경우의 정선 및 투묘는 통항에 포함되는 것으로 한다(영해협약 제14조 2항 및 3항, 해양법협약 제18조).

한편 '無害'라 함은 연안국의 평화·公序·안전을 침해하지 아니하고 또한 국제법규에 합당함을 말한다(영해협약 제14조 4항, 해양법협약 제19조 1항). 잠수함은 수면 위를 통항해야 하며, 또한 국기를 게양하지 않으면 안 된다(영해협약 제14조 6항, 해양법협약 제20조). 또한 외국 선박이 통항 중에 연안수송을 행하는 것은 무해에 반하는 것으로 취급된다(영해협약 제14조 5항, 해양법협약 제19조 2항 g).

연안국은 무해통항 중인 외국 선박에 대하여 영해 통항만을 이유로 하는 어떤 비용도 부과할 수 없으나(영해협약 제18조 1항,

해양법협약 제26조 2항), 통항 선박에 특별 업무가 제공된 경우에는 이에 대한 급부로서 비용을 부과할 수 있다. 단, 이 비용을 부과할 경우, 외국 선박들 간에 차별을 두어서는 아니 된다(영해협약 제18조 2항, 해양법협약 제26조 2항). 또한 연안국은 유해한 외국 선박의 영해 통항을 방지하기 위하여, 또는 내수 및 항구시설에 대한 외국 선박의 입항조건의 위반을 방지하기 위하여 필요한 조치를 취할 수 있다(영해협약 제16조 1, 2항, 해양법협약 제25조 1, 2항).

외국 선박의 통항이 무해인지 유해인지의 여부는 연안국의 판단에 맡겨진다. 해양법협약에서는 연안국의 주관적 판단을 가급적으로 배제하기 위하여 무해통항에 해당하지 않는 경우를 열거함과 동시에, 무해통항에 관한 연안국의 법령 제정의 범위를 한정하고 있다. 해양법협약에 의하면, 영해를 통항 중인 외국 선박이 다음의 활동 중 어느 것을 행하더라도 무해통항이 아닌 것으로 간주된다고 하였다. ① 연안국의 주권, 영토보전 또는 정치적 독립에 반하거나 혹은 국제연합헌장에 규정된 국제법 원칙을 위반하는 기타 방법으로써 행하는 무력의 행사 또는 그 위협, ② 종류 여하를 불문하고 무기를 사용하는 훈련, ③ 연안국의 방위나 안전에 유해한 정보수집행위, ④ 연안국의 방위나 안전에 영향을 미치는 선전행위, ⑤ 항공기 또는 기타 군사장비의 선상 발착 혹은 탑재, ⑥ 연안국의 관세·재정·출입국관리 또는 위생에 관한 법령에 위반되는 물품이나 통화의 양하·적하 또는 사람의 승선이나 하선, ⑦ 고의적이고 중대한 오염행위, ⑧ 어로행위, ⑨ 조사 또는 측량행위, ⑩ 연안국의 통신망 또는 기타 시설의 방해를 목적으로 하는 행위, ⑪ 통항과 직접 관련되지 않는 기타의 행위이다(제19조 2항).

무해통항과 관련되는 연안국의 법령 제정은 다음의 사항에 한정된다. ① 항행 안전과 해상교통의 규정, ② 통항 보조시설 및 기타의 장비 또는 시설의 보호, ③ 해저전선 및 관선의 보호, ④ 해양생물자원의 보존, ⑤ 어업법령 위반의 방지, ⑥ 환경오염의 방지, 감소 및 규제, ⑦ 해양과학조사 및 측량, ⑧ 관세·재정·출입국관리 또는 위생법령 위반에 대한 방지 등에 관한 사항이다(해양법 제21조 1항). 한편 연안국은 상기 제법령을 적절하게 공시하여야 한다(동조 3항).

또한 연안국은 통항의 안전을 위하여 필요한 경우, 영해 내에서 무해통항 중인 외국 선박에 대하여 연안국이 지정하는 해로 또는 해양항로(sea lanes), 그리고 통항분리제도(traffic separation scheme)에 따르도록 요구할 수 있다(해양법협약 제22조 1항). 특히 유조선, 핵추진 선박 및 핵물질 또는 기타의 본질적인 위험물질, 유해물질 혹은 그러한 원료를 운반하는 선박에 대하여 상기 항로만을 통항하도록 요구할 수 있다(동조 2항). 그리고 연안국은 해로 및 통항분리제도를 해도상에 명시하고 이를 공시하여야 한다(동조 4항).

한편 영해에서 무해통항권을 행사하는 외국 선박은 연안국의 상기 제법령 및 해상충돌방지에 관한 국제법규를 준수하여야 한다(해양법협약 제21조 4항). 특히 핵추진 선박 및 핵물질 또는 기타의 본질적으로 위험·유해한 물질을 운반하는 선박은 무해통항권을 행사함에 있어서, 이러한 선박에 대하여 국제협약에서 정한 서류를 휴대하여야 하며 또한 국제협약상 확립된 특별예방조치를 준수하지 않으면 안 된다(동협약 제23). 반면에 연안국은 외국선박의 무해통항을 방해해서는 안 될 의무를 지며(동협약 제24조 1항), 통항에 대한 위험이 자국 영해 내에 존재함을 알았을 때에는 이를 적절하게 공시하여야 한다(동조 2항). 연안국은 자국의 안보상 절대적으로 필요한 경우, 영해 내의 특정수역 내에서 외국 선박의 무해통항을 일시적으로 정지시킬 수 있다. 그러나 이와 같은 정지는 적절하게 공시한 후에만 효력이 있으며, 외국선박 간에 차별을 두어서는 안 된다(해양법협약 제25조 3항).

② 군함의 무해통항권

종래 영해에 있어서 군함의 무해통항권은 조약으로나 관습법상으로 확립되지 않았었다. 오히려 일부 국가는 군함의 자국영해 통과에 대하여 '사전통고제'(prior notification) 혹은 '사전허가제'(prior authorization)를 실시하고 있는 실정이었다. 영해협약에서는 군함의 무해통항권에 관하여 명시적 규정을 두지 않고 있다. 때문에 해양법협약의 채택을 위한 제3차 국제연합 해양법회의에서는 군함의 무해통항권 문제가 큰 쟁점 가운데 하나로 되어 있었다. 해양강대국을 비롯하여 조건 없이 군함의 무해통항권을 인정하려는 국가들의 견해가 우세하였으며, 연안국에 대한 사전통고 또는 사전허가를 군함의 무해통항의 요건으로 하자는 일부 국가들의 수정안(1982년)은 채택되지 못하였다. "모든 국가의 선박은 영해에서 무해통항권을 향유한다."라는 해양법협약 제17조의 규정은 '모든 국가의 모든 선박'에 대하여 무해통항권이 인정되며, 따라서 군함에 대한 무해통항권도 인정되고 있는 것으로 해석된다.

그러나 현재 실제로는 사전통고를 조건으로 하여 군함의 영해 통항을 인정하는 국가들도 많다(예컨대 러시아, 중국, 인도, 한국 등). 그리고 해양법협약에 서명할 당시, 무해가 아닌 통항을 방지하기 위하여 연안국이 필요한 조치를 취할 수 있다는 규정(해양법협약 제25조)을 원용하여 군함의 영해 통항에 대해서 국제법상의 규제조치(사전통고 또는 사전허가제)를 적용한다는 해석선언을 행한 국가(예컨대 덴마크, 이란, 루마니아, 스웨덴 등)도 있다. 여기서 '해석선언'(interpretative declaration)이란, 채택된 조약의 특정 규정이나 또는 문언의 적용에 관하여 복수의 해석이 가능할 경우, 자국의 양해사항을 표시하거나 또는 그 중의 어느 하나의 해석에만 구속받는다는 의사를 표시하는 일방적인 선언을 말한다. 그러나 이러한 해석선언에 대하여 반대의 입장을 표명한 국가들도 있다(예컨대 미국, 영국, 독일, 프랑스 등).

2) 연안국의 재판관할권의 제한

① 의의

외국 선박에 대하여 영해 내의 무해통항권이 인정됨에 따라 영해를 통항하는 이들 외국 선박에 대하여 연안국이 어느 정도로 민·형사재판권을 행사할 수 있느냐의 문제가 생긴다. 항행·관세·위생 등에 관한 연안국의 제 법령에 위반하거나 또는 영해 내에서의 충돌 등 외부사건을 일으킨 외국 선박에 대하여 연안국이 재판권을 가진다는 것은 프란코니아호(the Franconia) 사건 이래 관습국제법상 일반적으로 확립되어 있다. 그러나 선박 내에서 발생한 사건에 대해서는 종래 연안국의 재판권을 일반적으로 인정하려는 '영국주의'와 연안국의 재판권을 특정의 경우에 한정하여 인정하려는 '프랑스주의'(또는 '대륙주의')가 대립되어 왔다. 영해협약에서는 대체로 양 주의를 조정하였으며(영해협약 제19조), 해양법협약도 대체로 영해협약의 내용대로 규정하고 있다.

② **형사재판권**

영해를 통항 중인 외국 선박 내에서 발생한 범죄에 대하여 연안국은 원칙적으로 다음의 경우를 제외하고는 체포, 또는 수사를 위한 형사재판의 관할권을 행사할 수 없다. ① 범죄의 결과가 연안국에 미칠 경우, ② 범죄가 연안국의 평화 또는 영해의 질서를 해칠 성질인 경우, ③ 선박 또는 선적국의 외교관 또는 영사가 연안국의 현지 당국에게 원조를 요청한 경우, ④ 마약 또는 향정신성 물질의 불법거래를 억압하기 위하여 필요한 경우 등이다(해양법협약 제27조 1항). 단, 내수로부터 나와서 영해를 통항 중인 외국 선박에 대하여는 연안국에게 일방적으로 체포 또는 조사를 위하여 필요한 조치를 취할 권리가 인정된다(동조 2항).

또한 형사재판권 행사의 대상이 되는 범죄행위는 외국 선박이 무해통항 중에 행하여진 것으로 한정되기 때문에 영해 내에 들어오기 전에 행한 범죄에 대해서는 연안국은 관할권을 행사하지 못한다. 그러나 연안국의 해양의 오염방지 조치 및 배타적경제수역에 관한 제법령을 위반한 외국 선박에 대하여는 연안국의 관할권이 미친다(제27조 5항 참조).

단, 어떤 경우에도 외국 군함에 대하여 연안국은 재판권을 갖지 못한다. 군함도 연안국의 법령을 준수하여야 하나, 만일 외국 군함이 이에 위반하였을 경우 연안국은 당해 군함에 대하여 영해로부터 퇴거를 요구할 수 있을 따름이다(영해협약 제23조, 해양법협약 제30조). 또한 비상업용 정부선박도 연안국의 관할권으로부터 면제된다(해양법협약 제32조 참조). 외국 군함과 비상업용 정부선박이 연안국의 법령이나 국제법 규칙에 위반하여 연안국에게 손해를 끼쳤을 경우에는 이들의 기국이 국제책임을 진다(동협약 제31조).

③ 민사재판권

연안국은 영해를 통항 중인 외국 선박 내의 인에 대하여 민사재판권을 행사하기 위하여 그 선박을 정지케 하거나 또는 항로를 변경케 할 수 없다(영해협약 제20조, 해양법협약 제28조 1항). 연안국은 선박이 연안국의 수역을 통항 중에 또는 통항 목적으로써 스스로 부담한 채무 또는 책임에 관한 경우를 제외하고는 민사소송절차를 위하여 그 선박에 대해서 강제집행을 행하거나 나포할 수 없다(영해협약 제20조 2항, 해양법협약 제28조 2항). 단, 영해 내에 정박하거나 또는 내수로부터 나와서 영해를 통항하는 외국 선박에 대하여는 일반적으로 자국법에 따라 강제집행하거나 나포할 수 있다(영해협약 제20조 3항, 해양법협약 제28조 3항).

II. 접속수역

1. 의의 및 제도화

접속수역(contiguous zone)은 연안국이 그 영해에 인접된 일정 범위의 공해수역에 있어서 특정 사항에 관한 연안국의 법규 위반에 대한 방지 및 처벌을 위하여 설정한 수역을 말한다. 접속수역은 영해와 공해의 중간에서 그 관할권의 차이 및 대립을 완화시켜주는 기능을 수행하는 수역이다. 해양법협약에 의하면, 연안국은 자국 영해에 인접하는 접속수역에서 자국의 영토나 영해에서의 관세·재정·출입국관리 또는 위생에 관한 법령의 위반을 방지하고 처벌하는 데 필요한 규제를 행할 수 있다고 되어 있다(제33조 1항). 접속수역은 영해가 아니므로 주권이 행사될 수 없으며, 단지 연안국의 법집행을 위하여 필요한 범위에서 제한적인 관할권(jurisdiction) 행사나 규제 또는 통제(control)를 할 수 있을 뿐이다.

접속수역은 여러 국가에 의하여 과거로부터 일방적으로 또는 조약에 의하여 설정되었다. 일방적으로 설정한 가장 오래 된 선례로는 영국의 경우를 들 수 있다. 영국은 주로 밀수를 방지하기 위하여 1736년 「배회법」(Hovering Act)을 제정하여 접속수역을 설정하고, 이 수역 내에서의 외국화물의 전재를 금지케 하였다. 동 수역의 범위는 때에 따라 변동되었으나, 최단 5해리에서 한때는 300해리에까지 이르렀다. 그 후 영국은 배회법을 폐지하고 「관세통제법」(Customs Consolidation Act, 1876년)을 제정하여 그 적용의 범위를 9해리로 축소하였다. 한편 미국도 같은 목적에서 1799년 이래 거안 12해리의 '관세실시수역'(Customs Enforcement Area)을 설정한 바 있다. 특히 1919년 「금주법」(Volstead Act)의 실시와 더불어 주류의 밀수를 방지하기 위하여 관세수역을 확장하였다. 미국은 1922년의 「관세법」(Tariff Act)에서는 여전히 12해리의 수역을 설정하고 있었으나, 1935년의 「밀수금지법」(Anti-Smuggling Act)에서는 통상의 관세실시 수역 이외에 50해리의 「관세수역」(Customs Waters)을 설정하여 위반선을 처벌하기로 하였다. 그 외에도 구소련, 프랑스, 이탈리아 등 다수 국가가 비록 설정의 목적과 범위가 다르기는 하나 각각 특정의 접속수역을 주장한 바 있다.

조약에 의하여 접속수역을 설정한 예로서는 미국이 제외국과 체결한 일련의 「알코올조약」(Liquor Treaties)을 들 수 있다. 예컨대 1924년 영·미 간의 조약에서는 접속수역의 범위를 연안으로부터 피의선박의 속도에 의한 1시간 항정거리로 하였다. 미국과 기타 국가(발트해 연안제국) 간의 조약에서는 접속수역의 범위가 12해리로 정해졌다.

다수국가의 관행에도 불구하고 접속수역의 법적 지위 및 그 범위에 관해서는 학설상의 견해가 구구하였다. 이에 따라 접속수역에 관한 규칙을 제도화함으로써 국가에 따라 상이한 설정의 목적과 범위를 통일하려는 움직임이 나타났다. 접속수역의 제도화를 위한 첫번째 시도는 1930년의 헤이그 국제법전편찬회의에서 행하여졌다. 그러나 동 회의에서는 접속수역 문제를 포함하여 영해 제도 전반에 관한 성문화에 실패하였다. 두 번째 시도는 1958년 제네바에서 개최된 제1차 국제연합 해양법회의인데, 여기에서 접속수역 제도가 비로소 조약으로 규정되어졌다(영해협약 제24조). 1982년의 해양법협약에서는 접속수역의 범위를 24해리로 확장하고 있는 것을 제외하면 접속수역에 관하여 영해협약의 내용과 거의 비슷한 규정을 두고 있다.

2. 접속수역의 범위, 종류 및 연안국의 관할권

1) 접속수역의 범위 및 종류

영해협약에서는 접속수역의 범위가 기선으로부터 12해리를 초과할 수 없다고 되어 있으나(제24조2항), 해양법협약에서는 기선으로부터 24해리를 초과하지 못한다고 함으로써(제33조 2항) 그 범위가 크게 확장되었다. 이는 해양법협약에서 영해의 범위가 12해리로 확정되고 나서 자국의 이익과 안전을 확보하기 위하여 공해에 대한 관할권을 더욱 확장하려는 연안국들의 요구에 따른 것이다.

접속수역은 '관세 및 재정수역'(customs zone), '출입국관리수역'

(immigration zones), '위생수역'(zones for sanitary purpose) 등 여러 가지 형태로 설정될 수 있으나(해양법협약 제33조 1항), '어업수역'(fishery zone)이나 '안전보장수역'(security zone) 등이 접속수역의 형태로 설정될 수 있는가에 대해서는 논란이 있다.

2) 연안국의 권리

연안국은 접속수역 내에서 ① 영토 또는 영해에서의 관세·재정·출입국관리 또는 위생에 관한 법령의 위반을 방지하고, ② 법령 위반행위에 대한 처벌 등에 필요한 규제를 할 수 있도록 되어 있다(해양법협약 제33조 1항). 여기에서 문제가 되는 것은 연안국이 접속수역 내에서 행사하는 규제 또는 관할권의 범위가 얼마나 되는가 하는 것이다. 연안국은 접속수역에 있는 외국 선박에 적용하기 위한 규칙을 제정할 수 있는 '입법적 관할권'(legislative jurisdiction)과 그러한 규칙을 집행할 수 있는 '집행적 관할권'(enforcement jurisdiction)을 아울러 가지고 있는가, 아니면 오로지 집행적 관할권만을 가지고 있는가 하는 것이다.

문면의 의미로 본다면 연안국은 영토 또는 영해 내에서 행해진 외국 선박의 법령 위반행위에 대해서만 일정한 조치를 취할 수 있고 단지 접속수역 내에서 이루어진 행위에 대해서는 어떠한 규제도 할 수 없도록 되어 있다. 그러나 많은 국가들이 접속수역 자체에 대하여 적용하기 위한 법규의 제정을 통하여 접속수역에 대한 관할권의 확대를 시도하고 있으며, 이는 관습적 지위를 획득해 가고 있다. 한편 오늘날 배타적경제수역이 기선으로부터 200해리 범위에서 인정되고 규칙제정권을 포함한 연안국의 관할권 행사가 허용되고 있어서, 전통적 의미의 접속수역은 연안국의 권리보호 혹은 위법행위의 방지 측면에서 볼 때 과거보다 그 중요성이 상대적으로 약화되었다고 할 수도 있을 것이다.

3. 어업수역 및 안전보장수역의 문제

오늘날 접속수역의 설정과 관련된 문제로서 중요성을 갖고 있는 것으로 어업수역과 안전보장수역 등이 있다. 어업수역은 과거 영해의 범위가 좁았던 시기에 연안국이 어업에 관한 한 배타적 권한을 행사할 수 있는 수역으로 설정되었으며, 배타적 어업수역 혹은 '어업전관수역'(exclusive fisheries zone)이라는 이름으로 불리고 있었다. 그러나 현재는 해양법협약에 의하여 영해의 범위가 12해리로 확장되고, 나아가 200해리의 배타적경제수역이 제도화됨에 따라 어업수역을 별도로 설정할 필요성은 없게 되었다(그럼에도 불구하고 특히 어업권만을 위하여 200해리 어업수역을 설정하는 것은 가능하다).

한편 해양의 오염방지 또는 전시 중립국의 인근 해양에서의 교전행위금지 및 기타 연안국의 안전보장을 위한 접속수역의 설정 문제가 때때로 논의의 대상이 되어왔었으나, 안전보장을 위한 접속수역은 아직 국가관행으로서 일반적인 수락을 받지 못하고 있다. 특히 안전보장(security)이라는 개념은 배타적 주권의 의미를 포함하는 것으로 해석되는 등 본래의 접속수역의 설정 목적을 벗어나 남용의 여지가 있는 것으로 배척되었다. 이러한 입장은 제3차 국제연합 해양법회의에서도 마찬가지였다. 즉 안전보장수역의 설정은 접속수역에 대한 권리를 영해에 대한 권리와 동등시할 우려가 많을 뿐만 아니라, 경우에 따라서는 터무니없이 넓은 수역에 대하여 안전보장수역이라는 명칭을 붙여 배타적 권리를 주장할 가능성이 있다는 것이다. 한편 이와 관련하여 북한은 1977년 6월의 「배타적 경제수역선언」을 통하여 매우 광범위한 수역에 안전보장수역의 성격을 갖는 軍事水域을 설정한 바 있는데, 이는 군사수역 내의 구역을 사실상 영역화하는 것으로 비판받고 있다.

제4절

국제해협

Ⅰ. 의의 및 제도화

海峽(straits)은 두 개의 해양을 연결하는 자연의 수로이며, 연안국은 해협 양단에 연하여 각각 영해를 갖는다. 兩岸이 동일 국가에 속하고 양안 간의 거리가 영해의 2배를 초과하지 않는 해협은 그 전체가 연안국의 영해를 구성한다. 양안 간의 거리가 영해 넓이의 2배를 초과하는 경우에는 양안에 연한 영해를 제외한 중간 수역은 당연히 공해로 된다.

해협의 양안이 각각 다른 국가에 속할 경우, 그 사이의 거리가 각 영해 폭의 합계보다 좁을 때는 양국 간의 합의나 특별한 관습이 없는 한, 양안의 중앙선이 경계로 된다. 양안의 거리가 각 영해 폭의 합계를 초과할 때는 각각의 영해의 폭을 제외한 나머지 중간수역은 공해로 된다. 위의 어느 경우에 있어서도 해협은 양안국의 내수로 되지 않는다. 그러므로 영해를 구성하는 해협(또는 해협의 영해부분)에서는 당연히 외국 선박의 무해통항권이 인정된다.

국제해협(international strait)이란 '국제적인 항행을 위하여 사용되는 해협'(strait used for international navigation)을 의미한다. 종래 국제해협은 공해의 두 부분을 연결하는 필수적인 통로로서 외국 선박의 왕래가 빈번한 곳, 이를테면 국제해상교통의 요로에 해당하는 해로라고 정의되어 왔다. 영해협약도 국제해협에 관하여 "두 개의 공해 사이 또는 공해와 타국의 영해 사이에서 '국제항행에 사용되고 있는 해협'을 통과하는 외국 선박의 무해통항을 일시적으로라도 정지케 해서는 안 된다."라고 규정하고 있다(제16조 4항).

그러나 '코르푸 해협 사건'(Corfu Channel case)에 대한 국제사법재판소의 판결 이래 국제해협의 개념이 대폭적으로 완화됨으로써, 오늘날은 국제해상교통의 요로가 아닌 해협으로까지 그 개념이 확대되게 되었다. 한편 해양법상 국제해협이 문제되는 경우는 그 해협수역이 모두 1국 또는 2국 이상 연안국의 내수나 영해로 폐쇄되는 경우이다. 따라서 해협의 중앙 부분에 공해대가 존재하는 경우에는 해양법협약상 국제해협의 통항과 관련하여 복잡한 문제가 발생하지 않게 된다.

해양법협약은 국제해협에 관한 협약상 제규정(제34조~45조)의 적용 범위에 관하여 규정하고 있다. 즉 이들 제규정은 국제항행을 위하여 사용되는 해협으로서 '해협 연안국의 영해를 구성하는 수역'에 대하여만 적용된다고 규정함으로써 국제해협의 개념을 재확인하고 있다(제36조). 그러므로 해협 내에 공해 또는 배타적경제수역의 통과항로가 존재할 경우에는, 국제해협에 관한 협약의 제규정은 적용되지 않는다(예컨대 대한해협은 폭이 가장 좁은 부분이 23.5해리이기는 하나, 해협 연안국인 대한민국과 일본이 각각 3해리의 영해를 설정하고 있으므로 그 중앙 부분에 17.5해리의 公海帶가 존재하게 됨으로써 통과통과권이 인정되는 국제해협에 관한 해양법협약의 적용 대상으로부터 제외되는 것이다).

그리고 해양법협약의 상기 제규정은 ① 직선기선의 설정으로 새로이 내수로 포함된 수역을 제외한 해협 내 내수의 전 수역, ② 해협 연안국의 영해 외측에 있는 배타적경제수역 또는 공해, ③ 특별히 그에 대하여 오랫동안 실시되어 온 조약에 의하여 통항이 전면적으로 또는 부분적으로 규제되고 있는 해협(예컨대 Constantinople 해협, Gibraltar 해협 등)의 법제도에는 영향을 미치지 않는다(제35조).

Ⅱ. 국제해협의 유형 및 선박의 통항권

영해의 범위가 12해리로 정해지고 과거 공해였던 다수의 해협이 연안국의 영해로 포함되게 됨으로써 제3차 국제연합 해양법회의에서는 국제해협에서의 통항권 문제가 주요 논점의 하나로 부각되었다. 연안국들은 국제해협에 대하여도 일반 영해의 경우와 동일하게 무해통항권만을 인정하려는 데 반하여, 해양강대국들은 군함과 군용항공기를 포함하여 모든 선박과 항공기에 대한 통과의 자유를 보장할 것을 요구하였다. 해양법협약에서는 타협의 결과 특정 유형의 국제해협에 한하여 선박 및 항공기의 '통과통항권'(right of transit passage)을 인정하게 된 것이다.

해양법협약에 의하면 국제해협은 다음의 3개 유형으로 구분되며, 이에 따라 통항권의 성질을 달리한다. 제1 유형은 공해 또는 배타적경제수역과 다른 공해 또는 배타적경제수역 사이를 연결하는 해협이다(제37조). 모든 선박과 항공기는 이러한 해협에서 '방해받지 않는 통과통항권'을 갖는다(제38조 1항). '통과통항'(transit passage)이라고 함은 제1 유형의 해협을 계속적으로 신속하게 통과할 목적만으로써 항행 및 상공비행의 자유를 협약상의 규정에 따라 행사함을 의미한다. 단, 이러한 통과통항의 요건은 해협 연안국의 입국조건에 따른 입항 및 출항 또는 회항을 목적으로 하는 해협통항을 배제하지 않는다(제38조 2항).

제2 유형의 해협은 제1 유형과 같은 해협이 해협 연안국의 본토와 섬에 의하여 형성되고, 그 섬의 외측 공해 또는 배타적경제수역상에 수로학상의 특성에 있어서 '유사한 편의를 갖는 항로'(a route of similar convenience)가 존재하는 경우를 말한다(해양법협약 제38조 1항, 제45조 1항 a 단서, 예를 들어 제주해협은 본토인 한반도와 제주도에 의하여 형성되고 있는 국제해협이지만 제주도 외측에 광대한 유사편의항로가 존재하고 있으므로 제2 유형의 국제해협에 해당된다고 본다).

제3 유형은 공해 또는 배타적경제수역과 외국 영해 사이를 연결하는 해협이다(해양법협약 제45조 1항 b). 제2 유형 및 제3 유형의 국제해협에서는, 모든 국가의 선박은 단지 무해통항권만을 갖는다. 단, 이런 경우 무해통항은 일시적으로라도 정지될 수 없다(제45조 1, 2항).

III. 통과통항권의 내용

해양법협약은 통과통항권을 행사하는 선박 및 항공기의 의무사항에 관하여 규정하고 있다. 통과통항권을 행사하는 모든 선박과 항공기는 ① 해협 또는 그 상공을 지체 없이 항진하여야 하고, ② 해협 연안국의 주권, 영토보전 또는 정치적 독립에 반하거나 국제연합 헌장에 규정되고 있는 국제법의 제원칙에 반하는 기타 방법에 의하여 무력의 위협 또는 무력을 행사함을 억지하여야 하며, ③ 불가항력이나 조난으로 인한 경우를 제외하고, 통상적으로 행하는 계속적·신속한 통과에 부수되지 않는 어떤 행동도 억지하여야 한다.

(제39조 1항). ④ 통과통항 중인 선박은 해상충돌방지를 위한 국제규칙을 비롯하여 일시적으로 수락된 국제해상안전규칙 및 관행과 오염의 방지·감소·규제를 위한 국제규칙 및 관행을 준수하여야 하며(동조 2항), 통과통항에 관하여 해협 연안국이 정한 제법령 및 해양법협약에 의하여 해협 연안국이 지정한 통항로와 통항분리제도를 준수하여야 한다(제41조 7항, 제42조 4항). 또한 어떤 외국 선박(해양과학조사선 및 수로측량선을 포함)도 통과통항 중에 해협 연안국의 사전허가 없이 조사 및 측량활동을 하지 못한다(제40조). ⑤ 통과통항 중인 항공기는 국제민간항공기구(ICAO)가 제정한 민간항공기용의 항공규칙을 준수하여야 하며, 정부항공기도 통상 이러한 조치에 따르도록 한다(제39조 3항). ⑥ 국가선박 및 국가항공기가 해협 연안국의 법령을 위반하여 해협 연안국에 손해를 끼칠 경우, 선박의 기국 또는 항공기의 등록국은 국가책임을 진다(제42조 5항).

아울러 해양법협약은 통과통항에 대한 해협 연안국의 법령제정권과 의무에 관하여 규정하고 있다. ① 해협 연안국은 통과통항에 관한 제법령, 즉 항행안전과 해상교통의 규제, 해양오염의 방지·감소 및 어로의 방지, 해협 연안국의 관세·재정·출입국 또는 위생법령에 위반되는 물품·통화의 양하와 적하, 혹은 사람의 승선·하선에 관한 법령을 제정할 수 있다(제42조 1항). 그리고 이러한 제법령은 적절하게 공시되어야 한다(동조 3항). 그러나 이러한 법령으로써 형식적으로나 사실상으로 외국선박 간에 차별을 두어서는 안 되며, 또한 법령을 적용함에 있어서 통과통항권을 부정·방해 또는 침해하는 실제적 효과를 가져서도 안 된다(동조 2항). ② 해협 연안국은 통과통항권을 방해하지 않을 의무를 지며, 해협 또는 해협상공에서의 항행 또는 비행에 대한 위험을 알고 있을 경우, 이를 적절하게 공시하여야 한다. 단, 어떤 경우에도 통과통항을 정지케 하여서는 안 된다.(제44조).

Ⅳ. 통과통항권과 무해통항권의 비교

해양법협약의 채택 과정에서 미국을 비롯한 해양 강대국들의 강력한 주장으로 성립된 통과통항권이라는 새로운 통항제도는 자유통항권과 무해통항권의 중간적 성격을 갖는 것이다. 여기서 두 통항제도의 차이점을 지적하면 다음과 같다.

① 통과통항은 선박뿐만 아니라 항공기에도 적용되나, 무해통항은 그 관련규정에서 모든 선박에만 허용되는 것으로 되어 있어 항공기를 제외한 선박에만 적용된다. ② 잠수함의 경우 무해통항이 허용되기 위해서는 국기를 게양하고 수면 위로 항행하여 통과하여야 한다. 그러나 통과통항의 경우에는 명문의 규정이 없어서 해석이 나뉠 수 있으나, 대부분의 학자들은 통과통항 시 잠수함이 반드시 수면 위로 부상하여 통과할 필요가 없다고 본다. ③ 무해통항에 있어서는 통항의 유해 여부를 연안국이 주관적으로 결정하여 무해가 아닌 경우 통항을 거부할 수 있으나, 통과통항제도 하에서는 오염방지법률 등과 같은 통항 규제법규의 위반책임은 별도로 하고 통항 자체를 거부할 수는 없다.

한편 영해에 있어서의 무해통항은 연안국이 안보상의 이유로 정지시킬 수 있어 어떤 이유로도 통항을 정지시킬 수 없는 통과통항과 다르다고 할 수 있겠으나, 앞에서 언급한 바와 같이 국제해협에서의 무해통항은 어떠한 경우에도 정지될 수 없는 것으로 규정하고 있으므로 이 경우 양자의 차이가 별로 없다고 하겠다.

제5절

배타적경제수역

Ⅰ. 배타적경제수역의 개념

1. 의의 및 법적 지위

배타적경제수역(exclusive economic zone)이란 영해와 접속하는 일정 범위(200해리)의 수역에서 그 수중, 해저 및 지하에 있는 모든 천연자원의 탐사·개발·보존·오염방지 및 과학적 조사 등에 관하여 연안국이 배타적으로 권리를 행사하는 관할수역을 말한다. 다시 말하면, 배타적경제수역은 종래의 보존수역, 어업전관수역, 대륙붕 제도 외에 해양의 조사 및 오염방지 등에 관한 연안국의 배타적 권리를 포괄적으로 한층 더 강화하고 단일화한 수역이다. 배타적경제수역은 해양법협약에서 새롭게 도입된 혁신적인 제도이다.

배타적경제수역의 법적 지위 문제는 원래 제3차 국제연합 해양법회의에서의 주요 쟁점 가운데 하나였다. 해양법협약에 의하면 배타적경제수역은 "영해 이원에 인접하고 본부(제5부)에서 확립된 '특별한 법제도'(*sui generis* legal regime)에 따르는 수역"이라고 규정되고 있다(제55조). 또한 동협약에는 이 수역을 공해에 관한 규정의 적용 범위로부터 제외시키고 있다(제86조). 그러므로 배타적경제수역은 전통적인 공해 또는 영해의 개념에 속하지 않는, 독특한 법적 지위를 갖고 있다고 할 수 있다.

2. 제도화의 배경

배타적경제수역의 개념은 1950년대 전후의 중남미 제국의 주장(1945년 멕시코, 1946년 아르헨티나, 1947년 칠레와 페루, 1948년 코스타리카, 1950년 온두라스와 엘살바도르 등이 국내입법 또는 선언의 형식에 의하여 주장한 것으로서, 그 내용에는 다소 차이가 있으나 대체로 거안 200해리의 해저와 그 상부수역에 대하여 연안국의 주권 또는 배타적 관할권을 인정한다는 것)이나, 1952년의 「산티아고 선언」(Declaration of Santiago, 이는 칠레, 에콰도르 및 페루 등 이른바 C.E.P. 3국이 거안 200해리의 수역 내에서 연안국이 주권과 배타적 관할권을 갖는다는 내용으로서 중남미제국의 주장을 집약한 것이다), 평화선 선언(1952년에 이루어진 대한민국의 「인접해양의 주권에 대한 대통령선언」으로서 심도 여하를 불문하고 대륙붕의 상부수역과 지하에 대하여 연안국이 주권을 갖는다는 내용이다.) 등에서 그 萌芽的 요소를 찾아볼 수 있다.

그러나 이 개념이 제3차 해양법회의의 주요 문제의 하나로 제기되고 또한 국제법상 제도화되는 추세로까지 전개된 직접적인 계기는, 해양자원의 보존과 개발에 대한 다수 개발도상국의 강력한 요구를 배경으로 행하여진 「산토도밍고 선언」 및 아프리카 제국에 의한 경제수역 주장이라 하겠다(라틴 아메리카 9개국은 이미 1970년 5월, 거안 200해리 수역에 대한 배타적 자원관할권을 주장하는 「몬테비디오 선언」을 채택하였고, 동년 8월 상기 선언에 참여한 국가를 포함한 라틴 아메리카 20 개국이 그 내용을 재확인하는 「리마 선언」을 채택한 바 있다).

1972년 6월, 카리브해(Caribbean Sea) 연안 제국은 도미니카의 산토도밍고(Santo Domingo)에서 개최된 '해양문제전문가회의'(Specialized Conference on the Problem of the Sea)에서 이른바 「산토도밍고 선언」을 채택하였다. 그 주요 내용은 ① 영해의 범위는 앞으로 범세계적인 조약으로써 결정하기로 하되, 그 때까지 잠정적으로 12해리 한도 내에서 연안국이 자유로이 정할 권리를 갖는다. ② 연안국은 영해와 접속하는 고유수역(patrimonial sea)의 수중, 해저 및 지하에서 발견되는 모든 천연자원에 대하여 주권적 권리를 갖는다. ③ 고유수역의 범위는 범세계적인 조약에 의하여 정하여져야 하되, 영해와 고유수역 모두를 합하여 최대한 200해리를 초과하지 못한다. ④ 모든 국가의 선박과 항공기는 고유수역 내에서 항행과 상공비행의 자유를 향유한다. 이 선언의 내용은 1973년, 콜롬비아와 멕시코 및 베네수엘라(이른바 C.M.V.) 3국에 의하여 '국제연합 심해저평화이용위원회'에 제출되었다.

한편 1971년 국제연합 총회에서 케냐(Kenya) 대표가 200해리의 경제수역안을 주장한데 이어, 1972년 6월 아프리카 17개국은 카메룬의 야운데(Yaunde)에서 개최된 해양법 세미나(African States Regional Seminar on the Law of the Sea)에서 만장일치로써 일련의 권고를 채택하였는 바, 그 주요 내용은 다음과 같다. ① 영해의 범위는 12해리를 초과하지 못하되 영해 외측에 경제수역을 설치한다는 것, ② 경제수역 내에서 연안국은 해양생물자원의 관리·규제·개발 및 오염방지에 관한 배타적 관할권을 갖는다는 것, 그리고 ③ 경제수역의 범위는 동 수역 내의 자원, 내륙국 및 지리적 불리국의 권리와 이익을 정당하게 참작한 지리적 고려에 따라서 결정하기로 한다는 것 등이다.

이 '야운데 권고'는 1973년 아프리카통합기구(OAU) 외상회의에서의 아디스아바바(Addis Ababa)선언, 동년 알지에(Algiers)에서 개최된 제4차 비동맹국회의, 1974년 소말리아(Somalia)에서 개최된 아프리카 외상회의 등에 의하여 재확인되었다. 이와 같은 고유수역 또는 경제수역의 주장은 다분히 '천연자원에 대한 영구적 주권'(permanent sovereignty over natural resources) 개념에 입각하는 것이다. 그러므로 이들 제국은 이 수역에 대한 연안국의 주권적 권리 또는 배타적 관할권이 연안국의 고유의 권리임을 강조하면서, 만약 타국이 이 수역 내에서 어업에 종사하고자 할 경우에는 당연히 연안국의 법률에 따라 허가를 받아야 하고 또한 소정의 入漁料를 지불해야 한다는 것이다.

미국과 구소련 등 선진국들은 당초 연안국에 대해서 영해 외측에서의 일정한 '우선적 어업권'만을 인정하는 정도의 양보를 표명함으로써 200해리 경제수역의 설정을 저지하려고 시도하였으나, 그 후 차츰 경제수역안에 동조하는 국가의 수가 증가하고 선진국 상호간에도 연안어업국과 원양어업국 사이에 이해관계가 대립됨에 따라 스스로 독자적인 경제수역안을 마련하여 제출하기에 이르렀다. 개발도상국의 주장과 미국과 구소련 등 선진국의 주장과의 차이는, 전자가 경제수역 내에서의 연안국의 권리를 주권 또는 주권적 권리로 보는 데 반해, 후자는 권리의 배타성을 인정하되 경제수역이 본질적으로는 공해에 해당한다고 보고 연안국의 권리에 대해 더욱 많은 제한을 가하려고 하는 데 있었다.

II. 배타적경제수역의 범위 및 경계획정

배타적경제수역의 범위는 영해 측정기선으로부터 200해리를 초과하지 못한다(해양법협약 제57조). 배타적경제수역의 외측한계선 및 2국 간의 경계획정선은 공인되는 해도상에 표시하고 적절하게 공시하여야 하며, 그 사본을 국제연합 사무총장에게 기탁하여야 한다(제75조).

인접국 또는 대향국 간에 배타적경제수역의 경계를 획정함에 있어서는 ① 형평한 해결을 달성하기 위하여 국제사법재판소규정 제38조에 언급된 국제법을 기초로 하여 합의에 의하여 정하여야 한다(제74조 1항, 대륙붕의 경우 참조). ② 합리적 기간 내에 합의에 이르지 못할 경우, 관계당사국은 해양법협약 제15부에 규정된 절차에 따라 이를 관계기관에 부탁하여야 한다(동조 2항, 분쟁해결절차에 관해서는 후술). ③ 관계당사국은 합의에 도달할 때까지 상호 이해 및 협력의 정신으로써 잠정약정을 체결하도록 노력하여야 한다(동조 3항).

III. 연안국의 권리 및 의무

첫째, 연안국은 경제수역에서 ① 해저, 지하 및 상부수역의 생물(단, 定着魚種은 제외) 또는 비생물 천연자원을 탐사·개발·보존·관리하기 위한 주권적 권리와 ② 해수·해류·해풍을 이용한 에너지 생산 등, 동 수역의 경제적 탐사 및 개발활동에 관한 권리를 갖는다(해양법협약 제56조 1항 a). 단, 해저 및 그 지하자원의 탐사 및 개발에 관하여는 대륙붕제도에 관한 제규정이 적용된다(동협약 제56조 3항).

둘째, 연안국은 ① 인공도서, 시설 및 구조물의 설치·사용, ② 해양과학조사, ③ 해양환경의 보호 및 보존 등에 관한 배타적 관할권을 갖는다(해양법협약 제56조 1항 b). 또한 연안국은 인공도서, 시설 및 구조물을 설치할 경우 안전을 보장하기 위하여 그 주변에 500m를 초과하지 않는 범위에서 안전수역(safety zone)을 설정할 수 있다(동 협약 제60조 4, 5항).

셋째, 연안국은 특히 배타적경제수역 내의 생물자원을 탐사·개발·보존·관리하기 위한 주권적 권리를 행사함에 있어서, 본 협약에 따라 자국이 제정한 법령의 준수를 확보하기 위하여 위반 선박에 대한 승선·검사·나포 및 소송절차를 포함하는 필요한 조치를 취할 수 있다(해양법협약 제73조 1항). 단, 배타적경제수역에서의 어업법령 위반에 대한 연안국의 처벌에는 관계당사국 간에 달리 합의가 없는 한, 금고 또는 기타의 體刑을 포함하지 못한다(동조 3항). 외국선박을 나포 또는 압류하였을 경우, 연안국은 취하여진 조치와 그 후에 과하여진 형벌을 당해 선박의 기국에게 통고하여야 한다(동조 4항).

Ⅳ. 타국의 권리 및 의무

일반적으로 모든 국가는 연안국이나 내륙국이거나 관계없이 배타적경제수역 내에서 해양법협약 제87조에서 규정한 항행·상공비행 및 해저전선과 관선 부설의 자유와 이 자유와 관련되어 선박, 항공기, 해저전선 및 관선의 운용에 부수되는 해양 이용의 자유를 갖는다(해양법협약 제58조 1항). 해양법협약의 공해에 관한 제규정(제88조~115조)은 배타적경제수역의 제규정과 저촉되지 않는 범위에서 적용된다(제58조 2항). 그러나 이러한 권리를 행사하고 의무를 이행함에 있어서 각국은 연안국의 권리와 의무를 적절하게 고려하여야 하며, 기타 국제법상의 규칙과 해양법협약에 따라 채택되고 있는 연안국의 법령을 준수하여야 한다(동조 3항).

특히 해양 이용에 있어서 불리한 위치에 있는 내륙국(land-locked States) 및 지리적 불리국(geographically disadvantaged States)은 모든 관계당사국의 경제적·지리적 관계사항을 고려하고, 또한 해양법협약 제69조와 생물자원의 보존 및 개발에 대한 규정(제61조 및 62조)에 따라서 동일 소지역 혹은 지역적 연안국의 배타적경제수역 생물자원의 잉여분에 대한 개발에 형평한 기초 위에서 참가할 권리를 갖는다(제69조 1항, 제70조 1항). 그 참가의 조건 및 방법은 관계당사국 간의 합의를 통하여 결정한다(제69조 2항, 제70조 3항).

단, 내륙국 및 지리적 불리국의 권리에 관한 여러 규정은 그 국가경제가 배타적경제수역의 생물자원개발에 전면적으로 의존하고 있는 연안국에 대하여는 적용되지 않는다(제71조). 여기에서 지리적 불리국이라 함은 그 지리적 상황상 주민 또는 일부 주민의 영양상의 목적을 위하여 적절한 어류 공급을 타국의 배타적경제수역에 의존하여야 하는 연안국(폐쇄해 및 반폐쇄해에 접한 연안국을 포함)과 자체의 배타적경제수역을 주장할 수 없는 연안국을 말한다(제70조 2항).

V. 생물자원의 보존 및 이용

1. 생물자원보존에 관한 일반원칙

연안국은 배타적경제수역에서의 남획을 방지하기 위하여 과학적 근거에 입각해서 적절한 보존조치를 취하여야 한다. 이를 위하여 연안국은 자국의 배타적경제수역 내의 '생물자원의 허용어획량'(allowable catch of the living resources)을 결정하여야 한다(해양법협약 제61조 1항). 또한 연안국은 보존 및 관리조치를 위하여 관련 국제기구와 협력해야 한다(동조 2항). 이러한 보존조치는 관련되는 환경적·경제적 요소, 개발도상국의 특별 요구, 어로방법, 각 어종 간의 상호의존성 등을 고려하여 생물자원의 '최대한의 지속적 생산'(maximum sustainable yield)을 유지하도록 마련되어야 한다(동조 3항). 최대한의 지속적 생산은 수산자원학상의 개념으로서 어업을 조정함으로써 각종 어족의 밀도를 최적상태로 유지하고 그 이후부터 기대되는 매년의 자연증대량 만큼을 어획량으로 전환하여 영구적으로 최대의 어획량을 유지시켜 나가는 것을 의미한다.

2. 생물자원의 이용에 관한 일반원칙

연안국은 배타적경제수역에서의 생물자원의 허용어획량의 범위 내에서 자국의 '어획능력'(capacity to harvest)을 결정하여야 한다(해양법협약 제62조 1항 및 2항 전단). 자국의 어획능력이 어획허용량에 미치지 못할 경우, 그 剩餘分에 대하여는 타국의 入漁를 인정해야 한다(동조 2항 후단). 단, 이러한 경우에는 연안국 자신의 경제, 내륙국과 지리적 불리국의 이익, 지역 내 개발도상국의 요구, 과거부터 동 수역에서 어로활동을 해온 국가들의 경제적 혼란의 극소화 등을 고려하여야 한다(동조 3항). 또한 이러한 경우 타국 국민은 연안국이 해양법협약에 따라 제정한 관계법령(예를 들어 보존조치, 입어료, 어획이 허용되는 어종, 어획할당량, 어구의 크기와 종류,

漁期 등의 어로조건 등)을 준수하지 않으면 안 된다(동조 4항).

3. 특정어종에 대한 특별조치

2개 연안국 이상의 배타적경제수역을 왕래하며 서식하거나 또는 배타적경제수역과 그 이원의 공해수역에 동시에 서식하는 어종·高度回遊性 어종·해양포유류·溯河性 어족·降河性 어족 등의 특정 어종에 대하여 그 보존과 개발에 관해서 특별조치가 적용된다(해양법협약 제63조~67조).

2국의 배타적경제수역의 경계를 넘나드는 이른바 '경계왕래어족'(transboundary fish stocks)의 경우에는 당해 연안국 간에, 그리고 배타적경제수역과 그 바깥의 공해수역에 걸쳐서 서식하는 이른바 '경계내외분포 어족'(straddling fish stocks)의 경우는 연안국과 공해어업국 간에 직접 또는 적절한 소지역기구나 지역기구를 통하여 이러한 어족의 보존과 개발을 조정하고 보장하는 데 필요한 조치에 합의하도록 노력하여야 한다. 연안국과 '고도회유성 어종'(highly migratory species)을 어획하는 국민이 있는 타 국가는 배타적경제수역과 그 바깥의 공해수역에서 이러한 어종의 보존을 보장하고 최적이용 목표를 달성하기 위하여 직접 또는 적절한 국제기구를 통하여 협력해야 한다. '해양포유류'(marine mammals)의 경우 연안국과 국제기구는 그 보존을 위하여 배타적경제수역 내의 자원보존조치보다 더욱 엄격한 규제조치를 취할 수 있다. 국가들은 해양포유류의 보존을 위하여 협력해야 하며 특히 고래류(cetaceans)의 경우 국가들은 관련 국제기구를 통하여 그 보존·관리 및 연구를 위한 노력을 해야만 한다. '溯河性 어족'(anadromous stocks)의 경우 그

어족이 起源하는 하천의 국가는 이러한 어족에 대한 일차적 이익과 책임을 가지며, '降河性 어족'(catadromous species)의 경우는 그 생존 기간의 대부분을 보내는 수역의 연안국이 그 어종의 관리에 책임을 지며 회유성 어류의 진입과 진출(ingress and egress)을 보장해야만 한다.

제6절

대륙붕

Ⅰ. 대륙붕의 의의 및 제도화

'大陸棚'(continental shelf)이란 원래 지질학상의 용어이다. 육지는 海面下로 완만한 경사를 지어 점차로 깊어지는 대륙붕의 특징을 보이면서 일정한 심도까지 계속되다가 그 다음은 급경사를 이루어 함몰되는 '大陸斜面'(continental slope)이 나타나고 다시금 경사가 완만해지는 '大陸隆起' 또는 '大陸臺'(continental rise)로 이어지면서 대양의 해저, 즉 심해저로 연결되고 있다. 이 때 최초의 급경사 지점의 심도는 일정하지 않으나 대개의 경우 약 200m 정도라고 하며, 그 곳까지를 지질학상으로 대륙붕이라고 한다. 대륙붕 문제가 제2차 세계대전 이후 새로이 대두된 것은 대륙붕 속에 석유 기타의 광물자원이 풍부하다는 점이 확인되고 기술의 진보에 의하여 해저자원의 개발이 용이하게 됨으로써 연안국마다 대륙붕 자원에 대한 관할권의 확보가 시급히 요청된 때문이다.

전후에 이 문제에 대하여 국제적 관행을 선도한 것은 미국이었다. 1945년 9월 28일 미국의 트루먼 대통령은 「대륙붕의 지하 및 해상의 천연자원에 관한 미합중국의 선언」(Proclamation with respect to the Natural Resources of the Subsoil and Sea-Bed of the

Continental Shelf)을 발포하였다. 이것이 이른바 「대륙붕에 관한 트루먼 선언」이다. 이에 의하면 "공해라 할지라도 미국 연안에 인접한 대륙붕의 지하 및 해상에 있는 천연자원은 미국에 속하며, 그 관할과 관리에 따른 것으로 본다."라고 되어 있으며, 이어서 "대륙붕이 타국의 연안까지 접속되는 공유대륙붕의 경우에는 형평의 원칙에 의하여 경계선을 획정"하며, 또한 "대륙붕 상부수역의 공해로서의 성질과, 상부수역에서의 자유로운 항행의 권리에는 아무런 영향을 미치지 않는다."라고 되어 있다.

이 선언이 계기가 되어 중남미 제국을 비롯한 다수 국가가 각각 대륙붕 선언을 행하였다. 그러나 각국 주장의 내용은 반드시 일정한 것이 아니었다. 가령 대륙붕의 상부수역에까지 주권을 주장하는 국가, 수심에는 관계없이 연안으로부터 200해리의 범위를 주장하는 국가, 또는 대륙붕에 대한 영토권을 설정하여, 이를 자국에 편입시키려는 국가 등 각 선언의 내용은 구구하였다. 대륙붕에 관한 각국의 여러 주장들을 조정하고 통일된 규칙을 확립하기 위하여 1958년 제1차 해양법회의가 열렸고 국제연합 국제법위원회(ILC)가 작성한 초안을 기초로 하여 대륙붕협약이 채택·발효된 바 있다.

II. 대륙붕의 법적 정의 및 범위

우선 1958년의 대륙붕협약에서는 지질학상의 개념을 기초로 하여 대륙붕이란 "해안에 인접하되 영해 밖으로 수심 200m에 이르거나 또는 이를 초과하더라도 해저지역의 천연자원의 개발이 가능한 수심까지의 해저지역의 해상 및 그 지하"로 규정하였다(제1조). '수심 200m'와 '개발가능성'이라는 두 기준에 따라 대륙붕은 영해 이원의 일정 범위의 해저지역의 해상 및 그 지하로 정의되고, 그 범위는 수심 200m까지 또는 개발 가능한 한도까지로 제한되었다.

그러나 근래 들어와 해저자원에 대한 개발기술이 급속도로 발달함에 따라 과거의 수심 기준은 무의미하게 되었고 대륙붕의 개념 및 그 범위에 관하여 새로운 문제가 제기되었다. 이와 관련하여 과거 대륙붕협약의 규정에 따를 경우 개발 가능성 여하에 따라서 이른바 심해저에까지 대륙붕의 범위가 확대될 우려가 있으므로, 그 한도를 영토의 자연적 연장이 끝나는 '大陸端'(continental margin, 지질학상의 용어로서의 대륙붕, 대륙사면 및 대륙대를 포함하는 개념)의 外緣(the outer edge)까지로 한정하는 것이 합리적이라고 하는 '영토의 자연연장론'(natural prolongation of land territory)이 대두되기에 이르렀다. 그리고 지질학적 특성이나 수심과는 상관없이 200해리 범위에서 수중·해저·지하에 대한 경제적 관할권을 인정하는 배타적경제수역의 개념이 생겨남에 따라 대륙붕의 범위도 최소한 200해리까지 확장해야 한다는 주장도 나오게 되었다.

해양법협약은 위의 주장들을 받아들여 연안국의 대륙붕은 대륙단의 외연까지의 해저구역으로 정하되, 대륙단의 외연이 200해리 미만의 지점에서 끝날 경우에는 영해 측정기선으로부터 200해리까지의 해저구역으로 정한다고 규정하고 있다(제76조 1항). 한편 대륙단의 외연이 기선으로부터 200해리 이원에까지 멀리 연장되어 있는 경우에는 심해저 자원의 활용에 대한 공익적 관점을 고려하여 대륙붕의 최대 범위를 기술적으로 제한하고 있다. 즉 대륙붕의 외적 한계는 퇴적암의 두께가 각 최외곽 고정점으로부터 대륙사면의 基底(foot)까지의 최단거리의 최소한 1%인 지점들을 각각 최대 60해리가 넘지 않는 직선으로 연결한 선 또는 대륙사면으로부터

60해리를 초과하지 않는 고정점들을 연결한 선 가운데 하나로 설정해야 한다는 것이다(동조 4항 a). 그리고 대륙붕의 외적 한계의 설정에 활용되는 고정점들은 어떠한 경우에도 기선으로부터 350해리를 초과하거나 또는 수심 2,500m의 等深線으로부터 100해리를 초과하지 못하도록 되어 있다(동조 5항).

Ⅲ. 대륙붕의 법적 지위 및 연안국의 권리·의무

1. 대륙붕의 법적 지위

대륙붕은 전통적으로 공해에 대한 연안국의 관할권 확장으로 취급되어왔다. 따라서 독자적인 법적 지위를 갖는 배타적경제수역과는 달리, 대륙붕 및 대륙붕자원을 제외한 상부수역은 공해로서의 법적 지위가 유지되며, '공해자유의 원칙'에 따라 자유롭게 이용될 수 있다고 본다. 그러나 대륙붕은 그 설정에 관한 명시적인 선언에 관계없이 연안국의 권리가 인정된다는 점에서 그 특별한 성격이 인정되고 있으며, 오늘날 해양법협약 체제 하에서 보면 대륙붕 상부수역이 대부분 배타적경제수역과 일치된다는 점에서 전통적인 공해로서의 지위와는 다른 법적 지위가 인정될 수도 있게 되었다. 대륙붕협약에는 대륙붕 자원에 대하여 권리를 행사하더라도 그 상부수역의 '공해로서의 법적 지위'는 영향을 받지 않는다고 규정하고 있으나, 해양법협약에서는 동일한 내용을 규정하면서도(제78조), '공해'라는 용어를 삭제하게 된 것은 바로 이 때문이다. 어쨌든 대륙붕은 연안국의 제한적인 주권적 권리가 인정되는 법적 제도로 파악할 수 있을 것이다.

2. 연안국의 권리·의무

1) 주권적 권리의 성질·내용 및 연안국의 의무

일반적으로 대륙봉을 보유하고 있는 연안국은 대륙봉을 탐사하고 그 천연자원을 개발하기 위한 '주권적 권리'(sovereign right)를 가진다(대륙봉협약 제2조 1항, 해양법협약 제77조 1항). 여기에서 연안국의 주권적 권리 행사의 대상이 되는 대륙봉의 천연자원은 석유·천연가스 기타의 광물자원에만 한정되는 것이 아니고 '정착성 어종'(sedentary fisheries)에 속하는 생물체도 포함된다. 정착성 어종에 속하는 생물이란 수획기에 있어서 해저의 표면 또는 그 하부에 정지하고 있거나, 해저의 표면 또는 지하에 항시 접촉하여 움직이는 생물을 말한다(대륙봉협약 제2조 4항, 해양법협약 제77조 4항).

연안국이 행사하는 주권적 권리란 연안국이 아직 그에 인접한 대륙봉을 탐사 또는 개발하지 않는 경우에도, 타국은 연안국의 명시적인 동의 없이는 그 대륙봉에서 활동하거나 권리를 주장할 수 없다는 의미에서 '배타성'을 가지고 있다(해양법협약 제77조 2항 참조). 또한 대륙봉에 대한 연안국의 권리는 배타적경제수역에 대한 관할권과는 달리 실효적이거나 관념적인 점유 또는 명시적 선언에 의존하지 않는 연안국의 '고유한 권리'이다(동조 3항). 그러나 주권적 권리는 주권과 동일한 개념은 아니다. 주권적 권리란 주권과 같이 '포괄적인 권리'가 아니라 일정한 목적에 의하여 제한되는 주권을 뜻하는 것으로 해석된다. 주권적 권리라는 용어에 의하여 연안국의 권리가 대륙봉의 탐사 및 그 자원의 개발에만 미치고 주권의 경우처럼 대륙봉 자체, 또는 그 상부수역에까지는 미치지 못하게 되는 것이다. 따라서 대륙붕의 상부수역은 공해로서의 법적 지위를 가지며, 이는 대륙붕에 대한 연안국의 권리 행사로 인하여 아무런 영향을 받지 아니한다(대륙붕협약 제3조, 해양법협약 제78조 1항). 대륙붕의 탐사 및 천연자원의 개발로 인하여 그 상부수역의 항행·어업 또는 생물자원의 보존에 부당한 방해를 가해서는 안 되는 것이다(대륙붕협약 제5조 1항, 해양법협약 제78조 2항 참조).

예를 들어, 모든 국가는 대륙붕에 해저전선 및 관선을 부설할 수 있으며(해양법협약 제79조 1항), 연안국은 대륙붕의 탐사와 개발, 그리고 관선에 의한 오염의 방지·경감 및 규제를 위한 합리적 조치를 취할 권리에 근거하여 타국에 의한 전선 또는 관선의 부설이나 유지를 방해할 수 없다(대륙붕협약 제4조, 해양법협약 제79조 2항).

연안국은 주권적 권리에 근거하여, 모든 목적을 위하여 대륙붕에서 시추하는 것을 허가하고 규제할 수 있는 배타적 권리를 가지며(해양법협약 제81조), 대륙붕상에서의 해양과학조사를 규제·허가하고 실시할 권리가 있다(동협약 제246조 1항). 또한 연안국은 대륙붕에서 인공도서·시설 및 구조물의 설치·운용·사용의 허가와 규제에 대한 배타적 권리를 가지며(동협약 제80조), 특히 필요한 경우 항행과 인공도서·시설 및 구조물의 안전을 보장하기 위하여 적절한 조치를 취할 수 있는 안전수역(safety zone)을 그 주위에 설치할 수 있다(동협약 제60조 4항). 이 때 특별한 경우를 제외하고 안전수역의 범위는 안전수역에 포함되는 시설이나 구조물의 외연의 각 점으로부터 500m를 초과할 수 없으며, 그 범위는 적절하게 공시되어야 한다(동조 5항). 모든 선박은 이 안전수역을 존중하여야 하며 안전수역 주변에서의 항행에 관하여 일반적으로 승인된 국제기준을 준수하여야 한다(동조 6항).

한편 「핵무기 및 기타 대량파괴무기의 해저설치금지조약」의 당사국인 연안국들은 기선으로부터 12해리 이원의 해저지대에 대량파괴무기(weapons of mass destruction)를 부설하지 않기로 약속하였기 때문에 12해리 이원의 대륙붕 해저에 대량파괴무기를 부설하지 않을 의무를 지게 된다.

2) 200해리 이원의 대륙붕개발에 대한 연안국의 의무

해양법협약에는 200해리를 초과하는 대륙붕 개발에 관한 규정을 두고 연안국에 대하여 특별한 의무를 설정하고 있다. 즉 연안국의 기선으로부터 200해리를 넘어서 소재하는 대륙붕의 '비생물자원'을 개발할 경우, 연안국은 매년 일정한 액수를 현금 또는 현물로써 국제심해저기구(International Sea-Bed Authority)에 납부하여야 하고, 동 기구는 이것을 개발도상국 특히 최저개발국(the least developed States) 및 내륙국의 이익과 필요성을 참작하여 형평한 분배 기준(equitable sharing criteria)에 따라서 해양법협약의 당사국들에게 분배하기로 되어 있다(동협약 제82조 1, 2, 4항 참조). 단, 이러한 연안국의 의무는 당해 광물자원을 전면으로 수입에 의존해왔던 개발도상국이 개발할 경우에는 면제된다(동조 3항).

Ⅳ. 대륙붕의 경계획정

전통적으로 2국 이상의 영해에 동일한 대륙붕이 인접되어 있는 경우, 대륙붕의 경계는 연안국 간의 합의에 의하여 결정되며, 합의가 없을 경우에는 특별 상황에 의한 정당한 경계선이 달리 인

정되지 않는 한 대향국 간에는 대륙붕의 중간선(median line)을, 그리고 인접국 간에는 등거리선(equidistant line)을 경계로 해왔다. 이러한 방법을 '등거리 원칙'(equidistance principle)이라고 한다. 그러나 대륙붕을 포함한 해양관할수역의 경계획정에 관한 원칙은 '등거리 원칙'으로부터 차츰 '형평의 원칙'(equitable principle)으로 변모되어 왔다.

1958년의 대륙붕협약은 해양경계획정의 원칙으로 당사자 간의 합의를 우선적으로 규정하고 '특별 상황'(special circumstances)에 의하여 다른 경계선이 정당화되지 않는 경우에는 등거리선이나 중간선의 방식으로 경계를 획정하도록 하고 있다(제6조 1, 2항). 그러나 그 후의 국가관행이나 재판소의 판례는 등거리원칙에 대한 우선적 지위를 부인하고 그보다도 형평에 따른 경계획정을 일차적인 방식으로 적용해왔다. 이는 특히 대륙붕의 법적 개념을 '영토의 자연적 연장'(natural prolongation of land territory)으로 이해하면서부터 강조되기 시작하였다. 1969년의 '북해 대륙붕 사건'(North Sea Continental Shelf Cases)에서 국제사법재판소는 대륙붕 경계획정은 가능한 한 당사국에게 육지 영토의 자연적 연장을 구성하는 대륙붕 전체를 귀속시키도록 형평의 원칙에 따라 이루어져야 한다고 판시한 바 있다.

이에 따라 해양법협약에서도 전통적인 중간선 및 등거리선의 원칙에 대한 명시적인 규정을 두지 않고 배타적경제수역의 경계획정과 동일한 내용으로 모호하게 규정하고 있을 뿐이다. 즉 대향국 또는 인접국 간의 대륙붕의 경계를 획정함에 있어서는 ① 형평한 해결을 달성하기 위하여 국제사법재판소규정 제38조에 언급된 국제법을 기초로 하여 합의에 의해서 이를 정하여야 한다(제83조 1항).

② 합리적 기간 내에 합의에 이르지 못할 경우, 관계 당사국은 본 협약 제15부에 규정된 절차에 이를 부탁하여야 한다(동조 2항). ③ 관계 당사국은 합의에 도달할 때까지 상호 이해 및 협력정신으로써 과도기 동안 최종적인 합의 도출을 위태롭게 하거나 방해하지 아니하면서 실용적 성격의 '잠정협정'(provisional arrangement)을 체결하도록 노력하여야 한다는 것이다(동조 3항).

생각건대, 특별한 상황이 존재하지 않는 경우 대향국 또는 인접국 간의 해양경계가 중간선 또는 등거리선에 의하여 획정되는 것이 합리적이며 형평한 결과를 가져올 수 있다는 점에서 등거리의 원칙과 형평의 원칙은 서로 조화될 수 있는 것이다. 다만 해안선이 심한 굴곡을 이루고 있거나 해안에 도서가 위치하는 등의 특별 사정이 있는 경우, 이러한 상황을 합리적으로 고려하여 경계를 획정해야만 한다는 데 형평의 원칙이 중시되는 까닭이 있다. 그러나 해양법협약을 통하여 단순한 거리 개념에 입각한 배타적경제수역제도가 채택되면서 다시 등거리 원칙이 강조되는 상황이 도래할 것으로 예측되기도 한다.

제7절
공해

Ⅰ. 공해의 의의 및 법적 지위

전통적인 관습국제법 및 1958년의 공해협약에 의하면, 공해는 "영해와 내수를 제외한 해양의 전부"를 의미한다(제1조). 그러나 해양법협약에서는 새로운 법제도인 배타적경제수역과의 관계를 고려함으로써 "배타적경제수역, 영해 및 내수 또는 군도국가의 군도수역에 포함되지 않는 해양의 모든 부분"이 공해로 규정되고 있다(제86조).

학자들은 공해의 법적 지위와 관련하여 무주물(*res nullius*), 公有物(*res communis*: 이는 본래 사법적 개념으로서 '共有物'로 번역되어야 하나 국제사회 또는 인류 전체의 소유라고 하는 공익적 관념이 반영되어 있다는 근거에서 보통 '公有物'로 번역되고 있음), 불융통물(*res extra commercium*), 또는 國際公域(international public domain)에 속하는 것으로 다양하게 설명해 왔다. 그러나 공해는 선점의 대상이 될 수 없다는 점에서 순전한 무주물이라고 할 수는 없다. 불융통물이란 것도 그것이 원래 사법상 거래의 객체가 될 수 없는 물건을 가리키는 것이니 만큼, 이 역시 적절하지 못하다. 또한 共有物로 보는 견해도 그것이 공유자에 의한 지분의 분할이 전제되고 있는 개념인 만큼, 공해의 법적 지위에 대한 타당한 개념이 될 수 없는 것이다. 오히려 공해는 모든 국가의 자유로운 사용을 위하여 개방되어 있다는 점에서 하천이나 도로 등과 같은 행정법상의 公共物(*res publicae*)의 개념과 유사한 면이 있다. 그러나 공해는 인류의 공용으로 사용되고 또 그 사용이 국제법에 의하여 보장되고 있다는 점에서 국제공역이라고 함이 더 적절하다고 본다. 국제공역이란 공유물의 경우처럼 공해가 국제사회의 영유(international property)에 속한다거나 또는 각국의 공동소유(condominium)에 속한다는 것을 의미하는 것은 아니다. 다만 국제공역이라는 말로써 오로지 공해의 '귀속으로부터 자유'와 '공해사용의 자유'를 표현한 것에 불과한 것이다.

II. 공해자유의 원칙

1. 의의

어떤 국가도 공해를 영유할 수 없다(해양법협약 제89조). 이를 공해의 '귀속으로부터의 자유'라고 한다. 또한 공해는 원칙적으로는 모든 국가의 자유로운 사용을 위하여 개방된다(동협약 제87조). 이를 '공해사용의 자유'라고 한다. 이 양자를 합하여 일반적으로 '공해자유의 원칙'이라고 한다. 이 원칙은 오랫동안 관습국제법으로서 성립되어왔으나, 공해협약에 의하여 처음으로 명문화되었으며 이어 해양법협약에 의해서도 재확인되었다. 공해협약에서는 공해사용의 자유의 내용으로서 항행의 자유, 어업의 자유, 해저전선 및 관선부설의 자유, 공해 상공비행의 자유 등을 들고 있으나(제2조), 해양법협약에서는 여기에다 두 개의 자유를 더 추가하고 있다(후술).

2. 역사적 배경

공해자유의 원칙은 해양법의 지주를 이루고 있기는 하나, 이 원칙은 종래 국제법의 문헌상 지나치게 과대평가되어 온 것 같다. 이 원칙은 하나의 역사적 개념이며, 또한 단순한 추상적 이론의 산물이 아니라, 모든 법원칙이 그러한 것처럼 거기에는 보호되어야 할 일정한 사회적 평가가 역사의 어느 단계에서 포함되어 있었던 것이다.

해상교통이 별로 없었던 고대에 있어서는 해양을 공기와 같은 공유물로 보고, 만인에 대하여 자유롭게 개방된 것으로 인정하였다. 그러나 당시의 이러한 해양관은 해양영유 사상에 대항하기 위하여 등장한 오늘날의 '공해자유'의 개념과는 근본적으로 다르다. 중세 말 지중해 연안의 도시국가를 비롯하여 영국, 스칸디나비아 제국 등이 해양의 영유 및 폐쇄를 주장함으로써, 해양은 차츰 '자유해'로부터 '폐쇄해'의 관념으로 전개되고 일반적인 관행으로 나타나게 되었다. 해양의 영유는 주로 동방 제국과의 해상교역 및 어업의 독점을 통한 이익 확보와 해적의 진압 및 해상경비에 대한 대가 요구에 그 근거를 두고 있었다.

해양의 폐쇄 및 영유의 주장이 급속히 확대된 계기는 근세 초 신해양로에 의한 통상활동의 독점을 기도한 스페인과 포르투갈 양국에 의한 '해양 분할'에 있었다. 이들 양국은 1493년 양국 간의 해양분쟁을 재정한 교황 알렉산더 6세(Pope Alexander VI)의 교서에 의하여 스페인은 태평양 전역과 대서양 일부분을, 포르투갈은 인도양과 대서양 대부분을 영유하는 동시에(1494년 6월 스페인과 포르투갈은 경계획정에 관하여 「Tordesillas 조약」을 체결하였다), 이 해역 내에서 허가 없이 외국인이 선박을 통항시키거나 통상활동을 하는 것을 금지하였던 것이다.

양국의 해양분할에 대하여, 당시 신흥해양국인 영국과 네덜란드가 이들의 해양분할 및 항해·통상의 독점을 배제하고 자유로운 통상로를 확보하기 위하여 주창한 것이 바로 '해양의 자유'(freedom of the seas)였다. 당시 영국의 Elizabeth 여왕은 영국의 전통이었던 '해양영유론'을 버리고 "바다와 공기의 사용은 만인에게 공통된다." 라고 선언하였다. 한편 Grotius는 1609년에 公刊한 『자유해론』(*Mare Liberum*)에서 그의 본국인 네덜란드의 인도양상의 무역활동을 용이하게 하려는 정치적 의도 하에서 해양이 만인에게 개방되어야 한다고 주장하였다. 이러한 주장이 오늘날 확립되어 있는 '공해자유의 원칙'의 맹아라 하겠다.

Grotius의 주장에 대하여는 당시 반대론이 적지 않았고, 특히 영국의 학자들이 맹렬하게 반대함으로써 일련의 이른바 '해양논쟁'이 전개되었다. 이는 당시 이미 스페인과 포르투갈을 대신하여 신흥 해운국으로 등장한 네덜란드와 영국이 해상무역에 있어서 세력 각축을 벌이고 이른바 '영국해'(the British Seas)에서의 어업독점 문제와 관련하여 영국이 Elizabeth 여왕의 선언을 포기하고 '영국해'의 영유를 주장했기 때문이다. 영국의 John Selden은 1635년 『폐쇄해론』(*Mare Clausum*)을 통하여 그로티우스의 '자유해론'을 통박한 바 있다. 이러한 해양논쟁은 17세기 말에 이르러 네덜란드가 산업발전 면에서 영국에 뒤짐으로써 종말을 고하게 되었다.

유일한 해양강국인 영국은 더 이상 해양영유를 고집할 필요가 없게 되었고 다시금 해양자유론의 선봉자로 나서게 된다. 결국 Grotius가 주장한 해양의 자유는 전기자본주의의 단계에서 벗어나지 못했던 네덜란드에 의해서가 아니라 산업혁명으로 근대자본주의경제를 먼저 발달시킨 영국에 의하여, 해상에 있어서의 우월권을 확보하고 또 상품교환의 자유를 보장하기 위한 목적으로 적극적으로 옹호되었던 것이다.

해양자유의 관념은, 해양이야말로 ① 광대하여 여하한 국가도 이를 실질적으로 점유할 수 없고, ② 누구에게도 손해를 끼침이 없이 만인에 의하여 사용될 수 있으며, ③ 교통의 불가결한 통로일 뿐만 아니라, ④ 어업자원이 무진장하다는, 당시의 일반적 인식에 근거하여 더욱 용이하게 인정되어졌다. 18, 19세기를 통하여 '해양자유의 원칙'은 학설이나 국가관행에 의해서 점차 확립되어졌으며 오늘날 해양이 공해와 영해로 구분된 상황에서는 '공해자유의 원칙'으로 이어지고 있는 것이다.

3. 공해사용자유의 원칙

공해는 연안국이나 내륙국에 관계없이 모든 국가에 개방되며 해양법협약 및 기타 국제법규칙에 정해진 조건에 따라 행사된다. 공해사용의 자유는 특히 다음과 같은 자유를 포함하는데, 모든 국가는 이러한 자유를 행사함에 있어서 타국의 이익과 심해저 활동에 관한 협약상의 권리를 정당하게 고려하여 행사하도록 되어 있다(해양법협약 제87조 1, 2항). 한편 해양법협약에 의하면 공해는 평화적 목적만을 위하여 사용되어야 한다고 되어 있어서(제88조) 공해상에서의 핵실험과 같은 군사적 이용과 관련하여 논란이 야기되기도 한다.

1) 항행의 자유(제87조 1항 a)

모든 국가의 선박은 원칙적으로 기국 이외의 다른 국가에 의한 간섭을 받지 아니하고 자유롭게 공해를 항행할 수 있다. 모든 국가의 선박은 그 종류를 불문하고 공해상에서 '자유통항권'(right of free passage)을 향유하는 것이다.

2) 상공비행의 자유(동조 1항 b)

공해의 상공은 公空이며 모든 국가의 항공기는 그 종류를 불문하고 공공에서 비행의 자유를 갖는다. 그러나 제2차 세계대전 이후 몇몇 국가들(대한민국을 비롯하여 미, 영, 일본, 캐나다, 아이슬란드, 미얀마, 인도, 필리핀, 스웨덴 등)은 안보상의 이유로써 자국의 특정 영역에 접속하여 공해 상공에 이른바 '防空識別區域'(Air Defence Identification Zone: ADIZ)을 설정하고 있다. 그 범위와 내용은 국가에 따라 다소 다르기는 하나, 방공식별구역을 가장 먼저 설정한 미국의 경우(1950년 12월에 설정), 동 구역의 범위는 연안으로부터 직선으로 비행시간 1시간 이상 2시간 이내의 거리이다. 그 지역을 비행하는 모든 항공기는 현재 위치 및 비행계획 등을 관계당국에게 통보하도록 요구되며, 그 위반에 대하여는 1년 이하의 징역과 1만 불 이하의 벌금이 과하여진다. 그러나 이러한 방공식별구역은 제3국으로부터 항의가 없었다는 점에서 사실상 묵인되고 있을 뿐이지, 국제법상 일반적으로 승인된 제도는 아니다.

3) 해저전선 및 관선부설의 자유(동조 1항 c)

모든 국가는 대륙붕 및 대륙붕 밖의 공해 해저에 전선 및 관선을 자유롭게 부설할 수 있다(해양법협약 제79조 1항, 제112조 1항 참조). 단, 대륙붕에서 해저전선이나 관선을 부설하는 경우에는 제6부(대륙붕)의 조건을 따라야 한다. 각국은 해저전선 및 관선을 부설함에 있어서 기존의 전선이나 관선을 적절히 고려하고 특히 그 수리 가능성을 방해해서는 안 된다(동협약 제79조 5항, 제112조 2항). 그리고 각국은 해저전선·관선의 파괴 및 훼손을 방지·처벌하고 수리비용을 부담하는 데 관한 법령을 제정하여야 한다(동협약 제113, 114조).

4) 인공도서 및 기타 시설의 건설의 자유(동조 1항 d)

모든 국가는 공해상에 인공도서 및 기타의 시설을 자유롭게 건설하고 이를 사용할 수 있다. 단, 타국의 대륙붕이나 배타적경제수역에 이를 건설할 경우에는 당해 연안국의 허가를 얻어야 한다(해양법협약 제60조 및 80조 참조).

5) 어업의 자유(동조 1항 e, 제116조)

공해에서의 어업의 자유는 원칙적으로 인정된다. 그러나 어업자원의 보존 및 그 생산성의 유지를 위하여 각종 어업조약이 체결되는 경우가 많으므로, 공해어업의 자유는 이러한 조약의 범위 내에서 제한을 받게 된다.

6) 과학적 조사의 자유(제87조 1항 f)

모든 국가는 공해상에서 자유롭게 과학적 조사를 행할 수 있다. 다만 배타적경제수역이나 대륙붕 내에서의 과학조사는 연안국의 허가와 같은 명시적인 동의가 있어야 한다(해양법협약 제56조 1항, 제246조 1항).

4. 공해자유의 원칙과 내륙국

공해사용의 자유는 연안국뿐만 아니라, 내륙국에 대하여도 인정된다(해양법협약 제87조 1항 참조). 특히 내륙국의 해양출입권, 그리고 해양출입을 위하여 내륙국의 모든 운송 수단이 통과국(transit states)의 영역을 통과할 자유가 인정된다(제125조 1항). '통과국'이라 함은 인접해안국을 포함하여 내륙국과 해양과의 중간에 소재하여 내륙국의 모든 운송수단이 통과하는 국가를 말한다(제124조 1항 b). 단, 통과의 자유를 행사하는 조건 및 방법은 내륙국과 관계통과국의 협정을 통하여 결정한다(제125조 2항).

Ⅲ. 공해의 법질서

공해의 본질은 자유이며 따라서 그 사용도 자유이기는 하나, 이는 공해가 법적 규율의 대상이 되지 않는다거나, 또는 무질서 상태로 방치되어 있음을 의미하는 것은 아니다. 물론 각 국가는 공해상에서 자국의 법령을 일반적으로 시행할 수는 없으나, 관습국제법 또는 조약에 의하여 인정되는 범위 내에서 국가의 권능이 공해에 미칠 수 있으며, 이로써 공해의 질서가 유지될 수 있는 것이다.

공해상에서의 국가의 권능은 원칙적으로 자국의 선박에 대하여 적용되는 것이기는 하나(旗國主義), 예외적으로 타국선박에 대하여도 일정한 한도 내에서 적용되는 경우가 있다(旗國主義의 예외 또는 제한). 후자의 경우, 그것이 일반국제법상 모든 국가에 대하여 인정되는 경우와 특정한 조약당사국 간에서만 인정되는 경우가 있다. 단, 군함과 공선은 어떤 경우에 있어서도 소속국 이외의 관할권으로부터 완전히 면제된다(공해협약 제8, 9조, 해양법협약 제95, 96조).

1. 선박의 국적

선박의 국적은 국가와 그에 의하여 국기의 게양을 허가받은 선박과의 법적 관련을 의미한다. 선박의 국적은 등록(registry)에 의하여 결정되며 선박은 자신이 등록된 국가의 국기를 게양할 권리를 향유하게 된다. 이 등록국을 '旗國'(flag state)이라고 한다. 해양법협약에 의하면 모든 국가는 자국 선박에 대한 국적 부여, 등록 및 국기게양권에 관한 조건을 정하여야 하고, 선박은 그 국기를 게양할 수 있는 국가의 국적을 가지며, 선적을 부여하는 국가와 선박 간에는 '진정한 관련'(genuine link)이 존재해야 한다고 되어 있다(제91조 1항).

선박은 오직 한 국가의 국기만을 게양하고 항행할 수 있으며, 국적이 없는 선박은 국제 무역이나 통상, 또는 공해상에서의 어떤 종류의 항행도 금지되며, 외국의 항구에 입항할 때 선박에 대해서 일정한 권리를 부여하고 있는 조약상의 혜택을 향유할 수 없다.

국가는 선박에 대하여 그 국적을 부여하기 위한 조건을 자유롭게 결정할 수 있다는 일반원칙이 성립되어 왔으나, 이에 대해서 두 가지 제한이 인정되고 있다: ① 국가는 이미 다른 국가의 국기를 게양할 수 있도록 허용되고 있는 선박에 대하여 자신의 국적을 부여할 수 없다. 단 기존의 등록국으로부터 다른 국가로 선박의 등록을 변경할 필요가 있는 경우는 예외이다. ② 국가는 자신의 국적을 부여하는 선박과의 사이에 '진정한 관련'을 갖고 있어야만 한다는 '진정관련의 원칙'(genuine link theory)이다. 기국(flag state)과 그 선박과의 충분한 관련성의 요구는, 국가가 그러한 연결관계가 존재하는 경우에만 그 선박에 대한 실효적인 통제를 행사하도록 하는 의무를 이행할 수 있다는 데 기초를 두고 있다.

기국과 선박 사이의 진정한 관련의 입증은 다음 중 하나 또는 그 이상의 요소에 기초하여 이루어질 수 있다: ① 자국민에 의한 소유; ② 자국민인 고급 선원(선장·항해사); ③ 자국민인 선원; 그리고 ④ 자국에서의 건조 등이다. 이러한 요소들이 어느 정도 충족되어야 하는가에 대한 절대적인 기준은 존재하지 않지만 파나마(Panama), 라이베리아(Liberia), 그리고 온두라스(Honduras) 등이 시행하고 있는 이른바 '편의치적'(flag of convenience)과 같이 이러한 요소들이 전혀 존재하지 않는 경우에 국적을 부여하는 것은 국제법적 타당성이 없다고 보는 것이 일반적이다.

다만 오늘날 각 국마다 해운경영의 필요상 '제2 선적'(second ship register) 제도 등을 통하여 선박의 등록조건을 완화하려는 시도가 행해지고 있는 것이 사실이다. 1986년에 국제연합 무역개발회의(UNCTAD)에서 「국제연합 선박등록조건협약」(UN Convention on Conditions for Registration of Ships)이 채택되어 진정관련의 원칙을 확인하고 기국에 의한 통제·관할권이 효과적으로 행사될 수 있도록 함으로써 선박국적제도의 발전에 기여한 것으로 평가되고 있으나, 편의치적의 폐지를 위한 조치의 규정에는 실패함으로써 사실상 편의치적 내지 '개방등록'(open registry)을 인정하는 결과를 초래하였다고 보고 있는 것이다.

2. 자국선박에 대한 경우

1) 자국선박에 대한 관할

공해에 있어서 모든 선박 및 船內의 인원과 화물은 그 선박 소속국(기국)의 배타적 관할권에 따른다(해양법협약 제92조 1항). 이 때 선내 인원의 국적은 불문한다. 즉 선내에서는 선박소속국의 배타적인 지배가 행하여지며, 조약상 특별한 제한이 없는 한 선박 소속국의 법령이 선박 및 선내의 인원과 화물에 대하여 적용된다. 이는 항공기에 있어서도 동일하다. 공해상의 선박 또는 항공기에 대한 불법침해를 배제하는 것도 소속국의 권능에 속한다. 단, 타국의 영해 또는 항에 있을 때에는 사정이 다르다(전술).

2) 기국의 의무

모든 국가는 자국의 국기를 게양하는 선박에 대하여 행정적·기술적·사회적 제반사항에 관한 관할권과 통제를 효율적으로 행사하여야 한다(해양법협약 제94조 1항). 특히 해상안전을 확보하기 위하여 ① 선박의 건조·장비 및 내항성, ② 선박의 선원배치, 선원의 근로조건 및 훈련, ③ 신호의 사용, 통신의 유지 및 충돌의 방지 등에 관한 필요한 조치를 취하여야 한다(동조 3항). 단, 이 경우에는 일반적으로 수락된 국제규칙, 절차 및 관행을 준수함을 요한다(동조 3항). 이러한 항행의 안전을 위한 국제규칙으로는 정부간해사협의기구(IMCO)의 발의로써 채택된 1960년 및 1974년의 「해상인명안전협약」(Convention for the Safety of Life at Sea; SOLAS, 이 협약에는 구조로부터 조난에 대비한 탈출수단 및 구명도구에 이르기까지 소상한 규정을 두고 있다), 1966년의 「적재선협약」(Load Line Convention; 이 협약은 항행의 안전을 위한 선박의 적재한도를 통일적으로 규제함을 목적으로 한다), 1972년의 「해상충돌방지를 위한 국제규칙에 관한 협약」(Convention on the Regulations for Preventing Collision at Sea) 등이 있다.

선박에 대한 기국의 관할권 및 통제가 적절하게 행사되지 않았다고 믿을 수 있는 명백한 증거를 갖고 있는 국가는 그 사실을 기국에 대하여 통보할 수 있으며, 기국은 이러한 통보를 접수할 경우, 즉시 그 사항을 조사하고 상황을 시정하는 데에 필요한 조치를 취하여야 한다(해양법협약 제94조 6항). 또한 모든 국가는 자국 선박이 관련되는 사고로 인하여 타국민의 생명의 손상이나 중대한 상해 혹은 타국 선박, 시설 또는 해양환경에 대하여 중대한 손해를 일으킨 공해상의 모든 조난 혹은 항행 사고에 관하여, 유자격자에 의한 조사를 행하도록 하여야 하며, 모든 국가는 이러한 조사의 실시에 대하여 상호 협력하여야 한다(동조 7항).

3. 외국선박에 대한 경우

1) 조약에 의한 법질서의 유지

공해상의 법질서를 유지하기 위하여 다음과 같은 각종 조약에 의하여 조약 당사국의 군함 또는 권한 있는 정부선박(경찰순시선 등)은 공해상에서 타방 조약당사국의 선박에 대하여 조약상의 위반행위의 저지 또는 선박의 임검·수색 등의 일정한 권능을 행사할 수 있다. 단, 위반선에 대한 재판 및 처벌은 기국이 행하는 것이 원칙이다.

① 노예수송의 금지

노예의 매매 및 수송은 국제법상 일찍부터 금지되어왔다(예컨대 1885년의 베를린 일반의정서, 1890년의 브뤼셀 일반의정서). 해양법협약에 의하면, 모든 국가는 자국의 국기를 게양하는 선박의 노예수송을 방지·처벌하는 동시에 노예수송을 위하여 자국의 국기가 불법적으로 사용되지 않도록 실효적인 조치를 취해야 하며, 노예가 다른 선박에 피난하였을 경우, 그 노예는 자유를 회복한다고 규정하였다(제99조, 공해협약 제13조).

② 마약 등의 불법거래의 억지

모든 국가는 공해상의 선박이 국제조약에 위반하여 마약 또는 향정신성 물질(psychotropic substances)의 불법거래에 종사하는 것을 억지하여야 한다(해양법협약 제108조 1항). 어느 국가도 자국선박이 마약 또는 향정신성 물질의 불법거래에 종사하고 있다는 믿을 만한 합리적 증거를 갖고 있을 경우, 이러한 거래를 억지하기 위하여 타국의 협력을 요청할 수 있다(동조 2항).

③ 무허가방송의 억지

여기에서 무허가 방송이라 함은 조난신호의 송신을 제외하고 공해상의 선박 또는 시설로부터 국제규칙에 반하여 행하여지는 라디오 방송 혹은 TV 방송의 송신으로서, 공중에 의한 수신을 의도로 이루어지는 것을 말한다(해양법협약 제109조 2항). 모든 국가는 공해로부터 이러한 무허가 방송을 억지하는 데 상호 협력하여야 한다(동조 1항). 이러한 무허가 방송에 대하여는 방송선박의 기국이나 방송시설의 등록국, 방송 당사자의 본국, 무허가 방송의 수신이 가능한 국가, 허가된 무선통신이 방해받게 되는 국가가 무허가 방송 종사자를 체포·기소할 수 있으며, 방송기구를 압류할 수 있다(동조 3, 4항).

④ 해저전선의 보호

공해에 부설된 해저전선의 보호에 대하여는 1884년 「해저전선보호협약」(International Convention for the Protection of Submarine Telegraph Cables, 1885년 5월 5일 발효)이 파리에서 체결된 바 있다. 이에 의하면 공해에서 고의 또는 과실로써 해저전선을 절단 혹은 파손하여 통신을 방해하거나 불통케 할 경우에는 처벌된다. 단, 자기 생명이나 선체의 안전을 보호하기 위하여 부득이 행하였을 경우에는 처벌되지 않는다(제2조). 모든 조약 당사국의 군함 및 권한 있는 정부선박(공선)은 조약 위반의 혐의가 있는 모든 국가의 선박을 정선시키고 그 선적을 확인할 권리를 갖는다(제10조). 단, 위반선박에 대한 재판권은 위반선의 기국만이 갖는다.

해양법협약(제113~115조)에도 이와 비슷한 규정을 두고 있으나, 여기에는 해저전선뿐만 아니라, 해저관선(송유용 파이프라인) 또는 해저고압전선이 포함되고 있으며, 모든 국가가 이것의 파괴 혹은 파손행위를 범죄로서 처벌하는 데에 필요한 국내법령을 제정하도록 규정되어 있다(공해협약 제27조에도 이와 동일한 규정이 있다).

⑤ 조난구조에 관한 처리

조난구조에 관하여는 1910년 브뤼셀에서 「조난구조에 관한 규칙의 통일을 위한 협약」(Convention for the Unification of Certain Rules of Law respecting Assistance and Salvage at Sea)이 체결된 바 있다. 자선 및 자선의 인원에 중대한 위험이 없는 한, 모든 선박의 선장은 조난을 당한 사람을 구조할 의무를 진다(제1조). 이 의무의 위반을 방지하기 위하여 각국은 국내법을 제정하여야 한다(제12조). 기타 동조약의 주요 내용은 다음과 같다.

구조자는 구조가 성공하였을 경우, 적절한 보수를 받을 권리가 있다. 보수금액은 구조된 것의 가액을 초과하지 못한다(제2조). 피구조 선박의 이유 있는 명시적 거절이 있었음에도 불구하고 이를 구조한 경우에는 보수를 받지 못한다(제3조). 보수청구에 관한 소송의 시효는 2년이다(제10조).

해양법협약도 모든 국가는 자국선박의 선장에 대하여 선박, 선원 또는 승객에게 중대한 위험을 미치지 않는 한도에서 실종위험에 있는 자를 구조하고, 또한 원조의 필요를 통보 받았을 경우, 조난자의 구조를 위하여 가능한 최고 속도로써 항진할 것을 규정하고 있다(제98조 1항). 그 외에도 실효적인 수색 및 구조 기관의 설치와 유지 또는 필요할 경우 지역적 협정을 통한 인접국과의 상호협력의무를 모든 연안국에게 부과하고 있다(동조 2항).

⑥ 선박의 충돌에 관한 처리

공해상에서 선박이 충돌한 경우에는 손해배상과 재판관할권이 주로 문제된다. 손해배상에 관하여는 1910년 브뤼셀(Brussels)에서 체결된 「선박의 충돌에 관한 규칙의 통일을 위한 조약」(Convention for the Unification of Certain Rules of Law with respect to Collisions between Vessels, 1913년 3월 1일 발효)이 있다. 이에 의하면 충돌이 우연히 발생한 경우, 불가항력에 의한 경우, 또는 원인불명인 경우에는 피해선이 손해를 부담한다. 선박의 일방이 정박하고 있을 때에도 이 규정이 적용된다(제2조). 선박의 일방에 과실이 있는 경우에는 그 선박이 손해배상의 책임을 진다(제3조). 쌍방에 과실이 있는 경우에는 과실의 정도에 따라 책임이 분담된다(제4조). 손해배상의 소송시효는 충돌한 때부터 2년이다(제7조).

재판관할권의 문제는 종래 확립되지 않았으며, 제국가의 관행도 동일한 것이 아니었다. 이에 관한 민사 및 형사재판권에 관한 조약은 각각 1952년 브뤼셀에서 비로소 체결되었다. 「민사재판권에 관한 협약」(1955년 9월 14일 발효)에 의하면 가해선의 기국 또는 가해선을 억류한 국가의 어느 편으로든, 피해자는 자신의 선택으로 소를 제기할 수 있다(제1조). 당사자의 합의가 있는 경우에는 어느 국가의 법원이나 국제중재재판소에 이를 제소할 수 있다(제2조).

한편 형사재판에 관하여는 피해선박의 기국에 대하여 재판권을 인정한 Lotus호 사건에 대한 상설국제사법재판소(PCIJ)의 판결(1927년)에 대하여 비판이 많았으므로, 「형사재판권에 관한 협약」에서는 가해선의 기국만이 재판권을 갖는다고 규정하였다(제1조). 해양법협약은 상기 내용을 약간 보충·수정한 공해협약 제11조의 규정을 그대로 채택하였다. 즉 공해상에서의 충돌, 기타의 항진사고로 인한 선장이나 선원에 대한 형사재판권 또는 징계권은 ① 가해선박의 기국, 또는 ② 형사책임이 있는 선장이나 선원의 본국이 갖는다(해양법협약 제97조 1항, 공해협약 제11조 1항). 징계사항에 있어서 선장 자격증 및 기타의 면허증은 그 소지자의 국적 여하를 불문하고 발급국만이 적법절차를 거친 후, 이를 취소할 권한을 갖는다(해양법협약 제97조 2항, 공해협약 제11조 2항).

2) 관습국제법에 의한 법질서의 유지

관습국제법에 의한 것으로는 임검권, 해적의 단속권 및 추적권 등이 있으나, 이것들은 모두 공해협약에 의하여 성문화되었으며, 해양법협약에도 역시 명문의 규정을 두고 있다. 단, 이러한 규칙들은 이들 조약에 가입하지 않은 국가에 대하여는 관습국제법으로서 적용된다.

① 임검권 및 국기의 심사권

선박은 그 기국의 국기를 게양하여야 한다. 외국의 국기를 게양하거나 국기를 게양하지 않는 경우에는 넓은 의미로 국기의 남용이 되며, 해적행위를 행한 것으로 추정 받는다. 그러므로 관습국제법상 군함은 공해상에서 원칙적으로 자국의 국기를 게양하는 선박 또는 어느 국기도 표시하지 않은 선박에 대하여 국적을 확인하기 위한 임검을 행할 수 있다. 이를 국제법상 '국기의 심사권'(right of approach)이라 한다. 국기의 남용이 판명된 경우에는 군함은 당해 선박의 국적 여하를 불문하고 나포하여 자국법에 의하여 처벌할 수 있다.

공해협약(제22조)에 의하면, 군함은 공해상에서 ① 해적행위나 ② 노예매매를 행하는 선박, 혹은 ③ 불법적으로 외국 국기를 게양하고 있거나 또는 국기의 제시를 거절하고 있지만, 실질적으로는 그 군함과 동일한 국적을 갖고 있을 것이 확실한 선박 등에 대하여 그러한 혐의를 받을 만한 충분한 근거가 있는 경우에 한해서 당해 선박을 임검할 수 있다고 규정하였다.

해양법협약에서는 이것을 더욱 확대하여 '임검권'(right of visit)으로 규정하고 있다(제110조). 즉 공해상에서 군함은 ① 상기 공해협약상의 3개 사항에 추가하여, 무허가 방송에 종사하는 선박 및 무국적 선박에 대하여도 임검(사관의 파견과 서류의 검열 및 선박 내부의 조사)을 행할 수 있다고 하였으며(동조 1항), ② 임검권은 군함 외에도 군용 항공기, 공무에 종사하는 것이 명백하게 표시되어 식별되고 또한 정당한 권한을 갖는 정부선박과 정부항공기에 의하여도 행사된다고 규정하였다(동조 4, 5항). 그러나 임검 결과 전혀 혐의가 없는 것으로 판명되었을 경우에는 피임검 선박은 임검으로 인한 손실 또는 피해에 대하여 보상을 받는다(동조 3항).

② 해적의 단속권

해적(piracy)은 고래로 '인류일반의 적'(*hostis humani generis*)으로 인정되어 왔으며, 국제범죄(international crimes)를 구성한다. 해적행위가 성립되는 데에는 관습국제법상 다음의 요건이 필요하다. ① 타선박에 대하여 폭행·약탈 등의 행위가 행하여질 것. 따라서 선박 내부에서의 선원 또는 승객에 의한 폭동이나 약탈의 경우에는 해적행위로 간주되지 않으며, 기국의 국내법에 의하여 처벌될 따름이다. ② 해적행위는 사선에 의하여 사적 목적으로 행하여질 것. 공선에 의하거나 정치적 목적으로 행하여진 경우에는 해적 행위를 구성하지 않으며, 이에 대하여는 국가의 국제책임이 발생한다. 단, 군함 또는 공선이라 할지라도 그 승무원이 반란을 일으켜 그 선박을 지배·관리하여 해적행위를 행하는 경우에는 사선의 행위로 간주한다. ③ 공해상에서 행하여질 것. 영해 내에서 행하여질 경우에는 그 연안국의 국내법상의 범죄를 구성할 뿐이다.

이와 같은 요건을 가진 경우에는 어느 국가의 군함도 해적선을 나포하여 군함 소속국의 국내법에 의하여 처벌할 수 있다. 군함이 해적선을 타국의 영해 내에서 나포한 경우에는 영해의 연안국에 이를 인도하여야 하며 연안국은 국내법에 의하여 이를 처벌한다. 단, 충분한 근거 없이 나포한 경우에는 나포를 행한 군함의 소속국은 나포로 인하여 생긴 손해에 대하여 책임을 져야 한다.

공해협약 및 해양법협약에서도 대체로 위의 관습국제법의 내용을 성문화하였으나, 세부적으로는 약간의 다른 점이 있다. ① 항공기의 발달로 인하여 선박 이외에도 항공기에 의한 해적행위를 인정하였다(공해협약 제15조 1항, 해양법협약 제101조 a호). ② 해적행위가 성립되는 장소를 공해 이외에 어느 국가의 관할권에도 속하지 않은 장소, 예컨대 무주의 토지 또는 그 해안 등으로 확대하여 규정하였다(공해협약 동조 1항 b, 해양법협약 동조 a호 ii). ③ 해적행위를 위의 요건에 해당되는 경우뿐만 아니라, 해적선 또는 해적항공기임을 알면서 그 활동에 자발적으로 참가하는 행위(공해협약 제15조 2항, 해양법협약 제101조 b호), 또는 위의 행위를 선동하거나 고의로 위의 행위를 용이하게 하는 행위(방조행위)로 확대하였다(공해협약 제15조 3항, 해양법협약 제101조 c호). ④ 해적선 및 해적항공기의 개념에 대하여도 해적행위를 위하여 사용할 것을 기도한 경우 및 이미 해적행위에 사용된 선박 또는 항공기가 계속 그 행위자의 지배 하에 있는 경우를 추가 규정하였다(공해협약 제17조, 해양법협약 제103조). ⑤ 해적선, 해적항공기의 나포는 군함, 군용항공기 또는 나포의 권한을 부여받고 또한 공무에 종사하는 표시가 명백하게 식별되는 정부선박 및 정부항공기만이 행할 수 있다(공해협약 제21조, 해양법협약 제107조).

③ 추적권(계속추적권)

관습국제법상 연안국의 군함 또는 권한 있는 공선은 그 영수 내에서 연안국의 법익을 침해한 외국 선박을 공해에까지 계속적으로 추적하여 이를 나포할 수 있다. 이를 추적권 또는 계속추적권(right of hot pursuit)이라 한다. 해양법협약에 의하면 추적은 외국 선박이 연안국의 법령에 위반하였다고 믿을 만한 충분한 이유가 있을 경우에 한하여 행하여진다(제111조 1항 전단, 추적권에 관한 해양법협약상의 기본적 내용은 공해협약 제23조의 경우와 같다).

추적은 시각적 또는 청각적인 정선신호를 당해 외국 선박이 볼 수 있거나 혹은 들을 수 있는 거리에서 발신한 후에 한하여 개시할 수 있다(해양법협약 제111조 4항 후단). 이 때 추적선의 위치는 영수 또는 접속수역에 있음을 요하지 않으나, 추적은 외국 선박 또는 외국 선박의 소형선 중의 하나가 추적국의 내수, 영해, 군도수역 또는 접속수역에 있을 때에 개시하지 않으면 안 된다(동조 1항 중단). 외국 선박이 접속수역에 있을 때에는 접속수역에 의하여 확보되는 권리가 침해되었을 경우에 한하여 추적을 행할 수 있다(동조 1항 후단). 배타적경제수역이나 대륙붕에 있어서도 그 곳에 적용되는 연안국의 법령을 위반한 선박에 대하여도 추적권이 준용된다(동조 2항). 추적권은 군함, 군용항공기, 또는 공무에 종사함이 명백하게 표시되고 또한 식별 가능하며, 특히 추적에 대한 권한이 부여된 공선이나 공항공기에 의해서만 행사될 수 있다(동조 5항).

추적은 중단되어서는 안 된다. 그러므로 기상관계, 고장, 연료 부족 등의 이유로 인하여 추적 불능으로 되었을 경우에는 추적권은 소멸한다. 또한 피추적선이 기국이나 제3국의 영해로 들어간 경우에도 추적권은 소멸한다(동조 3항). 단, 추적선이나 추적항공기에 의한 추적을 권한 있는 다른 선박 또는 항공기가 인계하여 계속적으로 추적하는 것은 인정된다.

Ⅳ. 공해생물자원의 보존 및 관리

1. 의의 및 법제화

공해상의 어업은 자유이나(해양법협약 제87조, 116조 참조) 오늘날 어족 등 공해의 생물자원을 보존하거나 어업상의 분쟁을 방지하기 위하여 각국은 공해의 특정수역에 대하여 생물자원의 보존 및 어업규제를 위한 관할권을 설정하거나 관련국가 사이에 조약을 체결하는 예가 많다. 영해에 접속되어 있는 일정범위의 공해에 생물자원의 보존을 위해 설정되는 관할수역을 '보존수역'(conservation zone)이라고 한다. 제2차 세계대전 후 공해어업 및 자원보존 문제에 관하여 큰 영향을 미친 것은 1945년 9월 미국에 의하여 행해진 「공해의 일정수역에 있어서의 연안어업에 관한 선언」(Proclamation with respect to Coastal Fisheries in Certain Areas of the High Seas : 소위 트루먼 선언)이다. 트루먼 선언에 의하여 미국은 미국민이 단독으로 어로활동을 해오던 공해수역에서는 '단독보존수역'을 설정하고 2국 이상이 공동으로 출어한 수역에서는 관련국 간의 협정에 의하여 '공동보존수역'을 통한 어업규제를 주장하였다.

이러한 선언은 타연안국으로 하여금 일방적으로 보존수역을 설정하도록 자극하였으며, 많은 국가들이 보존수역의 이름으로 사실상 어업독점수역을 주장하기에 이르렀다. 이들은 보존수역에서의 '연안국의 우선적 어업권'(preferential rights of coastal States)을 주장함으로써 많은 문제점을 야기하였다. 특히 미국과 캐나다는 1953년 일본과의 사이에서 체결한 「북태평양 공해어업에 관한 조약」을 통하여 소위 '억지의 원칙'(principle of abstention)을 적용하기도 하였다. 억지의 원칙은 보존수역 내에서 장기간 어업실적을 갖지 못한 비연안국들을 어업활동으로부터 배제시킨다는 것으로 전통적인 '공해자유의 원칙'을 위반하는 것이라는 비난이 제기되었다.

공해에서의 어업자원의 고갈을 방지하고 어업자원의 배분을 둘러싸고 야기되는 이해관계의 대립을 조정하고 분쟁을 방지하기 위하여 1958년 제1차 국제연합 해양법회의에서 「어업 및 공해생물자원보존에 관한 협약」을 체결한 바 있으며, 1982년의 해양법협약에서도 공해어업 및 자원보존에 관한 규정을 두고 있다.

2. 협약 체제의 내용

어업 및 공해생물자원보존에 관한 협약과 해양법협약에 따르면 ① 모든 국가는 각 국민에 대하여 공해의 생물자원의 보존에 필요한 조치를 취해야 하며 또한 보존조치를 취함에 있어서 타국과 협력할 의무를 진다(어업 및 공해생물자원보존에 관한 협약 제1조 2항, 해양법협약 제117조). 그리고 상호협력 및 교섭을 위하여 필요한 경우 관련국들은 '소지역적 또는 지역적 국제어업기구'(subregional or regional fisheries organizations)를 만드는 데 서로 협조해야만 한다(해양법협약 제118조). ② 각국은 일반적으로 권고된 최저기준을 고려하여 최대지속적 생산량을 실현시킬 수 있는 수준으로, 어획되는 어종의 자원량을 유지 또는 회복하도록 관계국이 이용가능한 최선의 과학적 근거를 기초로 공해생물자원의 허용어획량을 결정하고 보존조치를 설정하여야 하며, 이용가능한 과학적 정보, 어획 및 어업활동통계와 수산자원의 보존에 관련된 기타 자료는 적절한 경우 모든 관계국의 참여 하에 권한 있는 소지역적, 지역적 또는 전지구적 국제기구를 통하여 정기적으로 제공되고 교환되어야 한다(해양법협약 제119조 1, 2 항). ③ 보존조치는 1국만이 어업에 종사해온 경우에는 그 국가가 단독으로 취할 수 있으며, 2국 이상이 어업에 종사해온 경우에는 합의에 의하여 공동으로 보존조치를 취한다(어업 및 공해생물자원보존에 관한 조약 제3조 및 4조 참조). 그리고 보존조치가 이미 취해지고 있는 수역에 새로이 출어하는 국가는 기존의 보존조치에 따라야 한다(동조약 제5조). ④ 연안국은 그 영토에 인접한 공해의 모든 수역에 있어서 생물자원의 생산성의 유지에 특별한 이해관계를 가지는 것으로 인정되고, 자국민이 그 수역에서 어업에 종사하지 않는 경우에도 보존조치와 관련해서 다른 어업국과 평등하게 참가할 권리를 향유한다(동조약 제6조 1, 2 항). ⑤ 모든 연안국은 다른 어업국과의 사이에 보존조치에 관한 교섭이 6개월 이내에 합의되지 않는 경우에는 해양생물자원의 생산성을 유지하기 위하여 자국의 인접수역에 있어서 어족이나 기타 해양자원에 대해 적절한 보존조치를 일방적으로 취할 수 있다(동조약 제7조 1항). ⑥ 12개월 내에 보존조치에 관한 합의를 도출하지 못하거나, 관련국 간에 분쟁이 발생한 경우 별도의 절차에 따르기로 합의하지 않는 한 당사국 일방의 요청에 따라 5인으로 구성되는 특별위원회에 부탁하여야 한다(동조약 제8조 2항, 제9조 1항). 특별위원회의 결정은 다수결에 의하며(동조약 제9조 7항), 당사국에 대해 구속력이 있다(동조약 제11조).

일반적으로 공해에서의 어업규제를 내용으로 하는 조약을 위반하는 선박에 대해서는 기국뿐만 아니라 타당사국도 임검·수색할 수 있도록 되어 있다. 그러나 위반선에 대한 재판권은 기국에 귀속되는 것이 보통이다.

보존수역은 공해의 생물자원의 보존을 목적으로 하는 것이기 때문에 그 결과로서 보존된 어업자원의 분배(allocation) 문제를 야기하게 된다. 그러나 어업 및 공해생물자원보존에 관한 협약과 해양법협약에서는 우선적 어업권이나 억지의 원칙 등 어업자원의 배분에 관한 연안국의 우위성을 인정하지 않음으로써 보존수역이 결코 연안국의 '배타적 어업수역'이 아니라는 점을 분명히 하고 있는 것이 특징이다. 따라서 많은 연안국들은 전통적인 보존수역의 설정보다는 사실상 배타적인 보존수역의 의미를 갖고 있는 배타적경제수역제도에 의존하려는 경향을 보이고 있다.

3. 해양법협약 이후의 동향

해양법협약이 성립된 이후 환경보전의 차원에서 해양생물자원에 대한 보존 요구가 확산됨에 따라 과잉 어획 문제를 비롯한 관련 국제 어업분쟁이 비일비재하게 발생되고 공해어업을 적절하게 규제하기 위한 움직임이 나타나고 있는 실정이다. 주요 연안국들의 경우 국내입법에 의하여 자국의 배타적경제수역에 인접한 공해에 대한 자원관할권을 확장하는 조치를 취함으로써 원양어업국들의 공해어업권을 적극적으로 규제하려고 시도하고 있다(예를 들어, 캐나다의 「연안어업보호법」(Coastal Fisheries Protection Act, 1995년 3월)). 특히 1990년대 초부터 공해생물자원의 보존·관리를 목적으로 국제사회는 국제연합의 주관 하에 해양법협약의 미흡한 부분을 보완함으로써 공해에서의 어업활동을 법제도적으로 규제하기 위한 노력을 본격적으로 시작하였다.

1992년 6월 국제연합 환경개발회의(UNCED)는 의제(Agenda) 21의 제17장 프로그램 C를 통하여 공해어업국의 자원관리 의무를 강조하고, 그에 따른 「칸쿤 선언」(Declaration of Cancun)을 통하여 '책임 있는 수산업'(responsible fisheries)에 관한 기본원칙을 천명한 바 있다. 1993년 11월 국제연합 식량농업기구(FAO)는 「공해어업선의 국제적 보존·관리조치 준수촉진 협정」(Agreement to Promote Compliance with International Conservation and Management Measures by Fishing Vessels on the High Seas)을 채택하여 공해어업의 투명성 증진을 위한 법적 기틀을 마련함으로써 공해어업선에 대한 기국주의 관할권 행사 원칙을 합법적으로 제한할 수 있는 근거를 확보하고, 1995년 9월에는 「책임 있는 수산업을 위한 실행규범」(The Code of Conduct for Responsible Fisheries)을 채택한 바 있다. 특히 1995년 8월에 채택된 「국제연합 공해 어족 보존·관리규정 이행협정」(Agreement for the Implementation to the Provisions of the UNCLOS relating to the Conservation and Management of Straddling Fish Stocks and Highly Migratory Fish Stocks)을 통하여 '경계내외분포어족자원'과 '고도회유성어족자원' 등 공해어업자원에 대한 연안국의 관리권을 확대하고 공해어업의 자유에 대한 제한을 명시적으로 규정한 바 있다.

FAO는 「책임 있는 수산업을 위한 실행규범」의 목적을 달성하기 위하여 일련의 '국제행동계획'(International Plan of Action)을 채택하였다. 이에는 「연승어업에 의한 바닷새의 우발포획에 관한 국제행동계획」(The International Plan of Action for Reducing Incidental Catch of Seabirds in Longline Fisheries), 「상어의 보존관리를 위한 국제행동계획」(The International Plan of Action for the Conservation and Management of Sharks), 「어획능력관리에 관한 국제행동계획」(The International plan of Action for the Management of Fishing Capacity), 그리고 「불법·비보고·비규제 어업을 예방·방지·제거하기 위한 국제행동계획」(The International Plan of Action to Prevent, Deter, and Eliminate Illegal, Unreported, and Unregulated Fishing, 이하 'IUU 국제행동계획') 등이 있다. 이 가운데 IUU 국제행동계획은 불법·비보고·비규제 어업의 퇴치를 위해 기국, 연안국, 항만국, 그리고 시장국이 사용할 수 있는 조치들을 제시하고 각국으로 하여금 자국어선이 IUU 어업에 종사하지 않도록 노력할 것을 규정하고 있다.

제8절

심해저

I. 의의 및 제도화 과정

深海底(deep seabed, ocean floor 또는 abyssal plain)란 대륙붕의 한계 외측에 위치하는 대양의 해저 및 그 지하를 말한다(해양법협약 제1조 1항 참조). 심해저의 법적 지위 및 자원개발 문제에 관한 논의는 최근 육상 광물자원의 고갈에 따른 해저개발의 필요성 및 해저개발 기술의 급속한 발달에 그 배경이 있다. 심해저 문제에 관한 본격적인 논의는 1967년 몰타(Malta)의 Arvid Pardo 대사의 국제연합 총회에서의 제안을 계기로 이루어지기 시작하였다. 동 제안의 내용은 심해저의 비영유화, 국제연합헌장의 원칙과 목적에 입각한 탐사활동, 평화적 이용, 그리고 빈곤한 국가의 발전을 위한 자원의 이용 등에 관한 것으로서 이는 동년 12월 총회에서 만장일치로 채택되었다. 그 결과 '심해저 평화적 이용 특별위원회'가 설치되었고, 1968년 국제연합총회는 위 특별위원회를 상설적인 '심해저평화이용위원회'로 대체하였다.

국제연합 총회는 또한 1970년 「국가관할권의 범위를 넘는 해저 및 그 지하를 규제하는 원칙선언」(소위 '심해저원칙선언')을 채택하였다. 그 내용은 대체로 위의 몰타 대사의 제안과 비슷하다: ①

심해저는 모든 인류의 공동재산이다. ② 심해저는 국가의 영유 대상이 아니다. ③ 심해저는 오직 평화적 이용을 위하여 개방된다. ④ 심해저자원의 탐사 및 개발은 장래 설치될 국제기구에 의하여 규제되며, 그 수익은 공정하게 분배된다.

몰타의 제안이나 심해저원칙선언의 기본적 취지는 모두 심해저의 개발과 이에 따른 이익을 선진국이 독점하지 못하도록 미리 방지하자는 데에 있는 것이므로, 이 선언에서 심해저의 자원을 인류의 공동재산으로 보고 그 개발에 관한 모든 활동을 국제기구로 하여금 규제하도록 선언한 것은 향후 새로운 해양질서를 위하여 중요한 의의를 가진 것이라 할 수 있었다. 다만 문제는, ① 심해저의 범위와 ② 국제기구에 의한 규제 방법과 그 내용 여하에 있다. 전자는 대륙붕의 범위와 직접 관계되는 문제이다. 왜냐 하면 대륙붕의 한계를 넘는 해저구역이 곧 여기에서 말하는 심해저로 되기 때문이다. 한편 후자에 관하여는 선진국과 개발도상국의 주장에 차이가 있었다. 개발도상국은 심해저자원을 인류의 공동유산으로 보고 이러한 자원의 개발은 인류전체를 대표하는 것으로 새로이 창설될 국제기구에 의해서 수행되는 직접개발방식을 확립할 것을 주장한 반면에, 선진국들은 국제기구와 병행하되 체약국, 국가기업 또는 사기업이 주도적으로 개발에 참여하는 개발방식을 주장해왔다. 현실적으로 국제기구에 의한 직접개발방식은 자금과 기술면에서 많은 어려움이 예상되는 것이었다.

이러한 개발도상국의 입장은 선진국과의 협상을 통하여 수정되기에 이르렀다. 결국 제3차 국제연합 해양법회의에서는 국제기구와 체약국, 국가기업 또는 사기업 등이 함께 개발에 참여하는 '병행개발방식'(parallel system)이 규정되기에 이르렀다. 그러나 이 개발제도에 대하여 일부 선진국들은 여전히 불만을 가지고 있었다. 이 때문에 미국 등 일부국가들이 해양법협약에 서명 또는 비준을 행하지 않고 있는 점을 감안하여 1994년 7월 28일 국제연합총회에서는 이러한 문제들을 해소하기 위하여 해양법협약 제11부 이행에 관한 협정(이하, '이행협정')을 채택한 바 있다. 이 협정은 1996년 7월 28일에 발효된 바 있다.

Ⅱ. 심해저의 범위 및 법적 지위

심해저의 범위는 대륙붕의 한계 이원에 있는 해저지역(해저, 해상 및 그 지하)을 말하며(해양법협약 제1조 1항), 심해저자원이라고 함은 본래 이러한 해저지역에 있는 모든 고체, 액체 또는 기체의 형태로 된 광물자원을 말한다(동협약 제133조). 해양법협약은 심해저와 그 자원을 '인류공동유산'(common heritage of mankind)으로 규정하고 있다(제136조). 그러므로 심해저는 공해와 같이 국제공역으로 규정되면서도 나아가서 '국제사회 내지 인류 전체를 공유자로 하는 公有物'(*res communis omnium*) 내지 '공동유산'으로서의 지위가 강조되고 있다고 할 수 있다. 다시 말하면 심해저 및 그 자원은 국제사회의 연대의식을 기초로 인류전체가 공동으로 관리하고 그 개발 및 이용에 공동으로 참여하도록 요청되고 있는 것이다.

따라서 ① 어떤 국가도 심해저 및 그 자원에 대하여 주권 혹은 주권적 권리를 주장 또는 행사할 수 없으며, 또한 어떤 국가, 자연인, 법인도 심해저의 특정 부분을 전유할 수 없다(제137조 1항). ② 심해저자원에 대한 모든 권리는 '인류전체'에 귀속되며(동조 2항), 국제심해저기구가 인류전체를 대표하여 행동한다. ③ 심해저제도에 복종하는 경우에만 국가, 자연인 또는 법인은 채취된 심해저 광물에 대한 권리를 주장·취득·행사할 수 있다. ④ 모든 심해저활동은 국가의 지리적 위치 또는 연안국과 내륙국을 불문하고 전인류의 이익을 위하여 수행되어야 하며, 특히 개발도상국 및 비자치지역 주민의 이익과 필요성을 고려하여야 한다(제140조 1항). 그리고 심해저는 차별 없이 모든 국가의 평화적 이용만을 위하여 개방된다(제141조). 모든 심해저활동은 세계경제의 발달과 국제무역의 균형 있는 성장을 촉진하되, 특히 개발도상국을 포함한 모든 국가의 발전을 위하여 국제협력을 증진하는 방법으로써 수행되어야 한다(제150조 본문). 특히 내륙국 및 지리적 불리국을 포함한 개발도상국의 효과적 참여를 증진하여야 한다(제148조).

Ⅲ. 국제심해저기구의 의의 및 활동

1. 의의

해양법협약은 협약의 모든 당사국을 회원으로 하는 국제심해저기구(International Sea-Bed Authority)를 설치하며, 그 소재지를 자메이카(Jamaica)로 하도록 하고 있다(제156조 1, 2, 4항). 국제심해저기구는 심해저자원을 관리하며, 심해저의 자원을 탐사·개발하는 심해저활동(제1조 1항 3 참조)을 조직·통제하기 위한 기구이다(제157조 1, 2항). 국제심해저기구는 그 임무를 수행하는 데 필요한 지역센터 또는 사무소를 설치할 수도 있다(제156조 5항).

국제심해저기구는 모든 회원국의 주권평등원칙에 기초를 두고 있는 국제법인격체로서 해양법협약에 의하여 부여된 임무를 행사하도록 되어 있으며(제157조 2, 3항), 모든 회원국은 회원자격으로부터 발생하는 권리와 이익을 모든 회원국에게 보장하기 위하여 각자 부담하는 의무를 성실히 이행하도록 요구되고 있다(동조 4항).

2. 기관

국제심해저기구에는 주요기관으로 총회(Assembly), 이사회(Council), 사무국(Secretariat)을 두고 그 임무수행을 위하여 특별히 개발청(또는 심해저공사, the Enterprise)을 둔다(제158조 1, 2항). 총회는 모든 회원국으로 구성되며 국제심해저기구의 모든 문제와 사항에 관한 일반정책을 결정하는 최고기관(supreme organ)이다(제160조 1항). 이사회는 36개 회원국(심해저제도에 특별한 이해관계를 갖는 4개 그룹, 즉 '심해저광물 주요수입국 및 소비국,' '심해저 탐사·개발에 기여한 선진공업국,' '심해저광물 주요수출국,' '개발도상국의 특별이익 대표국' 등의 18개국과 지리적 안배에 의한 18개국)으로 구성되며(제161조 1항), 이 기구의 집행기관(executive organ)인 동시에 심해저활동의 감독·통제 및 개발청의 작업계획 승인 등 실질적인 권한을 갖는다(제162조). 이사회는 업무수행 보조를 위해 경제기획위원회(Economic Planning Commission)와 법률·기술위원회(Legal and Technical Commission)를 설치한다. 사무국은 사무총장 및 직원으로 구성되며, 이들은 직무수행에 있어서 어떠한 정부나 기구 밖의 그 누구로부터도 지시를 구하거나 받아서는 안 된다(제166조~169조 참조).

개발청은 국제심해저기구의 주요기관은 아니지만 심해저 활동을 직접 수행하고, 심해저에서 개발된 광물의 수송·가공 및 판매를 행하는 기관으로서(제170조 1항) 일종의 초국가적 회사에 해당하는 것이다. 개발청은 국제심해저기구 이사회의 지시 및 통제에 따르며(동조 2항) 그 임무수행과 목적달성에 필요한 법적 능력을 가진다(제170조 2항, 제4 부속서 제13조).

3. 심해저자원의 탐사 및 개발제도

심해저에서의 탐사 및 개발활동은 이사회의 승인을 얻어 이루어지며, '병행개발방식'에 따라 아래의 다양한 주체들에 의하여 실시된다. 이들은 ① 개발청, ② 국제심해저기구와 제휴한 협약당사국 또는 국영기업, ③ 협약당사국이 보증할 경우, 당사국의 국적을 가지거나 혹은 당사국 또는 그 국민에 의하여 실효적으로 통제되는 자연인 또는 법인, ④ 해양법협약 제11부 및 제3부속서에 규정된 요건을 갖춘 상기 주체의 모든 집합체(groups) 등이다(해양법협약 제153조 2항).

국제심해저기구 총회는 해양법협약의 발효 후 5년마다 심해저 개발제도의 실제 운영방법에 대한 일반적·조직적인 재검토를 행하여야 하며, 재검토의 결과에 따라 운영개선을 위한 조치를 취하거나 또는 다른 기관으로 하여금 이러한 조치를 취하도록 권고할 수 있다(제154조). 또한 총회는 승인된 작업계획에 따른 최초의 상업적 생산개시 연도의 1월 1일부터 기산하여 15년 후에, 심해저 자원의 탐사 및 개발을 규율하는 본 협약의 제11부와 관계 부속문서의 제규정을 재검토하기 위한 회의를 소집하여야 한다고 규정하였다(제155조 1항). 그러나 이 조항은 이행협정에 의하여 적용되지 않게 되었으며, 해양법협약 제314조 2항의 규정에도 불구하고 총회는 이사회의 권고에 따라 해양법협약 제155조 1항에 언급된 사항을 언제라도 재검토할 수 있다(이행협정 부속서 제4절).

한편 해양법협약상에 명문의 규정을 두지 않았으나, 이 협약의 발효 전에 심해저에 대한 탐사 및 개발활동에 투자한 국가 또는 기업체를 보호하기 위하여 '사전투자보호'(pioneer investment protection)에 관한 결의가 채택되었다. 사전투자자(pioneer investor)로 인정될 수 있는 실체의 유형으로는, 프랑스·인도·일본 및 러시아(구 소련) 또는 이들 국가의 국영기업이나 이들 국가의 국적을 보유한 자연인이나 법인으로서 1983년 1월1일까지 3,000만 달러를 사전투자활동에 투자한 실체, 벨기에·캐나다·독일·이태리·일본·네덜란드·영국 및 미국에 의해 통제를 받고 있는 4개의 실체(Kennecott Consortium, Ocean Mining Association, Ocean Management Incorporated, Ocean Minerals Company), 그리고 1985년 1월 1일까지 3,000만 달러를 투자한 개도국이나 개도국의 국영기업 및 자연인이나 법인이다. 그러나 1985년 1월 1일까지로 되어 있는 자격 시한 문제는 준비위원회의 1986년 회기에서 해양법협약 발효 시까지 사전투자자 자격을 구비할 수 있도록 시한을 연장하였으며 동구권에게도 하나의 광구에 대한 사전투자자 자격 신청권을 부여하였다. 사전투자자로 승인된 사업주체는 해양법협약의 발효 후에도 탐사 및 개발계약에 관한 우선권을 갖는 반면에, 일정한 비용, 요원의 훈련 및 기술이전 등 특정의 의무를 지게 된다.

한편 이행협정 제2조 1항에 따라 해양법협약 제11부와 그 이행협정은 단일문서로 해석되고 적용되며, 양자가 일치되지 아니하는 경우는 이행협정이 우선하도록 되어 있다. 이행협정의 체결에 의하여 개별이해그룹에 의한 거부권제도가 도입됨으로써 총회 및 이사회의 의사결정 과정에서 미국 등 선진해양국들의 이익에 반하는 결정이 내려지기 어렵게 되었으며, 심해저개발에 있어서 자유주의적 시장원리를 도입함으로써 사전투자자와 개발에 참여한 민간기업에 유리하도록 해양법협약이 실질적으로 개정되는 결과가 되었다. 이로써 심해저광물의 생산제한, 기술의 강제이전, 심해저활동의 신청자 선정, 그리고 개발청의 우대 등에 관한 해양법협약의 조항들이 상당 부분 그 적용이 배제되게 되었다.

제9절

해양환경보호 및 보존

Ⅰ. 해양오염방지의 법제화

해양은 여러 가지 원인에 의하여 오염되며 그로 인한 유해한 결과를 발생케 한다. 1972년 스톡홀름에서 개최된 '국제연합 인간환경회의' (UN Conference of the Human Environment)에서 채택한 「인간환경선언」에 의하면, 해양오염은 ① 인간의 건강에 대한 위험, ② 생물자원에 대한 유해, 또는 ③ 쾌적성의 손상을 일으켜 해양을 적절하게 이용하지 못하도록 하는 물질로써 바다를 오염케 함을 말한다(동선언 7항 참조).

해양오염문제에 대한 국제적 관심이 높아진 것은 1950년대 이후의 일이다. 당시에는 선박에서 배출되는 유류 또는 방사선물질의 폐기에 의한 해양오염이 주요 관심의 대상이었으므로 공해협약에는 이에 대한 일반원칙을 다음과 같이 규정하였다: ① 각 국가는 유류의 배출로 인한 해양의 오염을 방지하기 위하여 규칙을 작성해야 한다. 또한 ② 각 국가는 권한 있는 국제기구에 의하여 작성된 기준과 규칙을 고려하여 방사선 폐기물의 투기로 인한 해양오염의 방지조치를 취해야 하며, 방사선 물질 및 기타의 유해한 작용물로 인하여 생기는 해양 또는 그 상공의 오염을 방지하기 위하여 권한 있는 국제기구와 협력하여야 한다(제25조).

특히 유류로 인한 오염을 방지하기 위하여 1954년 「유류로 인한 해수오염의 방지를 위한 국제협약」(소위 '해수오염방지협약')이 체결되었다. 이 협약에 의하면 150톤 이상의 유조선 및 500톤 이상의 기타 선박에 대하여 거안 50해리까지의 해역에서의 유류 배출을 금지하고 있다(제2, 3조). 위반선에 대하여는 그 기국만이 처벌할 수 있다(제6조). 모든 조약 당사국은 타방 당사국의 선박에 의한 조약 위반을 발견하였을 경우, 그 기선에 대하여 위반 사항을 통보할 수 있다. 단, 이 협약은 1969년에 개정되어 유류 배출 금지구역을 모든 해역으로 확대하는 등 유류 오염에 대한 규제를 더욱 강화하였다.

또한 1969년에는 「유류오염사고시의 공해개입권에 관한 협약」(소위 '공법협약')과 「유류오염으로 인한 손해에 대한 민사책임협약」(소위 '사법협약')이 브뤼셀에서 각각 채택되었다. 전자는 해상 유류 사고로 인하여 자국의 연안 또는 이익에 중대하고 긴박한 위험이 미치게 되는 것을 제거 또는 방지하기 위하여 연안국이 공해상에서 필요한 조치를 취할 수 있게 하였으며, 후자에서는 유류 오염 사고로 인하여 연안국 영토 내에 손해를 끼쳤을 경우의 선박소유자의 무과실책임과 그 책임 한도를 규정하고 있다(면책사유는 전쟁·내란·폭동·제3자의 행위·자연의 이상 현상 등의 경우로 극히 한정된다). 한편 사법협약에 의한 손해배상이 불충분하거나 혹은 선박소유자의 배상책임이 없는 경우에 대비하여 일정한 기금으로부터 피해자에 대한 손해배상을 보충하기 위해, 1971년 「유류오염손해방지를 위한 국제기금설립협약」(소위 '기금협약')이 채택되었다.

그 외에 1972년 런던에서 채택된 「폐기물 및 기타 물질의 투기에 의한 해양오염방지협약」(소위 '해양투기규제협약')에서는 해양으로 투기되는 육상 폐기물을 그 위험성 및 유해성의 정도에 따라서 투기의 전면 금지, 각국의 특별허가에 의한 투기, 각 국의 일반허가에 의한 투기로 구분하여 이를 각각 규제하고 있다. 또한 1973년의 「선박으로부터의 오염방지를 위한 협약」(소위 '해양오염방지협약')은 전기 해수오염방지협약의 규제내용을 더욱 강화한 것으로서, 일정한 신조선박의 구조면에까지 엄격하게 규제하고 있으며, 특히 선박으로부터의 유류 이외의 오염물질의 배출에 대한 규제를 추가하고 있다.

Ⅱ. 해양법협약의 관련 주요내용과 그 특징

해양법협약 당사국들은 가장 적절한 수단을 사용하여 모든 오염원으로부터 해양환경을 보호하고 보존할 의무가 있다(제192조). 국가로 하여금 해양환경을 보호하고 보존하도록 하는 의무는 해양오염에 관한 정부간작업그룹에 의해 채택된 원칙 및 스톡홀름 인간환경선언의 원칙이 구체화된 것으로 평가된다.

해양오염의 방지에 관한 해양법협약의 주요 내용은 다음과 같은 특색이 있다. 첫째, 해양오염의 방지 문제를 특정 오염 원인으로 인하여 발생하는 경우에만 한정하지 않고, 해양환경의 보호 및 보존이라는 큰 테두리에서 종합적으로 취급하고 있다는 점이다. 즉 해양법협약은 강, 하구, 관선 및 배출시설을 포함하는 육상오염원에 기인하는 오염(제207조), 대륙붕개발 등의 해저활동에 기인하는 오염(제208조), 심해저자원의 탐사 및 개발 등에 기인하는 오염(제209조), 투기물에 기인하는 오염(제210조), 선박에 의한 오염(제

211조), 공기로부터의 또는 공기를 통하는 오염(제212조) 등 다양한 오염원으로 인한 해양의 오염을 방지·감소 및 규제하기 위하여 모든 국가는 국제적으로 합의된 규칙, 기준 및 권고적 실행, 절차를 고려한 국내법령을 제정하여야 하며, 이러한 국제규칙 기준 등은 권한 있는 국제기구 또는 외교회의를 통하여 정하도록 노력하되, 기존의 국제규칙 등을 수시로 재검토하도록 하고 있다(상기 각 조문 참조).

둘째, 상기와 같이 제정된 국내법령 및 국제규칙 기준 등을 집행함에 있어서 종래의 旗國主義를 보완하여 일정한 경우, 연안국 및 선박의 寄港國(port state)에 의한 집행도 규정하고 있는 점이다. 즉 ① 위반 지점이 영수 또는 배타적경제수역 밖의 해역이라고 할지라도 국제규칙 및 기준에 위반한 선박이 자의로 입항하는 경우, 기항국은 소송조치를 포함하는 광범위한 단속권을 갖는다(제218조 1항). ② 연안국은 영해를 통항 중인 선박의 해양오염방지를 위한 법령제정권을 가지며, 위반선에 대하여 무해통항권을 침해함이 없이 물리적 검사(physical inspections)를 행할 수 있고 증거가 있을 경우에는 압류를 포함하는 소송절차를 취할 수 있다(제220조 2항). 또한 연안국은 배타적경제수역에서의 오염방지를 위하여 국제규칙 및 기준에 부합되는 범위에서 법령제정권을 갖는다. 배타적경제수역에서의 위반에 대하여는 먼저 위반 여부를 확정하는 데에 필요한 관련 정보의 제출을 요구하며(동조 3항), 제출된 정보가 사실과 다르거나 또는 실제로 배출이 있었다는 명백한 증거가 있을 경우에는 물리적 검사를 행할 수 있다(동조 5항). 또한 그 위반으로 인하여 연안국의 관련이익에 중대한 손해를 미쳤을 경우에는 선박의 압류를 포함하는 소송절차를 취할 수 있다(동조 6항).

해양오염은 그 성질상 발생 국가의 관할수역뿐만 아니라 다른 국가에도 영향을 미치게 된다. 때문에 효과적으로 해양오염에 대처하기 위해서는 일국의 노력만으로는 불충분하고 세계적 또는 지역적 차원에서의 협력이 필수적으로 요구된다. 해양법협약은 해양환경보존을 위해 국제규칙을 제정할 때 국제기구를 통한 세계적 차원 및 지역적 차원에서 협력할 것을 규정하고 있다(제197조).

제10절

해양과학조사

Ⅰ. 의의 및 일반원칙

해양의 과학적 조사는 해양자원의 탐사 및 개발, 그리고 해양환경의 보호와 보존 등 다양한 목적을 위하여 행해진다. 1958년 제네바 해양법협약들의 경우, 해양의 과학적 조사는 공해자유의 범위에 포함되는 것으로 인식되었으나, 대륙붕에 있어서는 제3국의 해양과학조사 활동에 대해서 기본적으로는 보장을 하되 연안국의 동의를 얻도록 하는 등 일정한 제한이 인정되고 있었다. 1982년 해양법협약의 체결 과정에서 미국 등 선진국들은 배타적 경제수역에서의 해양과학조사는 연안국의 규제 하에 두지 않는 제도를 주장하였으나, 개도국들의 강력한 요구에 따라 대륙붕의 경우와 마찬가지로 연안국의 동의를 받아야 하는 것으로 결론이 났다.

해양법협약 제238조는 모든 국가와 권한 있는 국제기구는 지리적 위치와 관계없이 해양과학조사를 수행할 권리를 가지는데, 협약에 규정된 다른 국가의 권리와 의무를 존중해야만 한다고 규정하고 있다. 그리고 해양법협약은 국가와 국제기구들로 하여금 해양과학조사의 수행과 발전을 고무하고 증진하도록 하고 있다(제

239조). 협약은 나아가서 해양과학조사는 공해를 포함한 전 수역에 걸쳐서 평화적 목적을 위해, 적절한 과학적 수단과 방법에 따라, 다른 적법한 해양의 이용을 방해하지 않으며, 해양환경의 보호 및 보전규칙 등 관련 규칙을 준수하면서 수행되어야 한다고 규정하고 있다(제87조, 제88조, 제141조 및 제240조 참조).

Ⅱ. 국제적 협력

국가와 권한 있는 국제기구는 주권 및 관할권 존중의 원칙에 따라 상호이익의 바탕 위에서 평화적 목적을 위한 해양과학조사에 있어 국제협력을 증진하여야 한다. 이와 관련하여 국가는 인간의 건강과 안전 및 환경에 대한 손상을 방지하고 통제하는 데 필요한 정보를 자국으로부터 또는 자국과 협력하여 얻을 수 있는 합리적인 기회를 다른 국가에 제공하여야 한다(해양법협약 제242조). 그리고 이러한 국제협력 의무를 구체화하기 위하여 국가와 국제기구는 양자협정 또는 다자협정을 체결하여 해양과학조사 수행을 위한 유리한 조건을 조성하고, 해양환경에서 발생하는 현상과 과정의 본질 및 상호관계를 연구함에 있어서 과학자들의 노력을 통합시킬 수 있도록 상호 협력해야만 한다(제243조). 그리고 국가와 국제기구는 해양과학조사로부터 획득한 지식과 기타 관련 정보를 공표하고 보급하며, 과학자료와 정보의 교류와 특히 개도국들로의 이전을 증진하고 개도국 요원의 교육과 훈련을 통하여 이들의 해양과학조사 능력을 강화하도록 하여야 한다(제244조).

Ⅲ. 해양과학조사의 수행

1. 영해 내에서의 해양과학조사

연안국은 주권을 행사함에 있어서 영해 내의 해양과학조사를 규제, 허가 및 수행할 배타적 권리를 갖는다. 따라서 영해 내의 해양과학조사는 연안국의 명시적 동의와 연안국이 정한 조건 하에서만 수행된다(해양법협약 제245조).

2. 배타적경제수역 및 대륙붕에서의 해양과학조사

연안국은 그 관할권을 행사함에 있어서 배타적경제수역 및 대륙붕에서의 해양과학조사를 규제, 허가 및 수행할 권리를 향유하며, 배타적경제수역 및 대륙붕에서의 해양과학조사는 연안국의 동의에 따라 수행되어야 한다(해양법협약 제246조 1항 및 2항). 해양법협약은 연안국으로 하여금 통상적 상황에서 다른 국가 또는 권한 있는 국제기구가 평화적 목적만을 위하여 수행하며 모든 인류의 이익을 위하여 해양환경에 대한 과학적 지식을 증진하기 위한 자국의 배타적경제수역 또는 대륙붕 내의 해양과학조사계획에 동의를 부여하여야 하며 그 동의가 부당하게 지연되거나 거부되지 않도록 보장하는 규칙이나 절차를 확립하도록 하고 있다(제246조 3항). 그러나 연안국은 해양과학조사가 생물 또는 무생물 천연자원의 탐사와 개발에 직접적인 영향을 미치는 경우, 재량에 따라 해양과학조사계획에 대한 동의를 유보할 수도 있다(제246조 5항 a~d), 한편 연안국의 배타적경제수역이나 대륙붕 내에서 해양과학조사를 수행하려는 국가와 국제기구는 사전에 관련 정보를 제공할 의무가 있으며(제248조), 조사활동에 연안국의 참여를 보장하고 조사결과의 활용을 보장하며 연안국이 부여한 조건을 이행할 의무가 있다(제249조).

3. 시설 및 장비

해양과학조사를 수행하기 위하여 필요한 시설이나 장비를 설치하여 사용할 수 있으나, 이들은 도서로서의 법적 지위를 갖지 않는다. 따라서 과학조사 시설물이나 장비는 자신의 영해를 보유하거나 영해, 배타적경제수역 또는 대륙붕의 경계획정에 어떠한 영향도 미칠 수 없다(해양법협약 제259조). 나아가서 어떠한 과학조사 시설물의 설치와 운용이 기존의 국제항로에 대한 방해를 해서는 안 되며 이들 시설물에는 소속 국가나 국제기구의 표시, 경고 등을 갖추어 안전을 확보해야만 한다(제261조 및 262조). 그리고 과학시설 주위에 500m를 초과하지 않는 범위 내에서 '안전수역'(safety zones)을 설정할 수 있으며, 모든 국가는 이러한 안전수역을 존중하여야 한다(제260조).

4. 국제책임 및 분쟁의 해결

국가 및 권한 있는 국제기구가 해양과학조사에 관한 해양법협약이나 관계법규를 위반하여 손해를 발생시킨 경우에는 이를 배상할 책임이 있다. 그 소속의 개인이나 법인이 위법행위를 한 경우에도 배상책임을 진다. 또한 해양오염에 관한 규정을 위반하여 손해를 발생시킨 경우에도 국가 및 국제기구는 책임을 진다(해양법협약 제263조). 한편 해양과학조사와 관련된 분쟁은 구속력 있는 결정을 수반하는 강제절차에 대해 규정하고 있는 해양법협약 제15부 제2절과 이에 대한 제한과 예외를 규정한 제3절에 따라서 해결한다고 규정되고 있다(제264조).

제11절

해양분쟁해결제도

Ⅰ. 제도의 의의 및 절차의 분류

새로운 해양법협약상의 분쟁해결제도는 형태적으로는 매우 복잡하게 구성되어 있으며, 조문의 본문(제15부) 및 몇 개의 부속서에 분산 규정되고 있다. 그러나 이들 관련 규정들은 일정한 체계적 구조 하에서 유기적 관련성을 가지고 작용하도록 되어 있다.

이러한 분쟁해결절차는 크게 분쟁 당사자 간의 자주적인 분쟁해결방법과 제3자에 의한 분쟁해결방법으로 분류할 수 있고, 또 제3자에 의한 분쟁해결방법은 그 결정이 분쟁 당사자에 대하여 법적 구속력을 갖는 국제재판에 의한 방법과 그러한 구속력을 갖지 않는 조정절차로 나눌 수 있다. 그리고 이들 분쟁해결절차는 협약에 규정된 방식을 기초로, 총칙에 규정된 일반절차, 조정절차, 일반적 강제절차 및 특별강제절차 등으로 분류할 수도 있다.

Ⅱ. 해양법협약상 분쟁해결절차

1. 일반적 절차

해양법협약은 당사자들에게 국제연합헌장 제2조 3항에 따라 평화적인 수단에 의하여 분쟁을 해결하도록 하고 이를 위하여 헌장 제33조에 규정되고 있는 방법으로 이들이 관련된 분쟁을 해결하도록 하는 일반적 의무를 부과하고 있다(제279조). 따라서 분쟁당사자들은 양자 간의 직접교섭(direct negotiation), 주선(good offices), 중개(mediation), 심사(inquiry), 조정(conciliation), 중재재판(arbitration), 사법재판(judicial settlement)은 물론 지역적 협정이나 기구 등을 분쟁해결을 위하여 활용할 수 있고, 그 외에 자신들이 합의하기만 하면 어떠한 평화적 방법이라도 분쟁해결을 위하여 이용할 수 있게 되어 있다(제280조).

따라서 당사자들은 일반적·지역적 조약, 양자조약 또는 기타의 합의에 따라 규정된 '비협약 절차'(non-Convention Procedures)를 이용할 자유를 갖는다(제282조 참조). 해양법협약의 당사국 간에 협약의 해석 또는 적용에 관하여 분쟁이 발생한 경우 분쟁당사자는 교섭 또는 기타 평화적인 방법수단에 의한 해결에 관하여 신속히 의견교환을 개시해야 한다. 그러나 이러한 절차의 활용에 의하여 분쟁이 해결되지 않을 경우에는 다음의 강제절차나 '강제조정' 절차에 부탁되게 된다.

2. '구속력 있는 결정'을 수반하는 일반적 강제절차

일반적인 분쟁해결절차에 의하여 분쟁이 자주적으로 해결되지 못하는 경우에 대비하여 해양법협약은 구속력 있는 결정을 수반하는 4가지 강제절차를 규정하고, 이를 당사자들이 의무적으로 수락하도록 하는 장치를 마련하고 있다(제286조, 287조 1항 참조). 협약은 구속력 있는 결정을 내릴 수 있는 분쟁해결절차로서, ① 국제해양법재판소(International Tribunal for the Law of the Sea: ITLOS), ② 국제사법재판소(International Court of Justice: ICJ), ③ 중재재판소(Arbitral Tribunal), ④ 특별중재재판소(Special Arbitral Tribunal) 등을 제시하고 당사국은 이 협약의 서명, 비준, 가입 시 또는 그 이후 언제든지 서면에 의한 선언에 의하여 이 협약의 해석 또는 적용에 관한 분쟁의 해결을 위하여 이들 절차 중의 하나 또는 그 이상을 선택할 자유가 있다고 규정하고 있다(제287조 1항).

당사국이 이들 가운데 어느 특정 절차를 수락하지 않는 경우에는 제7 부속서에 따른 중재절차를 수락한 것으로 간주한다. 분쟁 당사자들 간에 서로 다른 절차가 수락되어 있는 경우에는 당사자들이 다른 합의를 하지 않는 한 중재절차에 부탁되도록 하고 있으며, 분쟁 당사자들이 서로 동일한 절차를 수락한 경우에는 또한 당사자 간에 다른 합의가 없는 한 그 절차에만 분쟁해결을 부탁할 수 있도록 하고 있다. 다만 심해저개발에 관련된 분쟁에 대해서는 그 특수성이 고려되어 국제해양법재판소에 설치되는 해저분쟁재판부가 전속적 관할권을 갖도록 규정하고 있으며, 당사국의 특정한 분쟁해결절차에 대한 수락선언에 의하여 영향을 받지 않는다고 하고 있다(제287조 2~5항). 그리고 협약의 제8 부속서에 따라 설치되는 특별중재재판소는 특히 ① 어업행위, ② 해양환경의 보호와 보존, ③ 해양과학조사, ④ 선박으로부터의 오염 및 투기에 의한 오염을 포함한 선행에 관련된 분쟁을 해결하도록 예정되어 있다(제8 부속서 제1조).

3. 해저분쟁해결을 위한 특별절차

심해저 활동으로부터 야기되는 분쟁해결의 임무는 해양법협약의 제11부에서 규정되고 있는 특별한 형태의 절차에 귀속되고 있다. 전술한 바 있듯이 당사국이 제15부에서 규정하고 있는 4가지 강제절차 가운데 어느 하나 또는 그 이상을 선택한 경우에도 그것이 제11부에서 규정하고 있는 해저분쟁재판부의 심해저분쟁에 대한 관할권을 배제할 수 없다.

제15부의 구속적 강제절차(compulsory binding procedures)와 제11부의 특별한 구속적 강제절차(special compulsory binding procedures)와의 차이는 전자가 일반적인 협약의 해석 또는 적용에 관련된 분쟁의 해결에 적용되는 반면에, 후자는 협약의 제한된 일부 분야, 즉 제11부과 그 부속서 및 기타 협정들의 해석 또는 그 적용에 관하여 발생하는 분쟁의 해결만을 위하여 적용된다는 점이다.

이러한 관할권을 갖는 재판부로서, ① 국제해양법재판소(ITLOS)의 해저분쟁재판부(Sea-Bed Disputes Chamber: SBDC, 해양법협약 제6부속서 제14조), ② 국제해양법재판소의 특별재판부(Special Chambers of the ITLOS, 동부속서 제15조), ③ 해저분쟁재판부의 임시재판부(ad hoc Chamber of the SBDC, 동부속서 제36조) 등이 있다.

그리고 해양법협약 그 자체의 해석 및 적용이 아닌, 국가·국제심해저기구·개발청·국영기업·사기업 또는 자연인들 간의 계약을 해석하거나 적용하는 데 관련된 분쟁을 해결하기 위하여 상사중재(commercial arbitration)를 이용할 수도 있다.

4. 조정절차

1) 의의

조정절차는 원래 일반국제법상 분쟁해결방법으로 발전되어온 것이다. 다만 해양법협약에서는 그 유용성을 높이 평가하여 그에 관한 세부적인 규정을 두고 이를 실효적으로 이용할 수 있게 하고 있다. 해양법협약의 해석 또는 적용에 관한 분쟁 당사자인 당사국이 타방 당사자에게 제5 부속서의 조정절차 또는 달리 합의한 조정절차에 의하여 분쟁을 해결하자고 제의하고, 타방 당사자가 이를 수락함으로써 조정절차가 개시된다(해양법협약 제284조 1항). 타방 당사자가 이에 동의하지 않으면 임의적 조정절차는 종료된다. 즉 임의적 조정절차에 의하여 타방 당사자를 강제로 조정절차에 참여시킬 수는 없다.

그러나 해양법협약은 특별한 분쟁을 해결하기 위하여 일정한 경우에 분쟁 당사자 간의 합의가 없는 경우에도 일방 당사자에 의한 부탁만으로 조정절차가 개시될 수 있는 강제적 조정절차(compulsory conciliation) 내지 조정절차에의 부탁강제(compulsory submission to conciliation)를 제도화하고 있다(제297조 2, 3항). 즉 해양법협약 제15부 제3절에 의하여 강제적 조정절차에 부탁되어질 수 있는 분쟁의 어느 당사자라 할지라도 타방 당사자에 대한 서면통지에 의하여 조정절차를 개시할 수 있으며, 그 통고를 받은 타방 당사자는 그에 대한 의사 여하에 불구하고 이러한 절차에 따라야 할 의무를 지게 된다. 이 점에서 강제적 조정절차는 그 개시에 있어서 당사자의 합의를 기초로 하는 임의적 조정절차와 다르다. 그러나 절차의 개시에 있어서의 강제성을 제외한 기타의 점에 있어서는 임의적 조정절차와 강제적 조정절차가 동일하다. 따라서 조정위원회(commission of conciliation)가 행하는 분쟁해결을 위한 제안(proposals for a settlement) 또는 보고서(report)에 포함되는 분쟁해결 조건의 비구속성은 강제적 조정의 경우에도 변함이 없으며, 연안국의 재량을 조정위원회의 재량으로 대체하지도 못 한다(제297조 3항 c).

2) 강제조정절차의 대상

해양법협약 제15부 제3절에서 규정하고 있는 강제적 조정의 대상이 되는 분쟁은 다음과 같다(제297조 2, 3항). ① 해양과학조사에 관한 규정의 해석 또는 적용에 관한 분쟁 중에서 특정계획 (specific project)에 대하여 연안국이 협약과 양립하는 방법으로 제246조 및 253조의 권리를 행사하지 않는다는 조사국(researching state)의 주장으로부터 발생한 분쟁, 단 조정위원회는 연안국의 제246조 6항에 규정된 특정지역을 지정할 재량(discretion) 또는 제246조 5항에 따라 동의를 유보할 재량의 행사를 다룰 수 없다. ② 어업에 관한 협약의 규정에 대한 해석 또는 적용에 관한 분쟁 중 연안국이 배타적경제수역 내 생물자원에 관한 주권적 권리 또는 허용어획량, 자국어획능력, 타국에 대한 잉여량 할당 및 자국의 보전관리법령의 확립을 결정할 재량권을 포함하는 주권적 권리의 행사와 관련된 분쟁으로서 해양법협약 제15부 제1절에 따른 해결방법에 의하여 해결되지 않는 경우, (ⅰ) 연안국이 적절한 보존 및 관리조치를 통하여 배타적경제수역 내 생물자원의 유지가 심각히 위협받지 않도록 보장할 의무를 명백히 이행하지 않는 경우, (ⅱ) 연안국이 타국의 요청에도 불구하고 동국이 어획에 관심 있는 어종에 대한 허용어획량 및 자국어획능력을 결정하는 것을 자의적으로 거부하는 경우 및 (iii) 연안국이 제62, 69, 70조와 해양법협약에 의하여 연안국이 확립한 조건에 따라 스스로 존재한다고 선언한 잉여의 전부 또는 일부를 타국에 할당하는 것을 자의적으로 거부한 경우에는 강제적 조정절차의 대상이 된다. ③ 해양경계획정과 관련된 제15, 74, 83조의 해석 또는 적용에 관한 분쟁 및 역사적 만 또는 權原(title)과 관련된 분쟁으로서 제15부 제2절의 강제적 절차의 적용을 배제하는 선언을 한 경우, 단 이러한 분쟁이 협약의 발효 후에 발생하고 합리적인 기간 내에 당사자 간의 교섭에서 합의가 이루어지지 않았어야 하며, 육지 또는 섬에 대한 주권 또는 기타 권리에 관한 미해결의 분쟁에 대한 동시적 고려(concurrent consideration)를 포함하지 않는 것이어야 한다.

5. 강제적 절차의 제한 및 예외

해양법협약상 분쟁해결제도는 그 혁신적 내용에 못지 않게 자체적으로 많은 한계를 갖고 있다. 당사자들로 하여금 자유롭게 선택한 평화적인 방법으로 분쟁을 해결하도록 하는 일반적 의무들은 원래 권고적 성격을 갖는 것이며, 구속력 있는 결정을 수반하는 강제적 분쟁해결절차에 관한 규정들도 많은 제한 및 예외를 인정함으로써 그 실효성이 문제될 소지를 안고 있다.

해양법협약은 국가주권과 국내관할권의 원칙을 존중하여 협약상 규정된 연안국의 주권적 권리 또는 관할권 행사에 관한 규정의 해석 또는 적용에 관한 분쟁은 특별한 경우를 제외하고는 강제적 절차에 의한 분쟁해결절차로부터 배제될 수 있도록 하고 있다(제297조 1항). 이에 따라서 배타적경제수역, 어업, 해양환경의 보호 및 해양과학조사와 관련된 분쟁의 상당 부분에 대한 강제적 절차의 적용에 제한이 인정되고 있다. 한편 해양법협약은 구속력 있는 결정을 수반하는 강제적 절차에 대한 당사국의 '선택적 예외'(optional exceptions)를 허용하고 있다(제298조). 선택적 예외는 앞에서 언급한 강제적 절차에 대한 제한의 선택적 확대라고 할 수 있다. 이러한 선택적 예외가 인정되는 분쟁은 ① 해양경계획정 및 역사적 만 또는 권원에 관련된 분쟁, ② 군사활동에 대한 분쟁, ③ 국제연합 안전보장이사회(Security Council)가 그 기능을 수행하고 있는 분쟁 등이다. 당사국은 이들 가운데 어느 하나 또는 그 이상에 관하여 분쟁의 평화적 해결의무 등 협약 제15부 제1절의 의무를 침해함이 없이 협약의 서명, 비준, 가입 시 또는 그 이후 어느 때든지 제2절에 규정되고 있는 강제적 절차 중 하나 또는 그 이상을 수락하지 않음을 선언할 수 있다.

해저분쟁재판부는 심해저관련분쟁의 해결을 위하여 설치되도록 하였으나 그 경우에도 국제심해저기구의 재량권(discretionary powers)의 행사에 대하여 관할권을 행사할 수 없도록 하고 있다. 따라서 해저분쟁재판부는 국제심해저기구에 의하여 채택된 규칙(rules), 규정(regulations) 및 절차(procedures)가 협약의 규정과 합치하는지 여부에 대한 문제에 대하여 판결하거나 이러한 규칙, 규정 및 절차가 무효임을 선언할 수 없다. 이는 국제해저기구의 기능적 자율성과 그 효율성을 유지하고 보장하기 위한 것으로 이해된다.

| 제2장 |

'이어도문제'의 해양법적 이해

제1절
서론

한국과 중국은 2000년에 어업협정을 체결하여 상호간 어업질서를 유지하고 있으나, 그 이후 대륙붕 및 배타적경제수역(이하, "EEZ"와 혼용)을 포함한 관할수역 전반에 적용되는 해양경계획정과 관련해서는 난항을 거듭해 왔다. 사실 양국은 어업협정 체결을 위한 교섭 시에도 협정수역을 정하고 그 안에 배타적경제수역, 과도수역, 그리고 잠정조치수역의 범위 및 경계를 정하는 데도 많은 어려움을 겪었던 것이 사실이다. 이는 양국이 각각 주장하는 해양경계획정 관련원칙뿐만 아니라 해양관할수역을 설정하는 데 기초가 되는 기점 및 기선에 대해서도 그 입장이 일치되지 않았었기 때문이다.

한·중 어업협정은 단지 어업질서만을 규율하는 제한적 의미를 가지고 있는 것이기 때문에 양국은 어업활동 외의 범위에서는 '해양법협약'[1]에 따라 연안국에게 부여되고 있는 주권적 권리나 관할권을 행사할 수 있게 된다. 이에 따라 우리나라는 어업협정 체결 이전부터 계획하고 있던 '이어도 종합해양과학기지' 건설을 추진하여 2003년부터 설치·운영하기 시작하였다. 그러나 중국 정부가 이에 대하여 강력히 항의하고 우리나라와 가까운 거리에 위

1) 해양법협약은 1982년 12월 10일에 서명되었으며, 1994년 11월 16일부터 발효되고 있다. 그 채택과정 및 내용에 대해서는 제1장 참조.

치하고 있는 이어도 근처의 해저 暗礁에 대하여 자의적으로 命名하는 등, 이어도(주변수역) 관할권 및 과학기지의 운영을 둘러싼 갈등이 점차 고조되어 왔다.[2)]

이어도 및 이어도 주변수역은 해양학적 차원은 물론 경제적·군사적 차원에서 매우 중요한 위치를 차지하고 있으며, 특히 제주도민들과는 전설 및 문학적 차원에서 더욱 친숙한 관계를 맺고 있다. 오래 전부터 이어도는 제주도민들에게는 '꿈의 이상향'으로 묘사되어 왔으며, 어떤 경우에는 실재하는 섬인 양 인식되어 온 것도 사실이다. 이어도에 대한 관심은 한·중 어업협정 체결과정 및 그 시행과정을 거치면서 점차 제고되어 왔으며, 지금은 해양과학기지와 함께 하나의 '실체'(entity)로 인식되고 있는 것이다.

주지하는 바와 같이 '이어도'는 만조 시나 간조 시를 막론하고 언제나 물 밑에 잠겨 있는 암초(submerged reef or rock)로서 해양법상 '島嶼'(island)로서의 법적 지위를 인정받지 못하고 있는 것임은 틀림없다.[3)] 그러나, 그럼에도 불구하고 이어도 및 이어도 주변수역은 우리들에게 매우 중요한 가치를 갖고 있기 때문에 이를

2) 중국 정부는 우리나라가 이어도 종합해양과학기지 건설에 착수한 이후 몇 차례 이의를 제기하고 또 2006년 9월 14일는 '이어도'에 대한 한국의 '법률적 지위'를 인정할 수 없다고 밝혔다(제민일보, 2006년 9월 14, 15일자 참조). 그리고 이어서 9월 29일에는 이어도보다 우리나라에 더 가까운 수중암초를 발견하여 이곳에 '딩앤(丁岩)'이라는 이름을 붙인 바 있는데, 우리 정부 당국자는 2007년 1월 7일 중국이 '딩앤'으로 명명한 수중암초에 대하여 '파랑초'라는 이름을 붙였다고 밝혔다(한라일보, 2007년 1월 7일자 참조).

3) 2001년 1월 22일 국립지리원은 중앙지명위원회를 개최하여 제주도 마라도의 서남쪽 149km에 위치하고 있는 수중 암초 '소코트라 岩(礁)'(Socotra Rock)에 대하여 그 명칭을 '이어도'로 변경하는 문제를 심의, 확정함으로써 '이어도'(Ieodo)가 공식적인 명칭으로 사용되기 시작하였다. 그러나 이어도는 해양법상 도서가 아니기 때문에 '이어島'에 있어서 '島'라는 명칭은 다만 상징적 의미를 갖고 있다고 본다.

우리나라의 관할 하에 두기 위한 방안을 모색해 나가지 않으면 안 된다고 본다. 따라서 한·중 양국 간 해양경계획정 시 이어도 및 그 주변수역을 우리의 관할수역에 포함될 수 있도록 외교적 노력을 경주할 필요가 있는 것이다.

본 장에서는 이어도의 실체 및 중요성, 그리고 그 법적 지위를 살펴보고, 한·중 어업협정상 이어도 및 그 주변수역의 문제를 검토한 다음, 해양경계획정 원칙을 비롯하여 해양경계획정과 관련된 해양법의 주요문제에 대하여 검토함으로써, 중국과의 최종적인 해양경계획정 시 우리나라의 입장이 충분히 반영될 수 있도록 하기 위한 방안 및 그 과제를 도출하고자 한다.

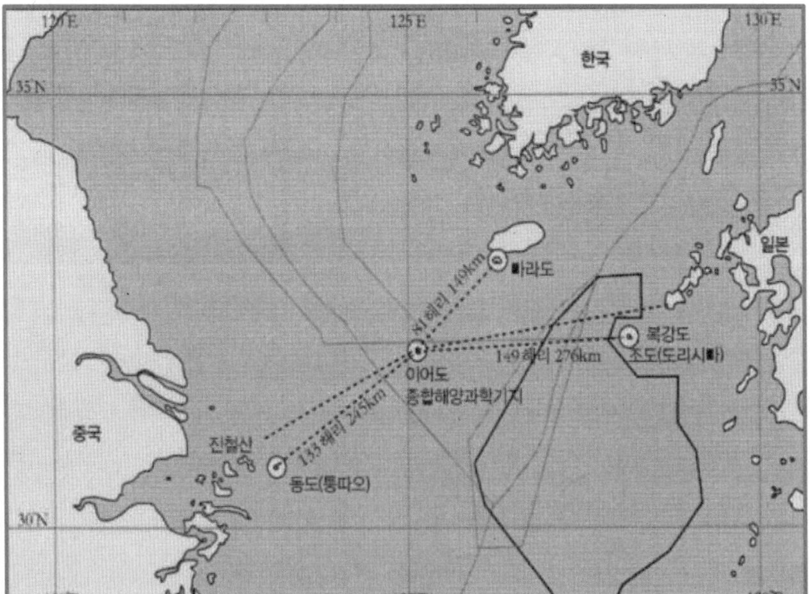

※ 중국 童島 기준 이어도(해양과학기지) 위치도 (김영구, 『이어도 문제의 해양법적 해결방법』, 동북아역사재단, 2008, p.15.)

제2절

이어도의 실체 및 '이어도 문제'의 의의

Ⅰ. 이어도의 위치 및 실체

오랫동안 '이어도'는 전설과 문학을 통한 상징적 의미에서 제주도민의 피안의 섬이자 영원한 이상향으로 그려져 왔다. 전설과 문학 속에서의 이어도는 그 실재 여부가 중요한 의미를 갖는 것은 아니었다. 그러나 우리가 '波浪島'(Parangdo)라고 불러 오던 수중암초인 '소코트라 岩'(Socotra Rock)[4]을 이어도로 인식하기 시작한 다음부터 이어도는 매우 중요한 의미를 갖는 '실체'(entity)로 간주되고 있다. '이어도'는 동중국해 중앙, 즉 북위 32도 07분 32초, 동경 125도 10분 58초에 위치하고 있으며, 한국의 마라도로부터 서남방으로 149km(81해리), 일본의 도리시마(鳥島)로부터는 서쪽으로 276km(149해리), 그리고 중국의 퉁다오(童島)[5]로부터 북동쪽으로 245km(133해리) 떨어진 해역에 위치하고 있는 最淺水深 4.6m

4) 이는 1900년에 이 암초를 처음 발견한 영국 상선인 Socotra 호의 이름을 따서 붙인 명칭이며, 우리는 이를 보통 '波浪島'라고 부르고 있었다. 정공흔, "Socotra礁의 由來에 대하여", 『탐라문화』, 제4집, 1985, pp.75-78.

5) 童島는 중국해도에 하이자오(海礁)로 표기되고 있는 무인암석으로서 중국대륙 연안으로부터 약 128km(69해리) 떨어져 있는 북위 30도 43분 54초, 동경 123도 08분 09초에 위치하고 있다.

의 수중암초이다.[6)]

종래는 이어도까지의 거리를 산정함에 있어서 중국의 경우에는 퉁다오, 즉 하이자오(海礁)가 기점으로 활용되었으나, 최근에 와서는 이밖에도 충밍다오(崇明島)를 기점으로 150해리 떨어져 있다거나 서산다오(佘山島)[7)]를 기점으로 155해리 떨어져 있다는 문헌이나 설명도 있다.[8)] 그러나 여전히 퉁다오 또는 하이자오를 기점으로 표시하고 있는 사이트나 자료들도 많이 발견되고 있는 것이 사실이다.[9)] 이어도는 단순 거리로 계산하면 한국(마라도)으로부터의 거리가 가장 가깝고 다음이 중국이며, 일본으로부터의 거리가 가장 멀다. 이 때문에 이어도와 관련하여 한·중 간에 문제가 발생하고 있는 반면에, 일본의 경우는 이어도에 관하여 특별한 반응을 보이지 않고 있다.[10)]

---

6) 이 '이어도'의 위치는 한국 국립지리원에서 2000년 12월 고시한 것이다. 한상복, "해양학에서 본 '파랑도'의 가치,"『해양정책연구』, 제6권 제2호, 1991, pp.461-63. 이어도는 수중암초로서 가장 얕은 곳이 해수면 아래 4.6m이며, 수심 40m를 기준으로 남북으로 약 600m, 동서로 약 750m에 이른다. 정상부를 기준으로 남쪽과 동쪽은 급경사를, 북쪽과 서쪽은 비교적 완만한 경사를 이룬다(해양조사원, http://www.khoa.go.kr 참조).

7) 서산다오는 충밍다오의 동쪽 북위 31도 25분 30초, 동경 122도 14분 6초에 위치한 유인도이다.

8) 강효백교수는 중국의 대표적 해양법 전문가인 가오즈궈(高之國) 박사의 논문("한국과 일본의 이어도와 오키노도리시마(冲之鳥島) 경영에 대한 아국에 대한 전략적 위협에 대한 사려와 건의" 및 "이어도와 오키노도리시마에 관한 사려와 건의")과 관련 웹사이트(http://baike.baidu.com) 등을 확인한 결과 중국은 퉁다오(童島)가 아니라 서산다오(佘山島)를 기점으로 이어도까지의 거리를 287km (155해리)로 표기하고 있다고 한다(강효백, "한-중 해양경계 획정문제 - 이어도를 중심으로 -,"『한국동북아논총』, Vol.50, 2009, pp.188-192 참조.

9) 百度百科 "蘇岩礁"(http://baike.baidu.com); 郁志榮, "對韓國在蘇岩礁建造海洋環境觀測平臺的幾点思考",『海洋開發與管理』第3期, 2007. p.75; 劉亞丁, "蘇岩礁的法律地位及其意義",『世紀橋』第3期, 2008, p.68.

10) 따라서 본 장에서는 '이어도'와 관련된 한·중 간의 문제를 다루기로 한다.

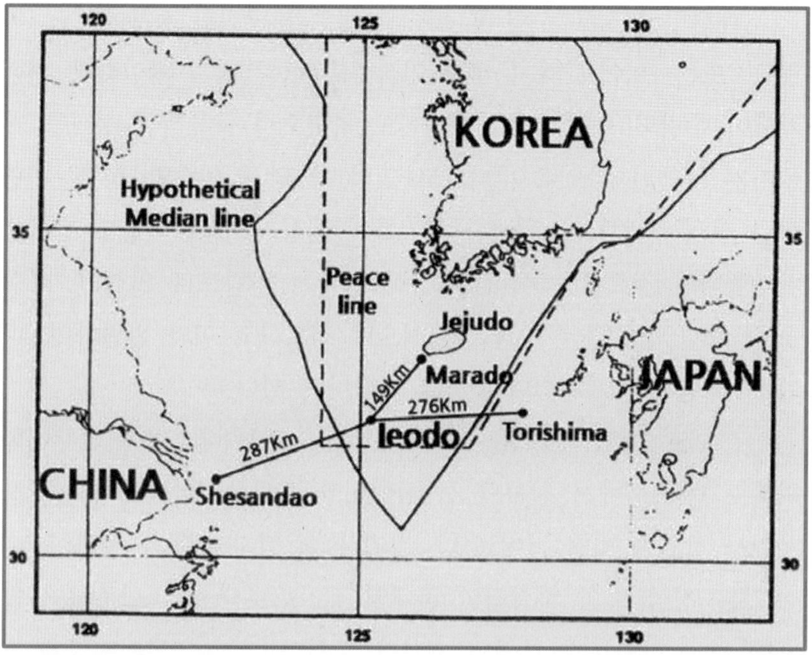

※ 중국 佘山島(Shesandao) 기준 이어도의 위치도 (이어도연구회, 『이어도연구』 창간호, 2010, p.43.)

그러나 이어도의 실체 및 그 중요성은 일제 강점기 동안 일본에 의해서도 인식되고 있었던 것으로 보인다. 1938년 일본에 의해 長崎-五島-濟州島-花鳥山島-上海를 연결하는 920㎞에 달하는 해저 케이블 부설계획이 수립되었는데, 이 중 제주도와 화조산도의 거리가 454㎞에 이르는 장거리 구간이기 때문에 그 중간에 위치한 이어도에 인공섬을 건설하여 중계기지로 활용한다는 방안이 마련된 바 있었던 것이다.[11]

11) 이 Socotra Rock에 인공구조물인 인공섬 건립을 가장 먼저 계획했던 나라는 동아시아 3국에서도 일본이었다. 일본은 1937년 대륙진출을 위해 중일전쟁을 일으켰고, 그 이듬해인 1938년에는 나가사키 - 고또 - 제주도 -소코트라 암초

대한민국 정부 수립 후 이승만 정부와 박정희 정부에서도 '피랑도' 또는 '이어도'의 문제를 인식하고 이를 탐사·확인하기 위한 계획이 수립되고 실제로 시행되기도 하였으나 구체적인 성과를 거두지는 못했던 것으로 나타나고 있다.12) 당시 이승만 정부는 '평화선 선언'을 앞두고 유리한 고지를 선점하기 위해 파랑도 탐사를 시도했었던 것으로 보이며, 박정희 정부는 파랑도로 알려진 '파랑초'에 대한 영유권 문제를 본격적으로 검토하고 이와 관련하여 '파랑초' 재탐사를 계획했던 것으로 나타나고 있다.13)

그리고 '80년대에 들어와서는 1984년 3월에 'KBS-제주대학 파랑도 탐사반'에서 전설의 섬 이어도의 존재를 찾아 대대적인 해양탐사 작업을 벌인 적이 있다. 그러나 이 탐사 활동을 통하여 '이어도'는 전설 속의 환상적인 존재일 뿐 섬(도서)으로 실존하지 않으며 결국 마라도가 한국의 최남단 도서라는 것이 확인되었을 뿐이다. 그러나 이 탐사 작업을 통하여 제주도 마라도의 남서쪽 220도 방향으로 약 81해리의 해역에 위치한 암초인 '소코트라 암'(Socotra Rock)의 존재가 확인되었다. 그 주변 해역의 波浪 때문에 '波浪島'라고도 부르는 소코트라 암초의 발견 소식은 각종 언론 매체를 통

[波浪ス] - 화조산도 - 상해를 연결하는 920km의 해저 케이블 수립을 계획하였다. 즉, 해저전선 중계기지 설치를 목적으로 인공구조물을 직경 15m, 수면 위에 35m의 케이슨 설치를 시도하였으나 태평양전쟁으로 이 계획은 실현되지 않았다. 구체적인 내용은 조성윤, "일본의 소코트라 락(Socotra Rock) 인공섬 조성계획," 『이어도 연구』, 제5호, 2014, pp.227-251 참조.

12) 그러나 1951년 9월 10일 해군 탐사계획에 참여했던 58명의 인원이 해군 901호로 이어도 해역에 도착하여 밧줄로 몸을 묶고 바다에 뛰어드는 모험을 강행한 끝에 이어도를 발견하고 '大韓民國領'이라고 하는 銅版을 수중에 설치하였다는 당시 대원 가운데 1인인 손경석 씨의 증언이 있다는 자료도 있다. 이는 김병렬, "이어도의 법적 지위," 『교수논총』, 제11집, 국방대학원, 1997, p.242 참조.

13) 국가기록원 자료 참조.

하여 대대적으로 보도되고 이를 '이어도'와 연결시키려는 시도가 구체화되기 시작했던 것이다.

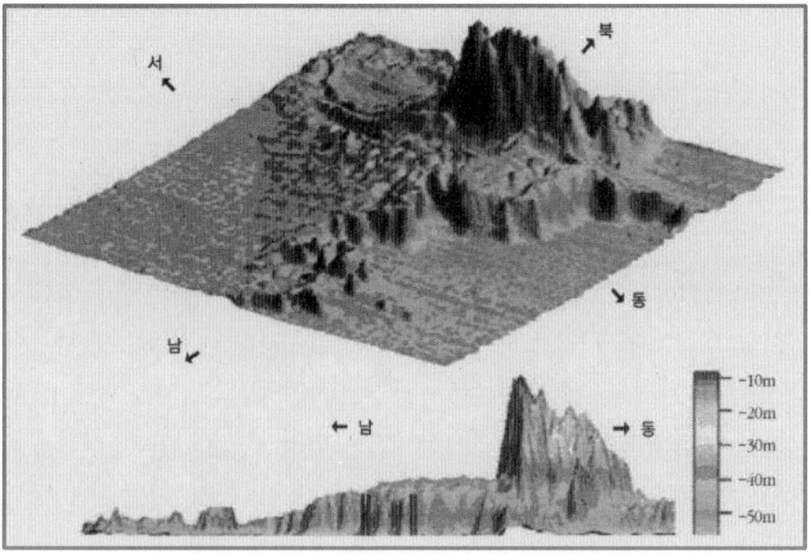

※ 이어도의 해저형상도 (이어도해양과학기지 홈페이지 http://www.ieodo.nori.go.kr)

그 결과 1987년에는 당시 해운항만청에서 소코트라 암초에 '이어도' 등부표를 설치함으로써 이른바 '파랑도'를 '이어도'로 공인하는 계기가 마련되었다고 할 수 있다.[14] 이후 '90년대 후반에 한·중 어업협정 체결을 위한 교섭 과정에서 정부에 의하여 이어도 및 그 주변수역에 대한 문제가 소홀히 취급되고 있음이 알려진 후, 제주도에서는 이어도에 水中標石을 세우는 이벤트를 통하여 이어도 및 그 상부수역에 대한 지역사회 및 정부의 관심을 유도한

14) 심재설·박광순·이동영, "이어도 해양과학기지 건설방안 분석," 『해양정책연구』, 제11권 제2호, 1996, pp.406-411 참조.

바도 있다.[15)]

Ⅱ. 이어도의 중요성 및 '이어도 문제'의 의의

1. 이어도의 중요성

이어도는 북상하는 쿠로시오 해류와 남하하는 황해의 한류, 그리고 중국 대륙의 연안수가 서로 접촉하고 합류함으로써 꽁치, 조기, 갈치, 멸치, 도미, 북어 등 어종이 풍부하게 서식하고 경제성이 높은 동중국해의 주요 어장을 이루고 있다.[16)] 또한 이어도 주변해역의 해저는 한반도와 중국 대륙 사이에 있는 동중국해 대륙붕의 중간 위치로서 유용한 광물자원이 풍부하게 부존하고 있을 것으로 추정되고 있다.[17)] 1950년부터 2008년까지 한반도에 상륙한 태풍의 54%가 이어도 반경 150㎞ 이내를 통과한 데서 알 수

---

15) 이 표석에는 "제주도의 이상향/ 이어도는 제주땅/ 1999. 5. 31./ 제주도지사 우근민"이라고 새겨져 있다고 한다. 중앙일보, 1999년 5월 30일 참조.

16) 노홍길, "Socotra 암초 주변해역의 수산학적 특성," 『해양정책연구』, 제6권 제2호, 1991, pp.475-492; 강석규, "이어도 어장의 경제성 평가," 『이어도 연구』, 창간호, 2010, pp.97-117 ; 송춘복·한송헌·김맹진, "이어도 주변해역의 어류자원에 대한 연구," 『이어도 연구』, 창간호, 2010, pp.118-131 참조.

17) 황해 및 동중국해에서 해저 석유탐사가 이루어지기 시작한 것은 1960년대 중간의 일이었다. UN의 극동경제위원회(UN Economic Commission for Asia and the Far East; ECAFE)는 아시아 해역광물자원공동탐사위원회(Committee for Coordination of Joint prospecting for Mineral Resources in Asian Offshore Areas; CCOP)를 조직하여 1968년 말에 공동으로 물리탐사를 실시한 바 있으며, 보고서에 의하면 이 지역의 해저 석유 매장 가능성이 높은 것으로 나와 있다. 이에 대해서는 K. O. Emery et al., "Geological structure and Some Water Characteristics of the East China and Yellow Sea," *ECAFE/CCOP Tech. Bull.,* Vol.2, 1969, pp.3-40(김영구, 『이어도 문제의 해양법적 해결방법』(동북아역사재단, 2008), p.23에서 재인용)

있듯이, 그 해상은 주요 태풍의 길목에 해당되고 있어서 해양환경의 변화를 비롯한 해양과학조사 및 기상관측을 위한 주요 거점으로 활용할 수 있는 동시에,[18] 해난구조기지 및 어업지원기지의 설치 장소로서도 적합한 지리적 위치를 점하고 있다. 마지막으로 이어도 주변수역은 군함의 통과 항로 및 주요 군사 활동을 위한 수역에 해당되는 등 군사적 중요성도 크게 인정되고 있다.[19]

현재 '이어도'에는 한국 정부에 의하여 해양과학기지가 설치·운영되고 있으며, 이를 '이어도 종합해양과학기지'라고 한다.[20] 이어도 종합해양과학기지는 이어도 頂峰에서 남쪽으로 700m 떨어진 북위 32도 07분 22.63초 동경 125도 10분 56.81초의 수심 40m 지점[21]에 자켓(Jacket) 구조물로 설치되었다. 이는 최첨단 장비를 갖춘 다목적 해양과학기지를 구축하여 우리나라 주변해역에 대한 해양관측 능력을 강화하고 황해 남부 해역의 해양 및 기상 상태를 실시간으로 모니터링 하여 해양예보, 기상예보, 어장예보의 적중률을 높이고 지구환경 문제 및 해상교통안전, 재해방지에 필요한 핵심 자료를 수집 제공하기 위한 목적을 가지고 있는 것으로 2003년 6월 30일 완공되었다.

---

18) 문일주 외, "태풍 예측 및 연구에 있어 이어도 과학기지의 중요성," 『이어도 연구』, 창간호, 2010, pp.218-226.

19) 심재설·박광순·이동영, 전게논문, pp.408-413 참조.

20) 이어도 종합해양과학기지 홈페이지(http://ieodo.nori.go.kr) 참조.

21) 일부 자료와 문헌에서는 이 지점을 '이어도'의 위치로 설명하고 있으나 '이어도'와 '이어도 해양과학기지'는 700m 離隔되어 있어서 그 정확한 위치 좌표는 다소 차이가 있는 것이다.

2. 이어도 관련 한·중 양국의 입장

황해 및 동중국해 해저 지역의 자원개발 경쟁은 한국, 중국 그리고 일본 사이에 점점 더 격화될 것으로 전망되고 있으며, 특히 한국과 중국 간에는 이어도 주변수역 및 해저 지역의 자원 개발을 둘러 싼 충돌과 분쟁이 충분히 예상될 수 있는 상황이라고 본다. 중국의 이러한 입장을 명백히 보여주고 있는 것이 바로 이어도(해양과학기지)에 대한 문제 제기 및 관할권 주장인 것이다. 이어도의 법적 지위에 대하여 공식적으로 문제를 제기했던 중국이 인근 해역의 수중 암초에 관하여 관할권을 주장하고 나선 것은 향후 한국과의 사이에서 대륙붕이나 배타적경제수역의 경계획정 협상 과정에서 유리한 위치를 선점하기 위한 의도로 분석되고 있다.

특히 지난 2011년에는 이어도 부근에서 좌초한 선박의 인양작업 중이던 우리나라 선박에 대하여 중국은 자국의 EEZ에서 허락도 없이 작업하고 있다고 하면서 그 중단을 요청하는 등 마치 이어도 주변수역이 자신의 관할 하에 있는 것처럼 행동하고 있음을 주목할 필요가 있다.[22] 또한 중국은 2013년 11월 23일 한국 측 기존 구역의 일부를 포함하여 이어도 상공을 포함한 광범위한 면적의 '방공식별구역'(ADIZ)을 선포함으로써 이어도 및 해양과학기지의 실효적 관리 및 보호에 관련된 쟁점을 야기한 바 있었다. 사실, 중국이 ADIZ를 선포하기까지 이 구역에 대해서는 일본이 이미 자신의 ADIZ를 선포해 놓고 있었기 때문에 한국으로서는 우리의 관할 하에 있는 이어도 과학기지에 가기 위해서는 일본 측에 협조를 구해

[22] 김지홍, "한·중·일 대륙붕경계획정에 관한 연구," 『해사법연구』, 제25권 제2호, 2013, p.229 참조.

야만 했던 상황이었던 것이다. 최근 중국의 조치는 일본이 이미 선포한 ADIZ에도 불구하고 그 구역에 대한 한국의 관할권을 배제하고 자국의 관할권을 확대·강화하려는 의도에서 비롯된 것이라는 점에서 단순한 ADIZ 선포 이상의 함의를 갖고 있다고 본다.[23)]

1) 이어도에 대한 중국의 입장

① 역사적 주장[24)]

산해경(山海經)은 중국 진나라 통일 전(BC221)에 저작된 하나의 풍물과 지리 등을 기록한 고서이다. 물론 작자는 미상이며 산경(山徑)이 5권, 해외경(海外經)이 4권, 대황경(大荒經) 4권, 해내경(海內經) 5권 등 총 18권으로 구성되어 있다. 중국은 산해경에 이어도에 관한 기록이 있다고 주장한다. 이는 바로 산해경 제14권(山海經大荒東經劵十四)에 기록되어있는 내용인 "동해 외 망망 중에 산이 있는데 이를 소산이라 한다(東海之外, ……, 大荒之中 , 有山名日猗天蘇山.)"라는 기록이다. 여기에서 지칭하는 소산(蘇山)이 바로 현재 이어도의 중국 명칭인 '쑤앤자오'(蘇岩礁)라는 것이다. 암초를 산에 표현한 것에 대하여 기록은 칠성암(七星岩)을 칠성산(七星山)으로 하는 등 당시 암초 등을 산으로 표현하였다고 주장하고 있다. 그리고 중국의 동해는 세계적으로 '동중국해'(East China Sea)로 공인받고 있으며 동해에 있는 이어도 주변은 역사적으로 당연히 중국의 山東, 浙

23) 최병학, "중국의 방공식별구역 선포와 미국의 대응," 『이어도저널』, 제6호, 2014, pp.23-33. 한국은 이에 대응하여 2013년 12월 15일 '인천 비행정보구역'에 부합되는 범위에서 KADIZ를 대폭 확대하는 조치를 취하였다(국방부 고시 제2013-449호).

24) 중국 포털사이트 百度百科(http://baike.baidu.com) 참조.

江, 江蘇, 福建 그리고 臺灣의 어로 장소가 되어 왔다고 한다.

② **탐사활동과 지도**

1880년~1890년 중국은 북양 해군을 설립하고 해로도에서 이어도(쑤옌자오)를 명확하게 표시하였다고 한다. 1949년 중화인민공화국(People's Republic of China; PRC)이 수립되었으나 일부 연해섬은 해방되지 않았기 때문에 쑤옌자오 주변의 해역은 남아 있는 중화민국(ROC) 국민당 해군이 순시하였으며 50년대에 들어와서 PRC 인민해방군 해군의 동중국해 함대가 쑤옌자오를 실지 탐사하였다고 한다.

1963년 5월에는 중국에서 최초로 건조된 화물선인 2만 2천톤급 약진호(躍進號)가 주은래(周恩來) 총리의 지시로 중국 최초로 이어도 해역에서 탐사활동을 하였다고 한다. 그러나 약진호는 산둥(山東)성 칭다오(青島)항을 떠나 일본 모지(門司)항과 나고야(名古屋) 서항을 향하는 도중에 이어도에서 좌초되는 사건이 발생하였다고 한다. 그 조사 과정에서 상하이 수도공사국 측량대는 이어도의 동남쪽 1.5해리에서 침몰한 약진호를 발견하고 중국해도(海圖)에 이어도(쑤옌자오)의 위치와 명칭을 상세하게 기록하는 계기가 되었다고 한다.[25)]

그 후 1992년 5월, 중국해군 북해함대 중앙측량국이 이어도 탐사 임무를 수행하는데, '北標982號,' '北標983號,' '青漁427號,' '青漁425號' 등 4척의 관련 선박이 5월 15일 상오 10시, 동경 125도 10분 45초、북위 32도 7분 42초의 이어도 위치를 확인하고 기

25) 상게 website 참조.

본적인 활동을 중지한 적이 있다고 한다.[26]

중국지도출판사가 출간한 '중국자연지리도집(中國自然地理圖集, 1998년 8월 제2판)' 60페이지에서 쑤앤자오, 즉 '이어도'를 중국 해역 내에 표시하고 있다. 최근 총참모부측량국(總參謀部測繪局)에서 편찬한, '중국지도집'(中華人民共和國地圖集, 星球地圖出版社, 2006년 1월 제3판)에서도 이어도를 자국의 해역 내의 암초로 표시하고 있다.

③ **중국의 공식적 입장**

㉮ 외교부의 입장

이어도에 대한 중국의 공식입장은 외교부가 천명하고 있다.[27] 그 기본 원칙은 첫째, "이어도(离於島), 즉 쑤앤자오(蘇岩礁)는 동중국해 북부의 수면 아래에 있는 암초이다."라고 함으로써 이어도가 섬이 아닌 수중암초로 확인하고 있다.

둘째, 따라서 "한·중 간 영토분쟁은 존재하지 않고 있다."라고 함으로써 이어도 주변수역은 양국 간 배타적경제수역에 중첩적으로 적용되는 해역으로, 이와 관련 문제를 배타적경제수역 경계획정문제로 한정하고 있다.

셋째, '이어도 해양과학기지'에 대하여서는, 이미 한국에서 2000년과 2002년의 한·중 조약국장 회담 및 해양경계획정회담에서 이어도해양과학기지 건설은 해양경계획정에 영향을 미치지 않는다고 확인한 바 있다고 하면서, 중국의 이어도에 대한 입장은 일관적이고 명확하므로 한국 측의 행동은 (경계획정 문제와 관련하여) 아무런

26) 중국 국가해양정보센터(http://www.coi.gov.cn) 참조.

27) 中國新聞網(http://www.chinanews.com.cn/other/news), 2006. 9. 14; http://baike.baidu.com 참조.

법률적 효력이 없다고 한다.

넷째, “중국은 다른 국가 간 관계의 문제를 처리함에 있어서 공인된 국가법준칙(國家法準則)을 준수하며, 협상과 대화를 주장한다.”고 강조하였다.

중국은 「유엔해양법공약(협약)」에서 규정을 포함하는 공인된 국제법에 근거하고 해역의 구체적 상황을 고려하여, 우호적 협상을 통하여 공평·합리·적절하게 관련 분쟁을 해결하며 분쟁이 타국과의 관계에 영향을 미치지 않을 것을 원한다는 점을 강조하여 왔다.

④ 海洋局의 태도

중국 국가해양국(國家海洋局)은 『2005년 해양행정집법공보』(2005年海洋行政執法公報)에서 매년 중국 관할의 해역과 분쟁해역에 대하여 부정기적인 감시와 조사활동을 하고 있음을 밝히고 있다. 이어도에 대해서는 총 5차례에 걸쳐 항공기를 통한 조사 및 감시비행을 하였다고 밝힘으로써 이어도 주변수역을 최소한 분쟁해역으로 보고 있음을 알 수 있다. 그리고 지난 2007년 12월 국가해양국 산하기구 사이트인 ‘海洋新息網’(http://www.coi.gov.cn)에서는 이어도(쑤옌자오)를 자국의 영토라고 주장했다가 외교문제로 비화되자 2008년 8월에 이를 삭제한 바도 있다.[28]

2) 한국의 공식적 입장

2006년 9월 14일 중국외교부 대변인의 입장 표명 직후 우리

---

28) http://kr.blog.yahoo.com/dasolsys_china/2147

외교통상부는 "이어도 해양과학기지에 대한 중국의 문제제기 관련 당국자 논평"을 통하여 다음과 같이 천명하였다: 첫째, 이어도는 지리적으로 우리 측에 더 근접하여 있으므로 한·중 양국 간 배타적경제수역(EEZ) 경계획정 이전이라도 명백히 우리의 EEZ 권원 내에 속하는 수역이다. 둘째, 우리의 EEZ인 이어도에 해양과학기지를 건설·운영하는 것은 우리나라의 정당한 권리행사로서 해양법협약에도 부합한다. 마지막으로 정부는 중국과의 EEZ 경계획정을 위해 양국 간 EEZ 경계획정회담을 계속 추진해 나갈 예정이다.[29]

3. '이어도 문제'의 의의

한국과 중국의 공식 입장에서도 밝혀지고 있듯이 이어도는 수중암초일 뿐 해양법상 '섬'으로서의 실체를 가지지 못하고 있기 때문에 한국과 중국 사이에는 '영토분쟁' 또는 '영유권분쟁'이 존재하지는 않는다. 다만 중국이 이어도 해양과학기지 설치 및 운영에 대한 한국의 관할권에 대하여 문제를 제기하고 있기 때문에 적어도 현재 시점에서 보면 이어도 및 이어도 해양과학기지가 위치하고 있는 수역에 대한 해양관할권을 둘러싸고 한·중 양국 간에 그 주장이나 입장의 차이가 분명히 존재한다고 할 수 있으며, 이를 '갈등'(conflict) 또는 '분쟁'(dispute)이라고 규정할 수도 있을 것이다.[30]

---

29) 이어도 해양과학기지에 대한 중국의 문제제기 관련 당국자 논평(외교통상부, 2006. 9. 15.)

30) Mark J. Valencia, "The East China Sea Dispute: Claims, Issues, and Possible Solutions," *Asian Perspective*, Vol.31, No.1, 2007, p.134. 국가 간에 사실문제, 법 또는 정책에 관한 일방 당사자의 청구나 주장이 타방 당사자의 거절, 반대청구 또는 부인에 직면하는 경우, "사실문제, 법 또는 정책에 대한 특별

그러나 현 시점에서 '이어도' 또는 '이어도 종합해양과학기지'와 관련하여 한·중 양국 간에 직접적이고 구체적인 주장(assertions)이나 청구(claims)가 제기되거나 그 반대 주장이나 청구 사실이 존재한다고 보기는 어렵다고 보아 본 장에서는 관련 문제를 '이어도 문제'(Ieodo problem)로 命名하기로 한다.

그러나 우리 정부는 '이어도(주변수역)'가 우리나라의 대륙붕이나 배타적경제수역에 당연히 포함되는 것으로 간주하고 있으나, 중국은 이를 인정하지 않고 일종의 '분쟁수역'으로 규정하고 있는데 문제의 본질이 있는 것이다. '이어도 문제'는 국제해양법상 '영유권 문제'도 아니며 그렇다고 단순한 '해양관할권 문제'라고 보기도 힘들다. 이어도에 대한 중국의 문제 제기는 동중국해에 대한 중국의 해양관할권 확대의 움직임을 가시적으로 보여 주는 사례인 동시에 이른바 중국의 '東北工程'이 동북아 해역을 향하여 추진되기 시작하고 있다는 증거로 원용되기도 하기 때문이다.[31] 이러한 의미에서 이어도 문제는 해양법과 관련된 국제법적 문제인 동시에 동북아 해역에서 중국이 영향력을 확대하기 위하여 무리하게 자신의 주장을 펼치고 있는, 국제정치적 함의도 갖고 있는 복합적인 문제라고 할 수 있다.

한 의견불일치"(a specific disagreement concerning a matter of fact, law or policy)"를 "분쟁"(dispute)이라고 할 수 있다(J. G. Merrills, *International Dispute Settlement*, 4th ed. (Cambridge University Press, 2005), p.1).

31) '뉴시스'는 중국에서 추진되고 있는 '쑤얜자오(蘇岩礁) 보위협회'의 결성 움직임을 비롯하여 이어도에 대한 중국의 움직임을 전하면서 이를 東北工程에 이은 '南海工程'으로 표현하고 있다(뉴시스, 2006년 11월 29일자 참조).

제3절

동북아해역의 특성 및 분쟁 현황

Ⅰ. 서설

동북아해역(the Northeast Asian Seas)[32]의 도서 및 해양분쟁은 오래 전부터 지역적 불화 및 긴장의 요인으로 작용하여 왔다. 물론 냉전의 종식과 남·북한의 관계개선은 동북아 해역 및 한반도를 둘러싼 정치적·군사적 긴장관계를 완화시키는 데 기여하기도 했지만, 한반도의 평화는 아직도 정착 단계에 접어들지 못하고 있으며 중국, 일본, 러시아 등 동북아해역의 주변국들 사이의 이해관계는 여전히 대립적 양상을 보이고 있는 것이 사실이다. 이러한 대립적 양상을 야기시키는 요소 가운데 하나가 자원과 영토에 대한 상충

---

32) 한반도로부터 싱가포르에 이르는 아시아 대륙의 동안과 일본열도에서 시작하여 琉球列島(Ryukyu Islands), 대만, 필리핀 그리고 인도네시아의 보르네오, 수마트라 등의 섬에까지 연결되는 선에 의하여 둘러싸여진 바다를 중국해(the China Sea)라고 부르며, 이를 대만해협을 경계로 남북으로 나누어 보통 북쪽을 동중국해(the East China Sea), 남쪽을 남중국해(the South China Sea)라고 부른다. 그리고 동중국해를 흔히 동북아해역(the Northeast Asia Seas)으로 부른다. 이를 보다 세분하면 한반도 남단과 양자강을 연결한 선을 기준으로 할 때 북쪽의 한반도와 중국 동안 사이에 있는 황해(the Yellow Sea 또는 서해), 남쪽의 대만과 한반도 사이에 있는 狹義의 동중국해, 한반도와 일본 사이의 동해(the East Sea, the Sea of Japan:일본해), 그리고 러시아의 사할린 동부와 캄차카 반도 사이에 있는 오호츠크해(the Sea of Okhotsk) 등으로 분류할 수 있다.

되는 권리 주장과 그로 인한 분쟁의 가능성이다.[33]

특히 1990년대 중반에 들어와 해양법협약이 발효함에 따라 동북아해역 연안국들에 의한 배타적경제수역[34]의 선포가 이루어지면서 해양관할권의 확대와 관련한 각국의 대립 및 갈등이 점차적으로 고조되어 가는 양상을 보이고 있다. 해양관할권의 확대는 아울러 동북아해역의 몇몇 도서에 대한 영유권 분쟁을 촉발시키는 계기가 되고 있다. 소위 일본의 北方 4개 도서, 센카쿠 열도, 그리고 독도 등 동북아해역에서 영유권 분쟁이나 문제의 대상이 되고 있는 도서들은 그 군사적·전략적 가치가 매우 높게 평가되고 있을 뿐만 아니라, 그 주변 해양의 생물 및 비생물 자원에 대한 국제적 관심 때문에 경제적 가치도 크게 인정되고 있다는 특징이 있다.

II. 동북아해역의 특성 및 해양질서

동북아해역에 속하는 황해 및 동중국해는 한국, 중국, 대만, 일본 등에 의하여 둘러싸인 반폐쇄해(semi-enclosed sea)로서 수심이 비교적 얕고 대부분이 대륙붕(continental shelf)[35]으로 구성되어

---

33) 홍규덕, "동아시아의 지역분쟁," 김태현 편, 『신동아시아 안보질서』(세종연구소, 1997), p.93.

34) 배타적경제수역이란 영해와 접속하는 최대 200해리 범위의 수역에 있어서 그 수중, 해저 및 지하에 있는 모든 천연자원의 탐사·개발·보존·관리, 에너지 생산, 인공섬·시설·구조물 설치 및 사용, 해양과학조사, 해양환경의 보호와 보존 등에 관하여 연안국이 배타적으로 관할권을 행사할 수 있는 수역을 말한다(해양법협약 제56조 참조).

35) 육지영토로부터 완만한 경사를 이루며 수심 130-200m까지 형성되고 있는 해저 및 그 지하를 지형학적으로 '대륙붕'(continental shelf-proper)이라고 한다. 그러나 해양법상 대륙붕이라 함은 이러한 대륙붕과 '대륙사면'(continental slope), 그리고 대륙융기(continental rise)를 포괄하는 大陸端(邊界)을 의미한다(해양법협

있는 해역이다. 지질학적으로 보면 황해와 동중국해의 해저는 상호 연결되고 있으며, 양자는 편의상 구분되고 있을 뿐이다. 동해도 역시 한국, 러시아, 일본, 북한 등에 의하여 둘러싸여진 반폐쇄해이다. 동해는 타타르(間宮)해협과 소야(宗谷)해협을 통하여 오호츠크해와, 쓰가루(津輕)해협을 통하여 북서태평양과 연결되고 있으며, 대한(Korea)해협 및 쓰시마(對馬島)해협을 통해서 동중국해와 연결되고 있다.

황해 및 동중국해는 주변국들에게 매우 중요한 어장으로 활용되고 있으며, 또한 깊이가 대체로 200m에 못 미치는 지질학적 대륙붕의 특성을 가지고 있어서 석유자원의 부존 가능성이 매우 높은 해역이다.[36] 동해의 경우는 그 대륙붕의 면적이 황해 및 동중국해에 비하여 매우 작으나, 일본의 오키시마(隱岐島)와 한국의 울산을 잇는 선 이남은 광대한 대륙붕을 이루고 있으며, 포항 이남으로부터 대마도까지의 해역은 기본적인 해저 지질 구조가 대만

약 제76조); 김영구, 『한국과 바다의 국제법』(효성출판사, 1999), pp.467-468 참조. 이러한 대륙붕에 대하여 연안국은 대륙붕을 탐사하고 그 천연자원을 개발할 수 있는 주권적 권리를 행사하며, 이 권리는 연안국이 대륙붕을 탐사하지 아니하거나 그 천연자원을 개발하지 아니 하더라도 다른 국가는 연안국의 명시적인 동의 없이는 이러한 활동을 할 수 없다는 의미에서 '배타적'(exclusive) 권리이다(해양법협약 제77조 1, 2항 참조).

36) 황해와 동지나해의 해저에는 황하와 양자강 등에서 유출된 퇴적물의 해저부지에 집적되어 매우 두꺼운 퇴적층을 이루고 있으며 특히 대만 근처의 퇴적층은 그 두께가 9㎞나 되며 그 중에는 5㎞ 이상의 신제3기 퇴적층이 포함되어 있다고 한다. 유엔 극동경제위원회의 아시아해역 광물자원 공동탐사위원회(UN Economic Commission for Asia and the Far East/Committee for Coordination of Joint Prospecting for Mineral Resources in Asian Offshore Ares: ECAFE/CCOP)의 보고서에 의하면 대만과 일본 사이의 대륙붕은 세계에서 가장 유망한 석유매장 지역의 하나이며 황해 대륙붕도 석유부존 가능성이 매우 크다고 한다. 박춘호·유병화, 『해양법』(민음사, 1986), p.215.

에서부터 발달된 제3기 퇴적암층의 연장이어서 석유나 천연가스의 부존 가능성이 매우 높은 해역으로 알려져 있다.

동북아해역은 연안국들과 해양강대국들의 무역 및 군사적 목적을 위한 주요 해상항로로 이용되고 있다는 점에서 이전부터 국제적 관심이 집중되어 왔다. 또한 동북아해역은 환태평양경제권은 물론, 환황해경제권, 환동해경제권 등 지역경제권이 서로 연결되어지는 지경학적 특성을 가지고 있기 때문에 21세기 세계 경제를 주도할 수 있는 동북아경제권의 형성과 관련하여 크게 주목되고 있는 지역이기도 하다.

해양 관습국제법 및 1958년에 체결된 4개의 제네바 해양법협약[37]에서 정립된 규칙에 입각하여 동북아해역 또는 동중국해 연안국들은 영해, 접속수역, 대륙붕, 어업수역 등을 설정하여 왔으나, 해양관할수역의 범위 및 경계획정을 둘러싸고 상호간에 많은 이해대립과 분쟁이 발생되어 왔다. 특히 지난 70여 년간 동북아 해역은 동·서 냉전의 최전방으로서 정치·이념적인 측면에서 주변국들 간에 대립과 갈등이 고조되어 왔으며, 이러한 대립적 구도 때문에 다자주의(multilateralism)에 입각한 해양질서 및 협력적 해양체제가 이루어질 여지가 거의 없었던 것도 사실이다.

해양법협약의 발효를 계기로 국제 해양법질서는 많은 변화를 가져 왔으며, 동북아해역에 대해서도 많은 영향을 끼치고 있다. 해양법협약은 영해 및 접속수역의 범위를 각각 최대 12해리와 24해

---

37) 「영해 및 접속수역에 관한 협약」(Convention on the Territorial Sea and the Contiguous Zone), 「대륙붕에 관한 협약」(Convention on the Continental Shelf), 「공해에 관한 협약」(Convention on the High Seas), 그리고 「어업 및 공해생물자원보존에 관한 협약」(Convention on Fishing and Conservation of the Living Resources of the High Seas) 등이다.

리로, 그리고 대륙붕의 범위를 350해리까지 설정할 수 있도록 하고, 나아가서 200해리 범위에서 배타적경제수역의 선포를 제도적으로 인정하고 있다. 해양법협약은 연안국에 의한 해양관할권의 질적·양적 확대를 보장하는 한편 전통적으로 '공해자유의 원칙'에 따라 자유롭게 개발되어 오던 심해저 및 그 자원을 '인류공동유산'(common heritage of mankind)으로 규정하고, 나아가서 해양 분쟁의 강제적 해결제도를 도입하는 등 새로운 해양질서를 규정하고 있다. 새로운 해양법협약체제는 연안국들로 하여금 해양자원 확보를 위하여 관할수역을 확대하고 보다 강력한 관할권 및 통제를 시행할 수 있도록 허용함으로써, 지금까지의 '자유해양' 시대로부터 다시금 '해양 분할' 시대로의 돌입을 상징하고 있는 듯한 느낌도 든다.[38]

Ⅲ. 동북아해역의 분쟁 현황

오늘날 해양은 군사적 측면보다는 비군사적인 차원, 즉 해양자원의 이용 문제와 해양환경 보존 문제가 해양에 관련된 국제분쟁의 근원으로 작용하고 있다.[39] 그러나 동북아해역에서는 무엇보다도 도서의 영유권을 둘러싼 분쟁들이 존재하고 있으며 이들은

---

38) 전통적으로 해양체제는 보다 넓은 공해와 항해의 자유를 확보하려는 '자유해양론'(*mare liberum*)과 자신의 관할권을 확대·강화하려는 연안국들 및 과거 해양을 독점적으로 지배하려고 시도했던 해양강대국들의 '폐쇄해양론'(*mare clausum*)이 대립되어 왔다. 전자는 17세기 네덜란드의 그로티우스(M. Grotius)에 의하여 대표되며, 후자는 영국의 셀던(J. Selden)으로 대표된다. 20세기 중반까지는 해양자유의 원칙을 중심으로 '좁은 영해와 넓은 공해' 체제로 발전되어 왔으나, 점차 연안국에 의한 해양관할권이 확대되고 자유로운 해양 이용에 많은 제약이 가해지기 시작하였다. 해양법협약은 이러한 변화의 중요한 증거가 된다.

39) 김종헌, 『해양과 국제정치』(세종출판사, 1997), p.94.

해역 주변국가들 간의 외교적·군사적 대립의 원인으로 작용하고 있는 것이 사실이다. 도서 영유권 분쟁은 그 자체로서도 동북아의 안정과 평화에 미치는 부정적 영향이 클 뿐만 아니라 기타 해양질서와 관련된 분쟁의 해결에도 부정적인 영향을 미칠 수 있는 가능성이 충분하다. 동북아해역에서는 최근 들어서는 배타적경제수역의 경계획정 및 어업관할권과 관련된 분쟁이 많이 발생하고 있으며, 해양오염 및 환경보존 문제와 관련된 분쟁이 발생할 가능성도 커지고 있다.

1. 도서영유권 관련 분쟁 또는 문제

도서의 존재 및 그 위치는 해양 관할수역의 설정에 대하여 결정적인 영향을 미칠 수 있다.[40] 현재 동북아해역에서 분쟁의 대상이 되고 있는 도서는 에토로프(擇捉), 쿠나시리(國後), 하보마이(齒舞), 시코탄(色丹) 등 소위 일본의 북방 4개 도서,[41] 獨島(일본명

---

40) 도서는 '일정한 조건'을 만족하는 경우 자신의 영해, 접속수역, 배타적경제수역, 대륙붕 등을 보유하거나 영해를 비롯한 여러 해양 관할수역 설정의 기준이 되는 기선의 획정을 위한 기점(basepoint)으로 활용될 수 있으며 이를 기초로 하여 그 영유국의 관할수역의 범위를 훨씬 확장시키는 효과가 생겨나는 것이다. 특히 몇 개의 비슷한 크기의 도서들을 중심으로 그 주위에 많은 작은 부속도서들이 모여 이루어진 군도국가(archipelagic State)의 경우에는 특별히 군도기선(archipelagic baseline)을 획정하여 이를 바탕으로 매우 광범위한 면적의 군도수역(archipelagic waters)을 설정할 수 있도록 되어 있다. 이 때문에 도서의 법적 지위 및 그 영유권에 관하여 주변국들 사이에 분쟁이 발생하는 경우가 많이 나타나고 있다. 자세한 것은 김부찬, "해양법상 도서의 지위," 『법과 정책』, 창간호, 1995, pp.125-145 참조.

41) 17세기말에서 18세기에 걸쳐서 남하정책을 펴던 러시아는 캄차카 반도를 거쳐서 쿠릴열도(Kurile Islands)까지 이르게 된다. 양국 사이에 위치한 사할린(Sakhalin, 樺太 카라후토) 및 쿠릴열도의 영유권을 분명히 하기 위해 양국은 1855년의 「러·일 和親條約」에 의해 Urup島 이북의 쿠릴열도는 러시아 영토로

竹島), 그리고 센카쿠열도(尖閣列島, 중국명은 釣魚臺列島)[42] 등이 있다. 이 밖에 동아시아 해역 전체로 범위를 넓히면, 남중국해(South China Sea)에 있는 西沙群島(Paracel Islands)와 南沙群島(Spratly Islands) 등도 주변국들 간에 첨예한 대립을 야기 시키고 있는 분쟁 도서들

하고 사할린에 대해서는 러·일 양국의 경계를 정하지 않기로 하였다. 그러다가 1875년의 「千島樺太交換條約」에 의해 일본은 사할린을 러시아에 양도하는 대신 Simushir에서 Urup까지의 18개의 섬을 차지하게 되었다. 그런데 러·일 전쟁에서 승리한 일본은 1905년 「포오츠머드 조약」에 의해 북위 50도 이남의 사할린을 日本領으로 하게 된다. 1945년 8월 구소련은 전격적으로 일본에 선전포고를 하고 사할린 남부에 진격하였으며 일본이 미주리호에서 항복문서에 조인하기 하루 전인 1945년 9월 1일까지 사할린 남부와 쿠릴열도 전부에 대한 점령을 완료하였다. 1946년 2월 소련은 평화조약의 체결을 기다리지 않고 일본으로부터 점령한 섬들을 자국 영토로 하는 국내적 조치를 완료하였다. 1951년 「대일 평화조약」이 체결되었지만 관련 영토의 귀속대상을 자국으로 명기해야 한다는 주장이 받아들여지지 않은 데에 불만을 품은 소련은 이 조약의 당사국이 되기를 거부하였다. 결국 1956년의 「일·소 공동선언」에 의해 일본은 소련과의 전쟁상태를 종결시키게 되었다. 이창위, "독도문제에 대한 일본의 입장에 관한 고찰," 『국제법학회논총』, 제39권 제1호, 1994, pp.164-165 참조.

42) 센카쿠열도는 魚釣島(중국명은 釣魚島), 北小島, 南小島, 久馬島(중국명은 黃尾嶼), 그리고 大正島 등 5개 무인도와 약간의 암초로 구성되어 있으며 대만의 북동쪽으로 약 120해리, 오키나와(沖繩) 서쪽 200해리의 거리에 위치해 있다. 이 도서들은 중국어로는 釣魚臺(Tiaoyutai) 열도라고 한다. 이 섬들이 일본 및 중국·대만과의 사이에 영유권 분쟁을 불러일으킨 것은 1968년 'UN아시아극동경제위원회'(ECAFE)의 협력으로 행해진 일본, 한국, 그리고 대만의 전문가에 의한 공동조사의 결과, 동중국해에 석유자원이 매장되어 있을 가능성이 크다는 보고가 있고 난 후이다. 즉, 1970년 대만이 센카구제도의 대부분을 포함하는 해역에 대한 석유탐사 계약을 Gulf Oil Company와 체결하자, 즉시 일본이 이에 항의하였으며 이어서 중국도 이 영유권 분쟁에 참여하게 되었다. 중국과 대만은 釣魚臺列島가 역사적으로 자신(대만)의 영토임을 주장하고 있으며 이에 관한 근거를 많이 제시하고 있다. 이에 대하여 일본은 센카쿠열도가 원래 無主地(*terra nullius*)로 남아 있었기 때문에 1895년 일본에 의하여 先占됨으로써 일본령으로 편입되었다는 입장을 견지하고 있다. 근래 들어 대만이 1990년 10월 체전의 성화 봉송자를 태운 30척의 어선을 파견, 이 중 2척이 釣魚島에 접근하자, 헬기와 哨戒機의 지원을 받은 일본해상자위대 소속의 11척의 함정들이 이를 차단하여 귀항 조치시킴으로써 일본과 대만간의 영유권 분쟁이 현안으로 제기된 바 있다. 상게논문, pp. 167-169 참조.

이다.43)

이 중 소위 일본 북방 4개 도서 또는 북방 영토는 제2차 세계대전 이후 구소련에 이어 러시아가 계속 점령해 오고 있으며, 센카쿠열도와 독도는 현재 각각 일본과 한국에 의하여 실효적으로 지배되고 있다. 그러나 이들에 대하여 영유권을 주장하는 중국·대

---

43) 남사군도는 230여에 달하는 도서와 산호초, 그리고 사주 등으로 구성되어 있다. 이 중 25개 정도만이 수면 위로 올라와 있는 도서이며, 나머지 128개의 암초와 77개의 砂洲가 남북으로 800㎞, 동서로 640㎞에 걸치는 해역에 (통상 수면 하에 잠겨 있는 형태로) 펼쳐져 있다. 이들은 대부분이 무인도에 불과하지만 그 일대가 동남아시아와 미국의 서해안, 동남아시아와 일본, 인도양과 태평양을 잇는 주요 항로로서의 전략적 이점을 가지고 있으며, 또한 그 주변해역에 석유 및 천연가스, 구리, 알루미늄, 주석 등과 같은 풍부한 천연자원이 매장되어 있고 어장으로서의 중요성도 크게 인정되고 있기 때문에 주변국들의 이해관계가 첨예하게 대립되고 있는 곳이다. 현재 중국, 베트남, 필리핀, 말레이시아, 대만, 그리고 브루나이 등 6개국이 남사군도에 대한 영유권을 주장하고 있다. 중국은 대만, 그리고 베트남과 더불어 남사군도 전 지역에 대하여 영유권을 주장하고 있다. 중국은 남사군도에 대하여 실효적인 지배를 시작한 최초의 국가로서 다른 국가들의 영유권 주장을 결코 인정할 수 없다는 입장을 보이고 있다. 한편 서사군도에 관해서는 베트남, 중국, 그리고 대만이 영유권 분쟁을 벌이고 있는 중이다. 1974년 1월 당시 베트남이 패망하기 직전 베트남의 지배하에 있는 것으로 간주되어 오던 서사군도를 중국이 침공하여 영유권을 선언하자(현재까지 서사군도는 중국의 전진군사기지로 사용되고 있다), 1975년 새로운 베트남 정권이 남사군도에 대한 영유권을 선언함으로써 남·서·중사군도에 얽힌 중국과 베트남의 갈등이 고조되기 시작하였다. 1988년 3월 중국은 다시 기상관측을 이유로 남사군도의 6개 섬을 공격함으로써 양국 간의 긴장이 고조된 바가 있다. 중국은 海南島로부터 1,000㎞나 떨어진 남사군도가 明나라 당시 중국의 영토였다는 점과 중국의 어부들이 수천년 간 이 근해에서 조업해 왔다는 이유로 이 도서의 영유권을 주장하고 있는 것이다(김종헌, 전게서, pp.208-217; 김국진, "동남아시아의 남사군도 영유권 분쟁," 『국제문제』 통권 326호, 1997, pp.66-73 참조).

특히 중국은 1947년에 지도를 제작하면서 남중국해 대부분의 해역을 포함하는 형태의 '9단선'(Nine Dots Line, 처음에는 '11단선') 또는 'U자선'(U-shaped Line)을 그려 넣었으며, 오늘날 이 선이 중국의 남중국해에 대한 '발견,' '역사적 권원,' 또는 '실효적 지배'의 근거가 된다고 주장하고 있는 것이다. 이에 대해서는 정갑용, "중국이 주장하는 남중국해 '9단선'의 합법성 검토," 『독도연구』, 제16호, 2014, pp.45-80 참조.

만과 일본은 해양법협약 체제에 의하여 각국의 해양관할권의 범위 및 경계가 획정되기 전으로 소급하여 분쟁 도서에 대한 자신들의 權原(title)을 내세움으로써 도서의 영유권 분쟁에 있어서 우위를 확보함은 물론, 동북아 해양질서의 재편 과정에서 가능한 한 유리한 결과를 얻어내려고 시도하고 있다. 특히 일본은 북방 4개 도서와 독도에 대해서 이들이 자국의 영토라는 전제에서, 러시아와 한국을 상대로 자국으로의 반환을 요구하면서 문제를 야기하는 반면, 센카쿠열도에 대해서는 이에 대하여 영유권을 주장하는 중국 및 대만의 요구를 근거 없는 것으로 배척하는 이중적 태도를 보이고 있다.

일본은 독도의 영유권 분쟁을 한·일간의 '법적 분쟁'(legal dispute)으로 간주하여 이를 국제사법재판소(ICJ)에 제소하여 해결하자고 제의한 적이 있으나, 한국은 역사적으로나 국제법적으로 독도에 대한 자신의 권원이 확립되어 있기 때문에 독도에 관한 영유권 분쟁이 존재하지 않는다는 입장을 견지하고 있다.[44] 그러나 현실적으로 한·일 양국 간의 해양관할수역의 범위 설정 및 경계획정 문제와 관련하여 독도 영유권 및 법적 지위에 대한 양국의 주장이 상반되고 있는 것이 사실이다. 이 때문에 한·일 어업협정 체결을 위한 교섭 과정에서 많은 논란이 야기된 바 있으며, 결과적으로 독도를 '중간수역'에 포함시킨 데 대하여 이로 말미암아 독도에 대한 한국의 영유권이 약화되는 결과가 되었다는 점을 들어 비판적인 입장을 제시하는 경우도 있다.[45]

---

44) 독도의 법적 지위 및 영유권분쟁에 대해서는, 김명기, 『독도와 국제법』(화학사, 1987); 한국정신문화연구원편, 『독도연구』(한국정신문화연구원, 1996) 참조.

45) 이상면, "신 한일어업협정상 중간수역 문제," 『국제법학회논총』, 제43권 제2호, 1998, pp.143-164 참조.

소련이 붕괴된 후 러시아는 일본과의 북방 4개 도서에 관한 영유권 분쟁과 관련하여, 이들 북방도서들이 쿠릴열도(Kurile islands)에 속한 자신의 영토라고 하는 구소련 당시부터의 입장을 여전히 견지하고 있다. 이 때문에 북방 4개 도서의 영유권 및 반환 문제를 둘러싸고 일본과 러시아의 관계가 악화될 가능성도 충분하다.[46]

남중국해에서는 주변 6개국들의 영유권 주장이 경합되고 있는 남사군도 분쟁이 가장 큰 관심을 끌고 있다. 1980년대와 1990년대 들어 분쟁 당사국들은 자신들의 입지를 강화하기 위해 섬을 물리적으로 점유하기 시작하였다. 현재 베트남이 20개, 중국이 8개, 대만이 1개, 필리핀이 8개, 그리고 말레이시아가 3-6개를 점유하고 있다. 이와 같은 점유를 위한 경쟁은 분쟁의 가능성을 높이면서 지난 수년간 군사적 긴장을 야기하였고 몇 건의 군사 분쟁으로 이어진 바 있다.[47] 특히 중국의 경우는 1980년대 도서의 점유 경쟁에서 베트남이나 필리핀 등의 공세에 밀려 실질적 지배의 성과가 충분하지 못하였다는 판단에 따라 '평화적 방식'보다는 '무력적 방식'에 더 많이 의존하였던 측면이 있다. 그러나 1990년대 들어와서 '논쟁유보 공동개발'이라는 대응원칙에 따라 평화적·외교적 해결원칙을 병행하기 시작하였다.

1991년 11월 중국은 아세안(ASEAN) 회원국들과 남중국해 도서 영유권 분쟁에서 '현상유지'와 '평화적 해결'에 합의한 바 있으며, 1992년 ASEAN 외무장관 회담에서는 「남중국해 문제에 대한

---

46) 최경락, "일본·러시아간의 북방 4개 도서분쟁," 『국제문제』, 통권 326호, pp.27-35; 김찬규, "釣魚臺列嶼에 대한 중·일간의 영유권 분쟁," 상게서, pp.36-45; 이중범, "한국·일본 간의 독도문제," 상게서, pp.46-65 참조.

47) 백진현, "동아시아 지역의 변화하는 해양안보 환경," 한국해로연구회 편, 『동아시아 지역의 해운과 해로안보』(연세대 동서문제연구원, 2006), p.4.

ASEAN 선언」을 채택한 바 있다. 2002년 11월 중국과 ASEAN 10개국 간에 '신사협정'(gentlemen's agreement) 성격의 「남중국해 당사국 행동선언」(Declaration on the Conduct of Parties in South China Sea)에 합의하고 남중국해에서 당사국 간에 긴장을 고조시키거나 상황을 복잡하게 하는 것을 스스로 자제하기로 하였다.[48)]

2. 관할수역의 설정 및 해양자원 관련 분쟁

1) 직선기선 문제

중국은 1992년 2월 25일 제7차 전국인민대표대회 상무위원회 제24차 회의에서 「영해 및 접속수역에 관한 법」을 채택하였다. 동법 제2조에 의하면, 중국의 영해는 영토와 내수(internal waters)에 인접한 일정한 수역이라고 하면서, 영토는 본토 및 그 연안도서, 대만 및 釣魚島를 포함하는 그 부속도서, 澎湖列島(Penhu Islands), 東沙群島(Dongsha Islands), 中沙群島(Zhongsha Islands), 西沙群島, 南沙群島와 중국에 속하는 그 밖의 일체 도서를 포함하는 것으로 규정하고 있다.[49)] 그리고 제3조에서는 영해의 폭을 12해리로 하되, 기

48) 이문기, "중국의 해양도서 분쟁 대응전략: 조어도와 남사군도 사례를 중심으로," 『아시아 연구』, Vol.10, No.3, 2008, pp.39-46; Zou Keyuan, "Implementing the United Nations Convention on the Law of the Sea in East Asia: Issues and Trends," *Singapore Year Book of International Law* Vol.9, 2005, pp.48-52 참조.

49) 이는 1970년 이래 중·일간에 영유권 분쟁의 대상이었던 釣魚島를 대만의 부속도서로서 대만과 더불어 중국의 영토라고 명기함으로써 양국 간의 영유권 분쟁을 재발시키고, 나아가서 남중국해에 있는 동사군도, 서사군도, 중사군도, 그리고 남사군도를 중국의 도서라고 선언함으로써 대만, 필리핀, 말레이시아, 베트남, 브루나이, 인도네시아 등 남중국해(South China Sea) 연안국들과의 영유

선으로서는 이웃하는 기점들을 직선으로 연결하여 만든 직선기선을 사용한다고 규정하고 있다.

그러나 직선기선 획선을 위한 기점을 구체적으로 명시하지 않고 있다가 1996년 5월 15일 본토 연안 및 서사군도 주변에 있어서 그 영해기선을 구체적으로 설정한 바 있다. 이에 따르면, 중국은 본토 연안에 48개의 직선기선을 설정하고 서사군도에 28개의 직선기선을 설정하는 것으로 나타나고 있다. 그러나 중국이 선포한 직선기선은 그 기준이 되는 기점 간의 거리 및 해안으로부터의 거리에 있어서 해양법상 그 타당성이 문제될 수 있는 것들이 많이 있다고 지적되고 있다.[50]

일본은 1977년에 제정된「영해 및 접속수역에 관한 법률」및 그 시행령에 의하여 설정된 기선을 오랫동안 적용해 오다가, 1996년에 이를 개정하여 새로운 직선기선제도를 채택하고 1997년 1월 1일부터 시행하고 있는 중이다. 일본은 북해도 지역, 대마도 지역, 동일본 지역, 시코쿠(四國) 지역, 오키나와 지역 등 전 지역을 8개 권역으로 나누고 직선기선에 의거하여 영해를 설정하고 있다. 일본이 설정하고 있는 164개의 직선기선 가운데도 국제법적 타당성에 의심이 가는 경우가 많이 있다.[51]

2) 해양경계획정 문제

권 분쟁을 촉발시킨 바 있다.

50) 강영훈, "한·중·일의 직선기선 비교분석," 한국해양수산개발원 주최 학술대회 토론자료집(1997. 11. 21.) 참조.

51) 상게자료 참조.

동북아해역의 중심에 있는 한국과 그 주변국 간에 해양 관할 수역의 경계가 확정되어진 사례는 대한해협 부근의 대륙붕에 있어서 일본과의 경계뿐이다. 그리고 동중국해의 대륙붕에 대해서 한·일 양국은 그 경계를 분명하게 정하지 못한 채 잠정적으로 '공동개발구역'(joint development zone)을 포함하는 협정을 체결함으로써 미봉책의 수준에서 경계획정 문제를 해결한 바 있다.

일본은 한국과의 동중국해 지역의 대륙붕 경계획정을 위한 협상과정에서 철저히 '등거리원칙'(equidistance principle)에 입각한 경계획정을 주장하였다. 일본은 '영토의 자연연장론'(natural prolongation of land territory)[52]에 따른 대륙붕 한계 설정 및 경계획정을 거부하면서, 자국에 유리하게 그 외측 한계를 200해리로 제한하고 대향국 간의 경계획정은 등거리 원칙상 중간선(median line)에 의하여 이루어져야 한다고 하였다. 그리고 일본은 직선기선의 설정과 관련하여 도리시마(鳥島)와 단죠군토(男女群島) 등 모든 도서들을 크기나 위치에 관계없이 그 기점으로 활용하고자 하였다.

반면에 한국은 자신의 영토가 남동 방향의 해저로 계속 이어지고 있다는 전제에서 대륙붕의 한계 설정 및 경계획정은 '영토의 자연연장'의 원칙에 입각하여 이루어져야 한다고 주장하고 있다. 한국은 자신의 대륙붕이 류큐 열도의 서쪽에 위치하고 있는 '오키나와 海溝'(Okinawa Trough)까지 연장되고 있으며, 일본의 대륙붕

52) 대륙붕이 '영토의 자연적 연장'이라고 하는 것은 국제법적 의미의 대륙붕은 영토와 지질학적 성질이 동일한 '대륙단'의 외연(the outer edge of continental margin)까지 연장된다는 의미이며, 이러한 대륙붕의 범위에 지질학적 의미의 '대륙붕', '대륙사면', 그리고 '대륙융기'가 포함될 수 있다는 것이다. David H. Ott, *Public International Law in the Modern World* (London: Pitman Publishing, 1987), p.221.

은 바로 이 해구로 인하여 더 이상 북서 방향으로 이어지지 못하고 있다고 한다. 이를 근거로 일본 본토의 자연적 연장과 단절되고 있는 도리시마와 단죠군토가 일본의 대륙붕 범위를 설정하기 위한 기점으로 활용되는 데 반대의 입장을 견지하고 있다. 그러나 이에 대하여 일본은 오키나와 해구는 자신의 연속된 대륙붕에 존재하는 약간의 '지형적 陷沒'일 뿐이라고 주장하면서 중간선에 의한 경계획정 원칙을 고집해 왔던 것이다. 그 결과 한·일 양국은 1974년 공동개발구역을 설정하는 대륙붕공동개발협정[53] 체결에 합의할 수밖에 없었던 것이다.

그러나 1982년 해양법협약을 통하여 단순한 거리 개념에 입각한 배타적경제수역제도가 채택되면서 해양경계 획정과 관련하여 다시 등거리 원칙이 강조되는 상황이 도래하고 있다. 일본은 이러한 상황의 변화를 이용하여 한·일 간의 대륙붕 경계획정 문제가 재론되는 경우 다시 등거리의 원칙을 고집할 가능성이 커졌다고 할 수 있다. 이미 한·일 간에 체결된 새로운 어업협정에는 이러한 일본의 입장이 상당 부분 반영되고 있는 것이 사실이다.[54]

중국은 전통적으로 대륙붕의 경우 '영토의 자연연장론'에 따른 경계획정을 주장하여 왔다. 중국은 황해 및 동중국해 대륙붕이 자국의 황하와 양자강으로부터 유출된 '토사'(silt)가 粘土層을 형성하여 이루어진 것이라고 주장하면서 황해 및 동중국해 대륙붕의 상당 부분에 대한 권리를 주장해 왔다.[55] 이러한 주장을 이른바

---

53) 「대한민국과 일본국간의 양국에 인접한 대륙붕 북부구역 경계획정에 관한 협정」으로 「해저광물자원법」상 제5광구 일부수역과 제7광구 전체를 포함하는 해역으로 양국이 주장하는 대륙붕이 중첩되는 지역을 공동으로 개발하는 내용을 담고 있다. 유효기간은 50년으로 2028에 종료된다.

54) 이상면, 전게논문, pp.147-148 참조.

'Silt Line 이론'이라고 하는 것이다.[56] 그러나 이에 대하여 한국은 지질학적 특성과 구조로 보아 황해 및 동중국해 대륙붕은 한·중 양국의 공유대륙붕에 해당되기 때문에 특별한 사정이 없는 한 등거리 원칙에 따른 중간선의 기준을 적용하여 경계를 획정하는 것이 '형평한 결과'를 가져오게 된다는 입장을 견지하고 있다.

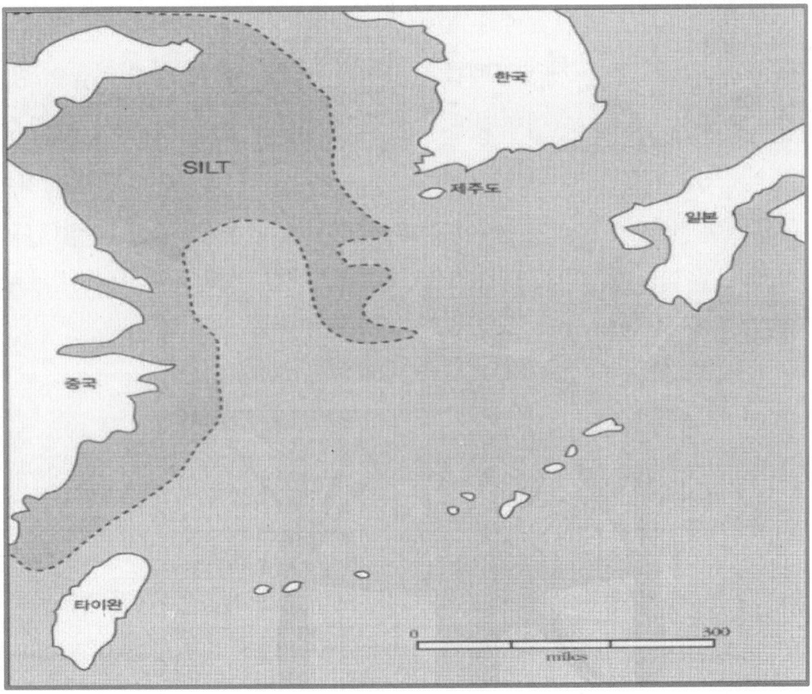

※ 황해·동중국해 중국의 Silt Line圖 (김영구, 『이어도 문제의 해양법적 해결방법』, 동북아역사재단, 2008, p.57.)

55) 양희철, "한중 황해 해양경계획정에서의 고려요소와 대응방안에 관한 연구," 『국제법학회논총』, 제57권 제3호, 2012, p.126; 정갑용·주문배, "대륙붕 한계설정에 관한 주요 쟁점 및 대응방안," 『한국해양수산개발원 기본연구』(한국해양수산개벌원, 2014), p.70.

56) 김영구, 전게서(주 17), p.57.

이와 같이 한·중 양국은 기선 설정 문제와 해양경계획정 원칙에 관하여 이견을 가지고 있기 때문에 어업협정과 관련하여 배타적경제수역이나 중간수역, 그리고 과도수역 등 협정수역의 범위 및 경계를 구획함에 있어서, 그 기선을 분명하게 설정하지 않고 또한 최종적인 경계를 획정하는 방법을 피하면서 각각의 면적을 기준으로 하여 각각의 관할수역을 정하는 방식을 택했던 것이다.

동해의 경우는 한국과 일본은 영유권 문제가 얽혀 있는 독도 때문에 양국 간에 해양경계를 획정하는 데 근본적인 어려움이 있다. 새로운 한·일 어업협정에서는 독도 및 그 주변수역을 '중간수역'에 포함시키는 방법으로 타협을 보았다. 이 때문에 우리나라의 독도영유권에 부정적인 영향이 미칠 수 있다는 비판도 제기되고 있다. 그러나 사실 이로 인하여 독도의 법적 지위에 어떠한 부정적 영향이 초래된 것은 아니라고 본다.

그리고 남·북한의 경우 양자가 서로 대치하고 있는 해역에서 상호 교섭을 통하여 해양경계를 획정하는 것이 결코 쉬운 일은 아니다. 황해의 경우 북한에 가까운 해역에 한국 관할의 백령도, 대청도, 소청도, 연평도, 그리고 우도 등 5개 도서의 존재로 인하여 남·북 간의 긴장관계가 상존하고 있으며, 그 주변수역의 법적 지위에 관하여 상반된 주장이 제기되고 있는 것이 현 상황이다.[57]

결론적으로, 동북아해역은 주변국들 간의 거리가 대부분 400

---

57) 북한은 1977년 6월 21일에 200해리 배타적경제수역에 관한 정령을 공포하고 그 해 8월 1일에 발효시킨 바 있으며, 또한 같은 날짜에 영해기선으로부터 동해에서는 50해리, 서해에서는 경제수역의 범위와 동일한 수역에 '군사수역'을 설정한 바 있다. 이는 사실상 동수역을 내수화하는 것으로서 국제법상 근거가 없는 것이다. 박춘호·유병화, 전게서, p.57 참조. 한편 북한은 배타적경제수역의 경우 그 범위를 기선으로부터 200해리까지로 하되 주변국과의 거리상 200해리에 미치지 못하는 수역에서는 중간선으로 경계를 정하도록 하고 있다.

해리 미만이기 때문에 해양경계획정을 위한 교섭에 모든 관련 당사자들이 함께 참여해야 할 필요가 있으나, 이들 간의 이해관계가 서로 복잡하게 얽혀 있기 때문에 다자간 교섭에 의하여 해양경계를 획정하는 데는 많은 시간이 소요되리라고 예상된다. 이와 같이 동북아해역에서의 해양경계획정은 양자간의 교섭이든 아니면 다자간 교섭이든 그 과정에서 많은 논란과 문제점이 야기될 소지를 안고 있다고 본다.[58]

3) 배타적경제수역 선포와 어업질서의 재편 문제[59]

해양법협약을 비준한 한·일 양국이 1996년 2월 모두 국내법에 의하여 배타적경제수역을 선포함에 따라 연안국의 배타적 어업권이 인정되는 수역의 범위가 대폭 확대될 수 있게 되었고,[60] 기존의 양국 간 어업협정은 존폐의 기로에 서게 되었다. 이 때문에 양국은 1996년 5월 제1차 어업실무회담을 시작으로 10여 차례의 회담을 통해 어업협정의 개정 협상을 벌인 끝에 1999년 1월에 새로운 「한·일 어업협정」을 체결·발효시킨 바 있다.

---

58) 동북아해역 국가 간의 해양경계획정의 어려움에 대해서는 Hanns J. Buchholz, *Law of the Sea Zones in the Pacific Ocean*, Singapore: Institute of Southeast Asian Studies, 1987, pp.57-71 참조.

59) 권문상·이용희·박성욱, “한·중·일 EEZ 어업관리체제 및 새로운 어업협정에 관한 고찰,” 『국제법학회논총』 제44권 제1호, 1999, pp.1-17 참조.

60) 배타적경제수역(EEZ)은 연안국으로 하여금 EEZ 내의 해저(해상 및 그 지하)와 그 상부수역에 있는 모든 천연자원, 즉 어족자원 등의 생물자원과 석유, 천연가스, 망간단괴 등의 비생물자원의 탐사, 개발, 보존 및 관리를 위한 주권적 권리를 갖도록 하는 것으로 한·일 양국은 스스로의 EEZ 설정을 통하여 어업협정상의 전관수역보다 훨씬 넓은 수역에서 보다 강력한 주권적 권리를 행사할 수 있게 되었다.

새로운 어업협정의 체결을 위한 협상 과정에서 어업전관수역에 해당하는 배타적경제수역의 폭과 어업협정이 적용되어지는 중간수역의 동쪽 한계선 획정을 둘러싸고 양국은 날카로운 의견 대립을 보인 바 있다. 배타적경제수역의 폭에 관하여 한국은 34해리, 일본은 35해리를 주장하고, 그 중간에 위치하게 되는 중간수역의 동쪽 한계선에 관해서 한국은 동경 136°, 일본은 동경 135°를 주장하였는데, 결과적으로 배타적경제수역의 폭은 35해리로 결정되고 중간수역의 동쪽 한계선은 동경 135° 30′으로 결정되었다.

중국은 1997년 9월 15일 해양법협약을 비준하면서 200해리 배타적경제수역도 함께 선포하였다. 그러나 중국의 영해기선은 그 타당성에 관하여 많은 문제점을 안고 있는 것이어서 배타적경제수역의 외측 한계의 타당성 및 주변국과의 경계획정 문제가 주요한 쟁점으로 등장하고 있다. 중국과 일본은 1975년 공식 외교관계를 수립하면서 정부 간 어업협정을 체결한 바 있었으나, 양국이 모두 비준한 해양법협약의 배타적경제수역 제도를 도입함으로써 1997년 11월에 「중·일 어업협정」을 새롭게 채택한 바 있다. 이 협정은 지난 2000년 6월에 발효되어 현재 중·일 간 어업질서를 규율하고 있다.

한국은 중국에 대해서 오래전부터 정부 간 어업협정의 체결을 요구해 왔으나 중국의 소극적인 태도로 인하여 성사되지 못하였었다. 이 때문에 한 동안 동북아해역에 있어서 한·일 간 그리고 중·일 간에는 대륙붕협정이나 어업협정이 체결되고 있었으나, 한·중 간에는 대륙붕협정은 물론 어업협정의 부재로 인한 무협정상태가 계속되어 왔던 것이다. 이 때문에 특히 한국 연안에서 중국 어선의 영해 침범 및 무분별한 남획이 이루어지고 이로 인하여 어업

분쟁이 발생하는 등 무협정 상태로 인한 문제점이 계속 지적되어 왔던 것이다. 이 때문에 한국은 중국 어선의 영해 침범 및 무분별한 조업을 방지하고 상호간 어획량 불균형을 시정하며 어족자원에 대한 공동관리를 통한 보존·관리의 효율성 제고를 위하여 중국과의 어업협정을 촉구해 왔었다.

1988년 12월 제1차 민간어업회담의 개최를 시발점으로 하여 한·중 간에 어업회담이 개최되기 시작하였으며, 1989년 12월 제3차 민간어업회담에서 「어선해상사고처리에 관한 합의서」를 채택함으로써 양국 간 어업협상이 진전되는 계기가 마련되었다. 한국이 1992년 8월 한·중 수교를 계기로 중국 측에 정부 간 어업협정 체결을 위한 회담의 개최를 제안함으로써 1993년 12월부터 한·중 양국의 정부 간 어업협정 체결을 위한 실무회담이 시작되었다. 특히 1994년 11월 16일부터 해양법협약이 발효되고, 1996년 한국과 중국이 모두 해양법협약을 비준함으로써 회담이 본격적으로 추진되었다. 19차례 회담이 개최된 끝에 1998년 11월 11일에 양국은 어업협정문에 가서명함으로써 주요 내용에 대한 타결을 보았다.[61]

그러나 처음부터 배타적경제수역의 범위를 축소할 것을 주장해 왔던 중국으로서는 무협정 상태가 오히려 이득이 된다는 생각에서 협정의 발효를 위한 교섭에 성의를 보이지 않아 오다가 2000년 8월 3일에야 가서명 18개월 만에 정식으로 협정에 서명한 바 있다. 「한·중 어업협정」은 2001년 6월에 발효됨으로써 장기간 계속되어 온 한·중 간 무협정 상태가 종결되고 한·중·일 3국 간 어업질서 구축을 위한 법적 기초가 마련되는 계기가 되었다.

---

61) 외교통상부·해양수산부, 『한중어업협정해설』, 1999, pp.29-34 참조.

그러나 한·중·일 3국 간에 양자조약으로 체결된 어업협정들은 동북아해역에 공통된 법질서가 아니라는 점에서 한계를 지니고 있을 뿐만 아니라, 각각 모두 다음과 같은 한계를 가지고 있다. 즉, 이 어업협정들은 체약국 간의 어업질서만을 규율하는 것이므로 어업에 관한 사항 이외의 국제법적 문제는 그 규율 범위에서 제외되고 있다는 점이다. 도서 영유권, 영해기선, EEZ 경계획정, 대륙붕의 한계 및 경계획정, 해양과학조사, 그리고 해양환경 보전 문제 등은 어업협정의 규율 대상이 될 수 없는 것이다. 결국 이 어업협정들은 견해의 차이 때문에 체약국들 간에 배타적경제수역 경계획정에 관한 합의가 용이하지 않은 점을 감안하여 배타적경제수역의 최종적인 경계획정을 유보한 채 체결되어진 잠정적 성격의 어업협정에 불과한 것이다.[62]

4) 대륙붕의 범위 확장을 위한 최근의 시도

앞에서 언급한 바 있듯이, 우리나라 주변의 해역은 중국 및 일본과의 거리가 그 어느 곳도 400해리를 초과하지 않는 범위에 있기 때문에 EEZ와 함께 대륙붕의 경계획정 문제가 첨예하게 대두되고 있는 양상을 보이고 있다. 현재 황해, 동중국해, 그리고 동해를 포함한 동북아해역에 있어서 한·중·일 3국은 자신의 대륙붕의 범위를 최대한 확대하기 위하여 모든 노력을 다하고 있는 상황이다. 2012년 12월 우리나라[63]와 중국은 '국제연합 대륙붕한계위

62) 최종화, 『현대국제해양법』(세종출판사, 2000), pp.352-355; 김찬규·노명준·이창위, "한일어업협정 및 한중어업협정 체결 이후 동북아의 어업질서 운영 방안," 『국제법학회논총』, 제44권 제1호, 1999, pp.82-85 참조.

원회'(UNCLCS)에 공히 자신의 대륙붕의 외측 한계가 오키나와 해구까지 이어진다는 내용이 담긴 동중국해 대륙붕경계안을 제출한 바 있다.[64)]

중국이 주장하는 수역은 바로 1974년 한·일 대륙붕공동개발협정에 의해 규율되는 '공동개발구역'(joint development zone)을 포함하고 있다는 점을 주목할 필요가 있다고 본다. 중국은 우리나라와 마찬가지로 지표면 형태와 지질학적 특성으로 볼 때 동중국해 대륙붕은 중국의 육지영토가 자연스럽게 연장되고 있으며, 오키나와 해구가 동중국해 대륙붕의 끝에 해당하는 지리적 특성을 갖고 있다고 주장하고 있다. 이에 따라 중국의 주장과 한국의 주장이 서로 겹치면서 첨예한 충돌 양상을 보이고 있는 것이다.[65)]

---

63) 한국은 20009년 5월 11일 동중국해 대륙붕 한계에 대한 '예비정보'(Preliminary Information)를 제출하였고 2102년 12월 26일 제65번째로 200해리 이원 대륙붕 외측한계에 관한 문서를 정식으로 제출하였다. 우리나라는 일본과의 거리가 400해리를 넘지 않음에도 불구하고 우리의 권원을 확보하기 위하여 문서를 제출한 것이다. 이에 대해서는 김현수, "한국의 대륙붕한계위원회 제출문건에 관한 법적 고찰," 『영토해양연구』, Vol. 5, 2013, pp.112-137 참조.

64) 이에 대하여 일본은 2013년 1월에 UNCLCS에 제출한 의견서에서 한일 양국은 국제조약에 의거해서 양국의 협의로 경계를 확정할 필요가 있다고 하면서 위원회가 동중국해 대륙붕 경계를 심사해서는 안 된다고 주장하였다. UNCLCS는 인접국들이 해당 대륙붕에 '분쟁'이 존재한다고 이의를 공식적으로 제기하면 심사를 진행하지 않기 때문에 우리나라의 대륙붕에 대한 심사는 미뤄지고 있는 상황이다(김지홍, 전게논문, 234).

65) 상게논문, pp.228-231.

제4절

이어도 및 해양과학기지의 법적 지위 및 효과

Ⅰ. 해양법상 도서의 의의

1. 도서의 정의

해양에 있어서 자연적으로 형성되는 지형들(geographical features)에는 다양한 종류와 형태가 있다. 島嶼(islands), 小島(islets, isles), 岩石(rocks), 珊瑚礁(reefs), 砂洲 또는 모래톱(sand bank or shoals)[66] 등이 수면 위에 돌출한 자연적인 지형으로 규정될 수 있는 것들이다.[67] 그러나 앞에서 언급한 것처럼 영해협약과 해양법협약에서는

66) 일정한 방향의 바람, 파도, 조류 또는 流水로 말미암아 모래나 바위가 밀리어 쌓여서 수면이나 연안에 둑 모양을 이루고 있는 형태를 말한다. 일반적으로 길다란 모양을 이루고 있으며 그 높이가 10 미터를 넘는 것도 있다. 강어귀에 형성된 것은 특히 '三角洲'(delta)라고 한다(신기철·신용철 편저, 『새우리말 큰사전』 상, 삼성출판사, 1986, p.1687 참조). 보통 '사주나 모래톱'은 얕은 물에 잠겨 있으며, '최 간조 시'(at lowest tide)에만 수면 위로 그 일부가 노출되는 것이 특징이다 (John K. T. Chao, "South China Sea: Boundary Problems Relating to the Nansha and Hsisha Islands," *Chinese (Taiwan) Yearbook of International Law and Affairs 1989-1990*, Vol.9, p.128, 주 210 참조.

67) 이 가운데 rocks는 0.001 평방 마일 미만, islets는 0.001-1 평방 마일, isles는 1-1,000 평방 마일, 그리고 islands는 1,000 평방 마일 이상의 도서를 지칭한다는 견해가 있다. Robert D. Hodgson, *Islands; Normal and Special Circumstances*, U.S. Dept. of State, Bureau of Intelligence and Research Study RGE-3, 1973,

'도서'에 대해서만 "수면으로 둘러싸이고 만조 시에도 수면 위에 있는 자연적으로 형성된 육지지역을 의미한다(an island is a naturally formed area of land, surrounded by water, which is above water at high tide)."고 정의하고 나머지에 대해서는 규정을 두지 않거나 관련된 부분에서 간략하게 언급하고 있는 정도에 불과하다. 그러면 해양법상 도서로서의 법적 지위를 인정받을 수 있는 해양의 육지지역이란 어떠한 형태이며 나머지 지형들은 도서와 어떻게 비교되며 또한 어떠한 법적 효과를 인정받을 수 있는가?

해양법상 도서의 법적 개념에는 두 가지 중요한 요소가 포함되고 있다. ① 도서로서의 지위를 인정받기 위해서는 그것이 "자연적으로 형성된 육지지역"이어야 한다는 점이다. 그리고 ② "만조 시에도 수면 위에 돌출"하고 있어야 한다는 점이다. 이러한 도서의 개념 정의에 의하면 '인공적으로' 모래, 자갈, 암석 등을 퇴적시켜서 조성한 도서나 콘크리트나 철강 등의 소재를 사용하여 설치한 구조물은 도서로서의 지위를 가질 수 없게 된다. 따라서 '인공시설·구조물'(artificial installations and structures)이나 '인공도'(artificial islands)에 대해서는 도서에 적용되는 해양법상의 제반 효과가 부여되지 않는다(해양법협약 제121조 2항 참조). 그리고 항상 수면 이하로 잠겨 있는 암초는 도서로서 인정되지 아니 하며 간조 시에만 수면 위로 나오는 '간출지'의 경우에도 도서로서의 법적 지위가 부여되지 아니 한다. 다만 그것이 연안국의 영해 범위 내에 존재하는 경우 기선 설정에 활용될 수 있을 뿐이다.

따라서 영해협약과 해양법협약에 의하면 그 형태나 규모에 있

---

pp.23-4(김영구, 전게서(주 34), p.291에서 재인용).

어서 小島, 岩石, 珊瑚礁, 그리고 砂洲 또는 모래톱 여하를 막론하고 "수면으로 둘러싸이고 만조 시에도 수면 위에 있는 자연적으로 형성된 육지지역"이라고 한다면 모두 섬(도서)로서의 법적 지위를 가질 수 있게 되는 것이다. 다만 해양법협약은 이와 같은 도서로서의 조건을 만족하고 있더라도 "사람의 거주(human habitation) 또는 독자적인 경제생활(economic life of their own)을 지속할 수 없는 '암석'(rocks)은 배타적경제수역 또는 대륙붕을 가질 수 없다."고 함으로써 도서의 법적 지위에 차등성을 두고 있다(제121조 3항). 따라서 자연적으로 형성된 도서라 할지라도 사람의 거주 또는 독자적인 경제생활을 지속할 수 없는 도서, 즉 암석의 경우에는 단지 영해 및 접속수역만을 설정할 수 있는 것이다.

그러나 여기서 '암석'이란 용어는 정확히 정의되지 않은 채 사용됨으로써 혼란이 초래되고 있다. 또한 '사람의 거주' 또는 '독자적인 경제생활'의 가능성 여부는 해석에 따라 의견 대립이 초래될 수 있는 것이다. 특히 오늘날은 인위적인 시설을 통한 거주 조건 및 환경의 조성이 가능하고 도서 자신이 보유하고 있는 어업자원까지도 고려한다면 독자적인 경제생활이 가능한 범위는 훨씬 확대될 수 있는 것이다.[68] 현재로서는 '사람의 거주' 또는 '독자적인 경제생활'이 가능한가 여부는 식수·식량 등 인간의 생존을 위한 자원의 획득 가능성을 오로지 도서의 자연적 조건만을 고려하여 판단해야 한다는 해석이 유력하지만,[69] 앞으로는 도서의 자연적 조건과 인공적 시설 여건 등을 종합적으로 고려하여 그 법적 지위

---

68) 이창위 외, 『유엔해양법협약 해설 II』(사단법인 해양법포럼, 2009), p.89.

69) David J. Attard, *The Exclusive Economic Zone in International Law* (Oxford: Clarendon Press, 1987), p.260.

를 판단하는 것이 필요하다고 본다.

2. 類似槪念과의 비교

1) 인공도

인공도나 인공시설물 등 해양구조물의 섬으로서의 법적 지위에 관한 문제는 오래 전부터 제기되어 왔다. 최초의 그 법적 지위에 관한 논의는, 1893년 미·영 간의 Behring 해에서의 물개어업(seal fisheries)에 관한 중재사건에서, 당시 영국의 법무장관이던 Sir Charles Russell이 공해상의 암석이나 해저에 기초를 두고 설치된 등대에 영해를 인정하자는 견해를 밝힘으로써 제기되었다.[70] 이러한 Russell의 견해에 대하여는 부정적인 견해가 우세하였는데, J. Westlake,[71] Oppenheim[72] 등이 해양구조물로서의 등대에 영해를

---

70) "…if a light house is built upon a rock or upon piles driven into the bed of the sea, it became, as far as that light house is concerned, part of the territory of the nation which has created it, and as part of the territory of the nation which has created it, it has, incident to it, all the rights that belong to the protection of the territory-no more and less…That point has never been doubted and if it were, there is ample authority to support it. The right to acquire by the ample authority to support it, The right to acquire by the construction of the lighthouse on a rock in the ocean a territorial right in the respect of the space so occupied is undoubted", Nikolas Papadakis, *The International Legal Regime of Artificial Islands*, (Leiden: Sijthoff), 1977, pp.89-90(권문상, "해양구조물의 국제법적 지위에 관한 연구," 『해양정책연구』, 제3권 제2호, 1988, p.154에서 재인용)

71) "It would be difficult to admit that a mere rock and building, incapable of being so armed as really to control the neighbouring sea, could be made the source of a presumed occupation of it, converting a large tract into territorial water", Nikolas Papadakis, *ibid.*, p.90.

인정하는 데 반대하였고, Gidel도 반대 견해에 동조하면서 인공도를 자연적인 도서(섬)로 인정하기 위한 조건으로 ① 물로 둘러싸이고, ② 만조 시에 수면위에 존재하며, ③ 인공도의 자연조건이 자연적인 도서와 같이 인간의 안정적 거주가 유지될 수 있을 것 등을 들기도 하였다.[73]

1930년 국제법의 법전화를 위한 헤이그 회의에서도 독일과 네덜란드는 "항상 물 위에 존재하는" 인공섬이나 인공시설물에도 섬의 지위를 부여하자고 주장하였으며 1956년 국제법위원회 특별보고자가 작성한 영해협약 초안도 인공시설물에 섬의 지위를 부여하는 것으로 해석될 여지가 있었다.[74]

그러나 섬의 정의에 관하여 1958년의 영해협약에서 "수면으로 둘러싸이고 만조 시에 수면 위에 있는 자연히 형성된 육지를 말한다."고 규정됨으로써,[75] 인공도가 섬으로서의 법적 지위를 가질 수 없음이 명확해졌다. 여기에서 "자연적으로 형성된"이란 인공적으로 浚渫 또는 砂, 砂利(자갈) 기타의 물질을 투기하여 조성한 인공도 등을 배제하는 의미이며, "육지 지역"이란 콘크리트 및 철강 등의 소재를 사용하여 만든 구조물을 배제한다는 의미이다.[76]

현재 인공도를 포함한 해양구조물이 섬이 아니라는 것은 일반적으로 승인되고 있으며,[77] 이로써 인공도를 포함한 해양구조물에

---

72) Oppenheim, *International Law*, Vol. I, 8th. ed. Lauterpacht (ed.) (London: Longmans, 1967), p.501, para. 190 a.

73) Gidel, *Le Droit International public de la mer* Vol. Ⅲ (Paris: Chateauroux, 1934), p.684.

74) 이창위 외, 전게서, p.88.

75) 영해 및 접속수역에 관한 협약, 제5조 1항.

76) Nikolas Papadakis, *op. cit.*, p.93.

국제법적으로 영역성을 부여하지 않는다는 데 합의가 이루어진 것으로 해석하여야 할 것이다. 이에 따라 1982년 해양법협약에서도 섬(도서)의 정의를 1958년 협약과 동일하게 규정하게 된 것이다.[78)]

해양법상 도서제도는 "자연적으로 형성된" 도서에 한정되고 있으며, 인공적으로 조성된 섬, 즉 인공도는 도서제도의 적용으로부터 배제되고 있다. 1958년의 대륙붕협약에서는 대륙붕 자원의 탐사·개발을 위한 시설과 장치는 연안국의 관할 하에 있지만 도서의 지위를 갖지는 않으며, 그 자체의 영해도 갖지 못하고 또한 연안국의 영해의 경계획정에도 영향을 주지 않는다고 규정하고 있다(제5조 4항).

해양법협약은 인공도 및 인공시설물[79)]에 관하여 보다 세부적으로 규정하고 있다. 우선 해양법협약 제11조에서는 "항구시설의 불가분의 일부인 최외측의 영구적 설비는 해안의 일부를 구성하는 것으로 간주된다. 근해시설(off-shore installations)과 인공도는 영구적 항구설비(permanent harbour works)로 보지 아니 한다."고 함으

---

77) A.M. Heijmans, "Artificial Islands and the Law of Nations," *Netherlands International Law Review*, Vol. 21(1974), pp.141-142, 150-153.

78) 해양법협약, 제121조 1항.

79) 인공도와 인공시설물은 모두 해양이용 활동을 위하여 해양에 설치되는 구조물(선박은 제외)이라는 점에서 동일하다. 인공도와 인공시설물의 구별에 관하여, Robert B. Krueger는 해양시설을 浮體式, 固定式, 着底式으로 세분화하고, 인공도는 모래·자갈·암석 기타의 자연물의 투기에 의하여 조성된 구조물이라고 정의하고 있다. D.W. Bowett는 인공도를 기술적인 측면에서 고려하여 50헥타르 이상의 쓰레기 처리장, 창고, 유류 및 가스 가공 시설, 발전 시설 및 淡水化 시설, 300헥타르 이상의 유류 터미날, 선박수리 시설, 1,000헥타르 이상의 발전 플랜트, 담수화 플랜트, 항만 시설 및 해상공항 등의 유형으로 분류하고 있다. 따라서 인공도는 해양구조물 가운데 구조물의 소재를 불문하고 사용목적에 따라 적정수의 사람이 거주할 수 있는 일정 규모 이상의 것으로 보는 것이 바람직하다고 한다. 이에 대해서 권문상, 전게논문, pp.147-48 참조.

로써, 해양에 조성되는 인공도 등은 자연적인 해안의 일부로 간주되지 아니 하며 따라서 영해의 경계를 획정하기 위한 기선으로 활용할 수 없도록 하고 있다. 그리고 배타적경제수역 또는 대륙붕수역에 인공도나 인공시설물 등을 설치할 수는 있으나, 이들은 도서의 지위를 가지지 아니 하며 그 자신의 영해나 접속수역 기타의 관할수역을 가지거나 그 존재가 영해, 배타적경제수역, 대륙붕 등의 경계획정에 아무런 영향을 미치지 못한다고 규정하고 있다(해양법협약 제60조 8항 및 80조 참조). 그리고 이러한 규정은 공해상에서도 적용되고 있다(해양법협약 제87조 1항 d). 단, 대륙붕이나 배타적경제수역 내에 설치된 인공도나 인공시설물의 경우 이를 보호하기 위하여 시설물의 외곽으로부터 500m를 초과하지 않는 범위에서 '안전수역'(safety zone)을 설치할 수 있도록 하고 있다.

이처럼 현행 해양법상 인공도는 어떠한 경우에도 자연적인 도서로서의 지위를 보유할 수 없도록 되어 있다. 그러나 앞으로 해양시대를 맞아 대규모 해양개발이 이루어지고 '인공해양도시'가 건설되는 경우에 그에 대하여 도서로서의 지위를 전혀 부여하지 않는 것은 어려울 수도 있다고 본다. 현재도 해안을 인공적으로 매립하는 방법으로 영토를 확장하는 것[80]이 일반적으로 인정되고 있다는 점을 고려한다면 해양에 인공도시를 건설하는 경우에 이를 영토로 인정할 수 있는 조건에 대한 검토가 이루어져야 할 필요가 있다고 본다.[81]

---

80) 이른바 '添附'(accretion)에 해당된다.

81) 朴鍾聲, 『한국의 영해』(법문사, 1985), pp.223-25, pp.229-45 참조.

2) 간출지

"간조(저조) 시에는 수면으로 둘러싸이고 또한 수면 위에 있으나 만조 시에는 수면 이하로 잠기는 자연적으로 형성된 육지지역"(a naturally formed area of land which is surrounded by and above water at low-tide but submerged at high tide)을 '干出地' 또는 '低潮高地'(low-tide elevations)라고 한다.[82] 간출지는 대개 암석이나 砂洲의 형태로 존재하고 있다. 이러한 간출지는 연안으로부터 영해의 폭을 초과하지 않는 거리에 전부 또는 일부가 위치하는 경우에는 그 저조선을 영해기선으로 사용할 수 있지만, 그 전부가 본토 또는 도서의 영해 범위에 위치하지 않을 때는 그 자체의 영해를 보유하지 못한다고 규정하고 있다.[83] 따라서 간출지는 어디에 위치하거나 상관없이 자신의 영해를 갖지 못하나 그것이 영해 내에 있는 경우에 한하여 영해의 폭을 확장시키는 효과를 창출하게 됨으로써 사실상 자신의 영해를 보유할 수 있게 된다. 반면에 도서는 영해 내에 있는 경우에 영해의 폭을 확장시킨다는 점에서 간출지와 같으나 영해의 밖에 위치하는 경우에도 그 조건이 여하튼 자신의 영해를 보유할 수 있다는 점에서 간출지와 구별된다.

한편 직선기선의 설정과 관련하여 해양법협약은, "직선기선은 간출지까지 또는 간출지로부터 획선할 수 없으나, 다만 간출지에 등대 또는 유사 시설이 영구적으로 설치되고 있는 경우 또는 간출지 간의 기선의 획선이 일반적으로 국제적인 승인을 받고 있는 경우에는 예외적으로 허용된다."고 규정하고 있다.[84] 따라서 간출지

82) 영해협약 제11조 1항; 해양법협약 제13조 1항.

83) 영해협약 제11조 제1항 및 제2항; 해양법협약 제13조 제1항 및 제2항

에 설치된 등대 또는 유사해양구조물은 영해는 물론 대륙붕과 배타적경제수역의 설정을 위한 기선의 획선이나 해양경계획정에 영향을 미칠 수 있게 된다는 점에서 중요하다.

3) 산호초

해양법협약 제6조[85]는 "環礁상에 위치한 섬 또는 가장자리 암초를 가진 섬의 경우, 영해의 폭을 측정하기 위한 기선은 연안국의 공인된 해도상에 적절한 기호로 표시된 암초(reef)의 바다 쪽 저조선으로 한다."고 함으로써 '환초' 또는 '가장자리 암초'에 대해서 특별한 규정을 두고 있다. 이 경우 reef는 통상적인 '암초,' 즉 수중의 암석이나 사주 등 지형지물(features)을 의미하는 것이 아니라 '珊瑚礁'(coral reefs)를 지칭하는 것으로 해석된다.[86]

생물학적으로 산호초는 群體(polyps)를 형성하여 생존하는 珊瑚蟲(corals)의 중추 골격인 산호의 遺骸가 퇴적하여 이루어진 바위(礁) 또는 섬(島嶼)을 말한다. 산호초는 대부분 물 속에 잠기고 있으나 경우에 따라 수면 위로 솟아 나와서 珊瑚島(coral islands)를 이루기도 한다. 이러한 산호초는 그 성립 형태로 보아 堡礁(barrier reefs)[87], 裾礁(fringing reefs)[88], 그리고 環礁(atolls)[89] 등 세 가지

84) 해양법협약 제7조 4항.

85) "In the case of islands situated on **atolls or of islands having fringing reefs**, the baseline for measuring the breadth of the territorial sea is **the seaward low-water line of the reef**, as shown by the appropriate symbol on charts officially recognized by the coastal State."

86) 김영구, 전게서(주 35), p.55, pp.300-301 참조.

87) 堡礁는 육지의 해안선과 어느 정도(수km) 떨어져서 평행하게 형성되는 珊瑚礁를 말한다. 육지와 堡礁 사이에는 얕은 깊이의 수면 또는 수로(shallow

유형으로 분류되는 것이 보통이나, 이러한 유형에 속하지 않는 불규칙한 형태[90]도 있다.

수중 산호초가 육지 가까이 위치하는 경우에 영해를 비롯한 해양관할수역의 설정에 있어서 어떻게 취급해야 할 것인가에 관하여 1950년대에 국제법위원회(ILC)에서 논의되었던 적이 있었으나, 1958년에 개최된 제1차 해양법회의(UNCLOS)에서는 의제로 채택되지도 않았다. 그러나 그 후 바하마, 몰디브, 나우루와 같은 카리브해의 국가들을 비롯하여 인도양과 태평양에 위치한 많은 산호초 도서들이 국가로 독립을 함으로써 산호초에 대한 특별 규정의 필요성이 점차 증대되어 왔다. 이에 따라 제3차 해양법회의에서는 산호초에 대한 법적 지위에 대하여 논의하고 이를 해양법협약에 규정하기에 이르렀던 것이다.

해양법협약은 "'환초 상의 섬'과 '거초를 가진 섬'의 경우 그 환초나 거초가 언제나 물에 잠기지 않고 '간조 시'(at low-water)에 수면 위로 올라오는 경우에는 연안국에 의하여 공인된 해도상에 적절한 기호로 표시되어 있는 산호초(reef)의 '해양 측 저조선'(seaward low-water line)으로 한다."고 규정함으로써 환초나 거초의 위치가

---

lagoon or channel)가 존재하고 있다. *The New Encyclopedia Britannica* Vol.3 (1988), p.619; *Compton's Encyclopedia* Vol.5, p.715.

88) 海洋島나 대륙의 해안에 스커트(skirt)처럼 붙어 형성되는 珊瑚礁를 말한다. 거초도 보초와 같이 大陸이나 海洋島의 둘레에 해안선을 따라 형성되는 것이지만 보초와는 달리 해안에 연결되어 있는 것이 특징이다. *Ibid.*

89) 堡礁나 裾礁와는 달리 육지와는 상관없이 대양 가운데 형성되는 環狀의 珊瑚礁를 말한다. 環礁 내부 중앙에는 얕은 깊이의 수면이 잔잔한 礁湖(central lagoon of calm water)가 존재하고 있다. *Ibid.*

90) 이러한 산호초들을 '斑點 珊瑚礁'(patch reefs)라고 하는데, 이들은 크기가 아주 작고 탁자나 뾰족한 산봉우리 모양을 하고 있는 것이 보통이다. *The New Encyclopedia Britannica*, *op. cit.*, p.619.

그 존재를 감안하지 않고 설정되는 통상적인 섬의 해안 저조선, 즉 통상기선으로부터 영해의 폭을 초과하여 위치하고 있는 경우에도 일반적인 '간출지'와는 달리 기선 설정을 위한 근거로 삼을 수 있도록 하고 있는 것이다.[91]

그러나 이러한 규정은 본래 의도했던 입법 목적과 상반된다는 의견이 있다. 산호초는 수면 하에 침하되어 있는 경우가 보통이고 이러한 산호초에 대하여 일정한 법적 효과를 부여하고자 했던 것이 논의의 초점이었다고 한다면,[92] 해양법협약의 규정은 "산호초의 해양 측 저조선"이라는 표현을 사용함으로써 저조선이 생기지 않는 수면 하에 있는 대부분의 산호초의 경우에 이 규정이 적용될 수 없도록 되어 있기 때문이다.[93]

4) 수중 토지구역(submerged land areas)

남사군도는 230여에 달하는 도서와 산호초, 그리고 사주 등으로 구성되어 있다. 이 중 25개 정도만이 수면 위로 올라와 있는 도서이며, 나머지 200여개의 암석, 산호초, 그리고 사주들이 주로 수면 이하에 잠겨 있는 형태로 광범위한 해역에 걸쳐서 존재하고 있다. 앞에서 언급한 바와 같이 이 해역은 주요 해상항로서의 전략적 이점을 가지고 있으며, 또한 그 해저에 풍부한 천연자원이 매장되어 있고 어장으로서의 중요성도 크게 인정되고 있기 때문에

---

91) 김영구, 전게서(주 35), pp.300-301.

92) D. P. O'Connell, *op. cit.*, pp.193-196 참조.

93) 김영구, 전게서(주 35), p.301; D.P. O'Connell, *The International Law of the Sea*, Vol.1, Shearer (ed.) (Oxford: Clarendon Press, 1982), p.195.

주변국들의 이해관계가 첨예하게 대립되고 있는 곳이다.

현재 중국, 베트남, 필리핀, 말레이시아, 대만, 그리고 브루나이 등 6개국이 남사군도에 대한 영유권 분쟁을 벌이고 있는 중이다. 중국, 대만, 그리고 베트남은 공히 남사군도 전 지역에 대하여 영유권을 주장하고 있는데, 특이한 것은 이들이 수면 위로 드러나고 있는 섬 이외에 항상 물에 잠겨있는 암석, 산호초, 그리고 砂洲 등 '수중 토지구역'에 대해서도 영유권을 주장하고 있으며,[94] 그 일부는 인접국가의 대륙붕에 위치하고 있는 것들이다.[95]

앞에서 언급한 바 있듯이, 이어도와 관련하여 중국은 이를 蘇岩礁, 즉 '쑤앤자오'로 부르고, 『山海經』 등 史書를 원용하면서, 이 암초 자체에 대한 '역사적 권원'(historical title)을 주장하는 듯한 태도를 보이고 있어서 이에 대한 검토가 필요한 상황이다. 즉, 암초와 같은 '수중 토지구역'이 섬(島嶼)으로서의 법적 지위를 갖지 못한다는 점과는 별개로 그 자체로서 '국가 영유'(state appropriation)의 대상이 될 수 있는지 문제가 제기될 수도 있다는 것이다.[96]

그러나 지금까지 상부 수역의 관할권과는 별도로 '수중 토지구역'에 대한 영유권 문제가 제기되거나 해결되어 본 사례가 없다. 이는 당연히 해양법상 영토로서의 법적 지위를 가질 수 있는 '토지 지역'(area of land), 즉 언제나 수면 위로 솟아 올라와 있는 '육지 지역'만이 그 자체로 국가의 영유 대상이 될 수 있다는 기본 전제가 확립되고 있기 때문이라고 할 수 있다.[97]

---

94) John K. T. Chao, *op. cit.*, pp.128-132 참조.

95) Zou Keyuan, *Law of the Sea in East Asia - Issues and Prospects -* (Routledge, 2005), p.56 참조.

96) John K. T. Chao, *op. cit.*

따라서 해양법상 '수중 토지구역'은 그것이 '육지 영토'(land territory)와 인접하고 있는 경우에는 영해의 범위에 있어서 당연히 그 육지영토의 영유권(territorial sovereignty)을 가지고 있는 연안국에 귀속되거나 대륙붕 또는 배타적경제수역 관할권(jurisdiction)을 가지고 있는 연안국에 그 관할권이 귀속되는 것이며, 그 상부수역이나 대륙붕의 관할권과는 별개로 타국가의 영유권이 성립하거나 '수중 토지구역'에 대한 영유권을 근거로 그 상부 수역에 대한 관할권을 주장할 수는 없게 되는 것이다.[98]

3. 도서의 존재와 해양법의 관련 문제

1) 기선의 획선

해양에 있어서 연안국이 영역권 또는 관할권을 행사할 수 있는 수역은 모두 일정한 기준선으로부터 그 범위가 획정된다. 영해를 비롯한 해양관할수역의 설정을 위한 기준선을 영해기준선(territorial base line) 또는 기선(baseline)이라고 한다. 현재 기선으로부터 영해는 12해리, 접속수역은 24해리, 배타적경제수역은 200해리, 그리

---

97) "It is a *lex lata* that territory, in order to be capable of appropriation of sovereignty, must be situated permanently above the high-water mark and not consist, for example, of a drying-rock only uncovered at low-tide, unless it is already within the territorial waters of appropriable territory." *Ibid.*, pp.131-132, p.134 참조.

98) David J. Bederman, "U.S. State Boundaries-Submerged Lands Act-1958 Geneva Convention on the Territorial Sea-Straight Baselines-Fringing Islands-Ice Elevations," *American Journal of International Law*, Vol.92, 1998, pp.82-87; Zou Keyuan, *op. cit.*, p.58 참조.

고 대륙붕은 최대 350해리까지 설정할 수 있도록 되어 있다.[99]

기선은 보통 해안의 저조선(low-water line)을 기준으로 하는 '통상기선'(normal baseline)[100]의 방식을 활용하도록 되어 있다. 그러나 해안선 가까이 도서 또는 간출지가 존재한다든지 해안선의 굴곡이 심하여 岬이나 灣 등이 형성되고 있는 경우에는 통상기선의 방식을 적용하는 데 어려움이 많다. 이와 관련하여 1951년 '영국-노르웨이 어업분쟁 사건'(Anglo-Norwegian Fisheries Case)에서 국제사법재판소는 峽灣(fjords)을 비롯하여 크고 작은 여러 도서들과 수많은 암초들이 *skjaergaard*[101]를 형성하고 있는 노르웨이의 해안처럼 해안선이 몹시 복잡한 경우에는 적당한 지점들을 연결하는 직선기선(straight baseline)의 방식을 활용할 수 있다고 판시하였다.[102]

이에 따라 1958년 영해협약 및 1982년 해양법협약도 이러한 직선기선의 방식을 제도적으로 인정하기에 이르렀다. 해양법협약에는 직선기선제도의 채택이 가능한 경우와 그 한계에 대하여 규정함으로써 연안국에 의하여 남용되지 않도록 하고 있다. 그러나 해양법협약은 직선기선 제도의 채택에 관한 권한을 연안국에게 맡기고 있는 반면, 해안으로부터 기점까지의 거리나 기선의 길이에 관한 구체적인 규정을 두고 있지 않기 때문에 연안국들의 자의적인

---

99) 해양법협약 제3조, 제33조 2항, 제57조, 76조 참조.

100) 이 때 해안의 저조선은 연안국에 의하여 공인된 大縮尺地圖(large-scale charts)에 표시되어 있는 저조선을 의미한다(해양법협약 제5조 참조).

101) 이는 노르웨이의 용어로서 문자 그대로 '바위 城壁'(rock rampart)을 의미하는 것이다. R.R. Churchill & A.V. Lowe, *The Law of the Sea* (Manchester: Manchester University Press, 1983), p.27.

102) Anglo-Norwegian Fisheries Case, U.K. *v.* Norway, *ICJ Reports* (1951), p.116; D.J. Harris, *Cases and Materials on International Law* (London: Sweet & Maxwell, 1983), pp.289-96.

기선 설정의 합법성을 둘러싼 논쟁이 계속되고 있는 실정이다.[103)]

① 통상기선과 도서의 존재

통상기선을 적용하는 경우, 도서가 본토(main land) 또는 그에 부속하는 다른 도서로부터 24해리 이상 떨어져서 고립되어 있는 경우에는 자체의 기선을 가지며 그 기선으로부터 획정된 영해를 보유한다. 도서가 본토 또는 다른 도서로부터 24해리 이내의 거리에 위치하나 이들의 기선으로부터 12해리 외측에 있을 경우에도 그 도서는 자체의 기선으로부터 획정된 영해를 보유하게 되지만, 이 도서의 영해와 본토 또는 다른 도서의 기선으로부터 획정된 영해는 서로 합쳐지는 형태가 된다.[104)] 한편, 간출지는 도서는 아니지만 그 전부 또는 일부가 본토 또는 도서로부터 영해의 폭을 초과하지 않는 범위에 위치하는 경우에는 영해를 폭을 획정하는 기선으로 사용될 수 있다.

② 직선기선과 도서의 존재

해안선의 굴곡이 현저한 지역 또는 해안에 근접하여 일련의 도서가 있는 경우 영해의 폭을 측정하는 기선을 획선함에 있어서 적절한 기점들(base points)을 연결하는 직선기선의 방식을 사용할 수 있다.[105)] 三角洲(delta)와 기타 자연조건으로 인하여 해안선이 불안정한 경우 해양측 최외곽 저조선을 따라 적절한 지점이 선택될 수 있으며, 그 후 저조선이 후퇴하더라도 그 직선기선은 연안

---

103) 박찬호 외, 『유엔해양법협약 해설서 I』(사단법인 해양법포럼, 2010), p.27.

104) 제주도와 우리나라 남해안의 경우가 이에 해당한다.

105) 해양법협약 제7조 1항.

국이 해양법협약에 따라 이를 변경할 때까지 유효하다.[106]

다만, 직선기선의 획선은 해안의 일반적 방향(general direction)으로부터 현저히 일탈하여서는 안 되며 직선기선 내 해역은 내수(internal waters) 제도에 종속될 수 있도록 육지영토와 충분하고도 밀접한 관련이 있어야 한다.[107] 그리고 특정한 기선을 결정함에 있어서 '경제적 이익'(economic interests)의 고려는 그 지역에 특유한 경제적 이익이 있다는 사실과 그 중요성이 '오랜 관행'(long usage)에 의하여 명백히 증명된 경우에 한하여 가능하다.[108] 그리고, 어떠한 국가도 타국의 영해를 공해 또는 배타적경제수역으로부터 격리시키는 방법으로 직선기선제도를 적용할 수 없도록 되어 있다.[109]

한편, 앞에서 언급한 바와 같이 해양법협약은 간출지와 관련하여, 등대 등의 항구적 시설이 설치되어 있지 않거나 일반적으로 국제적 승인을 받지 못한 경우 기점으로 삼을 수 없도록 제한을 가하고 있다. 이 때 간출지의 위치가 문제될 수도 있으나 대체로 직선기선의 기점으로 활용될 수 있는 도서의 경우에 준하여 판단할 수 있을 것으로 보인다.

2) 해양경계획정

① 해양경계획정의 일반원칙

대향국과 인접국 간의 영해의 경계획정과 관련하여 영해협약

---

106) 해양법협약 제7조 제2항.

107) 해양법협약 제7조 제3항.

108) 해양법협약 제7조 제5항.

109) 해양법협약 제7조 제6항.

제12조와 해양법협약 제15조는 공히 “역사적 권원 또는 기타 특수 사정”이 없는 경우에 “2개의 해안이 상호 대향 또는 인접하고 있는 경우 양국 중 어느 국가도 양국 간에 반대의 합의가 없는 한, 양국의 각 영해 폭을 측정하는 기선상의 최근점으로부터 등거리에 있는 모든 점을 연결한 중간선 이원으로 영해를 확장할 수 없다. …”고 함으로써 ‘중간선 원칙’(median line principle) 또는 ‘등거리 원칙’(equidistance principles)을 영해 경계획정에 관한 원칙으로 규정하고 있으며 이는 지금까지도 국가 간에 일반적 또는 현저한 관행으로 적용되어 오고 있는 것이 사실이다.[110]

반면 대륙붕이나 배타적경제수역의 경계획정에 관한 원칙은 과거에 일반적으로 활용되고 있던 ‘등거리의 원칙’으로부터 차츰 ‘형평의 원칙’(equitable principles)을 고려한 합의의 원칙으로 발전되어 왔다. 일찍이 1958년의 대륙붕협약에서는 해양경계획정의 기본원칙으로 당사자 간의 합의에 따라야 한다는 것을 우선적으로 규정하고, ‘특별 상황’(special circumstances)에 의하여 다른 경계선이 정당화되지 않는 경우에는 등거리선이나 중간선의 방식으로 경계를 획정하도록 하고 있었다(제6조 1, 2항).

그러나 그 후의 관습이나 판례는 등거리 원칙에 대한 우선적 지위를 부인하고 그보다는 ‘형평’에 따른 경계획정을 일차적인 방식으로 적용해 왔다. 이는 특히 대륙붕의 본질적 개념을 ‘육지영토의 자연적 연장’으로 이해하기 시작하면서 강조되기 시작한 것이다. 이러한 상황을 반영하여 국제사법재판소는 1969년 ‘북해 대륙붕 사건’(North Sea Continental Shelf Cases)에서 대륙붕 경계획정은

---

110) 김영구, 전게서(주 35), pp.134-136.

가능한 한 당사국에게 육지영토의 자연적 연장을 구성하는 대륙붕 전체를 귀속시키도록 하는 '형평의 원칙'에 따라 이루어져야 한다고 판시한 바 있다.[111]

해양경계획정에서 '형평한'(equitable) 결과 또는 '형평'(equity)의 개념을 강조하는 경향은 제3차 해양법회의에서도 계속되었다. 그러나 해양법회의 과정에서는 전통적인 '등거리 원칙'에 우선적 지위를 부여하자는 그룹(Equidistance Group)의 주장도 강력히 대두되어[112] 형평의 원칙을 강조하는 그룹(Equitable Principle Group)과의 사이에 논란이 야기되었던 것도 사실이다.[113] 그 결과 해양법협약에는 '등거리선 또는 중간선'이라는 표현과 '형평의 원칙'이라는 표현 모두를 배제하고 단지 형평의 원칙을 존중한다는 의미에서 "형평한 해결(equitable solution)을 위하여 국제사법재판소규정 제38조에 언급되고 있는 국제법에 따라 합의에 의하여 경계를 획정하도록" 하는 모호한 규정을 두기에 이르렀다.

1977년 영-불 대륙붕사건에서 중재재판소[114]와 1982년 리비아-튀니지 대륙붕 사건에서 국제사법재판소[115]는 "경계획정은 모든 관련 사정을 고려하여 형평의 원칙에 따라 이루어져야 한다."고 판시함으로써 형평의 원칙을 중시하는 입장을 표명한 바 있다.[116]

---

111) North Sea Continental Shelf Cases, *ICJ Reports* (1969), p.53.

112) Jonathan I. Charney, "The Delimitation of Ocean Boundaries", *Ocean Development and International Law*, Vol.18, No.5, 1987, pp.509-12.

113) UN, *Third UN Conference on the Law of the Sea*, Official Records Vol. 12 (New York: UN, 1980), p.107.

114) Award in Anglo-French Continental Shelf Arbitration(1979), 18 *ILM* p.397.

115) Tunisia-Libya Continental Shelf Case, *ICJ Reports* 1982, p.92.

116) 메인만 사건, 기니-기니비소 사건, 리비아-몰타 사건 등에서도 '등거

그러나 '형평의 원칙'은 그 자체로서는 매우 추상적이고 일반적인 성격을 가지고 있는 것이다. 형평의 원칙은 모든 관련 사정을 고려하여 해양경계가 확정되어야 한다는 취지지만 '형평'의 정확한 의미는 아직도 분명한 개념으로 나타나지 않고 있는 것이 사실이다.[117]

한편 지금까지 관행을 보면, 경계획정 시 고려해야 할 요소로는 해안선의 형태 및 길이 등 해당 수역의 지리적 상황과 해저의 지질학적 특성, 천연자원의 존재 여부, 섬의 존재 및 위치 등이 일반적으로 거론되어 왔다.[118] 예를 들어 해안선이 심한 굴곡을 이루고 있거나 해안에 도서가 위치하는 경우 이러한 상황을 합리적으로 고려하여 경계를 획정해야만 한다는 데 형평의 원칙이 중시되는 까닭이 있다.

그러나 보다 세밀하게 실제 관행이나 판례를 검토해 보면 해양경계획정과 관련하여 먼저 잠정적인 등거리(중간)선을 채택하고 그 다음 이 등거리선을 수정해야 되는 특별 상황이 있는가를 고려해서 이를 조정하는 방식을 채택해 왔다고 볼 수 있다.[119] 생각건대, 고려해야 할 관련 사정이나 특별 상황이 존재하지 않는 경우[120]

리선' 방법에 특별한 지위를 인정하는 것을 거부하면서 '형평의 원칙'을 중시하는 결정이 내려진 바 있다(이석용, "우리나라와 중국간 해양경계획정," 『국제법학회논총』, 제52권 제2호, 2007, pp.265-266).

117) 이에 대해서는 이창열, "형평의 객관화와 해양경계획정," 성균관대학교 박사학위논문, 2010 참조.

118) 김병렬, "이어도 주변해역의 해양분쟁 요인과 대책," 『이어도연구』, 창간호, 2010, p.139.

119) 김영구, 전게서(주 17), p.99 참조.

120) '특별한 상황'과 '관련 사정'은 기원과 용어의 차이일 뿐 본질적인 차이가 없다는 것이 국제사법재판소와 중재재판소의 시각이다. 김석균, "국제판례를 통해 본 해양경계획정의 원칙에 관한 소고," 『해사법연구』, 제21권 제1호, 2009, p.237.

대향국 또는 인접국 간의 해양경계가 중간선 또는 등거리선에 의하여 획정되는 것이 합리적이며 형평한 결과를 가져 올 수 있다는 점에서 등거리의 원칙과 형평의 원칙은 서로 결합될 수 있다고 본다.[121] 그리고 1982년의 해양법협약을 통하여 단순한 거리 개념에 입각한 배타적경제수역제도가 채택되면서 다시 '등거리/특별 상황'의 원칙이 강조되는 상황이 도래하고 있다는 분석도 나오고 있다.[122]

배타적경제수역과 대륙붕 경계획정에 관한 국가 실행을 분석한 결과를 보면, 오직 10%의 사례에서 형평의 원칙이 언급되었으나 1982년 이후에는 그 비율이 2%로 떨어졌고, 반면에 등거리선에 대한 언급은 거의 50%에 달하는 사례에서 발견되고 있으며, 특히 배타적경제수역의 경우는 형평의 원칙을 지지하는 경우가 거의 없다고 알려져 있다.[123] 결국, 배타적경제수역 제도의 등장에

121) Award in Anglo-French Continental Shelf Case, para.65. 그리고 등거리선 원칙은 해양경계 획정에 있어서 기본적인 방식(primary mode)이며, 특별 상황을 고려하여 단순한 등거리선의 적용을 배제하는 '완화된 등거리의 원칙'(modified principle of equidistance)이야말로 대부분의 해양경계획정에 있어서 사용되어 온 방식이라고 할 수 있을 것이다. Donald E. Karl, "Islands and the Delimitation of the Continental Shelf: a Framework for Analysis," *American Journal of International Law*, Vol.71, 1977, p.652.

122) 대륙붕의 법적 개념이 본질적으로 '육지 영토의 자연적 연장'에 근거를 두고 있음으로써 그 범위 결정 및 경계획정의 경우에 지리적·지형적·지질학적 조건이 모두 고려되어야 할 필요성이 인정되는 데 반하여, 배타적경제수역은 단지 경제적 이익을 위하여 모든 연안국으로 하여금 200해리 범위에서 관할권을 행사할 수 있도록 허용하고 있는 것이다. 그리고 해양법협약은 대륙붕의 경우도 지질학적·지형적 조건과는 무관하게 200해리까지 설정할 수 있도록 하고 배타적경제수역의 설정에 의하여 대륙붕 자원의 개발을 가능하게 함으로써 대륙붕제도와 관련하여 과거 중시되어 오던 '육지 영토의 자연적 연장론'은 크게 약화되고 있다. 이석용, "우리나라의 해양경계획정에 관한 고찰", 『해양정책연구』, 제4권 제1호, 1989, pp.10-11; 백진현, "해양경계획정원칙의 변천과 한반도 주변해역의 경계문제", 『해양정책연구』, 제6권 제1호, 1991, pp.32-5 참조.

따라 해양관할권 설정에 있어서 거리 기준이 강화되고 있다는 점, 그리고 국가 간 협상에 의한 경계획정 시 등거리/중간선이 자주 경계선이나 임시경계선으로 활용되어 온 사실, 특히 1985년 리비아–몰타 사건에서 보듯이 국제사법재판소도 실제로 등거리선의 유용성과 형평성을 인정하고 있다는 사실을 감안할 때, 오늘날 등거리/중간선의 가치는 재확인되고 있다고 보아도 무리가 아니다.[124]

이와 관련하여 지난 2012년 3월 14일 '방글라데시와 미얀마 간 벵골만 해역의 해양경계획정사건'(Dispute Concerning Delimitation of the Maritime Boundary Between Bangladesh and Myanmar in the Bay of Bengal)에서 국제해양법재판소(ITLOS)는 200해리 이내의 EEZ와 대륙붕에 대한 단일 경계선 획정과 관련하여, 국제사법재판소와 중재재판소의 판결이 등거리/특별 상황의 방법을 중심으로 발전해 왔음을 밝힌 다음, 이 사건에서도 이러한 방법이 적절한 접근방법이라고 결론지었다는 점에 유의할 필요가 있다. 여기서 ITLOS는 각 당사자가 주장한 기점을 평가·선정한 다음 이를 기초로 잠정적 등거리선(중간선)을 그은 후 방글라데시가 주장한 오목한 해안지형과 같은 '관련 사정'을 고려해서 조정해 나가는 방법을 채택하였던 것이다. 그리고 '퇴적층'과 같은 해저지형 및 지질학적 요소와 관련해서 ITLOS는 200해리 이내 수역에서의 경계획정에서는 해저의 지질학적 요소가 고려되지 않는다는 원칙을 재확인한 바 있음을 주목할 필요가 있다.[125] 이 case는 ITLOS가 해양경계획정 문

---

123) Nuno Marques Antunes, *Toward the Conceptualization of Maritime Delimitation: Legal and Technical Aspects of a Political Process* (Maritunus Nijhoff Publishers, 2003), pp.90–91(이석용, 전게논문(주 116), p.265에서 재인용).

124) 상게논문, p.267.

125) 이석용, "ITLOS의 벵갈만 해양경계획정사건 판결에 나타난 특징문석,"

제를 다룬 최초의 case라는 점에서 중요한 의미를 갖고 있는 동시에,[126] 우리나라와 중국 간 해양경계획정과 관련하여 많은 시사점을 제공하고 있다는 점에서 특히 주목을 받고 있는 것이다.[127]

따라서 해양경계를 획정하고자 하는 당사국 간에 일단 '등거리/중간선'을 기준으로 잠정적 경계선을 획선한 다음, '형평한 결과'를 도출하기 위하여 어떠한 요소들을 '특별 상황'이나 '관련 사정'으로 간주하여 최종 경계선을 획선하는 데 고려할 수 있도록 할 것인가 하는 합의가 매우 중요한 과제로 대두되는 것이다. 이 경우 특히 관련 지리적 요소, 지형학적 요소, 그리고 지질학적 요소들이 대륙붕과 배타적경제수역의 경계획정과 관련하여 미칠 수 있는 영향의 범위는 사안에 따라 크게 차이가 날 수도 있다.[128]

『강원법학』, 제39권, 2013, pp.297-299; 최지현, "2012년도 국제해양법재판소의 재판사건에 관한 연구," 『안암법학』, 제42집, 2013, pp.563-564.

126) Robin Churchill, "The Bangladesh/Myanmar case: Continuity and Novelty in the Law of Maritime Boundary Delimitation," *Cambridge Journal of International and Comparative Law*, Vol.1, 2012, p.137.

127) 이 사건과 관련하여 재판소는 '잠정적 등거리/중간선'을 기본적인 출발점으로 삼고 있고, 또한 관련국의 기점(base point) 주장에도 불구하고 재판소가 경계획정을 위한 별도의 기점 설정이 가능하다고 적시하고 있다는 점에서 중국의 무리한 기점 주장에 우리가 대응할 수 있는 가능성을 시사하고 있다는 의미에서 좀 더 세부적인 검토가 필요하다고 본다(양희철, "ITLOS의 방글라데시-미얀마 경계획정 사례의 의미와 시사점," 『독도연구저널』, Vol.20, 2012, pp.31-34). 또한 국제사법재판소의 '니카라과-콜롬비아 간 영토 및 해양경계획정 분쟁'의 해양경계획정 판결도 '장정적 등거리/중간선을 작도하고 모든 관련 사정을 고려하여 이를 조정 및 이동시킨 다음 마지막으로 현저한 불균형을 검토하는 3단계의 '절차적 방법'을 재확인해 주었다는 점에서 우리나라에게 유용한 case라고 할 수 있다(이창열, ""ICJ, 니카라과-콜롬비아 간 영토 및 해양경계획정 분쟁"의 해양경계획정 관련 함의," 『독도연구저널』, Vol.20, 2012, pp.48-49).

128) 대륙붕의 경우에 지리적 요소와 지질학적 요소 모두가 고려 대상이 되는 데 비하여 배타적경제수역의 경우는 지질학적 요소는 직접적인 관련이 없는 반면에 지리적 조건의 고려는 중요한 의미를 갖는 경우가 많다. David J. Attard, *op. cit.*, p.255.

② **해양경계획정에 있어서 도서의 효과**

도서는 자체의 해양관할수역 설정 가능성 및 연안국의 해양관할수역의 범위 결정에 미치는 효과 등으로 도서 영유국의 해양관할수역의 범위 및 경계획정에 미치는 영향력이 매우 크다는 점에서 반드시 고려해야 할 '특별 상황'이라는 점이 강조되고 있다.[129] 대향국 및 인접국 간의 경우 해양경계획정 시 그 사이에 위치하고 있는 도서를 어떻게 취급할 것인가에 관한 국가들의 입장과 그 관행들을 보면 다음과 같다.[130]

첫째, 도서의 존재를 완전히 인정하여 경계를 획정하는 방법이 있다. 예를 들어, 일방 대향국에 귀속되면서 그 영해 내에 있는 도서에 대해서는 '완전한 효과'(full effect)를 부여하는 것이 원칙이다. 1977년 영-불 대륙붕 사건 이전에는 대향국 간의 해양경계획정의 경우에는 그 중간에 위치하는 도서에 대해서 완전한 효과를 부여하는 것이 보통이었다.[131]

둘째, 도서의 존재를 완전히 무시하고, 다시 말하면 '효과를 전혀 인정하지 않고'(no effect) 경계를 획정하는 방법이 있다. 무인도서로서 그 크기가 작거나 당사국 간의 영유권 분쟁의 대상이 되고 있는 도서의 경우에는 상호간의 경계획정 시 그 존재를 완전히 무시하여 경계를 획정하는 방법을 쓰며,[132] 또한 중간 부분에 위

---

129) Donald E. Karl, *op. cit.*, p.648, note 26.

130) David J. Attard, *op. cit.*, pp.261-64.

131) D. W. Bowett, *The Legal Regime of Islands in International Law* (New York: Oceana Publications, 1979), pp.157-60.

132) N. Ely는 1971년까지의 국가 관행을 조사한 결과 小島(islets)의 경우 일반적으로 경계획정 시 그 존재가 거의 무시되어 왔음을 발견하였다고 한다. 문정식, "국제해양법상 도서가 해양의 경계 획정에 미치는 영향", 『해양정책연구』 제16호, p.24 참조. 그러나 미국과 베네주엘라의 해양경계협정(US/Venezela

치하고 있는 도서들에 대해서는 상호간에 그 존재를 무시하는 상호양보의 방법을 쓰기도 하는 것이다.[133)]

셋째, 도서와 해안 간의 거리, 그 크기, 인구, 그리고 경제적·정치적 발달 정도와 같은 여러 요소들을 고려하여 그 효과를 다양하게 결정하는 방법이 있다. 예를 들어, 일방 대향국의 도서가 타방 대향국의 해안 가까이 위치하고 있는 경우 도서의 존재를 무시한 채 대향국 간의 중간선을 우선 획정하고 타방 대향국의 수역에 위치하는 도서에 대해서는 일정 범위의 '圍繞地'(enclave) 형태의 관할 수역을 설정하는 방법을 사용하는 경우가 있다.[134)]

그리고 일방 대향국의 도서가 그 존재를 무시하고 중간선을 그었을 때 타방 대향국의 수역에 위치하고 있으나 중간선으로부터 도서까지의 거리가 얼마 되지 않는 경우에는 1/2의 효과를 인정하여 경계선을 획정하는 방법을 쓰기도 한다.[135)] 일반적으로 보면 일방 대향국의 도서가 그 연안으로부터 멀리 떨어져 위치할수록 대향국 간의 경계획정에 있어서 그 만큼 도서의 효과가 감소되며

Maritime Boundary Agreement)에서 Aves island는 그 크기가 매우 작고 사람이 살고 있지 않음에도 불구하고 완전한 효과를 인정받았다. D. J. Attard, *op. cit.*, p.260.

133) 김정건, "서해 5도 주변수역의 법적 지위", 『국제법학회논총』, 제33권 2호, 1988, p. 151.

134) 영국과 프랑스 간의 대륙붕 경계획정에 관한 仲裁裁判에 있어서 재판소는 프랑스 연안에 위치하고 있는 영국령 Channel Islands에 대하여 그 주변에 12해리 범위의 대륙붕을 圍繞地 형태로 인정하고 양국 간의 중간선으로 대륙붕의 경계를 획정한 바 있다.

135) 예를 들어, 이란·사우디 간의 대륙붕협정에서는 그 사이에 위치하고 있는 Kharg 섬에 대하여 1/2의 효과를 부여하여 경계를 획정한 바 있다. 즉, 이란과 사우디 양국 사이에 한 번은 섬의 존재를 무시하여 중간선을 획정하고 또 한 번은 섬의 존재를 완전히 인정하여 중간선을 획정한 다음 두 중간선의 중간선으로 양국 간의 경계를 획정한 것이다. D. W. Bowett, *op. cit.*, pp.170-172.

단지 '제한적인 효과'(limited effect)만을 인정받게 되는 것이 사실이다.[136] 인접국 상호간에 있어서는 등거리의 원칙에 의하여 관할수역의 경계를 획정하되, 등거리선상에 상대방의 도서가 위치하고 있는 경우 이 도서를 중심으로 특정한 범위의 弧形(arc)을 설정하여 등거리선과 연결시키는 방법을 사용하는 경우가 많다.

결론적으로 해양경계의 획정에 있어서는 다른 관련 요소와 함께 당해 수역에 위치하고 있는 도서의 위치 및 크기를 비롯한 여러 특성 및 요소들을 충분히 고려함으로써 당사국 간에 왜곡효과(distorting effect)를 배제하고 상호간 형평한 결과를 가져다 줄 수 있도록 하는 것이 매우 중요하다.

③ **해안선 길이의 비례성**(proportionality)

국제사법재판소와 중재재판소는 당사국 간 관련 해안선의 길이의 현저한 차이는 임시 경계획정선을 조정하거나 이동하기 위해 고려해야 할 관련 사정으로 보고 있다. 북해 대륙붕 사건, 미국-캐나다 대륙붕 사건, 리비아-튀니지 대륙붕 사건, 리비아-몰타 대륙붕 사건, 캐나다-프랑스 해양경계획정 사건, 그리고 덴마크-노르웨이 대륙붕 사건 판결에서도 관련 해안선의 길이와 당사국에 귀속되는 대륙붕 사이의 비례성이 경계획정의 형평성을 측정하는 중요한 기준이 되고 있다고 보았다.[137]

캐나다-프랑스 해양경계획정 사건에 있어서 양국 간 해안선의 길이의 비율은 15.3:1이었지만 중재재판소가 획정한 해양경계

---

136) 유병화, 『동북아지역과 해양법』(진성사, 1991), p.226. 그리고 기타의 부분효과의 부여 사례에 대해서는 상게서, p.228 참조.

137) 김석균, 전게논문, p.238.

선으로 인해서 양국 간에 구획된 관할수역의 면적의 비율은 16.4:1이었다. 그러나 중재재판소는 해안선의 길이와 구획된 관할 수역의 면적의 비율이 이 정도로 차이가 나는 것은 용인될 수 있다고 보았다.[138] 그리고 해안선 길이와 구획된 관할수역의 면적의 비례성은 대륙붕에 대한 독립적 권원을 제공하는 일반원칙이 아니라 특정 지형적 상황의 형평성을 평가하는 관련 요소나 기준이 되는데 불과한 것이다.[139]

④ 자원접근권

국제사법재판소와 중재재판소는 어족자원 접근권을 해양경계획정의 중요한 관련 사정의 하나로 받아들이면서도 석유, 가스 등 에너지 자원 개발권에 대해서는 경계획정선과 연관성 정도에 따라 관련 사정으로서의 수용 여부가 달라질 수 있다고 한다.[140] 북해 대륙붕 사건이나 리비아-몰타 대륙붕 사건, 덴마크-노르웨이 대륙붕 사건의 경우 어족자원 접근권을 경계획정 시 고려해야 한다고 판시한 바 있으며, 튀니지-리비아 대륙붕 사건에서는 양국의 석유 및 가스 개발권이 오랫동안 지속되었고 석유개발 지역에 인접한 선이 사실상의 해양경계였다는 점을 들어 석유채굴권을 중대한 사정으로 수용한 바 있다. 그러나 기니-기니비소 해양경계획정 사건, 캐나다-프랑스 해양경계획정 사건 등에서 중재재판소는 석유채굴권에 대해서 중요성을 인정하기를 거부하였다.[141]

---

138) 김영구, 전게서(주 17), pp.124-125 참조.

139) 김석균, 전게논문, p.239.

140) 상게논문.

141) 상게논문. p.240.

Ⅱ. ‘이어도’의 법적 지위 및 효과

커다란 파도가 칠 때를 제외하고는 항상 수면 하에 잠겨 있는 ‘이어도’는 해양법상 섬(도서)이 아니라 수중암석, 즉 ‘수중 토지 지역’(submerged land areas)의 하나일 뿐이다. 또한 이어도는 만조 시에는 물에 잠기지만 간조 시에는 물 위로 솟아오르는 간출지에 해당되지도 않는다.

그러나 예전부터 波浪‘島’로 불리어 왔던 이어‘도’는 그 명칭에 ‘島’가 포함되어 있기 때문에 그 실체를 모르는 사람들에게는 하나의 실재하는 도서로 오해하도록 할 가능성이 많다. 그리고 이어도는 국제해도에 Socotra Rock으로 표기되어 있는데, 해양법협약상 ‘암석’(rocks)도 항상 수면 위에 솟아올라와 있는 규모가 매우 작은 도서를 지칭하는 것이기 때문에 Socotra Rock이라고 하는 명칭도 그 실체와 관련하여 오해를 야기하고 있다는 점에서는 ‘이어도’와 마찬가지로 문제가 있는 명칭이다.142)

결국 ‘이어도’는 해양법상 영토의 법적 지위를 인정받을 수 있는 도서로서의 지위를 갖지 못하고 있기 때문에 이어도에 대하여 영유권을 주장하거나, 이를 근거로 영해, 배타적경제수역, 대륙붕 등 해양 관할수역을 설정하거나 해양관할권 확장을 위한 기점(base point)으로 삼으려는 시도는 아무런 법적 효력이 없는 것이다.

---

142) 따라서 우리나라는 이어도의 명칭에 ‘도’를 붙이고 있는 데서 야기되는 문제에 대해서도 고민해 봐야 한다고 생각한다. 국제적으로 ‘이어도’는 Ieo‘do’ 또는 Ieodo ‘Island,’ 그리고 중국어로는 离於‘島’로 표기될 수밖에 없으며, 이로써 우리가 수중암초인 이어도에 대하여 해양법협약상 ‘섬’(도서)으로서의 법적 지위를 주장하는 것으로 오해될 수 있기 때문이다.

Ⅲ. '이어도 종합해양과학기지'의 법적 지위 및 효과

이어도 및 그 주변수역의 중요성을 감안하여 2003년부터 정부는 종합해양과학기지를 건설하여 운용 중에 있다. 과학기지는 이어도 정봉으로부터 남쪽으로 약 700m 떨어진 수심 40m 부근에 설치된 고정식 자켓(Jacket) 구조 형식이며 상부구조는 약 400평 정도로서 장비 및 설비 설치를 위한 하부 데크(cellar deck)와 주거지 및 실험실을 위한 주 데크(main deck), 해난구조와 장비 및 인력의 수송을 위한 헬기 이·착륙장(heli-deck) 등으로 구성되어 있다. 이 과학기지에는 관측실, 회의실, 침실, 등대시설, 전원공급시설, 선박 계류시설, 오폐수처리 시설, 화재진압 시설, 원격통신 및 관측시설, 식수 및 연료 탱크 등을 갖추고 있으며 8명이 15일간 임시 거주할 수 있는 모든 시설을 갖추고 있다. 400평 규모의 기지는 총 높이 76m로서 이 중 40m는 물속에 잠겨 있고 36m는 수면 위로 올라와 있다. 이처럼 첨단 장비와 숙박시설을 갖추고 육지에서 멀리 떨어진 망망대해에 설치된 해양과학기지는 그 유례가 없다고 한다.[143]

해양법협약에 따르면, 연안국은 인공섬, 시설 및 구조물의 설치와 사용에 관하여 관할권을 가지며,[144] 이를 건설하고 이에 관한 건설·운용 및 사용을 허가하고 규제하는 배타적 권리를 가진다.[145] 또한 연안국은 이러한 인공섬, 시설 및 구조물에 대하여 관세·재정·위생·안전 및 출입국관리 법령에 관한 관할권을 포함한

---

143) 심재설, "해양과학의 보고, 이어도,"『이어도, 지금 우리에게 무엇인가』(강창일 국회의원 2007년 정책토론회 자료집), pp.43-44 참조.

144) 제56조 제1항 (b) (i).

145) 제60조 제1항.

배타적 관할권을 가지며,[146] 필요한 경우 항행의 안전과 인공섬·시설 및 구조물의 안전을 보장하기 위하여 바깥쪽 끝의 각 점으로부터 500m를 넘지 않는 범위에서 그 주위에 적절한 조치를 취할 수 있는 합리적인 '안전수역'(safety zone)을 설치할 수 있다.[147]

이어도가 비록 수중암초이기는 하지만 그 위에 '인공구조물'을 설치하여 해양과학기지를 건설하거나 인공도로 개발하는 경우에는 영토로서의 지위를 인정받거나 해양관할권 설정을 위한 근거로 삼을 수도 있다는 기대를 하는 경우가 있다. 그러나 앞에서 살펴본 바와 같이 국제해양법상 인공구조물이나 인공도에 대해서는 도서로서의 법적 지위를 인정하지 않고 있기 때문에 이러한 기대는 현행 국제법상 실현될 수 없는 것이다.[148] 현재 정부가 이어도에 종합해양과학기지를 건설하여 운용 중에 있지만, 이로써 우리의 영토가 새롭게 구축되거나 이를 근거로 하여 해양관할권이 선포되거나 확장될 수 있는 것은 아니라고 하는 점을 유의할 필요가 있다.[149]

---

146) 제60조 제2항.

147) 제60조 제4항 및 제5항 참조.

148) 해양법협약 제60조 제8항. 인공구조물이나 시설이 해양과학조사를 위한 경우에도 마찬가지이다(동협약 제259조).

149) 이와 관련하여 김병렬 교수는 현재로서는 인공구조물에 대하여 섬으로서의 법적 지위를 인정하지 않는 것으로 법제화되어 있지만 해양법협약 제121조의 "자연적으로 형성된" 것의 의미에 문제가 생길 수 있다고 한다. 예를 들어 이어도에 해상구조물을 건설하기 위하여 바다 밑을 굴착하고 여기서 나온 토사물을 해양에 쌓아놓을 경우 일정한 시간이 지나면 파도와 조류에 의하여 쌓아놓은 토사더미가 밀려나가 이어도 근처의 특정 지점에서 모래톱을 형성하였다고 가정해 볼 수 있으며 이 모래톱은 분명히 "자연적으로 형성된" 것이라고 할 수 있다고 하면서, 이어도 해양과학기지와 같은 인공구조물을 인공섬으로 개발해 나간다면 (적어도 일본과의) 해양경계획정과 관련하여 부분적 효과를 기대할 수도 있다는 전망을 제시하고 있다. 이는 일본의 도쿄에서 서남쪽으로 1,740km 이상 떨어진 태평양상(북위 20도 25분, 동경136도 05분)의 '오키노도리시마'라고 하는 가로 2m, 세로 5m, 높이 70cm 정도 되는 작은 암석(rock) 두 개로 이루어진 섬

한편 우리나라는 2003년 6월 이어도 종합해양과학기지가 준공된 후 해양법협약에 따라 과학기지를 중심으로 그 주변 500m를 안전수역으로 설정하여 공시하였으나, 그 실효적 행사 여부는 확인되지 않고 있다.

※ 이어도 종합해양과학기지 모습 (이어도해양과학기지 홈페이지 http://www.ieodo.nori.go.kr)

의 암석 주변에 철제 블록을 이용하여 지름 50m의 원형 벽을 쌓아올리고 그 안에 콘크리트를 부어 파도에 침식되는 것을 방지한 다음 이 섬을 기점으로 200해리의 EEZ를 표시하는 조치를 취한 데 대한 대응조치로 가능할 수 있다는 것이다. 이에 대해서는 김병렬, 전게논문(주 118), pp.145-150 참조.

중국의 경우도 1988년 남사군도에 위치한 '永署礁'(Fiery Cross Reef)를 군사작전을 통해 점거한 다음 헬기 착륙장, 보급기지 및 부두시설 등을 포함한 일종의 인공섬을 만든 다음 해양관측을 위한 최첨단 장비를 갖춘 해양관측기지를 건설하고 각종 해양자료를 수집하여 인근을 항행하는 항공기와 선박들에게 기상관측 정보 등을 재공하고 있다고 한다. 그런데 영서초는 전체 길이가 26㎞ 정도의 [암초]로서 만조 시에는 남서쪽 끝 지점에 0.6m 가량만이 수면에 돌출하고 나머지는 수중에 잠기는 사실상 [간출지]에 해당하는 [암초]이다(이정태, "중국의 해양영토 귀속판단," 『한국동북아논총』, 제44집, 2007, p.301. <u>그러나 이어도는 현행 해양법 상 언제나 전체가 수면 이하에 잠겨 있다는 점에서 '오키노도리시마' 및 '영서초'와는 다른 지위를 갖게 되는 것이다.</u>

제5절

이어도 주변수역의 법적 지위[150)]

Ⅰ. 한·중의 국내법과 이어도 주변수역에 대한 관할권

우리나라는 중국과의 관계에서 이미 일찍이 해양관할권을 설정하는 국제적인 조치를 취한 바 있다. 이는 1952년에 선포된 「인접해양에 대한 주권선언」, 즉 平和線 선언[151)]이다. 또한 우리나라는 1953년 「어업자원보호법」(법률 제299호)을 제정하여 이 평화선 내의 수역을 '어업자원보호수역'으로 지정한 바도 있다. 지금까지 평화선 선언이나 어업자원보호수역이 공식적으로 폐기되지는 않았기 때문에 법적으로는 여전히 그 효력이 계속되고 있다고 볼 수도 있는 것이다.[152)]

---

150) 이에 관해서는 김부찬, "한·중 어업협정과 '이어도' 주변수역의 법적 문제," 『동아시아연구논총』, 제10호, 1999, pp.235-251 참조.

151) '평화선 선언'은 특히 한반도 주변수역에서 일본 어선의 남획을 방지하기 위하여 선언된 것으로 알려져 있으나, 이는 어족 자원뿐만 아니라 해저 광물자원도 그 대상으로 하고 있는 것이다. 이에 대해서는 정인섭, "1952년 평화선 선언과 해양법의 발전," 『서울국제법연구』, 제13권 2호, 2006, p.2 참조. 그리고 평화선 선언은 실질적으로는 일본을 대상으로 선포되었지만 형식상으로는 반드시 일본만을 대상으로 하는 것은 아니다(김영구, 전게서(주 35), p.411).

152) 신창훈, "대한민국의 대륙붕선언의 기원과 1947년 한일대륙붕공동개발협정의 의의," 『서울국제법연구』, 제13권 2호, 2006, pp.61-62 참조.

그러나 우리나라는 오히려 중국과의 어업분쟁을 우려하여 「한·중 어업협정」의 발효 시까지도 '한국어선출어자주규제구역'을 설정하여 중국이 1950년에 국내법적 조치로 설정한 '모택동 라인'(군사경계수역, 군사항행수역, 군사작전수역을 포함하는 華東機船底引網漁業禁止區域)으로부터 60해리 以西의 범위까지 우리 어선의 조업을 금지시키는 등의 조치를 취함으로써, 중국의 조치에 대해서는 규범성을 인정하는 반면에 자신의 평화선이나 어업자원보호수역에 대해서는 사실상 그 적용을 포기해 왔던 것이 사실이다.[153]

우리나라는 해양법협약상 허용되고 있는 배타적경제수역에 대한 관할권을 행사하기 위하여 1996년 8월 8일 「배타적경제수역법」(법률 제5151호)을 제정하고 1996년 9월 10일부터 시행해 오고 있다. 이 법에서 배타적경제수역의 범위는 기선으로부터 200해리의 선까지 이르는 수역 중 우리나라의 영해를 제외한 수역으로 하며, 우리나라와 대향하거나 인접하고 있는 국가 간의 배타적경제수역의 경계는 국제법을 기초로 관계국과의 합의에 따라 획정하도록 하고 있다.[154] 그리고 외국 또는 외국인의 경우 배타적경제수역 내에서 권리를 행사하거나 의무를 이행하는 경우, 대한민국의 권리와 의무를 적절히 고려하고 대한민국의 국내법령을 준수할 것을 요구하고 있다.[155] 또한 이와 관련하여 1996년 8월 8일 「배타적경제수역에서의 외국인 어업 등에 대한 주권적 권리의 행사에 관한 법률」(법률 제5152호)을 제정하고 같은 날 법률 제5153호로

---

153) 이창열, "해양경계획정에 있어 분쟁당사국간 행위의 법적 효과," 『국제법평론』, 통권 제39호, 2014, p.160.

154) 「배타적경제수역법」 제2조 제2항.

155) 위의 법 제4조 제2항.

개정하여 1997년 8월 7일부터 시행하고 있다.

이 법은 해양법협약의 관련 규정에 의하여 우리나라의 배타적경제수역에서 행하여지는 외국인의 어업활동에 관한 우리나라의 주권적 권리의 행사 등에 관하여 필요한 사항을 규정함으로써 해양생물자원의 적정한 보존·관리 및 이용에 이바지함을 목적으로 하고 있다. 이 법에 의하면 외국인이 우리나라의 배타적경제수역에서 활동하는 경우에 적용하며 이 법에서 규정하는 사항에 관하여 외국과의 협정에서 따로 정하는 것이 있는 때에는 당해 협정이 정하는 바에 따르도록 규정하고 있다.156) 이 법은 어업자원의 보호 또는 어업조정을 위하여 '특정금지구역'에서 어업활동을 금지할 수 있는 근거를 두고 있으며 외국인이 우리나라의 배타적경제수역에서 어업활동을 하고자 할 때는 해양수산부 장관의 허가를 받도록 하고 있다.157)

이어도는 1952년에 선포된 우리나라의 평화선의 내측에 있으며, 1970년에 제정된 우리나라의 「해저광물자원개발법」158)상 제4

---

156) 「배타적경제수역에서의 외국인 어업 등에 대한 주권적 권리의 행사에 관한 법률」 제3조 제1, 2항.

157) 위의 법 제5조.

158) 우리나라는 현재까지도 대륙붕 관련 법률로는 「해저광물자원개발법」만을 가지고 있다. 주변국인 일본과 중국은 모두 해양법협약 발효 후에 배타적경제수역과 대륙붕에 관한 법을 제정·시행 중에 있으나, 우리의 배타적 경제수역법은 EEZ만을 대상으로 하고 있으며 대륙붕은 규율하지 않고 있다. 「해저광물자원개발법」이 제정된 1970년 이후 대륙붕과 관련하여 많은 변화가 있었기 때문에 이 법으로 대륙붕 자원개발 및 기타 주권적 권리의 행사를 뒷받침하기에는 문제가 많고 따라서 해양법협약에 부합되는 새로운 대륙붕법을 제정하거나 배타적경제수역법을 개정하여 대륙붕에 관한 내용을 포함시키는 것이 바람직하다는 주장이 제기되고 있다. 이에 대해서는 강효백, "한·중 배타적경제수역·대륙붕법제 비교연구: 한국의 대륙붕법 입법의 필요성을 겸론하여," 『한국동북아논총』, 제72호, 2014, pp.5-22 참조.

광구에 속한다.[159] 그리고 이는 1996년 8월에 제정된 「배타적경제수역법」 제2조 제1항에 의하여 설정된 우리나라의 배타적경제수역의 범위에 포함될 수 있다. 그러나 이어도는 제주도(마라도)로부터 약 81해리에 위치함으로써 우리의 배타적경제수역의 범위 내에 있다고 할 수 있으나, 중국으로부터도 200해리 이내인 약 133해리에 위치하고 있어서 일응 중국의 배타적경제수역 관할권이 이어도 주변수역에까지 미친다고 할 수도 있다.

이와 관련하여 우리 정부는 중국과의 가상의 '중간선'(median line)을 기준으로 할 때, 이어도가 중국보다 우리나라 쪽에 훨씬 더 가깝게 위치하고 있으므로 경계획정 이전에라도 '등거리 원칙'(equidistance principle)에 의하면 그 주변수역은 우리의 배타적경제수역에 속하게 된다고 보고 있으며,[160] 아울러 이어도와 그 주변의 해저도 우리나라의 대륙붕 또는 배타적경제수역의 해저에 속하고 있다는 확고한 입장을 견지하고 있다.

해양법협약은 영토의 자연적 연장인 '대륙단의 외연'(the outer edge of the continental margin)까지를 국제법상 대륙붕의 외측 한계로 인정하고 있는데, 이어도는 우리 영토의 자연적 연장에 해당될 뿐만 아니라 영해기선으로부터 200해리 이내에 위치하고 있기 때문에 해저 지형에 상관없이 연안국의 대륙붕으로 인정하고 있는 해양법협약의 규정에 의해서도 우리의 대륙붕에 속한다고 볼 수 있는 것이다.

그러나 이러한 사정은 중국의 경우에도 마찬가지여서 이어도

---

159) 심재설·박광순·이동영, 전게논문, pp.406-408; 최종화, 『한-중어업협정에 관한 연구』(해양수산부, 2002), p.75.

160) 외교통상부·해양수산부, 전게서, p.23 참조.

및 그 주변수역에 대한 중국의 입장이 주목되고 있다. 중국도 1998년 6월 26일 「배타적경제수역 및 대륙붕법」을 제정하여 중국의 배타적경제수역과 대륙붕에 대한 중국의 주권적 권리와 관할권을 보장하고 국가 해양에 대한 권익을 보호하고자 시도하고 있다. 이 법은 중국의 배타적경제수역의 범위를 200해리로 하고 대륙붕은 중국 육지영토의 전부가 중국 영해 이원으로 자연적으로 연장되어 대륙단의 외연까지 뻗어나간 해저 구역의 해저와 그 지하로 하며, 만일 대륙단의 외연이 200해리에 미치지 못할 경우에는 200해리까지 확장하도록 규정하고 있다.

따라서 이에 따르면 이어도 및 그 주변수역은 거리상 중국의 관할권에 속한다고 볼 수도 있게 되는 것이다. 한편 이 법에 의하면 국제기구, 외국의 조직이나 개인이 중국의 배타적경제수역 내에서 어업활동을 하고자 할 경우에는 중국의 주무기관의 허가를 받아야 하고 동 기관은 생물자원의 과도한 개발을 방지하기 위하여 필요한 보호 및 관리조치를 취할 수 있도록 하고 있다.[161]

해양법협약상 공해라 함은 "어느 한 나라의 배타적경제수역, 영해, 내수, 또는 군도수역(archipelagic water)에 속하지 않는 바다를 말한다."[162] 즉, 공해란 어느 나라의 배타적 관할권도 미치지 않고, 세계 모든 나라가 공동으로 자유롭게 이용할 수 있는 바다를 말한다. 따라서 우리나라의 「해저광물자원개발법」과 「배타적경제수역법」 그리고 중국의 「배타적경제수역 및 대륙붕법」에 의하면, 이론적으로 이어도 및 그 주변 수역은 현재 우리나라와 중국의 배

161) 중국 「배타적경제수역 및 대륙붕법」 제5조.

162) 해양법협약 제86조.

타적경제수역 내지 대륙붕에 속할 수 있는 지리적 조건을 가지고 있으며, 따라서 그 법적 지위상 한·중을 제외한 제3국도 자유롭게 이용할 수 있다는 의미에서의 공해는 아닌 것이다.

II. 한·중 어업협정과 이어도 주변수역의 법적 지위

1. 한·중 어업협정과 한·중간 해양경계획정 문제

1) 「한·중 어업협정」의 의의

동북아해역에 있어서 한·일 간 그리고 중·일 간에는 대륙붕협정이나 어업협정이 체결되고 있었으나, 한·중 양국 간에는 오랫동안 대륙붕협정은 물론 어업협정의 부재로 인한 무협정 상태가 계속되어 왔다.[163] 그러나 특히 한국 연안에서 중국 어선의 영해 침범 및 무분별한 남획이 이루어지고 이로 인하여 어업분쟁이 발생하는 등 무협정 상태로 인한 문제점이 계속 지적되어 왔다. 이 때문에 한국은 중국 어선의 영해 침범 및 무분별한 조업을 방지하고 상호간 어획량 불균형을 시정하며 어족자원에 대한 공동관리를 통한 보존·관리의 효율성 제고를 위하여 중국과의 어업협정을 추진하였으며, 1993년 12월부터 양국의 정부 간 어업협정 체결을 위한 실무회담이 시작되었다.

특히 1994년 11월 16일부터 해양법협약이 발효되고, 1996년

---

163) 동북아해역 국가 간의 해양경계획정의 어려움에 대해서는 Hanns J. Buchholz, *Law of the Sea Zones in the Pacific Ocean* (Singapore: Institute of Southeast Asian Studies, 1987), pp.57-71 참조.

한국과 중국이 모두 해양법협약을 비준함으로써 양국 간 회담이 본격적으로 추진되었다.[164] 19차례 회담이 개최된 끝에 1998년 11월 11일에 한·중 양국은 협정문에 가서명하고 2000년 8월에는 정식 서명을 마친 바 있다. 정식 서명 이후에도 중국은 협정의 발효를 위한 협상에 소극적인 태도를 보임으로써 난항을 겪어 오다가 드디어 2001년 6월 30에 「한·중 어업협정」이 발효되었다.

어업협정은 한·중 양국이 양국에 속한 배타적경제수역의 전체에 대하여 경계획정에 합의할 때까지 적용할 잠정적인 어업체제이다. 일반적으로 해양의 경계를 확정적으로 정하는 데는 장기간의 협상을 필요로 하기 때문에, 양국은 우선 시급한 조업질서 구축과 어족자원 보존문제를 해결하기 위하여 '잠정조치적 성격의 어업협정(일종의 *modus vivendi*)'을 체결하기로 한 것이다.[165] 그리고 어업협정은 특별히 양국 간의 어업문제만을 다루는 협정으로서, 어업문제를 제외한 배타적경제수역 또는 대륙붕의 광물자원 개발 등 다른 문제에 영향을 미치지 않으며 또한 최종적으로 획정될 배타적경제수역의 경계확정에도 영향을 미치지 못하게 되는 것이다.[166]

2) 「한·중 어업협정」의 주요 내용

이 어업협정은 연안국이 어업에 대한 주권적 권리를 행사하

---

164) 한국은 1996년 1월 29일에, 중국은 1996년 6월 7일에 각각 해양법협약을 비준하였다.

165) 김찬규·노명준·이창위, 전게논문, pp.82-85 참조.

166) 해양법협약 제71조 3항. 따라서 향후 한중 간 해양경계획정 교섭 시 중국이 이를 하나의 '관련 사정'으로 원용하는 것도 가능하지 않다고 본다(이창열, 전게논문(주 153), pp.161-163).

도록 되어 있는 해양법협약의 배타적경제수역 제도를 도입하고 협정의 적용 대상 수역은 양국의 배타적경제수역 전체로 하였다. 따라서 이 협정은 우리나라와 중국 사이에 배타적경제수역이 서로 겹치는 황해와 동중국해 일부 수역뿐만 아니라 동해와 동중국해의 다른 일부 수역, 그리고 남중국해에 있는 중국의 배타적경제수역에 대해서도 적용된다. 단, 한·중은 양국 간 배타적경제수역의 경계를

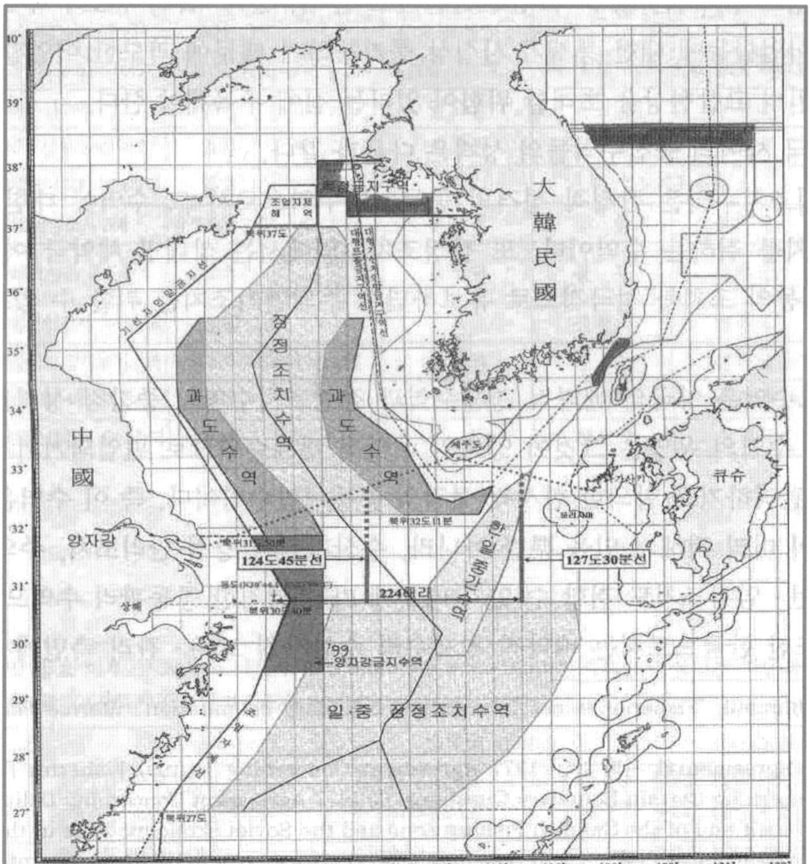

※ 한·중·일 어업협정 水域圖 (최종화, 『한·중 어업협정에 관한 연구』, 2002, p.125.)

획정하지 않고 양국의 '배타적 어업수역'(배타적경제수역) 중간에 '잠정조치수역'과 '과도수역'을 설정하여 동 수역에서는 배타적경제수역 제도의 적용을 일정 기간 유보하는 잠정어업체제를 수립하고 있다.

우선 '배타적 어업수역'은 연안국이 어로 활동과 어족자원 보호에 대한 배타적인 권리를 보유하는 수역으로서, 외국 어선의 조업은 연안국이 부여하는 조건(조업방식, 어획량, 어획 가능한 어종 등)에 따라 허가를 받아야만 조업이 가능하다.[167] 배타적 어업수역은 해양법협약상 배타적경제수역을 어업 문제에 한정하여 적용한다는 의미를 담고 있는 개념이다. 어업협정에 따르면, 이 수역에서는 각 연안국이 위반 어선에 대한 단속 및 재판관할권을 행사한다. 한·중 양국의 배타적 어업수역의 폭은 좁은 곳은 40해리 넓은 곳은 90해리 가까이 될 정도로 그 편차가 심하기 때문에 일률적으로 몇 해리라 말하기가 곤란하다. 다만, 양국 공히 영해기선을 기준으로 할 경우, 과도수역을 포함한 배타적 어업수역의 폭은 평균 60해리 내외로서 상호 대등한 범위로 획정되었다고 말할 수도 있다. 이 때문에 정부는 중·일 어업협정이나 한·일 어업협정에 비해 배타적 어업수역 또는 경제수역의 폭을 넓게 확보했다고 주장하고 있다.[168]

한·중 어업협정에서는 배타적 어업권이 인정되어지는 배타적경제수역 외에 한·중 양국이 각각 자국어선에 대한 조업 허가를 실시하며 자국어선에 대하여만 국내법을 적용하고 관할권을 행사

---

167) 한·중 어업협정 제1조 참조.

168) 한·일 어업협정의 경우는 35해리, 중·일 어업협정의 경우는 52해리를 기준으로 배타적경제수역이 설정된 반면에 「한·중 어업협정」의 경우는 60해리 이상의 수역이 배타적경제수역으로 확정되었다고 하는 것이다. 외교통상부·해양수산부, 전게서, p.20 참조.

하는 '잠정조치수역'을 설정하고 있다. 이 수역에서는 양국 정부가 공동으로 해양생물자원 보존조치를 실시하며, '한·중어업공동위원회'의 결정사항을 위반하는 상대국 어선을 발견하는 경우 주의를 환기하고 旗國(flag State)에 통보하도록 하고 있다.[169] 잠정조치수역은 한·중 양국이 최종적으로 배타적경제수역의 경계를 획정할 때까지 일정기간 배타적경제수역제도의 적용을 유보하는 수역으로서, 한·중 양국의 어선이 비교적 자유롭게 조업할 수 있는 수역이다. 한·중 양국은 동 수역에서는 자국 어선에 대해서만 단속권 및 재판 관할권을 행사할 수 있으며, 어업공동위원회의 '결정'에 따라 어업자원 보존을 위하여 조업 척수 제한 등의 조치를 시행하기로 되어 있다.

어업협정에서는 특히 잠정조치수역의 범위와 관련하여 한·중 양국 간 의견이 접근되지 않은 수역에 20-30해리 범위에서 '과도수역'이 설정되고 있었다. 과도수역은 배타적 어업수역을 보다 넓게 확보하려는 우리 측 입장과 보다 좁게 하려는 중국 측 입장을 절충한 결과로서, 일정 기간 양국 어선의 공동조업 후 각자의 배타적 어업수역으로 포함되어지는 수역으로서, '한시적 성격의 공동어업수역'이라고 할 수 있다.[170] 과도수역 내에서는 잠정조치수역에서보다 연안국의 자원관리 방식이 강화되도록 하고 있었다. 이 수역은 4년이라는 존속 기간이 미리 정해져 있을 뿐만 아니라, 양적 관리조치, 주의환기 조치와 함께 공동 승선 등 공동 감독 및 검사 조치도 취할 수 있게 되어 있어서 가장 엄격한 공동관리 수역의

169) 한·중 어업협정 제7조.

170) 이창위, 전게논문 참조.

성격을 갖는다고 할 수 있었으나,[171] 지금은 각각 양국의 배타적경제수역으로 귀속되었다.

어업협정상 그 관리 방식이 명시되지 않은 수역으로서 협정 대상수역의 북방 한계, 즉 북위 37도의 이북 수역, 그리고 한국 측 남방 한계, 즉 북위 32도 11분 및 중국 측 남방 한계, 즉 북위 31도 50분이남 수역에 있어서는 양국 간 별도의 합의가 없는 한 현행 어업활동이 유지되도록 하고 있다. 현행 어업활동을 규율하는 법질서와 관련하여 한·중 양국은 "북위 37도 이북 수역 및 북위 31도 50분이남 중국 측 연안수역"에서는 연안국이 현재 시행하고 있는 어업에 관한 법령을 상호 준수하기로 하였다. 따라서 중국 측의 소위 모택동 라인(華東機船底引網禁止線)과 休漁區 및 保護區 등 조업제한구역을 한국 어선이 존중하고, 우리나라 황해북부의 조업제한구역을 중국 어선이 존중하도록 하고 있는 것이다.[172]

어업협정은 한·중 양국이 자국 국내법상의 절차를 완료한 후 이를 통보하는 公翰을 교환하는 날부터 발효되며, 유효기간은 발효 후 5년이다. 협정은 최초 5년의 유효기간이 경과한 후, 일방이 종료 통보를 하면, 그로부터 1년 후 효력이 상실되도록 하고 있다.

171) 한·중 어업협정 제8조 참조.

172) 위의 협정 제2, 3조 및 부속서 Ⅰ 참조. 중국은 1999년 3월 15일 「여사·장강구·주산어장 일부 해역에서의 어로허가에 관한 관리규정」(일명, '양자강하구 보호수역')을 개정·공포하였으며. 이는 하절기 휴어제도와 함께 한중어업협정의 양해각서에 따라 한국 측은 중국 측의 법령의 실시에 대하여 존중하고 협력하는 규정을 포함하고 있다(이동원, "중국의 해양법 형성과정과 해양경계획정 연구," 『독도연구』, 제16호, 2014, p.91).

3) 「한·중 어업협정」과 양국 간 해양경계획정 문제

① 기선 및 기점의 문제

한·중 양국은 황해 및 동중국해를 사이에 두고 있는 대향국(opposite) 관계에 있으며 그 최대 거리가 280해리에 불과하여 해양관할권과 관련하여 영해기선의 설정 및 경계획정 방법을 둘러싸고 많은 논란이 발생되어 왔다. 앞에서 언급한 바와 같이 중국의 1992년 「영해 및 접속수역에 관한 법」 제3조에서는 영해의 범위를 12해리로 하고 기선으로서는 이웃하는 기점을 직선으로 연결하는 '직선기선'을 사용한다고 규정하고,[173] 1996년 5월 15일 본토 연안 및 서사군도 주변에 있어서 영해기선을 구체적으로 설정한 바 있다. 이에 따르면 중국은 본토 연안에 48개의 직선기선을 설정하고 서사군도에 28개의 직선기선을 설정하고 있다. 기선은 영해뿐만 아니라 접속수역과 배타적경제수역 등 모든 해양 관할수역의 범위를 설정하고 인접국 및 대향국 간의 관계에 있어서 경계를 설정하는 데 기초가 되는 것이어서, 중국의 직선기선은 한국은 물론 일본 등 주변국의 관심을 집중시키고 있는 문제이다.

중국이 선포한 직선기선 가운데 양자강 이북에 위치하면서 우리나라와 해양경계획정 시 영향을 미칠 수 있는 제1번 기점으로부터 제13번 기점을 연결하는 직선기선의 경우, 많은 문제점이 지적되고 있는 상황이다. 이곳은 해안이 깊게 굴곡하지도 않으며 인근에 도서들이 산재해 있지도 않다. 중국 및 미국의 해도에 따르면 제9번 기점(麻菜珩)과 제10번 기점(外磕脚)은 등대나 기타 영구

173) 중국 「영해 및 접속수역법」 제3조.

시설물로 없는 단순한 모래톱(tidal flats)에 불과하며, 제8번 기점과 제9번 기점 간의 거리가 무려 123해리이며, 제10번과 제11번 기점(佘山島) 간의 거리는 98해리로서 일반적으로 허용되는 거리인 24해리에서 48해리의 범위를 훨씬 초과하는 등 기점들 사이의 거리 및 해안으로부터의 거리에 있어서 해양법상 허용될 수 있는 정도를 초과한 것들이 많이 포함되고 있다.174)

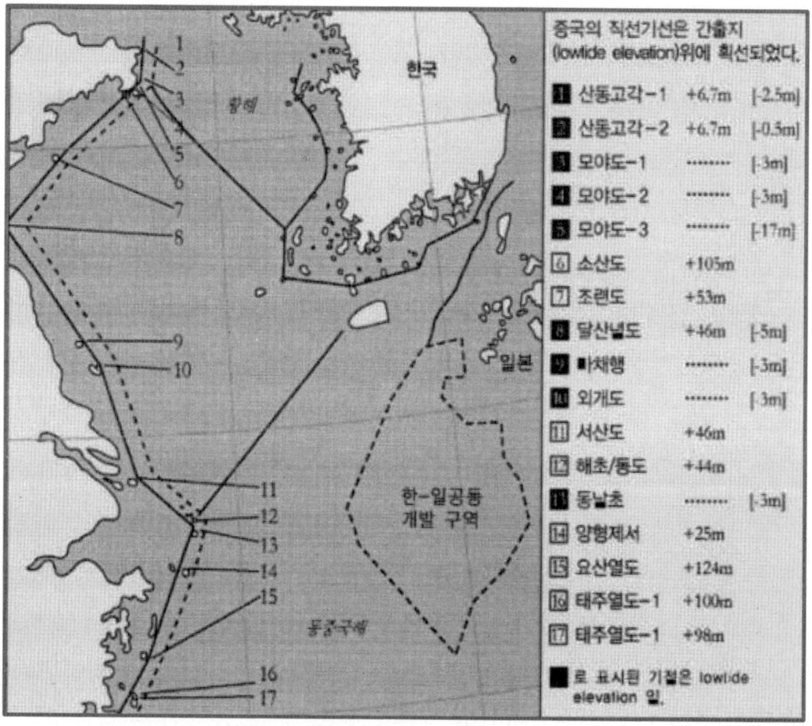

※ 중국의 직선기선도 (김영구, 『이어도 문제의 해양법적 해결방법』, 동북아역사재단, 2008, p.119.)

---

174) 김현수, 『국제해양법』(연경문화사, 2007), pp.205-213; 김현수·양희철, "동중국해 이어도 주변 해양경계획정시 활용가능한 기점 및 기선에 관한 해양법적 연구," 『이어도연구』, 제5호, 2014, pp.68-83.

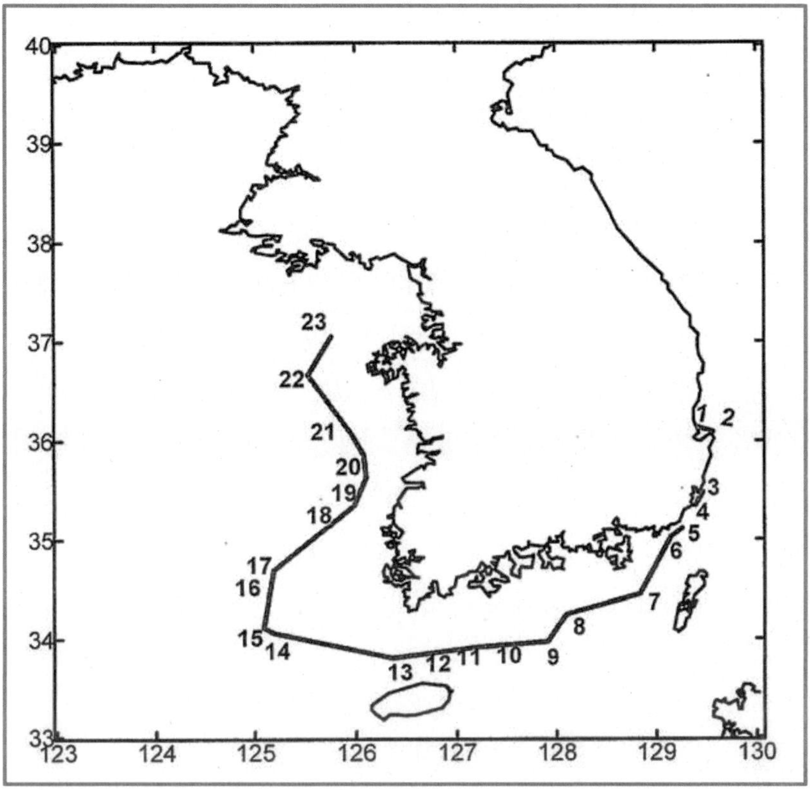

※ 한국의 직선기선도 (김현수, 『국제해양법』, 연경문화사, 2007, p.214.)

특히 제12번 기점인 하이자오(海礁), 즉 퉁다오(童島)는 양자강 입구로부터 69해리나 떨어져 있을 뿐만 아니라 이 기점과 제13번 기점(東南礁)을 기준으로 직선기선을 그을 경우 해안선의 일반적 방향과 현저하게 어긋나게 된다는 이유에서 그 타당성이 논란이 되고 있는 것이다.[175] 이와 관련하여 우리 정부는 제9번, 제10번, 제12번, 그리고 제13번 대해서는 이를 인정할 수 없다는 것을 중

175) 김영구, "한중간의 해양경계획정을 위한 법적 기준의 고찰," 『국제법학회논총』, 제42권 제1호, 1997, pp.35-74 참조.

국 측에 통보한 바 있다고 한다.[176)]

② 해양경계획정 원칙

한·중 양국 간의 배타적경제수역 경계획정 문제는 그 기준이 되어야 할 기선의 설정뿐만 아니라 해양경계획정원칙에 관해서도 서로의 입장이 크게 대립되고 있다. 우리나라와 중국은 모두 해양법협약의 당사국으로 해양경계획정을 위한 협상을 진행함에 있어서 협약 제74조와 83조가 규정하고 있는 '형평한 해결'을 위하여 국제법을 기초로 합의에 이르도록 해야만 한다. 그러나 양국은 형평한 해결에 이르는 방법과 관련하여 상당한 인식의 차이를 갖고 있다고 본다. 대륙붕의 경우와 마찬가지로 배타적경제수역의 경우에도 우리나라는 중국과의 관계에서 '중간선 원칙'(median line principle)이 형평한 결과를 도출할 수 있다고 보는 반면에, 중국은 '형평의 원칙'(equitable principle)을 강조하면서 전통적으로 '영토의 자연적 연장 원칙'을 적용해야 한다고 주장하였다.[177)]

어업협정 체결과 관련하여 중국으로서는 12해리 영해를 제외하고 가능한 한 황해를 한·중 양국이 공동으로 조업할 수 있는 수역으로 설정하는 것이 보다 유리하다고 보고 있기 때문에 어업협정의 체결 과정에서도 황해의 전 수역을 양국의 배타적경제수역으로 분할하는 것에 대하여 부정적인 태도를 가지고 있었던 것이 사실이다.[178)] 따라서 한·중 양국은 어업협정을 위한 협상 과정에서

176) 상게논문, p.70.

177) 이석용, 전게논문(주 116), pp.261-263.

178) 외교통상부·해양수산부, 전게서, pp.1-7; Rosean Bassler, "International Disputes Over Control of the Oceans," *Georgetown International Environmental*

배타적경제수역의 경계를 최종적으로 획정하는 것을 유보하고 중간에 양국의 공동관리 하에 두는 잠정조치수역과 과도수역을 설정하기로 하는 한편 그 획선도 기선이 아니라 연안으로부터의 중간선을 기준으로 점차 잠정조치수역을 확장하는 방법을 택하였던 것이다.

2. 한·중 어업협정과 이어도 주변수역의 법적 지위

어업협정은 이어도 주변수역에 대해서 명확한 경계를 확정하지 않은 채 한국의 과도수역과 잠정조치수역의 이남에 위치시킨 바 있다. 어업협정에서는 이른바 그 관리방식이 명시되지 않고 있는 수역에서는 현행의 어업질서 및 활동이 유지되도록 규정함으로써, 이어도 주변수역에서는 한·중 양국이 계속하여 과거와 같이 자유롭게 조업할 수 있도록 허용했던 것이다. 그러나 이어도 주변수역을 포함한 '현행어업질서유지수역'은 한·중 양국관계에 있어서만 현행의 어업활동이 유지되어지는 수역으로서 양국을 제외한 제3국에 대해서는 각자의 해양관할권이 적용되어지므로 한·중 양국을 제외한 제3국의 어선은 이 수역에서 관할권을 갖는 연안국의 사전허가 없이 조업을 할 수 없다고 본다.[179] 정부는 이어도 주변수역이 우리나라의 배타적경제수역에 해당되지만 중국과의 관계에서만 서로 단속을 자제하기로 합의한 수역이기 때문에 일본을 포함한 제3국의 어선은 우리나라의 허가 없이는 임의로 조업할 수

Law, Vol.7, 1995, p.861.

179) 외교통상부·해양수산부, 전게서, pp.23-24 참조.

없다는 입장을 견지하고 있다.[180]

한편 정부는 어업협정에서 한·중 양국이 서로 상대방의 현행 어업질서를 상호 존중하기로 하면서 중국에 대해서 우리의 황해 북부의 조업제한 구역에 대해서만 중국 어선의 조업제한을 요구하고 이어도 주변수역에 대해서는 아무런 조업 제한도 요구하지 않았다. 따라서 한·중 양국은 "북위 37도 이북 수역 및 북위 31도 50분 이남 중국 측 연안 수역"에서 연안국이 현재 시행하고 있는 어업에 관한 법령을 상호 준수하기로 합의했던 것이다. 그러나 한·중 양국이 상호 존중하도록 되어 있는 현행 어업질서에 굳이 황해 북부의 조업제한 구역만을 포함한 것은 문제라고 보여진다. 우리나라가 이미 선포한 평화선 선언이나 「배타적경제수역법」에 의하면 그 외의 수역에 있어서 중국 어선의 조업을 제한할 수 있는 근거를 발견할 수도 있다고 보여지기 때문이다.

어쨌든 어업협정에 의하여 양국의 배타적경제수역 및 과도수역, 그리고 잠정조치수역을 제외하고는 상대방의 단속을 받지 않고 자유롭게 어로 활동을 할 수 있도록 개방되고 있기 때문에 이어도 주변 어장의 어족자원 관리 및 어업권에 대한 우리나라의 관할권의 약화를 초래하게 될 것은 분명한 사실이다. 특히 어업협정이 발효됨으로써 한국 연안의 어장을 상실하게 될 중국 어선들이 이어도 주변 수역에서 집중적으로 조업을 시도할 것으로 예상되었기 때문에 어업협정 체결 당시, 최소한 이어도 주변수역을 우리나라의 과도수역에 포함시키지 못했던 것은 매우 유감스러운 일이다. 당시 어업협정 체결을 위한 비준 同意案에 대해서 농림해양수산위

180) 외교통상부, 『파랑도(이어도)와 한중어업협정』, 1999, p.6 참조.

원회도 “제주도의 마라도 남단에 위치한 ‘이어도’는 현행어업질서 유지수역의 범위 안에 포함되어 있는바, 우리 정부는 ‘이어도’ 주변수역에 대한 우리의 입장을 강화시킬 수 있는 조치를 취해야 할 것임”이라는 의견을 제시한 바도 있다.[181]

그러나 당시 정부는 어업협정상 과도수역이 제주도로부터 약 70해리에 이르는 지점까지 미치고 있음을 설명하면서 이어도를 우리의 과도수역에 포함시키기 위해서는 이보다 남서쪽으로 15해리 정도를 더 확장해야 하며, 이처럼 우리의 과도수역을 확장하려고 시도할 경우 중국 측도 그 만큼 우리 쪽으로 자신의 관할수역을 확장하려고 할 것이기 때문에 합의 도출에 어려움이 있었을 것이라고 해명한 바 있었다. 그리고 제주도(이어도) 주변 과도수역의 폭을 넓히면 이에 상응하는 정도로 중국측 과도수역의 폭도 넓혀야 하는데 그렇게 되면 양국 어선이 자유롭게 조업할 수 있는 어장이 그 만큼 축소되었을 것이라는 것이다.[182] 그리고 정부는 이어도 및 주변 수역이 「배타적경제수역법」상 우리나라의 관할권 내에 속하고 또한 그 해저는 우리의 대륙붕에 속하기 때문에, 그리고 어업협정이 오로지 어업 문제에 국한하여 규정하고 있는 것이기 때문에 어업협정의 규정에도 불구하고 중국과의 협의 없이 이 수역에 해양구조물을 설치하는 것은 우리나라의 권리라고 주장하였다.[183]

181) 최종화, 전게서, pp.84-85 참조.

182) 상게서, pp.24-25; 외교통상부, 전게서, pp.5-6 참조.

183) 외교통상부, 상게서, pp.3-4; 해양법협약 제60조 및 제80조 참조.

제6절
한·중 간 해양경계획정 관련 대응 방안

한·중 양국은 지난 2014년 7월 3일 정상회담을 개최하였으며, 이를 앞두고 6월 13일 비공개로 해양경계획정 회담을 가진 바 있다. 이 회담에서 양국은 서로의 입장을 확인하고 계속 협의를 진행해 나가기로 했다고 한다.[184] 한·중 양국은 어업협정이 체결되기 전인 1996년부터 거의 매년 해양경계획정 회담을 개최해 왔으나 양측의 입장 차이를 좁히는 데 실패했으며, 그나마 2009년 이후 국장급 회담이 이전처럼 활성화되지 않았다. 이는 양국의 입장 차가 워낙 큰 데다 중국의 관심사가 남중국해의 현안으로 옮겨갔기 때문이라고 한다. 우리 정부는 이어도 관할권 문제와 중국 어선의 불법조업 문제 등을 근본적으로 해결하기 위하여 조기에 해양경계획정 협상을 마무리한다는 방침이지만 그동안 양국 간 협상과정을 살펴보면 결코 만만치 않은 과제가 놓여 있다고 볼 수밖에 없다.

한·중 양국은 드디어 지난 22일 서울에서 해양경계획정 협상을 재개하였다. 한·중 간 해양경계획정 문제는 1996년 이후 20년간 이견을 좁히지 못한 현안이며, 이와 관련하여 이어도 문제도

184) 연합뉴스(2014. 8. 17.) 참조.

쟁점으로 떠오를 것으로 전망된다.[185)]

황해 및 동중국해 해양경계획정과 관련하여 우리나라와 중국은 중요한 몇 가지 점에서 기본적인 입장 차이를 보이고 있다.[186)] 그 하나는 해양관할수역을 설정하고 경계를 획정하는 데 기준이 되는 기선의 획선 및 이와 관련된 기점의 설정에 관한 것이다. 우리의 경우는 '통상기선'과 '직선기선' 제도를 모두 사용하고 있으며 가능한 한 해양법협약에 따라 기선을 설정하고 있는 것으로 보인다.[187)] 그러나 중국의 경우는 전적으로 직선기선 제도를 사용하고 있는데 그 설정을 위한 기점의 위치 및 그 법적 지위와 관련하여 문제가 많다고 보고 있다. 이에 우리 정부는 제9번, 제10번, 제12번, 그리고 제13번 대해서는 이를 인정할 수 없다는 것을 중국 측에 통보한 바 있다고 한다. 향후 중국과의 본격적인 경계획정 협상 시 이에 대한 명백한 입장을 밝혀야 할 것으로 보인다.

또 하나의 문제는 바로 해양경계획정의 원칙에 관한 것이다. 주지하다시피 중국은 '형평의 원칙'을 내세우면서 일관되게 '영토의 자연적 연장론'을 기본입장으로 견지하고 있다. 중국 정부는 해양경계획정, 해양과학조사 문제 등에 관하여 중국은 공인된 국제

185) 중앙일보, 2015. 12. 21 참조.

186) '이어도' 및 '이어도 종합해양과학기지'의 실체 및 법적 지위, 그리고 해양경계획정에 미치는 효과에 관해서는 양국의 입장이 기본적으로 일치하고 있는 것으로 보인다.

187) 다만, 홍도(제7번 기점)와 소흑산도(제14번 기점)의 경우 본토와의 거리가 문제될 수도 있으나, 그 사이에 도서가 존재하고 있어서 자연스럽게 연결되는 효과가 있다고 본다. 그리고 직선기선의 길이와 관련하여 홍도와 간여암(제8번 기점) 사이가 53.5해리, 절명서도(제13번 기점)와 소흑산도 사이가 약 72해리, 그리고 고서(17번 기점)와 횡도(제18번 기점) 사이가 약 52해리에 달하지만 외국, 특히 중국의 경우와 비교하여 크게 문제가 될 것이 없으며 해안선의 일반적 방향과도 현저히 어긋난다고 보기는 어렵다. 이에 대해서는 김현수, 전게서, pp.213-217.

법 원칙을 준수할 것이며 '형평의 원칙'에 근거하여 협상을 통하여 유관 국가와의 문제를 해결할 것이라고 밝히고 있다.188) 이와 관련하여 중국은 한국과의 사이에서 대륙붕의 '영토의 자연적 연장'으로서의 성격을 강조하면서, '형평한 해결'을 위한 '관련 사정'으로, 특별히 '해저지형'(submerged features)의 특성을 원용하고 있다.

중국은 'Silt Line 이론'을 내세우면서 황해 및 동중국해 대륙붕이 대부분 자국에 귀속되어야만 한다고 주장하고 있다. 또한 중국은 고려해야 할 '관련 사정'으로서 '전체 해안선의 길이'를 매우 중시하고 있다. 사실 당사국들의 해안선의 길이와 분배되는 대륙붕 또는 배타적경제수역의 면적 사이의 '비례성'(proportionality)이 고려되어야 한다는 점은 ICJ를 비롯한 국제재판소들의 공통된 입장이기도 하다. 이에 따라 중국은 양국 간 '해안선의 길이'의 차이가 크기 때문에 자국이 한국보다 넓은 수역을 차지해야 한다고 주장한다.

그러나 중국이 주장하고 있는 것처럼 황해 및 동중국해 대륙붕 형성에 중국 측이 기여한 부분이 많다는 것을 과학적으로 입증하기도 어려우며, 그 지질·지형학적 특상으로 볼 때 황해 및 동중국해 대륙붕은 한국의 '영토의 자연적 연장'에도 해당되므로 이는 양국의 '공유대륙붕'에 해당되는 것이다. 그리고 오늘날 대향국 간 거리가 400해리 미만인 경우 배타적경제수역과의 균형상 해저지형보다 단순히 거리 개념에 입각하여 범위를 정하거나 경계를 획정하는 추세임에 비추어 중국의 주장은 합리성을 결여한 일방적 요구라고 할 수밖에 없다.189)

---

188) 김영구, 전게서(주 17), p.38 참조.

해안선 길이의 차이와 관련하여 중국은 해양경계획정의 결과 양국에 속하게 될 수역의 넓이와 대륙해안선을 기준으로 한 해안선 길이가 비례성을 유지해야 한다고 주장한다. 그런데, 해양경계획정과 관련하여 국제재판소가 비례성의 요소를 고려하는 것은 특히 곧은 해안을 가진 국가와 오목하거나 볼록한 해안을 가진 국가와의 사이에서 왜곡이나 불균형이 초래되는 것을 방지하는 것을 목적으로 하고 있으며, 반드시 산술적으로 정확한 비례가 요구되는 것이 아니라는 것이다.[190]

해양경계획정 시 고려될 수 있는 해안선의 길이는 연안국(당사국)의 해안선 전체가 아니라 관련 있는 해안의 해안선 길이라는 점을 감안할 때 한·중 양국의 해안선은 그 비율이 크게 차이가 있는 것은 아니며, 오히려 한국의 관련 해안 즉, 남서 해안에는 섬들이 산재해 있으며 그 굴곡도 심하여 중국의 관련 해안선의 길이와 비교하여 1.18배가 된다는 설명도 있다.[191] 따라서 경계획정의 결과가 수역 면적이 해안선의 길이와 비교하여 비례성이 크게 어긋나는 경우 그 면적을 조정하는 데 형평의 원칙이 역할을 한다는 점을 고려할 때, 중국의 주장은 그 합리성을 결여하고 있는 것이다.

그러나 향후 중국의 입장에서는 해양경계획정과 관련하여 '영토의 자연적 연장론'을 고수하고 '형평한 해결'을 강조하면서 자국의 주장을 관철하려고 시도할 가능성이 많다고 전망된다. 따라서 우리의 입장에서도 중국과 동일하게 '형평의 원칙'을 견지하면서도 '등거리/중간선 원칙'의 합리성을 강조하는 전략을 펼쳐야 할 것으

---

189) 상게서, p.46.

190) 이석용, 전게논문(주 116), pp.277-278.

191) 김영구, 전게서(주 17), p.129.

로 보인다.[192] 최근 ITLOS 판결에서도 드러났듯이, 특히 당사국 간 거리가 400해리 미만의 경우, 현저한 지리적 특성이나 해안선의 길이 차이 등 특별히 고려할 만한 사정이나 관련 사정이 존재하지 않는 경우에 '등거리/중간선'의 기준은 이미 검증된 국제법의 원칙이라고 할 수 있기 때문이다. 우리로서는 중국이 들고 나올 것으로 예상되는 관련 사정이나 특별 상황들이 국제법적 타당성이 결여된 것임을 밝히는 데 주력할 필요가 있다고 본다.

생각건대, 중국은 가능한 한 자국의 관할수역을 최대한 확보하기 위하여 무리한 주장도 서슴지 않을 것으로 예상되지만 자신의 주장이 관철되지 않을 경우 한·일 간 대륙붕공동개발협정이나 현행 한·중 어업협정의 예를 들어 양국 간 '공동개발구역' 설정의 가능성에 무게를 두고 접근할 가능성도 배제할 수 없다고 보며, 이에 대한 대책도 새워 둘 필요가 있다고 본다.[193]

황해 및 동중국해 해양경계획정에 임하는 한·중·일 3국의 입장과 관련하여, 일반적으로 중국은 '영토의 자연적 연장'을 기본적으로 고려하는 '형평의 원칙'을 주장하고, 일본은 '등거리/중간선의 원칙'을 주장하는 반면에, 한국은, 중국에 대해서는 '등거리/중간선의 원칙'을, 그리고 일본에 대해서는 '영토의 자연적 연장론'을 주

---

192) Van Dyke는 한국의 입장에서 자연연장 기준이 해양경계획정에 있어서 결정적 요인이 아니라는 점과 1985년 이후 국제해양분쟁 관련 판례에서 등거리/중간선 원칙이 더 적절하다는 판결 사례가 많기 때문에 유리한 입장에 서있다고 본다. Jon M. Van Dyke, "The Republic of Korea's maritime boundaries," *The International Journal of Maritime and Coastal Law*, Vol.18, No.4, 2003, pp.34-35.

193) 또한 중국이 현행 한·중 어업협정을 기존의 경계획정 합의나 관련 사정의 하나로 원용할 가능성도 배제할 수 없으나, 어업질서만을 규율하기 위한 이 협정이 양국 간 EEZ와 대륙붕을 포괄하는 최종적인 해양경계획정에 영향을 미칠 수 없다는 것은 명백한 것이다.

장하는 것으로 알려져 있다. 그 결과 중국의 학자들은 한국이 중국에게 황해 및 동중국해 대륙붕에 관한 한 '영토의 자연적 연장론'으로 맞설 수 없기 때문에 처음부터 '등거리/중간선'을 주장하고 있다고 하면서 중국과 일본에 대한 한국의 입장은 상반되는 내용을 가지고 있다고 비판하기도 한다.

생각건대, 우리나라의 입장은 기본적으로 해양법협약에 따라 해양경계획정에 있어서 당사국 간에 '형평한 결과'를 도출하는 데 그 목적이 있다고 본다. 이러한 입장은 '형평의 원칙'과 기본적으로 상통하는 것이다. 이러한 의미에서 중국이 견지하고 있는 '형평의 원칙'과 그 입장이 서로 다르지 않다고 본다. 다만, 우리나라는 황해 및 동중국해 대륙붕이 양국의 공유대륙붕에 해당하고 경계획정과 관련하여 특별히 고려해야만 하는 특별 상황이나 관련 사정이 존재하지 않기 때문에 '등거리/중간선'이 형평의 원칙에 부합되는 결과를 도출할 수 있는 기준선이 된다고 보는 점에서 중국의 입장과 차이가 있는 것이다.

그리고 일본에 대해서 '영토의 자연적 연장론'을 주장하는 것도 결국 양국이 대륙붕을 공유하는 관계가 아닌 일본과의 사이에서 해양경계획정 시 '형평한 결과'를 도출하기 위하여 특별히 고려해야 할 '관련 사정'으로 한국으로부터 오키나와 해구에 이르기까지 뻗어나간 대륙붕의 존재, 즉 그 해저의 지형적·지질학적 요소를 원용할 수 있다고 보는 데 근거를 두고 있는 것이기 때문에, 우리의 입장은 일본에 대해서도 기본적으로는 '형평의 원칙'을 따르고 있다고 보아야 한다.

따라서 우리나라는 중국과 일본에 대하여 상반되거나 모순된 입장을 보이고 있는 것이 결코 아닌 것이다. 그러나 해양경계획정

관련 교섭이나 대외적인 입장 천명에 있어서 기본적으로 '형평의 원칙' 또는 '형평한 결과'를 지향한다는 점을 전제로 하지 않고 처음부터 '등거리/중간선'과 '영토의 자연적 연장'을 강조함으로써 스스로 불필요한 오해 및 혼란을 초래하고 있는 것은 아닐까 생각한다.

우리나라의 입장에서는 대륙붕과 배타적경제수역의 경계를 통합하는 '단일 경계선'(single boundary)을 목표로 해야 할 지 아니면 양자를 분리하여 '이중 경계선'(dual boundary) 전략을 세워야 할 지 여부를 정하는 것도 중요한 과제가 될 것이다. 물론 대륙붕과 배타적경제수역은 그 기원 및 개념이 동일한 것은 아니기 때문에 그 범위 및 경계선이 반드시 일치해야 할 필요는 없다. 그러므로 중국과의 관계에서는 '단일 경계선' 정책을 추진하는 것이 바람직하다고 본다. 근래 들어 극히 제한된 경우를 제외하고는 대향국간의 거리가 400해리가 넘지 않는 해역에 있어서는 그 경계선을 일치시키는 추세라는 점이 중국과의 해양경계획정 협상에서 유리하게 작용할 여지가 있는 것이다. 다만, 우리나라의 입장에서는 중국과의 협상에 있어서는 '단일 경계선' 전략이 유용한 반면에 일본과의 해양경계획정 협상과 관련해서는 대륙붕과 배타적경제수역의 경계를 분리하는 '이중 경계선' 전략이 효과적인 것이 사실이기 때문에 이 상반된 입장을 어떠한 명분 및 실리로써 합리화 시켜야 할 지 부담이 되는 측면도 있는 것이 사실이다.[194)]

---

194) 김영구, 전게서(주 35), p.591.

| 부록 |

「해양법에 관한 국제연합협약」

(「1982년12월10일자해양법에관한국제연합협약제11부이행에관한협정」 포함)

부록

「해양법에 관한 국제연합협약」

이 협약의 당사국은,

해양법과 관련된 모든 문제를 상호이해와 협력의 정신으로 해결하고자 하는 희망에 따라, 또한 세계 모든 사람들을 위한 평화·정의 및 진보의 유지에 대한 중대한 공헌의 하나로서 이 협약이 가지는 역사적 의의를 인식하고,

1958년과 1960년에 제네바에서 개최된 국제연합해양법회의 이래의 발전에 따라 새롭고도 일반적으로 수락될 수 있는 해양법협약의 필요성이 강조되고 있음에 유의하고,

해양의 여러 문제가 서로 밀접하게 관련되어 있으며 전체로서 고려되어야 할 필요성이 있음을 인식하고,

이 협약을 통하여 모든 국가의 주권을 적절히 고려하면서, 국제교통의 촉진, 해양의 평화적 이용, 해양자원의 공평하고도 효율적인 활용, 해양생물자원의 보존, 그리고 해양환경의 연구, 보호 및 보전을 촉진하기 위하여 해양에 대한 법질서를 확립하는 것이 바람직함을 인식하고,

이러한 목적의 달성이 인류 전체의 이익과 필요, 특히 연안국이거나 내륙국이거나 관계없이 개발도상국의 특별한 이익과 필요를 고려한 공정하고도 공평한 국제경제질서의 실현에 기여할 것이라는 점을 유념하고,

국제연합총회가 국가관할권 한계 밖의 해저·해상 및 그 하층토 지역은 그 자원과 함께 인류공동유산이며, 이에 대한 탐사와 개발은 국가의 지리적 위치에 관계없이 인류전체의 이익을 위하여 수행되어야 한다고 특별히 엄숙하게 선언한 1970년 12월 17일자 결의 제2749(XXV)호에 구현된 여러 원칙을 이 협약에 의하여 발전시킬 것을 희망하고,

이 협약이 이룩한 해양법의 법전화와 점진적 발달이 정의와 평등권의 원칙에 따라 모든 국가간에 평화·안전·협력 및 우호관계의 강화에 기여하고 국제연합헌장에 규정된 국제연합의 목적과 원칙에 따라 세계 모든 사람들의 경제적·사회적 진보를 증진할 것임을 믿으며,

이 협약에 의하여 규율되지 아니한 사항은 일반국제법의 규칙과 원칙에 의하여 계속 규율될 것임을 확인하며,

다음과 같이 합의하였다.

제 1 부 총 칙

제1조 용어의 사용과 적용범위

1. 이 협약에서,

(1) "심해저"라 함은 국가관할권 한계 밖의 해저·해상 및 그 하층토를 말한다.

(2) "해저기구"라 함은 국제해저기구를 말한다.

(3) "심해저활동"이라 함은 심해저자원을 탐사하고 개발하는 모든 활동을 말한다.

(4) "해양환경오염"이라 함은 생물자원과 해양생물에 대한 손상, 인간의 건강에 대한 위험, 어업과 그 밖의 적법한 해양이용을 포함한 해양활동에 대한 장애, 해수이용에 의한 수질악화 및 쾌적도 감소 등과 같은 해로운 결과를 가져오거나 가져올 가능성이 있는 물질이나 에너지를 인간이 직접적으로 또는 간접적으로 강어귀를 포함한 해양환경에 들여오는 것을 말한다.

(5) (a) "투기"라 함은 다음을 말한다.

(i) 선박·항공기·플랫폼 또는 그 밖의 인공해양구조물로부터 폐기물이나 그 밖의 물질을 고의로 버리는 행위

(ii) 선박·항공기·플랫폼 또는 그 밖의 인공해양구조물을 고의로 버리는 행위

(b) "투기"에는 다음이 포함되지 아니한다.

(i) 선박·항공기·플랫폼 또는 그 밖의 인공해양구조물 및 이들 장비의 통상적인 운용에 따라 발생되는 폐기물이나 그 밖의 물질의 폐기. 단, 폐기물이나 그 밖의 물질을 버릴 목적으로 운용되는 선박·항공기·플랫폼 또는 그 밖의 인공해양구조물에 의하여 운송되거나 이들에게 운송된 폐기물이나 그 밖의 물질, 이러한 선박·항공기·플랫폼 또는 그 밖의 인공해양구조물에서 이러한 폐기물 또는 그 밖의 물질을 처리함에 따라 발생되는 폐기물이나 그 밖의 물질은 제외

(ii) 이 협약의 목적에 어긋나지 아니하는 단순한 폐기를 목적으로 하지 아니하는 물질의 유치

2. (1) "당사국"이라 함은 이 협약에 기속받기로 동의하고 이 협약이 발효하고 있는 국가를 말한다.

(2) 이 협약은 제305조 제1항 (b), (c), (d), (e) 및 (f)에 해당하는 주체로서 각기 관련되는 조건에 따라 이 협약의 당사자가 된 주체에 대하여 준용되며, 그러한 경우 "당사국"이라 함은 이러한 주체를 포함한다.

제 2 부 영해와 접속수역

제1절 총 칙

제2조 영해, 영해의 상공·해저 및 하층토의 법적지위

1. 연안국의 주권은 영토와 내수 밖의 영해라고 하는 인접해역, 군도국가의 경우에는 군도수역 밖의 영해라고 하는 인접해역에까지 미친다.
2. 이러한 주권은 영해의 상공·해저 및 하층토에까지 미친다.
3. 영해에 대한 주권은 이 협약과 그 밖의 국제법규칙에 따라 행사된다.

제2절 영해의 한계

제3조 영해의 폭

모든 국가는 이 협약에 따라 결정된 기선으로부터 12해리를 넘지 아니하는 범위에서 영해의 폭을 설정할 권리를 가진다.

제4조 영해의 바깥한계

영해의 바깥한계는 기선상의 가장 가까운 점으로부터 영해의 폭과 같은 거리에 있는 모든 점을 연결한 선으로 한다.

제5조 통상기선

영해의 폭을 측정하기 위한 통상기선은 이 협약에 달리 규정된 경우를 제외하고는 연안국이 공인한 대축척해도에 표시된 해안의 저조선으로 한다.

제6조 암초

환초상에 위치한 섬 또는 가장자리에 암초를 가진 섬의 경우, 영해의 폭을 측정하기 위한 기선(이하 “영해기선”이라 함)은 연안국이 공인한 해도상에 적절한 기호로 표시된 암초의 바다쪽 저조선으로 한다.

제7조 직선기선

1. 해안선이 깊게 굴곡이 지거나 잘려들어간 지역, 또는 해안을 따라 아주 가까이 섬이 흩어져 있는 지역에서는 영해기선을 설정함에 있어서 적절한 지점을 연결하는 직선기선의 방법이 사용될 수 있다.
2. 삼각주가 있거나 그 밖의 자연조건으로 인하여 해안선이 매우 불안정한 곳에서는, 바다쪽 가장 바깥 저조선을 따라 적절한 지점을 선택할 수 있으며, 그 후 저조선이 후퇴하더라도 직선기선은 이 협약에 따라 연안국에 의하여 수정될 때까지 유효하다.
3. 직선기선은 해안의 일반적 방향으로부터 현저히 벗어나게 설정할 수 없으며, 직선기선 안에 있는 해역은 내수제도에 의하여 규율될 수 있을 만큼 육지와 충분히 밀접하게 관련되어야 한다.
4. 직선기선은 간조노출지까지 또는 간조노출지로부터 설정할 수 없다. 다만, 영구적으로 해면위에 있는 등대나 이와 유사한 시설이 간조노출지에 세워진 경우 또는 간조노출지 사이의 기선설정이 일반적으로 국제적인 승인을 받은 경우에는 그러하지 아니하다.

5. 제1항의 직선기선의 방법을 적용하는 경우, 특정한 기선을 결정함에 있어서 그 지역에 특유한 경제적 이익이 있다는 사실과 그 중요성이 오랜 관행에 의하여 명백히 증명된 경우 그 경제적 이익을 고려할 수 있다.
6. 어떠한 국가도 다른 국가의 영해를 공해나 배타적경제수역으로부터 격리시키는 방식으로 직선기선제도를 적용할 수 없다.

제8조 내수
1. 제4부에 규정된 경우를 제외하고는 영해기선의 육지쪽 수역은 그 국가의 내수의 일부를 구성한다.
2. 제7조에 규정된 방법에 따라 직선기선을 설정함으로써 종전에 내수가 아니었던 수역이 내수에 포함되는 경우, 이 협약에 규정된 무해통항권이 그 수역에서 계속 인정된다.

제9조 하구
강이 직접 바다로 유입하는 경우, 기선은 양쪽 강둑의 저조선상의 지점을 하구를 가로 질러 연결한 직선으로 한다.

제10조 만
1. 이 조는 그 해안이 한 국가에 속하는 만에 한하여 적용한다.
2. 이 협약에서 만이라 함은 그 들어간 정도가 입구의 폭에 비하여 현저하여 육지로 둘러싸인 수역을 형성하고, 해안의 단순한 굴곡 이상인 뚜렷한 만입을 말한다. 그러나 만입 면적이 만입의 입구를 가로질러 연결한 선을 지름으로 하는 반원의 넓이에 미치지 못하는 경우, 그러한 만입은 만으로 보지 아니한다.
3. 측량의 목적상 만입면적이라 함은 만입해안의 저조선과 만입의 자연적 입구의 양쪽 저조지점을 연결하는 선 사이에 위치한 수역의 넓이를 말한다. 섬이 있어서 만이 둘 이상의 입구를 가지는 경우에는 각각의 입구를 가로질러 연결하는 선의 길이의 합계와 같은 길이인 선상에 반원을 그려야 한다. 만입의 안에 있는 섬은 만입수역의 일부로 본다.
4. 만의 자연적 입구 양쪽의 저조지점간의 거리가 24해리를 넘지 아니하는 경우, 폐쇄선을 두 저조지점간에 그을 수 있으며, 이 안에 포함된 수역은 내수로 본다.
5. 만의 자연적 입구 양쪽의 저조지점간의 거리가 24해리를 넘는 경우, 24해리의 직선으로서 가능한 한 최대의 수역을 둘러싸는 방식으로 만안에 24해리 직선기선을 그어야 한다.
6. 전항의 규정들은 이른바 "역사적" 만에 대하여 또는 제7조에 규정된 직선기선제도가 적용되는 경우에는 적용하지 아니한다.

제11조 항구
영해의 경계를 획정함에 있어서, 항만체계의 불가분의 일부를 구성하는 가장 바깥의 영구적인 항만시설은 해안의 일부를 구성하는 것으로 본다. 근해시설과 인공섬은 영구적인 항만시설로 보지 아니한다.

제12조 정박지

선박이 화물을 싣고, 내리고, 닻을 내리기 위하여 통상적으로 사용되는 정박지는 전부 또는 일부가 영해의 바깥한계 밖에 있는 경우에도 영해에 포함된다.

제13조 간조노출지

1. 간조노출지는 썰물일 때에는 물로 둘러싸여 물위에 노출되나 밀물일 때에는 물에 잠기는 자연적으로 형성된 육지지역을 말한다. 간조노출지의 전부 또는 일부가 본토나 섬으로부터 영해의 폭을 넘지 아니하는 거리에 위치하는 경우, 그 간조노출지의 저조선을 영해기선으로 사용할 수 있다.

2. 간조노출지 전부가 본토나 섬으로부터 영해의 폭을 넘는 거리에 위치하는 경우, 그 간조노출지는 자체의 영해를 가지지 아니한다.

제14조 기선결정 방법의 혼합

연안국은 서로 다른 조건에 적합하도록 앞의 각 조에 규정된 방법을 교대로 사용하여 기선을 결정할 수 있다.

제15조 대향국간 또는 인접국간의 영해의 경계획정

두 국가의 해안이 서로 마주보고 있거나 인접하고 있는 경우, 양국간 달리 합의하지 않는 한 양국의 각각의 영해 기선상의 가장 가까운 점으로부터 같은 거리에 있는 모든 점을 연결한 중간선 밖으로 영해를 확장할 수 없다. 다만, 위의 규정은 역사적 권원이나 그 밖의 특별한 사정에 의하여 이와 다른 방법으로 양국의 영해의 경계를 획정할 필요가 있는 경우에는 적용하지 아니한다.

제16조 해도와 지리적 좌표목록

1. 제7조, 제9조 및 제10조에 따라 결정되는 영해기선 또는 그로부터 도출된 한계, 그리고 제12조 및 제15조에 따라 그어진 경계선은 그 위치를 확인하기에 적합한 축척의 해도에 표시되어야 한다. 또는 측지자료를 명기한 각 지점의 지리적 좌표목록으로 이를 대체할 수 있다.

2. 연안국은 이러한 해도나 지리적 좌표목록을 적절히 공표하고, 그 사본을 국제연합 사무총장에게 기탁한다.

제3절 영해에서의 무해통항

제1관 모든 선박에 적용되는 규칙

제17조 무해통항권

연안국이거나 내륙국이거나 관계없이 모든 국가의 선박은 이 협약에 따라, 영해에서 무해통항권을 향유한다.

제18조 통항의 의미

1. 통항이라 함은 다음의 목적을 위하여 영해를 지나서 항행함을 말한다.
(a) 내수에 들어가지 아니하거나 내수 밖의 정박지나 항구시설에 기항하지 아니하고 영해를 횡단하는 것; 또는
(b) 내수를 향하여 또는 내수로부터 항진하거나 또는 이러한 정박지나 항구시설에 기항하는 것
2. 통항은 계속적이고 신속하여야 한다. 다만, 정선이나 닻을 내리는 행위가 통상적인 항행에 부수되는 경우, 불가항력이나 조난으로 인하여 필요한 경우, 또는 위험하거나 조난상태에 있는 인명·선박 또는 항공기를 구조하기 위한 경우에는 통항에 포함된다.

제19조 무해통항의 의미
1. 통항은 연안국의 평화, 공공질서 또는 안전을 해치지 아니하는 한 무해하다. 이러한 통항은 이 협약과 그 밖의 국제법규칙에 따라 이루어진다.
2. 외국선박이 영해에서 다음의 어느 활동에 종사하는 경우, 외국선박의 통항은 연안국의 평화, 공공질서 또는 안전을 해치는 것으로 본다.
(a) 연안국의 주권, 영토보전 또는 정치적 독립에 반하거나, 또는 국제연합헌장에 구현된 국제법의 원칙에 위반되는 그 밖의 방식에 의한 무력의 위협이나 무력의 행사
(b) 무기를 사용하는 훈련이나 연습
(c) 연안국의 국방이나 안전에 해가 되는 정보수집을 목적으로 하는 행위
(d) 연안국의 국방이나 안전에 해로운 영향을 미칠 것을 목적으로 하는 선전행위
(e) 항공기의 선상 발진·착륙 또는 탑재
(f) 군사기기의 선상 발진·착륙 또는 탑재
(g) 연안국의 관세·재정·출입국관리 또는 위생에 관한 법령에 위반되는 물품이나 통화를 싣고 내리는 행위 또는 사람의 승선이나 하선
(h) 이 협약에 위배되는 고의적이고도 중대한 오염행위
(i) 어로활동
(j) 조사활동이나 측량활동의 수행
(k) 연안국의 통신체계 또는 그 밖의 설비·시설물에 대한 방해를 목적으로 하는 행위
(l) 통항과 직접 관련이 없는 그 밖의 활동

제20조 잠수함과 그 밖의 잠수항행기기
잠수함과 그 밖의 잠수항행기기는 영해에서 해면 위로 국기를 게양하고 항행한다.

제21조 무해통항에 관한 연안국의 법령
1. 연안국은 이 협약의 규정과 그 밖의 국제법규칙에 따라 다음 각호의 전부 또는 일부에 대하여 영해에서의 무해통항에 관한 법령을 제정할 수 있다.
(a) 항행의 안전과 해상교통의 규제
(b) 항행보조수단과 설비 및 그 밖의 설비나 시설의 보호

(c) 해저전선과 관선의 보호
(d) 해양생물자원의 보존
(e) 연안국의 어업법령 위반방지
(f) 연안국의 환경보전과 연안국 환경오염의 방지, 경감 및 통제
(g) 해양과학조사와 수로측량
(h) 연안국의 관세·재정·출입국관리 또는 위생에 관한 법령의 위반방지

2. 이러한 법령이 일반적으로 수락된 국제규칙이나 기준을 시행하는 것이 아닌 한 외국선박의 설계, 구조, 인원배치 또는 장비에 대하여 적용하지 아니한다.
3. 연안국은 이러한 모든 법령을 적절히 공표하여야 한다.
4. 외국선박이 영해에서 무해통항권을 행사하는 경우, 이러한 모든 법령과 해상충돌방지에 관하여 일반적으로 수락된 모든 국제규칙을 준수하여야 한다.

제22조 영해내의 항로대와 통항분리방식

1. 연안국은 항행의 안전을 위하여 필요한 경우 자국의 영해에서 무해통항권을 행사하는 외국선박에 대하여 선박통항을 규제하기 위하여 지정된 항로대와 규정된 통항분리방식을 이용하도록 요구할 수 있다.
2. 특히 유조선, 핵추진선박 및 핵물질 또는 본래 위험하거나 유독한 그 밖의 물질이나 재료를 운반중인 선박에 대하여서는 이러한 항로대만을 통항하도록 요구할 수 있다.
3. 연안국은 이 조에 따라 항로대를 지정하고 통항분리방식을 규정함에 있어서 다음 사항을 고려한다.
(a) 권한있는 국제기구의 권고
(b) 국제항행에 관습적으로 이용되고 있는 수로
(c) 특정한 선박과 수로의 특성
(d) 선박교통량

4. 연안국은 이러한 항로대와 통항분리방식을 해도에 명시하고 이를 적절히 공표한다.

제23조 외국의 핵추진선박과 핵물질 또는 본래 위험하거나 유독한 그 밖의 물질을 운반하는 선박

외국의 핵추진선박과 핵물질 또는 본래 위험하거나 유독한 그 밖의 물질을 운반중인 선박은 영해에서 무해통항권을 행사하는 경우, 이러한 선박에 대하여 국제협정이 정한 서류를 휴대하고 또한 국제협정에 의하여 확립된 특별예방조치를 준수한다.

제24조 연안국의 의무

1. 연안국은 이 협약에 의하지 아니하고는 영해에서 외국선박의 무해통항을 방해하지 아니한다. 특히, 연안국은 이 협약이나 이 협약에 따라 제정된 법령을 적용함에 있어 다음 사항을 행하지 아니한다.
(a) 외국선박에 대하여 실질적으로 무해통항권을 부인하거나 침해하는 효과를

가져오는 요건의 부과

(b) 특정국의 선박, 또는 특정국으로 화물을 반입·반출하거나 특정국을 위하여 화물을 운반하는 선박에 대한 형식상 또는 실질상의 차별

2. 연안국은 자국이 인지하고 있는 자국 영해에서의 통항에 관한 위험을 적절히 공표한다.

제25조 연안국의 보호권

1. 연안국은 무해하지 아니한 통항을 방지하기 위하여 필요한 조치를 자국 영해에서 취할 수 있다.

2. 연안국은 선박이 내수를 향하여 항행하거나 내수 밖의 항구시설에 기항하고자 하는 경우, 그 선박이 내수로 들어가기 위하여 또는 그러한 항구시설에 기항하기 위하여 따라야 할 허가조건을 위반하는 것을 방지하기 위하여 필요한 조치를 취할 권리를 가진다.

3. 연안국은 무기를 사용하는 훈련을 포함하여 자국의 안전보호상 긴요한 경우에는 영해의 지정된 수역에서 외국선박을 형식상 또는 실질상 차별하지 아니하고 무해통항을 일시적으로 정지시킬 수 있다. 이러한 정지조치는 적절히 공표한 후에만 효력을 가진다.

제26조 외국선박에 부과할 수 있는 수수료

1. 외국선박에 대하여 영해의 통항만을 이유로 어떠한 수수료도 부과할 수 없다.

2. 수수료는 영해를 통항하는 외국선박에 제공된 특별한 용역에 대한 대가로서만 그 선박에 대하여 부과할 수 있다. 이러한 수수료는 차별없이 부과된다.

제2관 상선과 상업용 정부선박에 적용되는 규칙

제27조 외국선박내에서의 형사관할권

1. 연안국의 형사관할권은 오직 다음의 각호의 경우를 제외하고는 영해를 통항하고 있는 외국선박의 선박내에서 통항중에 발생한 어떠한 범죄와 관련하여 사람을 체포하거나 수사를 수행하기 위하여 그 선박내에서 행사될 수 없다.

(a) 범죄의 결과가 연안국에 미치는 경우

(b) 범죄가 연안국의 평화나 영해의 공공질서를 교란하는 종류인 경우

(c) 그 선박의 선장이나 기국의 외교관 또는 영사가 현지 당국에 지원을 요청한 경우

(d) 마약이나 향정신성물질의 불법거래를 진압하기 위하여 필요한 경우

2. 위의 규정은 내수를 떠나 영해를 통항중인 외국선박내에서의 체포나 수사를 목적으로 자국법이 허용한 조치를 취할 수 있는 연안국의 권리에 영향을 미치지 아니한다.

3. 제1항 및 제2항에 규정된 경우, 연안국은 선장이 요청하면 어떠한 조치라도 이를 취하기 전에 선박기국의 외교관이나 영사에게 통고하고, 이들과 승무원간의 연락이 용이하도록 한다. 긴급한 경우 이러한 통고는 조치를 취하는 동안에

이루어질 수도 있다.

4. 현지당국은 체포여부나 체포방식을 고려함에 있어 통항의 이익을 적절히 고려한다.

5. 제12부에 규정된 경우나 제5부에 따라 제정된 법령위반의 경우를 제외하고는, 연안국은 외국선박이 외국의 항구로부터 내수에 들어오지 아니하고 단순히 영해를 통과하는 경우, 그 선박이 영해에 들어오기 전에 발생한 범죄와 관련하여 사람을 체포하거나 수사를 하기 위하여 영해를 통항중인 외국선박내에서 어떠한 조치도 취할 수 없다.

제28조 외국선박과 관련한 민사관할권

1. 연안국은 영해를 통항중인 외국선박내에 있는 사람에 대한 민사관할권을 행사하기 위하여 그 선박을 정지시키거나 항로를 변경시킬 수 없다.

2. 연안국은 외국선박이 연안국 수역을 항행하는 동안이나 그 수역을 항행하기 위하여 선박 스스로 부담하거나 초래한 의무 또는 책임에 관한 경우를 제외하고는 민사소송절차를 위하여 그 선박에 대한 강제집행이나 나포를 할 수 없다.

3. 제2항의 규정은 영해에 정박하고 있거나 내수를 떠나 영해를 통항중인 외국선박에 대하여 자국법에 따라 민사소송절차를 위하여 강제집행이나 나포를 할 수 있는 연안국의 권리를 침해하지 아니한다.

제3관 군함과 그 밖의 비상업용 정부선박에 적용되는 규칙

제29조 군함의 정의

이 협약에서 "군함"이라 함은 어느 한 국가의 군대에 속한 선박으로서, 그 국가의 국적을 구별할 수 있는 외부표지가 있으며, 그 국가의 정부에 의하여 정식으로 임명되고 그 성명이 그 국가의 적절한 군적부나 이와 동등한 명부에 등재되어 있는 장교의 지휘 아래 있으며 정규군 군율에 따르는 승무원이 배치된 선박을 말한다.

제30조 군함의 연안국 법령위반

군함이 영해통항에 관한 연안국의 법령을 준수하지 아니하고 그 군함에 대한 연안국의 법령준수 요구를 무시하는 경우, 연안국은 그 군함에 대하여 영해에서 즉시 퇴거할 것을 요구할 수 있다.

제31조 군함이나 그 밖의 비상업용 정부선박에 의한 손해에 대한 기국의 책임

기국은 군함이나 그 밖의 비상업용 정부선박이 영해통항에 관한 연안국의 법령 또는 이 협약이나 그 밖의 국제법규칙을 준수하지 아니함으로써 연안국에게 입힌 어떠한 손실이나 손해에 대하여도 국제책임을 진다.

제32조 군함과 그 밖의 비상업용 정부선박의 면제

제1관, 제30조 및 제31조에 규정된 경우를 제외하고는 이 협약의 어떠한 규정도

군함과 그 밖의 비상업용 정부선박의 면제에 영향을 미치지 아니한다.

제4절 접속수역

제33조 접속수역

1. 연안국은 영해에 접속해 있는 수역으로서 접속수역이라고 불리는 수역에서 다음을 위하여 필요한 통제를 할 수 있다.

(a) 연안국의 영토나 영해에서의 관세·재정·출입국관리 또는 위생에 관한 법령의 위반방지

(b) 연안국의 영토나 영해에서 발생한 위의 법령 위반에 대한 처벌

2. 접속수역은 영해기선으로부터 24해리 밖으로 확장할 수 없다.

제 3 부 국제항행에 이용되는 해협

제1절 총칙

제34조 국제항행에 이용되는 해협을 형성하는 수역의 법적지위

1. 이 부에서 수립된 국제항행에 이용되는 해협의 통항제도는 이러한 해협을 형성하는 수역의 법적지위 또는 그 수역과 그 수역의 상공·해저 및 하층토에 대한 해협연안국의 주권이나 관할권의 행사에 영향을 미치지 아니한다.

2. 해협연안국의 주권이나 관할권은 이 부와 그 밖의 국제법규칙에 따라 행사된다.

제35조 이 부의 적용범위

이 부의 어떠한 규정도 다음에 영향을 미치지 아니한다.

(a) 제7조에 규정된 방법에 따라 직선기선을 설정함으로써 종전에는 내수가 아니었던 수역이 내수에 포함되는 곳을 제외한 해협안의 내수의 모든 수역

(b) 해협연안국의 영해 바깥수역이 배타적경제수역 또는 공해로서 가지는 법적 지위

(c) 특정해협에 관하여 장기간에 걸쳐 유효한 국제협약에 따라 통항이 전체적 또는 부분적으로 규제되고 있는 해협의 법제도

제36조 국제항행에 이용되는 해협을 통한 공해 통과항로 또는 배타적경제수역 통과 항로

항행상 및 수로상 특성에서 유사한 편의가 있는 공해 통과항로나 배타적경제수역 통과항로가 국제항행에 이용되는 해협 안에 있는 경우, 이 부를 그 해협에 적용하지 아니한다. 이러한 항로에 있어서는 통항 및 상공비행의 자유에 관한 규정을 포함한 이 협약의 다른 관련 부를 적용한다.

제2절 통과통항

제37조 이 절의 적용범위

이 절은 공해나 배타적경제수역의 일부와 공해나 배타적경제수역의 다른 부분간의 국제항행에 이용되는 해협에 적용한다.

제38조 통과통항권

1. 제37조에 언급된 해협내에서, 모든 선박과 항공기는 방해받지 아니하는 통과통항권을 향유한다. 다만, 해협이 해협연안국의 섬과 본토에 의하여 형성되어 있는 경우, 항행상 및 수로상 특성에서 유사한 편의가 있는 공해 통과항로나 배타적경제수역 통과항로가 그 섬의 바다쪽에 있으면 통과통항을 적용하지 아니한다.
2. 통과통항이라 함은 공해 또는 배타적경제수역의 일부와 공해 또는 배타적경제수역의 다른 부분간의 해협을 오직 계속적으로 신속히 통과할 목적으로 이 부에 따라 항행과 상공비행의 자유를 행사함을 말한다. 다만, 계속적이고 신속한 통과의 요건은 해협연안국의 입국조건에 따라서 그 국가에 들어가거나 그 국가로부터 나오거나 되돌아가는 것을 목적으로 하는 해협통항을 배제하지 아니한다.
3. 해협의 통과통항권의 행사가 아닌 활동은 이 협약의 다른 적용가능한 규정에 따른다.

제39조 통과통항중인 선박과 항공기의 의무

1. 선박과 항공기는 통과통항권을 행사함에 있어서 다음과 같이 하여야 한다.
(a) 해협 또는 그 상공의 지체없는 항진
(b) 해협연안국의 주권, 영토보전 또는 정치적 독립에 반하거나, 또는 국제연합헌장에 구현된 국제법의 원칙에 위반되는 그 밖의 방식에 의한 무력의 위협이나 무력의 행사의 자제
(c) 불가항력 또는 조난으로 인하여 필요한 경우를 제외하고는 계속적이고 신속한 통과의 통상적인 방식에 따르지 아니하는 활동의 자제
(d) 이 부의 그 밖의 관련규정 준수
2. 통과통항중인 선박은 다음과 같이 하여야 한다.
(a) 해상충돌방지를 위한 국제규칙을 포함하여 해상안전을 위하여 일반적으로 수락된 국제규칙, 절차 및 관행의 준수
(b) 선박에 의한 오염의 방지, 경감 및 통제를 위하여 일반적으로 수락된 국제규칙, 절차 및 관행의 준수
3. 통과통항중인 항공기는 다음과 같이 하여야 한다.
(a) 국제민간항공기구가 제정한 민간항공기에 적용되는 항공규칙 준수. 국가항공기도 통상적으로 이러한 안전조치를 준수하고 항상 비행의 안전을 적절히 고려하여 운항
(b) 국제적으로 지정된 권한있는 항공교통통제기구가 배정한 무선주파수나 적절한 국제조난 무선주파수의 상시 청취

제40조 조사 및 측량활동

해양과학조사선과 수로측량선을 포함한 외국선박은 통과통항중 해협연안국의 사전허가 없이 어떠한 조사활동이나 측량활동도 수행할 수 없다.

제41조 국제항행에 이용되는 해협의 항로대와 통항분리방식

1. 해협연안국은 선박의 안전통항을 촉진하기 위하여 필요한 경우, 이 부에 따라 해협내 항행을 위하여 항로대를 지정하고 통항분리방식을 설정할 수 있다.

2. 해협연안국은 필요한 경우, 적절히 공표한 후, 이미 지정되거나 설정되어 있는 항로대나 통항분리방식을 다른 항로대나 통항분리방식으로 대체할 수 있다.

3. 이러한 항로대와 통항분리방식은 일반적으로 수락된 국제규칙에 따른다.

4. 해협연안국은 항로대를 지정·대체하거나 통항분리방식을 설정·대체하기에 앞서 권한있는 국제기구가 이를 채택하도록 제안한다. 국제기구는 해협연안국과 합의된 항로대와 통항분리방식만을 채택할 수 있으며, 그 후 해협연안국은 이를 지정, 설정 또는 대체할 수 있다.

5. 2개국 이상의 해협연안국의 수역을 통과하는 항로대나 통항분리방식이 제안된 해협에 대하여는, 관계국은 권한있는 국제기구와의 협의하에 제안을 작성하기 위하여 협력한다.

6. 해협연안국은 자국이 지정하거나 설정한 모든 항로대와 통항분리방식을 해도에 명시하고 이 해도를 적절히 공표한다.

7. 통과통항중인 선박은 이 조에 따라 설정되어 적용되는 항로대와 통항분리방식을 준수한다.

제42조 통과통항에 관한 해협연안국의 법령

1. 이 절의 규정에 따라 해협연안국은 다음의 전부 또는 일부에 관하여 해협의 통과통항에 관한 법령을 제정할 수 있다.

(a) 제41조에 규정된 항행의 안전과 해상교통의 규제

(b) 해협에서의 유류, 유류폐기물 및 그 밖의 유독성물질의 배출에 관하여 적용하는 국제규칙을 시행함으로써 오염의 방지·경감 및 통제

(c) 어선에 관하여서는 어로의 금지(어구의 적재에 관한 규제 포함)

(d) 해협연안국의 관세·재정·출입국관리 또는 위생에 관한 법령에 위반되는 상품이나 화폐를 싣고 내리는 행위 또는 사람의 승선과 하선

2. 이러한 법령은 외국선박을 형식상 또는 실질상으로 차별하지 아니하며, 그 적용에 있어서 이 절에 규정된 통과통항권을 부정, 방해 또는 침해하는 실질적인 효과를 가져오지 아니한다.

3. 해협연안국은 이러한 모든 법령을 적절히 공표한다.

4. 통과통항권을 행사하는 외국선박은 이러한 법령을 준수한다.

5. 주권면제를 향유하는 선박의 기국 또는 항공기의 등록국은 그 선박이나 항공기가 이러한 법령이나 이 부의 다른 규정에 위배되는 방식으로 행동한 경우 그로 인하여 해협연안국이 입은 손실 또는 손해에 대하여 국제책임을 진다.

제43조 항행 및 안전보조시설, 그 밖의 개선시설과 오염의 방지·경감 및 통제

해협이용국과 해협연안국은 합의에 의하여 다음을 위하여 서로 협력한다.

(a) 항행 및 안전보조시설 또는 국제항행에 유용한 그 밖의 개선시설의 해협내 설치와 유지

(b) 선박에 의한 오염의 방지·경감 및 통제

제44조 해협연안국의 의무

해협연안국은 통과통항권을 방해할 수 없으며 자국이 인지하고 있는 해협내 또는 해협 상공에 있어서의 항행이나 비행에 관한 위험을 적절히 공표한다. 통과통항은 정지될 수 없다.

제3절 무해통항

제45조 무해통항

1. 제2부 제3절에 규정된 무해통항제도는 국제항행에 이용되는 다음 해협에 적용된다.
   (a) 제38조 제1항에 규정된 통과통항제도가 적용되지 아니하는 해협
   (b) 공해 또는 배타적경제수역의 일부와 외국의 영해와의 사이에 있는 해협
2. 이러한 해협을 통한 무해통항은 정지될 수 없다.

제 4 부 군도국가

제46조 용어의 사용

이 협약에서,

(a) "군도국가"라 함은 전체적으로 하나 또는 둘 이상의 군도로 구성된 국가를 말하며, 그 밖의 섬을 포함할 수 있다.

(b) "군도"라 함은 섬의 무리(섬들의 일부를 포함), 연결된 수역 및 그 밖의 자연지형으로서, 이들이 서로 밀접하게 관련되어 있어 그러한 섬, 수역 및 그 밖의 자연지형이 고유한 지리적·경제적 또는 정치적 단일체를 이루고 있거나 또는 역사적으로 그러한 단일체로 인정되어 온 것을 말한다.

제47조 군도기선

1. 군도국가는 군도의 가장 바깥쪽 섬의 가장 바깥점과 드러난 암초의 가장 바깥점을 연결한 직선군도기선을 그을 수 있다. 다만, 이러한 기선안에는 주요한 섬을 포함하며 수역의 면적과 육지면적(환초 포함)의 비율이 1대1에서 9대1 사이어야 한다.
2. 이러한 기선의 길이는 100해리를 넘을 수 없다. 다만, 군도를 둘러싼 기선 총수의 3퍼센트까지는 그 길이가 100해리를 넘어 최장 125해리까지 될 수 있다.
3. 이러한 기선은 군도의 일반적 윤곽으로부터 현저히 벗어날 수 없다.
4. 이러한 기선은 간조노출지와 연결하여 설정할 수 없다. 다만, 영구적으로 해면위에 있는 등대나 이와 유사한 시설이 간조노출지에 설치되어 있거나, 전체적 또는 부분적으로 간조노출지가 가장 가까운 섬으로부터 영해폭을 넘지 아니하는 거리에 있는 경우에는 그러하지 아니하다.
5. 군도국가는 다른 국가의 영해를 공해나 배타적경제수역으로부터 격리시키는

방식으로 이러한 기선제도를 적용할 수 없다.

6. 군도국가의 군도수역의 어느 일부가 바로 이웃한 국가의 두 부분 사이에 있는 경우, 이웃한 국가가 이러한 수역에서 전통적으로 행사하여 온 기존의 권리와 그 밖의 모든 합법적인 이익 및 관련국간의 합의에 의하여 규정된 모든 권리는 계속하여 존중된다.

7. 제1항에 규정된 수역과 육지의 비율을 산정함에 있어서 육지면적은 섬을 둘러싸고 있는 암초와 환초 안쪽에 있는 수역을 포함할 수 있으며, 또한 급경사가 있는 해양 고원에 있어서는 그 주변에 있는 일련의 석회암 섬과 드러난 암초에 의하여 둘러싸여 있거나 거의 둘러싸인 수역도 포함할 수 있다.

8. 이 조에 따라 그은 기선은 그 위치를 확인하기에 적절한 축척의 해도에 표시한다. 이는 측지자료를 명기한 각 지점의 지리적 좌표목록으로 대체할 수 있다.

9. 군도국가는 이러한 해도나 지리적 좌표목록을 적절히 공표하고, 그 사본을 국제연합 사무총장에게 기탁한다.

제48조 영해, 접속수역, 배타적경제수역과 대륙붕의 폭의 측정

영해, 접속수역, 배타적경제수역과 대륙붕의 폭은 제47조에 따라 그은 군도기선으로부터 측정한다.

제49조 군도수역과 그 상공·해저 및 하층토의 법적지위

1. 군도국가의 주권은 군도수역의 깊이나 해안으로부터의 거리에 관계없이 제47조에 따라 그은 군도기선에 의하여 둘러싸인 군도수역이라고 불리는 수역에 미친다.

2. 이러한 주권은 군도수역의 상공·해저와 하층토 및 이에 포함된 자원에까지 미친다.

3. 이러한 주권은 이 부에 따라 행사된다.

4. 이 부에 따라서 설정된 군도항로대 통항제도는 다른 면에 있어서 군도항로를 포함한 군도수역의 지위 또는 군도수역, 군도수역의 상공·해저 및 하층토와 이에 포함된 자원에 대한 군도국가의 주권행사에 영향을 미치지 아니한다.

제50조 내수의 경계획정

군도수역에서 군도국가는 제9조, 제10조 및 제11조에 따라 내수의 경계를 획정하기 위한 폐쇄선을 그을 수 있다.

제51조 현행협정, 전통적 어업권과 기존해저전선

1. 제49조를 침해하지 아니하고, 군도국가는 다른 국가와의 현행협정을 존중하고 군도수역의 일정한 수역에 있어서 바로 이웃한 국가의 전통적 어업권과 그 밖의 적법한 활동을 인정한다. 이러한 권리와 활동의 성질·범위와 적용지역 뿐만 아니라 그 행사의 조건은 관련국의 요청에 따라 그들 서로간의 양자협정으로 규율한다. 이러한 권리는 제3국이나 제3국의 국민에게 이전되거나 공유되지 아니한다.

2. 군도국가는 다른 국가가 부설한 기존 해저전선이 육지에 닿지 아니하고 자국수역을 통과하는 경우 이를 존중한다. 군도국가는 이러한 전선의 위치 및 이에

대한 수리 또는 교체 의사를 적절히 통지받은 경우, 그 전선의 유지와 교체를 허용한다.

第52조 무해통항권

1. 제53조에 따르고 제50조를 침해하지 아니할 것을 조건으로, 모든 국가의 선박은 제2부 제3절에 따라 군도수역에서 무해통항권을 향유한다.

2. 군도국가는 자국의 안전을 보장하기 위하여 불가피한 경우에는 외국선박간에 형식상 또는 실질상 차별하지 아니하고 군도수역의 특정수역에서 외국선박의 무해통항을 일시적으로 정지시킬 수 있다. 이러한 정지조치는 적절히 공표한 후에만 효력을 가진다.

第53조 군도항로대 통항권

1. 군도국가는 자국의 군도수역과 이와 인접한 영해나 그 상공을 통과하는 외국선박과 항공기의 계속적이고 신속한 통항에 적합한 항로대와 항공로를 지정할 수 있다.

2. 모든 선박과 항공기는 이러한 항로대와 항공로에서 군도항로대 통항권을 향유한다.

3. 군도항로대 통항이라 함은 공해나 배타적경제수역의 어느 한 부분과 공해나 배타적경제수역의 다른 부분과의 사이에서 오로지 계속적이고 신속하게 방해받지 아니하고 통과하기 위한 목적으로 통상적 방식의 항행권과 비행권을 이 협약에 따라 행사함을 말한다.

4. 이러한 항로대와 항공로는 군도수역 및 이와 인접한 영해를 횡단하는 것으로서 군도수역의 국제항행로 또는 그 상공비행로로 사용되는 모든 통상적인 통항로를 포함하며, 선박에 관하여서는 이러한 통항로 안의 모든 통상적인 항행수로를 포함한다. 다만, 동일한 입구지점과 출구지점 사이에 유사한 편의가 있는 통로를 중복하여 둘 필요는 없다.

5. 이러한 항로대와 항공로는 통항로의 입구지점으로부터 출구지점까지의 일련의 연속축선에 의하여 정한다. 군도항로대를 통항중인 선박과 항공기는 통항중 이러한 축선의 어느쪽으로나 25해리 이상을 벗어날 수 없다. 다만, 이러한 선박과 항공기는 항로대에 접하고 있는 섬과 섬 사이의 가장 가까운 지점을 연결한 거리의 10퍼센트 지점보다 해안에 접근하여 항행할 수 없다.

6. 이 조에 따라 항로대를 지정하는 군도국가는 그러한 항로대 안의 좁은 수로에서 선박의 안전통항을 위하여 통항분리방식을 설정할 수 있다.

7. 군도국가는 필요한 경우, 적절히 공표한 후 이미 지정되거나 설정된 항로대나 통항분리방식을 다른 항로대나 통항분리방식으로 대체할 수 있다.

8. 이러한 항로대와 통항분리방식은 일반적으로 수락된 국제규칙을 따른다.

9. 항로대를 지정·대체하거나 통항분리방식을 설정·대체함에 있어 군도국가는 권한 있는 국제기구에 제안을 회부하여 채택되도록 한다. 그 국제기구는 군도국가가 동의한 항로대와 통항분리방식만을 채택할 수 있으며, 그 후 군도국가는 이를 지정·설정 또는 대체할 수 있다.

10. 군도국가는 자국이 지정하거나 설정한 항로대와 통항분리방식의 축을 해도에 명시하고 이를 적절히 공표한다.
11. 군도항로대를 통항중인 선박은 이 조에 따라 수립되고 적용되는 항로대와 통항분리방식을 존중한다.
12. 군도국가가 항로대나 항공로를 지정하지 아니한 경우, 군도항로대 통항권은 국제항행에 통상적으로 사용되는 통로를 통하여 행사될 수 있다.

第54조 통항·조사측량활동중인 선박과 항공기의 의무, 군도국가의 의무 및 군도항로대 통항에 관한 군도국가의 법령
제39조, 제40조, 제42조 및 제44조는 군도항로대 통항에 준용한다.

제 5 부 배타적경제수역

第55조 배타적경제수역의 특별한 법제도
배타적경제수역은 영해 밖에 인접한 수역으로서, 연안국의 권리와 관할권 및 다른 국가의 권리와 자유가 이 협약의 관련규정에 의하여 규율되도록 이 부에서 수립된 특별한 법제도에 따른다.

第56조 배타적경제수역에서의 연안국의 권리, 관할권 및 의무
1. 배타적경제수역에서 연안국은 다음의 권리와 의무를 갖는다.
(a) 해저의 상부수역, 해저 및 그 하층토의 생물이나 무생물 등 천연자원의 탐사, 개발, 보존 및 관리를 목적으로 하는 주권적 권리와, 해수·해류 및 해풍을 이용한 에너지생산과 같은 이 수역의 경제적 개발과 탐사를 위한 그 밖의 활동에 관한 주권적 권리
(b) 이 협약의 관련규정에 규정된 다음 사항에 관한 관할권
(i) 인공섬, 시설 및 구조물의 설치와 사용
(ii) 해양과학조사
(iii) 해양환경의 보호와 보전
(c) 이 협약에 규정된 그 밖의 권리와 의무
2. 이 협약상 배타적경제수역에서의 권리행사와 의무이행에 있어서, 연안국은 다른 국가의 권리와 의무를 적절히 고려하고, 이 협약의 규정에 따르는 방식으로 행동한다.
3. 해저와 하층토에 관하여 이 조에 규정된 권리는 제6부에 따라 행사된다.

第57조 배타적경제수역의 폭
배타적경제수역은 영해기선으로부터 200해리를 넘을 수 없다.

第58조 배타적경제수역에서의 다른 국가의 권리와 의무
1. 연안국이거나 내륙국이거나 관계없이, 모든 국가는, 이 협약의 관련규정에 따를 것을 조건으로, 배타적경제수역에서 제87조에 규정된 항행·상공비행의 자유,

해저전선·관선부설의 자유 및 선박·항공기·해저전선·관선의 운용 등과 같이 이러한 자유와 관련되는 것으로서 이 협약의 다른 규정과 양립하는 그 밖의 국제적으로 적법한 해양 이용의 자유를 향유한다.
2. 제88조부터 제115조까지의 규정과 그 밖의 국제법의 적절한 규칙은 이 부에 배치되지 아니하는 한 배타적경제수역에 적용된다.
3. 이 협약상 배타적경제수역에서 권리행사와 의무를 이행함에 있어서, 각국은 연안국의 권리와 의무를 적절하게 고려하고, 이 부의 규정과 배치되지 아니하는 한 이 협약의 규정과 그 밖의 국제법규칙에 따라 연안국이 채택한 법령을 준수한다.

제59조 배타적경제수역에서의 권리와 관할권의 귀속에 관한 마찰 해결의 기초

이 협약에 의하여 배타적경제수역에서의 권리나 관할권이 연안국이나 다른 국가에 귀속되지 아니하고 또한 연안국과 다른 국가간 이해관계를 둘러싼 마찰이 발생한 경우, 그 마찰은 당사자의 이익과 국제사회 전체의 이익의 중요성을 각각 고려하면서 형평에 입각하여 모든 관련상황에 비추어 해결한다.

제60조 배타적경제수역에서의 인공섬, 시설 및 구조물

1. 배타적경제수역에서 연안국은 다음을 건설하고, 이에 관한 건설·운용 및 사용을 허가하고 규제하는 배타적 권리를 가진다.
(a) 인공섬
(b) 제56조에 규정된 목적과 그 밖의 경제적 목적을 위한 시설과 구조물
(c) 배타적경제수역에서 연안국의 권리행사를 방해할 수 있는 시설과 구조물
2. 연안국은 이러한 인공섬, 시설 및 구조물에 대하여 관세·재정·위생·안전 및 출입국관리 법령에 관한 관할권을 포함한 배타적 관할권을 가진다.
3. 이러한 인공섬·시설 또는 구조물의 건설은 적절히 공시하고, 이러한 것이 있다는 사실을 경고하기 위한 영구적 수단을 유지한다. 버려졌거나 사용되지 아니하는 시설이나 구조물은 항행의 안전을 보장하기 위하여 제거하며, 이 경우 이와 관련하여 권한있는 국제기구에 의하여 수립되어 일반적으로 수락된 국제기준을 고려한다. 이러한 제거작업을 수행함에 있어서 어로·해양환경 보호 및 다른 국가의 권리와 의무를 적절히 고려한다. 완전히 제거되지 아니한 시설 또는 구조물의 깊이, 위치 및 규모는 적절히 공표한다.
4. 연안국은 필요한 경우 항행의 안전과 인공섬·시설 및 구조물의 안전을 보장하기 위하여 이러한 인공섬·시설 및 구조물의 주위에 적절한 조치를 취할 수 있는 합리적인 안전수역을 설치할 수 있다.
5. 연안국은 적용가능한 국제기준을 고려하여 안전수역의 폭을 결정한다. 이러한 수역은 인공섬·시설 또는 구조물의 성격 및 기능과 합리적으로 연관되도록 설정되고, 일반적으로 수락된 국제기준에 의하여 허용되거나 권한있는 국제기구가 권고한 경우를 제외하고는 그 바깥쪽 끝의 각 점으로부터 측정하여 500미터를 넘을 수 없다. 안전수역의 범위는 적절히 공시한다.
6. 모든 선박은 이러한 안전수역을 존중하며 인공섬·시설·구조물 및 안전수역 주변에서 일반적으로 수락된 항행에 관한 국제기준을 준수한다.

7. 인공섬·시설·구조물 및 그 주위의 안전수역은 승인된 국제항행에 필수적인 항로대 이용을 방해할 수 있는 곳에 설치할 수 없다.
8. 인공섬·시설 및 구조물은 섬의 지위를 가지지 아니한다. 이들은 자체의 영해를 가지지 아니하며 이들의 존재가 영해, 배타적경제수역 또는 대륙붕의 경계획정에 영향을 미치지 아니한다.

제61조 생물자원의 보존

1. 연안국은 자국의 배타적경제수역에서의 생물자원의 허용어획량을 결정한다.
2. 연안국은 자국이 이용가능한 최선의 과학적 증거를 고려하여, 남획으로 인하여 배타적경제수역에서 생물자원의 유지가 위태롭게 되지 아니하도록 적절한 보존·관리조치를 통하여 보장한다. 적절한 경우, 연안국과 권한있는 소지역적·지역적 또는 지구적 국제기구는 이를 위하여 협력한다.
3. 이러한 조치는 최대지속생산량을 가져올 수 있는 수준으로 어획대상 어종의 자원량이 유지·회복되도록 계획한다. 이러한 조치를 취함에 있어서 연안어업지역의 경제적 필요와 개발도상국의 특별한 요구를 포함한 환경적·경제적 관련 요인에 의하여 입증되고 또한 어로방식·어족간의 상호의존성 및 소지역적·지역적 또는 지구적 기준 등 어느 기준에서 보나 일반적으로 권고된 국제적 최소기준을 고려한다.
4. 이러한 조치를 취함에 있어서 연안국은 어획되는 어종에 연관되거나 종속되는 어종의 자원량의 생산량이 중대하게 위태롭게 되지 아니할 수준 이상으로 유지·회복하기 위하여 연관어종이나 종속어종에 미치는 영향을 고려한다.
5. 이용가능한 과학적 정보, 어획량과 어업활동 통계 및 수산자원의 보존과 관련된 그 밖의 자료는 배타적경제수역에서 그 국민의 입어가 허용된 국가를 포함한 모든 관련국의 참여아래 적절히 권한있는 소지역적·지역적 또는 지구적 국제기구를 통하여 정기적으로 제공되고 교환된다.

제62조 생물자원의 이용

1. 연안국은 제61조의 규정을 침해하지 아니하고 배타적경제수역에서 생물자원의 최적이용목표를 달성한다.
2. 연안국은 배타적경제수역의 생물자원에 관한 자국의 어획능력을 결정한다. 연안국이 전체 허용어획량을 어획할 능력이 없는 경우, 협정이나 그 밖의 약정을 통하여 제4항에 언급된 조건과 법령에 따라 허용어획량의 잉여량에 관한 다른 국가의 입어를 허용한다. 이 경우 연안국은 제69조 및 제70조의 규정, 특히 이러한 규정이 언급한 개발도상국에 대해 특별히 고려한다.
3. 이 조에 따라 배타적경제수역에서 다른 국가의 입어를 허용함에 있어서, 연안국은 모든 관련 요소를 고려한다. 특히 그 수역의 생물자원이 연안국의 경제와 그 밖의 국가이익에 미치는 중요성, 제69조 및 제70조의 규정, 잉여자원 어획에 관한 소지역내 또는 지역내 개발도상국의 요구 및 소속 국민이 그 수역에서 관습적으로 어로행위를 하여 왔거나 어족의 조사와 식별을 위하여 실질적인 노력을 기울여 온 국가의 경제적 혼란을 극소화할 필요성을 고려한다.
4. 배타적경제수역에서 어로행위를 하는 다른 국가의 국민은 연안국의 법령에

의하여 수립된 보존조치와 그 밖의 조건을 준수한다. 이러한 법령은 이 협약에 부합하여야 하며 특히 다음 사항에 관련될 수 있다.

(a) 어부에 대한 조업허가, 어선과 조업장비의 허가(이러한 허가조치에는 수수료나 다른 형태의 보상금 지급이 포함되며, 개발도상연안국의 경우 수산업에 관한 금융·장비 및 기술분야에 있어서 적절한 보상으로 이루어질 수 있다.)

(b) 어획가능한 어종의 결정 및 어획할당량의 결정(특정한 어족, 어족의 무리, 또는 특정기간동안 어선당 어획량 또는 특정기간동안 어느 국가의 국민에 의한 어획량으로 산정되는 어획할당량)

(c) 어로기, 어로수역, 어구의 종류·크기 및 수량, 그리고 사용가능한 어선의 종류·크기 및 척수의 규제

(d) 어획가능한 어류와 그 밖의 어종의 연령과 크기의 결정

(e) 어선에 대하여 요구되는 정보(어획량과 어업활동 통계 및 어선위치 보고 포함)

(f) 연안국의 허가와 통제에 따른 특정한 어업조사계획의 실시요구와 이러한 조사(어획물의 견본작성, 견본의 처리 및 관련 과학조사자료 보고를 포함)실시의 규제

(g) 연안국에 의한 감시원이나 훈련원의 어선에의 승선배치

(h) 이러한 어선에 의한 어획물의 전부나 일부를 연안국의 항구에 내리는 행위

(i) 합작사업이나 그 밖의 협력약정에 관한 조건

(j) 연안국의 어로조사 수행능력 강화를 포함한 인원훈련과 어로기술의 이전조건

(k) 시행절차

5. 연안국은 보존과 관리에 관한 법령을 적절히 공시한다.

제63조 2개국 이상 연안국의 배타적경제수역에 걸쳐 출현하거나 배타적경제수역과 그 바깥의 인접수역에 걸쳐 출현하는 어족

1. 동일어족이나 이와 연관된 어종의 어족이 2개국 이상 연안국의 배타적경제수역에 걸쳐 출현하는 경우, 이러한 연안국들은, 이 부의 다른 규정을 침해하지 아니하고, 직접 또는 적절한 소지역기구나 지역기구를 통하여 이러한 어족의 보존과 개발을 조정하고 보장하는 데 필요한 조치에 합의하도록 노력한다.

2. 동일어족 또는 이와 연관된 어종의 어족이 배타적경제수역과 그 바깥의 인접수역에 걸쳐 출현하는 경우, 연안국과 인접수역에서 이러한 어족을 어획하는 국가는 직접 또는 적절한 소지역기구나 지역기구를 통하여 인접수역에서 이러한 어족의 보존에 필요한 조치에 합의하도록 노력한다.

제64조 고도회유성어종

1. 연안국과 제1부속서에 열거된 고도회유성어종을 어획하는 국민이 있는 그 밖의 국가는 배타적경제수역과 그 바깥의 인접수역에서 그러한 어종의 보존을 보장하고 최적이용목표를 달성하기 위하여 직접 또는 적절한 국제기구를 통하여 협력한다. 적절한 국제기구가 없는 지역에서는 연안국과 같은 수역에서 이러한 어종을 어획하는 국민이 있는 그 밖의 국가는 이러한 기구를 설립하고 그 사업

에 참여하도록 노력한다.
2. 제1항의 규정은 이 부의 다른 규정과 함께 적용한다.

제65조 해양포유동물
이 부의 어떠한 규정도, 적절한 경우, 이 부에 규정된 것보다 더 엄격하게 해양포유동물의 포획을 금지·제한 또는 규제할 수 있는 연안국의 권리나 국제기구의 권한을 제한하지 아니한다. 각국은 해양포유동물의 보존을 위하여 노력하며, 특히 고래류의 경우 그 보존·관리 및 연구를 위하여 적절한 국제기구를 통하여 노력한다.

제66조 소하성어족
1. 소하성어족이 기원하는 하천의 국가는 이 어족에 대한 일차적 이익과 책임을 가진다.
2. 소하성어족의 기원국은 자국의 배타적경제수역 바깥한계의 육지쪽 모든 수역에서의 어로와 제3항 (b)에 규정된 어로에 관하여 적절한 규제조치를 수립함으로써 그 어족의 보존을 보장한다. 기원국은 이러한 어족을 어획하는 제3항과 제4항에 언급된 다른 국가와 협의한 후 자국 하천에서 기원하는 어족에 대한 총허용어획량을 결정할 수 있다.
3. (a) 이 규정으로 인하여 기원국 이외의 국가에 경제적 혼란이 초래되는 경우를 제외하고는, 소하성어족의 어획은 배타적경제수역 바깥한계의 육지쪽 수역에서만 행하여진다. 배타적경제수역 바깥한계 밖의 어획에 관하여 관련국은 그 어족에 관한 기원국의 보존요건 및 필요를 적절히 고려하여 어로조건에 관한 합의에 도달하기 위한 협의를 유지한다.
(b) 기원국은 소하성어족을 어획하는 다른 국가의 통상적인 어획량, 조업방법 및 모든 조업실시지역을 고려하여 이들 국가의 경제적 혼란을 최소화하도록 협력한다.
(c) (b)에 언급된 국가가 기원국과의 합의에 의하여, 특히 그 경비분담 등 소하성 어족을 재생산시키는 조치에 참여하는 경우, 이러한 국가에 대하여 기원국은 자국의 하천에서 기원한 그 어족의 어획에 있어서 특별한 고려를 한다.
(d) 배타적경제수역 바깥의 소하성어족에 관한 규칙은 기원국과 다른 관련국과의 합의에 의하여 시행한다.
4. 소하성어족이 기원국이 아닌 국가의 배타적경제수역 바깥한계의 육지쪽 수역을 통하여 회유하는 경우 이러한 국가는 그 어족의 보존과 관리에 관하여 기원국과 협력한다.
5. 소하성어족의 기원국과 이를 어획하는 그 밖의 국가는 이 조의 규정을 이행하기 위하여 적절한 경우 지역기구를 통하여 약정을 체결한다.

제67조 강하성어종
1. 강하성어종이 그 생존기간의 대부분을 보내는 수역의 연안국은 그 어종의 관리에 대한 책임을 지며 회유어의 출입을 보장한다.
2. 강하성어종의 어획은 배타적경제수역 바깥한계의 육지쪽 수역에서만 행하여

진다. 배타적경제수역에서 어획이 행하여지는 경우 이 조의 규정 및 배타적경제수역내 어획에 관한 이 협약의 그 밖의 규정에 따른다.
3. 강하성어종이 치어로서 또는 성어로서 다른 국가의 배타적경제수역을 회유하는 경우, 어획을 포함한 그 어종에 대한 관리는 제1항에 언급된 국가와 그 밖의 관련국간의 합의에 따라 규제된다. 이러한 합의는 강하성어종의 합리적 관리를 보장하고 이의 유지를 위하여 제1항에 언급된 국가의 책임을 고려한다.

제68조 정착성어종

이 부는 제77조 제4항에서 정의한 정착성어종에는 적용하지 아니한다.

제69조 내륙국의 권리

1. 내륙국은 모든 관련국의 경제적·지리적 관련상황을 고려하고 이 조 및 제61조, 제62조의 규정에 따라 형평에 입각하여 동일한 소지역이나 지역내 연안국의 배타적경제수역의 생물자원 잉여량중 적절한 양의 개발에 참여할 권리를 가진다.
2. 이러한 참여조건과 방식은 특히 아래 사항을 고려하여 양자협정, 소지역 또는 지역협정을 통하여 관련국에 의하여 수립된다.
(a) 연안국의 지역어업사회 및 수산업에 해로운 영향을 회피할 필요
(b) 이 조의 규정에 따라 내륙국이 기존의 양자협정, 소지역 또는 지역협정에 따라 다른 연안국의 배타적경제수역의 생물자원 개발에 참여하고 있는 정도 또는 참여할 수 있는 자격의 정도
(c) 다른 내륙국과 지리적불리국이 연안국의 배타적경제수역의 생물자원개발에 참여하고 있는 정도 및 그 결과로 단일 연안국이 특별한 부담 또는 그 일부를 지게 되는 것을 회피할 필요
(d) 각국 주민의 영양상 필요
3. 연안국의 어획능력이 자국 배타적경제수역내에 있는 생물자원의 허용어획량 전체를 어획할 수 있는 수준에 도달한 경우, 연안국과 그 밖의 관련국은 양국간, 소지역적 또는 지역적 기초에 입각하여 상황에 적절하고 모든 당사국이 만족하는 조건으로 동일한 소지역 또는 지역내에 있는 개발도상내륙국이 그 소지역 또는 지역내 연안국의 배타적경제수역의 생물자원개발에 참여하는 것을 허용하는 공평한 약정을 체결하도록 협력한다. 이 규정을 이행함에 있어서 제2항에 규정한 사항도 함께 고려한다.
4. 이 조의 규정에 따라 선진내륙국은 동일한 소지역 또는 지역내 선진연안국의 배타적경제수역에 한하여 생물자원 개발에 참여할 수 있다. 이 때 그 선진내륙국은 그 선진 연안국이 자국의 배타적경제수역의 생물자원에 대한 다른 국가의 접근을 허용함에 있어서, 관습적으로 그 수역에서 조업하여 온 국민이 있는 국가의 지역어업사회에 미칠 해로운 영향과 경제적 혼란을 최소화할 필요를 고려하여 온 정도를 참작한다.
5. 위의 규정은 연안국이 배타적경제수역의 생물자원개발을 위한 평등한 권리나 우선적 권리를 동일한 소지역 또는 지역내의 내륙국에 부여하는 소지역 또는 지역내에서 합의된 약정을 적용하는 것을 침해하지 아니한다.

제70조 지리적불리국의 권리

1. 지리적불리국은 모든 관련국의 경제적·지리적 상황을 고려하고 이 조 및 제61조, 제62조의 규정에 따라 동일한 소지역 또는 지역내에 있는 연안국의 배타적경제수역의 생물자원 잉여량중 적절한 양의 개발에 공평하게 참여할 권리를 가진다.

2. 이 부에서 "지리적불리국"이라 함은 폐쇄해나 반폐쇄해에 접한 국가를 포함한 연안국으로서, 그 지리적 여건으로 인하여 자국주민 또는 그 일부의 영양상 목적을 위하여 충분한 어류공급을 소지역 또는 지역내에 있는 다른 국가의 배타적경제수역내 생물자원의 개발에 의존하여야 하거나, 자국의 배타적경제수역을 주장할 수 없는 연안국을 말한다.

3. 이러한 참여의 조건과 방식은 특히 아래 사항을 고려하여 양자협정, 소지역 또는 지역협정을 통하여 관련국에 의하여 확립된다.

(a) 연안국의 지역어업사회 및 수산업에 해로운 영향을 회피할 필요

(b) 이 조의 규정에 따라 지리적불리국이 기존의 양자협정, 소지역 또는 지역협정에 따라 다른 연안국의 배타적경제수역의 생물자원개발에 참여하고 있는 정도 또는 참여할 수 있는 자격의 정도

(c) 다른 지리적불리국과 내륙국이 연안국의 배타적경제수역의 생물자원의 개발에 참여하고 있는 정도 및 그 결과로 단일 연안국이 특별한 부담 또는 그 일부를 지게 되는 것을 회피할 필요

(d) 각국 주민의 영양상 필요

4. 연안국의 어획능력이 자국의 배타적경제수역 생물자원의 허용어획량 전체를 어획할 수 있는 수준에 도달한 경우, 연안국과 그 밖의 관련국은 양국간, 소지역적 또는 지역적 기초에 입각하여 상황에 적절하고 모든 당사국이 만족하는 조건으로, 동일한 소지역이나 지역내에 있는 연안국의 배타적경제수역 생물자원 개발에 참여를 허용하는 공평한 약정을 체결하도록 협력한다. 이 규정을 이행함에 있어서 제3항에 규정한 사항도 함께 고려한다.

5. 이 조의 규정에 따라 선진지리적불리국은 동일한 소지역 또는 지역내에 있는 선진연안국의 배타적경제수역에 한하여 생물자원의 개발에 참여할 수 있다. 이때 그 선진지리적불리국은 그 선진연안국이 자국의 배타적경제수역의 생물자원에 대하여 다른 국가의 입어를 허용함에 있어서, 소속국민이 오랫동안 그 수역에서 조업하여 온 국가의 지역어업사회에 미칠 해로운 영향과 경제적 혼란을 최소화할 필요를 고려하여 온 정도를 참작한다.

6. 위의 규정은 연안국이 배타적경제수역의 생물자원 개발을 위한 평등한 권리나 우선적 권리를 동일한 소지역 또는 지역내의 지리적불리국에 부여하는 소지역 또는 지역 내에서 합의된 약정을 적용하는 것을 침해하지 아니한다.

제71조 제69조와 제70조 적용의 배제

제69조와 제70조의 규정은 연안국의 경제가 배타적경제수역의 생물자원개발에 크게 의존하고 있는 경우에는 적용하지 아니한다.

제72조 권리이전의 제한

1. 제69조와 제70조에 규정한 생물자원개발 권리는 관계국이 달리 합의하지 아니하는 한, 임대차나 면허, 합작사업의 설립 또는 권리 이전의 효과를 가지는 그 밖의 방법에 의하여 제3국이나 그 국민에게 직접적으로 또는 간접적으로 이전될 수 없다.
2. 제1항의 규정은 동항에서 언급된 효과를 가지지 아니하는 한, 관련국이 제69조와 제70조의 규정에 따른 권리의 행사를 용이하게 하기 위하여 제3국이나 국제기구로부터 기술적·재정적 원조를 받는 것을 방해하지 아니한다.

제73조 연안국법령의 시행
1. 연안국은 배타적경제수역의 생물자원을 탐사·개발·보존 및 관리하는 주권적 권리를 행사함에 있어서, 이 협약에 부합되게 채택한 자국법령을 준수하도록 보장하기 위하여 승선, 검색, 나포 및 사법절차를 포함하여 필요한 조치를 취할 수 있다.
2. 나포된 선박과 승무원은 적절한 보석금이나 그 밖의 보증금을 예치한 뒤에는 즉시 석방된다.
3. 배타적경제수역에서 어업법령 위반에 대한 연안국의 처벌에는, 관련국간 달리 합의하지 아니하는 한, 금고 또는 다른 형태의 체형이 포함되지 아니한다.
4. 외국선박을 나포하거나 억류한 경우, 그 연안국은 적절한 경로를 통하여 취하여진 조치와 그 후에 부과된 처벌에 관하여 기국에 신속히 통고한다.

제74조 대향국간 또는 인접국간의 배타적경제수역의 경계획정
1. 서로 마주보고 있거나 인접한 연안을 가진 국가간의 배타적경제수역 경계획정은 공평한 해결에 이르기 위하여, 국제사법재판소규정 제38조에 언급된 국제법을 기초로 하는 합의에 의하여 이루어진다.
2. 상당한 기간내에 합의에 이르지 못할 경우 관련국은 제15부에 규정된 절차에 회부한다.
3. 제1항에 규정된 합의에 이르는 동안, 관련국은 이해와 상호협력의 정신으로 실질적인 잠정약정을 체결할 수 있도록 모든 노력을 다하며, 과도적인 기간동안 최종 합의에 이르는 것을 위태롭게 하거나 방해하지 아니한다. 이러한 약정은 최종적인 경계획정에 영향을 미치지 아니한다.
4. 관련국간에 발효중인 협정이 있는 경우, 배타적경제수역의 경계획정에 관련된 사항은 그 협정의 규정에 따라 결정된다.

제75조 해도와 지리적 좌표목록
1. 이 부에 따라 배타적경제수역의 바깥한계선 및 제75조에 따라 그은 경계획정선은 그 위치를 확인하기에 적합한 축척의 해도에 표시된다. 적절한 경우 이러한 바깥한계선이나 경계획정선은 측지자료를 명기한 각 지점의 지리적 좌표목록으로 대체할 수 있다.
2. 연안국은 이러한 해도나 지리적 좌표목록을 적절히 공표하고 그 사본을 국제연합 사무총장에게 기탁한다.

제 6 부 대륙붕

제76조 대륙붕의 정의

1. 연안국의 대륙붕은 영해 밖으로 영토의 자연적 연장에 따라 대륙변계의 바깥끝 까지, 또는 대륙변계의 바깥끝이 200해리에 미치지 아니하는 경우, 영해기선으로부터 200해리까지의 해저지역의 해저와 하층토로 이루어진다.
2. 연안국의 대륙붕은 제4항부터 제6항까지 규정한 한계 밖으로 확장될 수 없다.
3. 대륙변계는 연안국 육지의 해면 아래쪽 연장으로서, 대륙붕·대륙사면·대륙융기의 해저와 하층토로 이루어진다. 대륙변계는 해양산맥을 포함한 심해대양저나 그 하층토를 포함하지 아니한다.
4. (a) 이 협약의 목적상 연안국은 대륙변계가 영해기선으로부터 200해리 밖까지 확장되는 곳에서는 아래 선중 어느 하나로 대륙변계의 바깥끝을 정한다.

(i) 퇴적암의 두께가 그 가장 바깥 고정점으로부터 대륙사면의 끝까지를 연결한 가장 가까운 거리의 최소한 1퍼센트인 가장 바깥 고정점을 제7항에 따라 연결한 선

(ii) 대륙사면의 끝으로부터 60해리를 넘지 아니하는 고정점을 제7항에 따라 연결한 선

(b) 반대의 증거가 없는 경우, 대륙사면의 끝은 그 기저에서 경사도의 최대변경점으로 결정된다.

5. 제4항 (a) (i)과 (ii)의 규정에 따라 그은 해저에 있는 대륙붕의 바깥한계선을 이루는 고정점은 영해기선으로부터 350해리를 넘거나 2500미터 수심을 연결하는 선인 2500미터 등심선으로부터 100해리를 넘을 수 없다.
6. 제5항의 규정에도 불구하고 해저산맥에서는 대륙붕의 바깥한계는 영해기선으로부터 350해리를 넘을 수 없다. 이 항은 해양고원·융기·캡·해퇴 및 해저돌출부와 같은 대륙변계의 자연적 구성요소인 해저고지에는 적용하지 아니한다.
7. 대륙붕이 영해기선으로부터 200해리 밖으로 확장되는 경우, 연안국은 경도와 위도 좌표로 표시된 고정점을 연결하여 그 길이가 60해리를 넘지 아니하는 직선으로 대륙붕의 바깥한계를 그어야 한다.
8. 연안국은 영해기선으로부터 200해리를 넘는 대륙붕의 한계에 관한 정보를 공평한 지리적 배분의 원칙에 입각하여 제2부속서에 따라 설립된 대륙붕한계위원회에 제출한다. 위원회는 대륙붕의 바깥한계 설정에 관련된 사항에 관하여 연안국에 권고를 행한다. 이러한 권고를 기초로 연안국이 확정한 대륙붕의 한계는 최종적이며 구속력을 가진다.
9. 연안국은 측지자료를 비롯하여 항구적으로 자국 대륙붕의 바깥한계를 표시하는 해도와 관련정보를 국제연합사무총장에게 기탁한다. 국제연합사무총장은 이를 적절히 공표한다.
10. 이 조의 규정은 서로 마주보고 있거나 이웃한 연안국의 대륙붕경계 획정문제에 영향을 미치지 아니한다.

제77조 대륙붕에 대한 연안국의 권리

1. 연안국은 대륙붕을 탐사하고 그 천연자원을 개발할 수 있는 대륙붕에 대한 주권적 권리를 행사한다.
2. 제1항에 언급된 권리는 연안국이 대륙붕을 탐사하지 아니하거나 그 천연자원을 개발하지 아니하더라도 다른 국가는 연안국의 명시적인 동의없이는 이러한 활동을 할 수 없다는 의미에서 배타적 권리이다.
3. 대륙붕에 대한 연안국의 권리는 실효적이거나 관념적인 점유 또는 명시적 선언에 의존하지 아니한다.
4. 이 부에서 규정한 천연자원은 해저와 하층토의 광물, 그 밖의 무생물자원 및 정착성어종에 속하는 생물체, 즉 수확가능단계에서 해저표면 또는 그 아래에서 움직이지 아니하거나 또는 해저나 하층토에 항상 밀착하지 아니하고는 움직일 수 없는 생물체로 구성된다.

제78조 상부수역과 상공의 법적지위 및 다른 국가의 권리와 자유
1. 대륙붕에 대한 연안국의 권리는 그 상부수역이나 수역 상공의 법적지위에 영향을 미치지 아니한다.
2. 대륙붕에 대한 연안국의 권리행사는 다른 국가의 항행의 권리 및 이 협약에 규정한 다른 권리와 자유를 침해하거나 부당한 방해를 초래하지 아니한다.

제79조 대륙붕에서의 해저전선과 관선
1. 모든 국가는 이 조의 규정에 따라 대륙붕에서 해저전선과 관선을 부설할 자격을 가진다.
2. 연안국은 대륙붕의 탐사와 대륙붕의 천연자원 개발, 그리고 관선에 의한 오염의 방지, 경감 및 통제를 위한 합리적 조치를 취할 권리에 따라 이러한 전선이나 관선의 부설이나 유지를 방해할 수 없다.
3. 대륙붕에서 위의 관선 부설경로의 설정은 연안국의 동의를 받아야 한다.
4. 이 부의 어떠한 규정도 자국 영토나 영해를 거쳐가는 전선이나 관선에 대한 조건을 설정하는 연안국의 권리, 대륙붕의 탐사나 그 자원의 개발 또는 자국 관할권 아래에 있는 인공섬·시설 및 구조물의 운용과 관련하여 부설하거나 사용하는 전선과 관선에 대한 연안국의 관할권에 영향을 미치지 아니한다.
5. 각국은 해저전선이나 관선을 부설함에 있어서 이미 설치된 전선이나 관선을 적절히 고려한다. 특히 기존전선이나 관선을 수리할 가능성을 방해하지 아니한다.

제80조 대륙붕상의 인공섬·시설 및 구조물
제60조의 규정은 대륙붕상의 인공섬·시설 및 구조물에 준용한다.

제81조 대륙붕 시추
연안국은 대륙붕에서 모든 목적의 시추를 허가하고 규제할 배타적 권리를 가진다.

제82조 200해리 밖의 대륙붕개발에 따른 금전지급 및 현물공여
1. 연안국은 영해기선으로부터 200해리 밖에 있는 대륙붕의 무생물 자원 개발에

관하여 금전을 지급하거나 현물을 공여한다.

2. 금전지급과 현물공여는 생산개시 5년 후부터 그 광구에서 생산되는 모든 생산물에 대하여 매년 납부된다. 6년째의 금전지급이나 현물공여의 비율은 생산물의 가격이나 물량의 1퍼센트로 유지한다. 그 비율은 12년째까지 매년 1퍼센트씩 증가시키고 그 이후에는 7퍼센트로 한다. 생산물의 개발을 위하여 사용한 자원은 포함하지 아니한다.

3. 자국의 대륙붕에서 생산되는 광물자원의 순수입국인 개발도상국은 그 광물자원에 대한 금전지급이나 현물공여로부터 면제된다.

4. 금전지급과 현물공여는 해저기구를 통하여 이루어지며, 해저기구는 이를 개발도상국 특히 개발도상국중 최저개발국 및 내륙국의 이익과 필요를 고려하고 공평분배의 기준에 입각하여 이 협약의 당사국에게 분배한다.

제83조 대향국간 또는 인접국간의 대륙붕의 경계획정

1. 서로 마주보고 있거나 인접한 연안국간의 대륙붕 경계획정은 공평한 해결에 이르기 위하여, 국제사법재판소규정 제38조에 언급된 국제법을 기초로 하여 합의에 의하여 이루어진다.

2. 상당한 기간내에 합의에 이르지 못할 경우, 관련국은 제15부에 규정된 절차에 회부한다.

3. 제1항에 규정된 합의에 이르는 동안 관련국은, 이해와 상호협력의 정신으로, 실질적인 잠정약정을 체결할 수 있도록 모든 노력을 다하며, 과도적인 기간동안 최종 합의에 이르는 것을 위태롭게 하거나 방해하지 아니한다. 이러한 약정은 최종적 경계획정에 영향을 미치지 아니한다.

4. 관련국간에 발효중인 협정이 있는 경우, 대륙붕의 경계획정에 관련된 문제는 그 협정의 규정에 따라 결정된다.

제84조 해도와 지리적 좌표목록

1. 이 부에 따라 대륙붕의 바깥한계선과 제83조에 따라 그은 경계획정선은 그 위치를 확인하기에 적합한 축척의 해도에 표시한다. 적절한 경우 이러한 바깥한계선이나 경계획정선은 측지자료를 명기한 각 지점의 지리적 좌표목록으로 대체할 수 있다.

2. 연안국은 이러한 해도나 지리적 좌표목록을 적절히 공표하고 그 사본을 국제연합 사무총장에게 기탁하며, 대륙붕의 바깥한계선을 표시하는 해도나 좌표목록의 경우에는 이를 해저기구 사무총장에게 기탁한다.

제85조 굴착

이 부의 규정은 하층토 상부의 수심에 관계없이 굴착에 의하여 하층토를 개발하는 연안국의 권리를 침해하지 아니한다.

제 7 부 공 해

제 1 절 총 칙

제86조 이 부 규정의 적용

이 부의 규정은 어느 한 국가의 배타적경제수역·영해·내수 또는 군도국가의 군도수역에 속하지 아니하는 바다의 모든 부분에 적용된다. 이 조는 제58조에 따라 배타적경제수역에서 모든 국가가 향유하는 자유에 제약을 가져오지 아니한다.

제87조 공해의 자유

1. 공해는 연안국이거나 내륙국이거나 관계없이 모든 국가에 개방된다. 공해의 자유는 이 협약과 그 밖의 국제법규칙이 정하는 조건에 따라 행사된다. 연안국과 내륙국이 향유하는 공해의 자유는 특히 다음의 자유를 포함한다.

(a) 항행의 자유

(b) 상공비행의 자유

(c) 제6부에 따른 해저전선과 관선 부설의 자유

(d) 제6부에 따라 국제법상 허용되는 인공섬과 그 밖의 시설 건설의 자유

(e) 제2절에 정하여진 조건에 따른 어로의 자유

(f) 제6부와 제13부에 따른 과학조사의 자유

2. 모든 국가는 이러한 자유를 행사함에 있어서 공해의 자유의 행사에 관한 다른 국가의 이익 및 심해저활동과 관련된 이 협약상의 다른 국가의 권리를 적절히 고려한다.

제88조 평화적 목적을 위한 공해의 보존

공해는 평화적 목적을 위하여 보존된다.

제89조 공해에 대한 주권주장의 무효

어떠한 국가라도 유효하게 공해의 어느 부분을 자국의 주권아래 둘 수 없다.

제90조 항행의 권리

연안국이거나 내륙국이거나 관계없이 모든 국가는 공해에서 자국기를 게양한 선박을 항행시킬 권리를 가진다.

제91조 선박의 국적

1. 모든 국가는 선박에 대한 자국국적의 부여, 자국영토에서의 선박의 등록 및 자국기를 게양할 권리에 관한 조건을 정한다. 어느 국기를 게양할 자격이 있는 선박은 그 국가의 국적을 가진다. 그 국가와 선박간에는 진정한 관련이 있어야 한다.
2. 모든 국가는 그 국기를 게양할 권리를 부여한 선박에 대하여 그러한 취지의 서류를 발급한다.

제92조 선박의 지위

1. 국제조약이나 이 협약에 명시적으로 규정된 예외적인 경우를 제외하고는 선박은 어느 한 국가의 국기만을 게양하고 항행하며 공해에서 그 국가의 배타적인 관할권에 속한다. 선박은 진정한 소유권 이전 또는 등록변경의 경우를 제외하고

는 항행중이나 기항중에 그 국기를 바꿀 수 없다.

2. 2개국 이상의 국기를 편의에 따라 게양하고 항행하는 선박은 다른 국가에 대하여 그 어느 국적도 주장할 수 없으며 무국적선으로 취급될 수 있다.

제93조 국제연합, 국제연합전문기구와 국제원자력기구의 기를 게양한 선박

앞의 조항들은 국제연합, 국제연합 전문기구 또는 국제원자력기구의 기를 게양하고 그 기구의 공무에 사용되는 선박에 관련된 문제에는 영향을 미치지 아니한다.

제94조 기국의 의무

1. 모든 국가는 자국기를 게양한 선박에 대하여 행정적·기술적·사회적 사항에 관하여 유효하게 자국의 관할권을 행사하고 통제한다.

2. 모든 국가는 특히,

(a) 일반적으로 수락된 국제규칙이 적용되지 아니하는 소형 선박을 제외하고는 자국기를 게양한 선명과 세부사항을 포함하는 선박등록대장을 유지한다.

(b) 선박에 관련된 행정적·기술적·사회적 사항과 관련하여 자국기를 게양한 선박, 그 선박의 선장, 사관과 선원에 대한 관할권을 자국의 국내법에 따라 행사한다.

3. 모든 국가는 자국기를 게양한 선박에 대하여 해상안전을 확보하기 위하여 필요한 조치로서 특히 다음 사항에 관한 조치를 취한다.

(a) 선박의 건조, 장비 및 감항성

(b) 적용가능한 국제문서를 고려한 선박의 인원배치, 선원의 근로조건 및 훈련

(c) 신호의 사용, 통신의 유지 및 충돌의 방지

4. 이러한 조치는 다음을 보장하기 위하여 필요한 사항을 포함한다.

(a) 각 선박은 등록전과 등록후 적당한 기간마다 자격있는 선박검사원에 의한 검사를 받아야하며, 선박의 안전항행에 적합한 해도·항행간행물과 항행장비 및 항행도구를 선상에 보유한다.

(b) 각 선박은 적합한 자격, 특히 선박조종술·항행·통신·선박공학에 관한 적합한 자격을 가지고 있는 선장과 사관의 책임아래 있고, 선원은 그 자격과 인원수가 선박의 형태·크기·기관 및 장비에 비추어 적합하여야 한다.

(c) 선장·사관 및 적합한 범위의 선원은 해상에서의 인명안전, 충돌의 방지, 해양오염의 방지·경감·통제 및 무선통신의 유지와 관련하여 적용가능한 국제규칙에 완전히 정통하고 또한 이를 준수한다.

5. 제3항과 제4항에서 요구되는 조치를 취함에 있어서, 각국은 일반적으로 수락된 국제적인 규제 조치, 절차 및 관행을 따르고, 이를 준수하기 위하여 필요한 조치를 취한다.

6. 선박에 관한 적절한 관할권이나 통제가 행하여지지 않았다고 믿을 만한 충분한 근거를 가지고 있는 국가는 기국에 그러한 사실을 통보할 수 있다. 기국은 이러한 통보를 접수한 즉시 그 사실을 조사하고, 적절한 경우, 상황을 개선하기 위하여 필요한 조치를 취한다.

7. 각국은 다른 국가의 국민에 대한 인명손실이나 중대한 상해, 다른 국가의 선박이나 시설, 또는 해양환경에 대한 중대한 손해를 일으킨 공해상의 해난이나

항행사고에 관하여 자국기를 게양한 선박이 관계되는 모든 경우, 적절한 자격을 갖춘 사람에 의하여 또는 그 입회 아래 조사가 실시되도록 한다. 기국 및 다른 관련국은 이러한 해난이나 항행사고에 관한 그 다른 관련국의 조사실시에 서로 협력한다.

제95조 공해상 군함의 면제

공해에 있는 군함은 기국외의 어떠한 국가의 관할권으로부터도 완전히 면제된다.

제96조 정부의 비상업적 업무에만 사용되는 선박의 면제

국가가 소유하거나 운용하는 선박으로서 정부의 비상업적 업무에만 사용되는 선박은 공해에서 기국외의 어떠한 국가의 관할권으로부터도 완전히 면제된다.

제97조 충돌 또는 그 밖의 항행사고에 관한 형사관할권

1. 공해에서 발생한 선박의 충돌 또는 선박에 관련된 그 밖의 항행사고로 인하여 선장 또는 그 선박에서 근무하는 그 밖의 사람의 형사책임이나 징계책임이 발생하는 경우, 관련자에 대한 형사 또는 징계 절차는 그 선박의 기국이나 그 관련자의 국적국의 사법 또는 행정당국 외에서는 제기될 수 없다.
2. 징계문제와 관련, 선장증명서, 자격증 또는 면허증을 발급한 국가만이 적법절차를 거친 후, 이러한 증명서의 소지자가 자국국민이 아니더라도, 이러한 증명서를 무효화할 권한이 있다.
3. 선박의 나포나 억류는 비록 조사를 위한 조치이더라도 기국이 아닌 국가의 당국은 이를 명령할 수 없다.

제98조 지원제공의무

1. 모든 국가는 자국국기를 게양한 선박의 선장에 대하여 선박·선원 또는 승객에 대한 중대한 위험이 없는 한 다음 사항을 행하도록 요구한다.
(a) 바다에서 발견된 실종위험이 있는 사람에 대한 지원제공
(b) 지원할 필요가 있다고 통보받은 경우 선장이 그러한 행동을 하리라고 합리적으로 기대되는 한도내에서 가능한 전속력 항진하여 조난자를 구조하는 것
(c) 충돌후 상대선박·선원·승객에 대한 지원제공 및 가능한 경우 자기선박의 명칭·등록항 그리고 가장 가까운 기항예정지를 상대선박에 통보
2. 모든 연안국은 해상안전에 관한 적절하고도 실효적인 수색·구조기관의 설치·운영 및 유지를 촉진시키고, 필요한 경우 이를 위하여 지역약정의 형태로 인접국과 서로 협력한다.

제99조 노예수송금지

모든 국가는 자국기 게양이 허가된 선박에 의한 노예수송을 방지하고 처벌하며 자국기가 그러한 목적으로 불법사용되는 것을 방지하기 위하여 실효적인 조치를 취한다. 선박에 피난한 노예는 그 선박의 기국이 어느 나라이건 피난사실 자체로써 자유이다.

제100조 해적행위 진압을 위한 협력의무

모든 국가는 공해나 국가 관할권 밖의 어떠한 곳에서라도 해적행위를 진압하는데 최대한 협력한다.

제101조 해적행위의 정의

해적행위라 함은 다음 행위를 말한다.

(a) 민간선박 또는 민간항공기의 승무원이나 승객이 사적 목적으로 다음에 대하여 범하는 불법적 폭력행위, 억류 또는 약탈 행위

(i) 공해상의 다른 선박이나 항공기 또는 그 선박이나 항공기내의 사람이나 재산

(ii) 국가 관할권에 속하지 아니하는 곳에 있는 선박·항공기·사람이나 재산

(b) 어느 선박 또는 항공기가 해적선 또는 해적항공기가 되는 활동을 하고 있다는 사실을 알고서도 자발적으로 그러한 활동에 참여하는 모든 행위

(c) (a) 와 (b)에 규정된 행위를 교사하거나 고의적으로 방조하는 모든 행위

제102조 승무원이 반란을 일으킨 군함·정부선박·정부항공기에 의한 해적행위

승무원이 반란을 일으켜 그 지배하에 있는 군함·정부선박·정부항공기가 제101조에 정의된 해적행위를 하는 경우, 그러한 행위는 민간선박 또는 민간항공기에 의한 행위로 본다.

제103조 해적선·해적항공기의 정의

선박 또는 항공기를 실효적으로 통제하고 있는 자가 제101조에 언급된 어느 한 행위를 목적으로 그 선박이나 항공기를 사용하려는 경우, 그 선박 또는 항공기는 해적선이나 해적항공기로 본다. 선박이나 항공기가 이러한 행위를 위하여 사용된 경우로서 그 선박이나 항공기가 그러한 행위에 대해 책임있는 자의 지배하에 있는 한 또한 같다.

제104조 해적선·해적항공기의 국적 보유 또는 상실

선박 또는 항공기가 해적선 또는 해적항공기가 된 경우에도 그 국적을 보유할 수 있다. 국적의 보유나 상실은 그 국적을 부여한 국가의 법률에 의하여 결정된다.

제105조 해적선·해적항공기의 나포

모든 국가는 공해 또는 국가 관할권 밖의 어떠한 곳에서라도, 해적선·해적항공기 또는 해적행위에 의하여 탈취되어 해적의 지배하에 있는 선박·항공기를 나포하고, 그 선박과 항공기내에 있는 사람을 체포하고, 재산을 압수할 수 있다. 나포를 행한 국가의 법원은 부과될 형벌을 결정하며, 선의의 제3자의 권리를 존중할 것을 조건으로 그 선박·항공기 또는 재산에 대하여 취할 조치를 결정할 수 있다.

제106조 충분한 근거없는 나포에 따르는 책임

해적행위의 혐의가 있는 선박이나 항공기의 나포가 충분한 근거가 없이 행하여

진 경우, 나포를 행한 국가는 그 선박이나 항공기의 국적국에 대하여 나포로 인하여 발생한 손실 또는 손해에 대한 책임을 진다.

제107조 해적행위를 이유로 나포할 권한이 있는 선박과 항공기

해적행위를 이유로 한 나포는 군함·군용항공기 또는 정부업무를 수행중인 것으로 명백히 표시되고 식별이 가능하며 그러한 권한이 부여된 그 밖의 선박이나 항공기만이 행할 수 있다.

제108조 마약이나 향정신성물질의 불법거래

1. 모든 국가는 공해에서 선박에 의하여 국제협약을 위반하여 행하여지는 마약과 향정신성물질의 불법거래를 진압하기 위하여 협력한다.
2. 자국기를 게양한 선박이 마약이나 향정신성물질의 불법거래에 종사하고 있다고 믿을 만한 합리적인 근거를 가지고 있는 국가는 다른 국가에 대하여 이러한 거래의 진압을 위한 협력을 요청할 수 있다.

제109조 공해로부터의 무허가방송

1. 모든 국가는 공해로부터의 무허가방송을 진압하는데 협력한다.
2. 이 협약에서 "무허가방송"이라 함은 국제규정을 위배하여 일반대중의 수신을 목적으로 공해상의 선박이나 시설로부터 음성무선방송이나 텔레비젼방송을 송신함을 말한다. 다만, 조난신호의 송신은 제외한다.
3. 무허가방송에 종사하는 자는 다음 국가의 법원에 기소될 수 있다.
   (a) 선박의 기국
   (b) 시설의 등록국
   (c) 종사자의 국적국
   (d) 송신이 수신될 수 있는 국가
   (e) 허가된 무선통신이 방해받는 국가
4. 제3항에 따라 관할권을 가지는 국가는 무허가방송에 종사하는 사람이나 선박을 제110조의 규정에 따라 공해에서 체포하거나 나포하고 방송기기를 압수할 수 있다.

제110조 임검권

1. 제95조와 제96조에 따라 완전한 면제를 가지는 선박을 제외한 외국선박을 공해에서 만난 군함은 다음과 같은 혐의를 가지고 있다는 합리적 근거가 없는 한 그 선박을 임검하는 것은 정당화되지 아니한다. 다만, 간섭행위가 조약에 따라 부여된 권한에 의한 경우는 제외한다.
   (a) 그 선박의 해적행위에의 종사
   (b) 그 선박의 노예거래에의 종사
   (c) 그 선박의 무허가방송에의 종사 및 군함 기국이 제109조에 따른 관할권 보유
   (d) 무국적선
   (e) 선박이 외국기를 게양하고 있거나 국기제시를 거절하였음에도 불구하고 실질적으로 군함과 같은 국적 보유

2. 제1항에 규정된 경우에 있어서 군함은 그 선박이 그 국기를 게양할 권리를 가지는 가를 확인할 수 있다. 이러한 목적을 위하여 군함은 혐의선박에 대하여 장교의 지휘아래 보조선을 파견할 수 있다. 서류를 검열한 후에도 혐의가 남아 있는 경우, 가능한 한 신중하게 그 선박내에서 계속하여 검사를 진행할 수 있다.
3. 혐의가 근거없는 것으로 밝혀지고 또한 임검을 받은 선박이 그 혐의를 입증할 어떠한 행위도 행하지 아니한 경우에는 그 선박이 입은 모든 손실이나 피해에 대하여 보상을 받는다.
4. 이러한 규정은 군용항공기에 준용한다.
5. 이러한 규정은 또한 정부 업무에 사용중인 것으로 명백히 표시되어 식별이 가능하며 정당하게 권한이 부여된 그 밖의 모든 선박이나 항공기에도 적용한다.

제111조 추적권

1. 외국선박에 대한 추적은 연안국의 권한있는 당국이 그 선박이 자국의 법령을 위반한 것으로 믿을 만한 충분한 이유가 있을 때 행사할 수 있다. 이러한 추적은 외국선박이나 그 선박의 보조선이 추적국의 내수·군도수역·영해 또는 접속수역에 있을 때 시작되고 또한 추적이 중단되지 아니한 경우에 한하여 영해나 접속수역 밖으로 계속될 수 있다. 영해나 접속수역에 있는 외국선박이 정선명령을 받았을 때 정선명령을 한 선박은 반드시 영해나 접속수역에 있어야 할 필요는 없다. 외국선박이 제33조에 정의된 접속수역에 있을 경우 추적은 그 수역을 설정함으로써 보호하려는 권리가 침해되는 경우에 한하여 행할 수 있다.
2. 추적권은 배타적경제수역이나 대륙붕(대륙붕시설 주변의 안전수역 포함)에서 이 협약에 따라 배타적경제수역이나 대륙붕(이러한 안전수역 포함)에 적용될 수 있는 연안국의 법령을 위반한 경우에 준용한다.
3. 추적권은 추적당하는 선박이 그 국적국 또는 제3국의 영해에 들어감과 동시에 소멸한다.
4. 추적당하는 선박이나 그 선박의 보조선이 또는 추적당하는 선박을 모선으로 사용하면서 한 선단을 형성하여 활동하는 그 밖의 보조선이 영해의 한계 내에 있거나, 경우에 따라서는, 접속수역·배타적경제수역 한계내에 또는 대륙붕 상부에 있다는 사실을 추적선박이 이용가능한 실제적인 방법으로 확인하지 아니하는 한, 추적은 시작된 것으로 인정되지 아니한다. 추적은 시각이나 음향 정선신호가 외국선박이 보거나 들을 수 있는 거리에서 발신된 후 비로소 이를 시작할 수 있다.
5. 추적권은 군함·군용항공기 또는 정부업무에 사용중인 것으로 명백히 표시되어 식별이 가능하며 그러한 권한이 부여된 그 밖의 선박이나 항공기에 의하여서만 행사될 수 있다.
6. 추적이 항공기에 의하여 행하여지는 경우
(a) 제1항부터 제4항까지의 규정을 준용한다.
(b) 정선명령을 한 항공기는 선박을 직접 나포할 수 있는 경우를 제외하고는 그 항공기가 요청한 연안국의 선박이나 다른 항공기가 도착하여 추적을 인수할 때까지 그 선박을 스스로 적극적으로 추적한다. 선박의 범법사실 또는 범법혐의가 항공기에 의하여 발견되었더라도, 그 항공기에 의하여 또는 중단없이 계속하여

그 추적을 행한 다른 항공기나 선박에 의하여 정선명령을 받고 추적당하지 아니하는 한, 영해 밖에서의 나포를 정당화시킬 수 없다.

7. 어느 국가의 관할권 내에서 나포되어 권한있는 당국의 심리를 받기 위하여 그 국가의 항구에 호송된 선박은 부득이한 사정에 의하여 그 항행도중에 배타적 경제수역의 어느 한 부분이나 공해의 어느 한 부분을 통하여 호송되었다는 이유만으로 그 석방을 주장할 수 없다.

8. 추적권의 행사가 정당화되지 아니하는 상황에서 선박이 영해 밖에서 정지되거나 나포된 경우, 그 선박은 이로 인하여 받은 모든 손실이나 피해를 보상받는다.

제112조 해저전선·관선의 부설권

1. 모든 국가는 대륙붕 밖의 공해 해저에서 해저전선과 관선을 부설할 수 있다.
2. 제79조 제5항은 이러한 전선과 관선에 적용된다.

제113조 해저전선·관선의 파괴 및 훼손

모든 국가는 자국기를 게양한 선박이나 자국의 관할권에 속하는 사람이 전신이나 전화통신을 차단하거나 방해할 우려가 있는 방법으로 공해 밑에 있는 해저전선을 고의나 과실로 파괴하거나 훼손하는 행위와 이와 유사한 방식으로 해저관선이나 고압전선을 파괴하거나 훼손하는 행위는 처벌가능한 범죄를 구성한다는 사실을 규정하기 위하여 필요한 법령을 제정한다. 또한 이 조의 규정은 이러한 파괴 및 훼손을 기도하였거나 초래할 가능성이 있는 행위에도 적용한다. 다만, 이 조의 규정은 이러한 파괴 및 훼손을 피하기 위하여 필요한 모든 예방조치를 취한 후 자신의 생명이나 선박을 구하기 위하여 오직 적법한 목적으로 행동한 사람에 의하여 발생한 파괴 및 훼손에 대하여는 적용하지 아니한다.

제114조 해저전선·관선 소유자에 의한 다른 해저전선·관선의 파괴 및 훼손

모든 국가는 자국의 관할권에 속하는 사람으로서 공해 밑에 있는 해저전선이나 관선의 소유자가 전선이나 관선을 부설·수리 도중 다른 전선이나 관선을 파괴하거나 훼손한 경우, 수리비용을 부담하도록 규정하기 위하여 필요한 법령을 제정한다.

제115조 해저전선·관선 훼손을 피하는 데 따르는 손실의 보상

모든 국가는 선박의 소유자가 해저전선이나 관선의 훼손을 회피하기 위하여 닻, 어망 또는 그 밖의 어구를 멸실하였음을 입증할 수 있을 때에는 그 선박소유자가 사전에 모든 합리적인 예방조치를 취하였음을 조건으로 하여 그 전선이나 관선의 소유자로부터 보상을 받을 수 있도록 보장하기 위하여 필요한 법령을 제정한다.

제 2 절 공해생물자원의 관리 및 보존

제116조 공해 어업권

모든 국가는 다음의 규정을 지킬 것을 조건으로 자국민이 공해에서 어업에 종사하도록 할 권리를 가진다.

(a) 자국의 조약상의 의무

(b) 특히 제63조 제2항과 제64조부터 제67조까지의 규정된 연안국의 권리, 의무 및 이익

(c) 이 절의 규정

제117조 자국민을 대상으로 공해생물자원 보존조치를 취할 국가의 의무

모든 국가는 자국민을 대상으로 공해생물자원 보존에 필요한 조치를 취하거나, 그러한 조치를 취하기 위하여 다른 국가와 협력할 의무가 있다.

제118조 생물자원의 보존·관리를 위한 국가간 협력

모든 국가는 공해수역에서 생물자원의 보존·관리를 위하여 서로 협력한다. 동일한 생물자원이나 동일수역에서의 다른 생물자원을 이용하는 국민이 있는 모든 국가는 관련생물자원의 보존에 필요한 조치를 취하기 위한 교섭을 시작한다. 이를 위하여 적절한 경우 그 국가는 소지역 또는 지역어업기구를 설립하는 데 서로 협력한다.

제119조 공해생물자원 보존

1. 공해생물자원의 허용어획량을 결정하고 그 밖의 보존조치를 수립함에 있어서 국가는 다음 사항을 행한다.

(a) 개발도상국의 특별한 요구를 포함한 환경적·경제적 관련요소에 따라 제한되고 어업형태·어족간 서로 의존하고 있는 정도 및 소지역적·지역적 또는 지구적이거나에 관계없이 일반적으로 권고된 국제최저기준을 고려하여 최대지속 생산량을 실현시킬 수 있는 수준으로, 어획하는 어종의 자원량을 유지·회복하도록 관계국이 이용가능한 최선의 과학적 증거를 기초로 하여 계획된 조치를 취한다.

(b) 어획하는 어종과 관련되거나 이에 부수되는 어종의 자원량의 재생산이 뚜렷하게 위태롭게 되지 아니할 수준이상으로 유지·회복시키기 위하여 연관어종이나 종속어종에 미치는 영향을 고려한다.

2. 이용가능한 과학적 정보, 어획량 및 어업활동 통계와 수산자원보존에 관련된 그 밖의 자료는 적절한 경우 모든 관련국이 참여한 가운데 권한있는 소지역적·지역적 또는 지구적 국제기구를 통하여 정기적으로 제공되고 교환된다.

3. 관계국은 보존조치와 그 시행에 있어서 어떠한 국가의 어민에 대하여서도 형식상 또는 실질상의 차별이 없도록 보장한다.

제120조 해양포유동물

제65조는 공해의 해양포유동물의 보존과 관리에도 적용한다.

제 8 부 섬 제도

제121조 섬 제도

1. 섬이라 함은 바닷물로 둘러싸여 있으며, 밀물일 때에도 수면위에 있는, 자연

적으로 형성된 육지지역을 말한다.

2. 제3항에 규정된 경우를 제외하고는 섬의 영해, 접속수역, 배타적경제수역 및 대륙붕은 다른 영토에 적용가능한 이 협약의 규정에 따라 결정한다.

3. 인간이 거주할 수 없거나 독자적인 경제활동을 유지할 수 없는 암석은 배타적경제수역이나 대륙붕을 가지지 아니한다.

제 9 부 폐쇄해·반폐쇄해

제122조 정 의

이 협약에서 "폐쇄해 또는 반폐쇄해"라 함은 2개국 이상에 의하여 둘러싸이고 좁은 출구에 의하여 다른 바다나 대양에 연결되거나, 또는 전체나 그 대부분이 2개국 이상 연안국의 영해와 배타적경제수역으로 이루어진 만, 내만 또는 바다를 말한다.

제123조 폐쇄해·반폐쇄해 연안국간 협력

폐쇄해 또는 반폐쇄해 연안국은 이 협약에 따른 권리행사와 의무이행에 있어서 서로 협력한다. 이러한 목적을 위하여 이들 국가는 직접적으로 또는 적절한 지역기구를 통하여 다음을 위하여 노력한다.

(a) 해양생물자원의 관리·보존·탐사 및 이용 조정

(b) 해양환경보호·보전에 관한 권리의무 이행의 조정

(c) 과학조사정책의 조정 및 적절한 경우 해역에서의 공동과학조사계획의 실시

(d) 이 조의 규정을 시행함에 있어서 적절한 경우 서로 협력하기 위한 다른 이해 관계국이나 국제기구의 초청

제 10 부 내륙국의 해양출입권과 통과의 자유

제124조 용어의 사용

1. 이 협약에서,

(a) "내륙국"이라 함은 해안이 없는 국가를 말한다.

(b) "통과국"이라 함은 해안이 있고 없음에 관계없이 내륙국과 바다 사이에 위치하여 그 영토를 통하여 통과교통이 이루어지는 국가를 말한다.

(c) "통과교통"이라 함은 물건을 옮겨 싣거나, 창고에 넣거나, 짐을 분할하거나, 또는 운송방식을 바꾸거나 관계없이, 내륙국의 영토에서 시작하거나 끝나는 전체 운송과정의 한 부분으로서 1개국 이상의 통과국의 영토를 지나는 사람, 화물, 상품 및 운송수단의 통과를 말한다.

(d) "운송수단"이라 함은 다음을 말한다

(i) 철도차량, 해양용·호수용·하천용 선박 및 육로차량

(ii) 현지사정에 따라서는 운반인이나 운반용 동물

2. 내륙국과 통과국은 상호 합의에 의하여 운송수단으로 관선·가스관 및 제1항에 포함된 것 이외의 다른 운송수단을 포함시킬 수 있다.

제125조 해양출입권과 통과의 자유

1. 내륙국은 공해의 자유와 인류의 공동유산에 관한 권리를 비롯하여 이 협약에 규정된 권리를 행사하기 위한 해양출입권을 가진다. 이를 위하여 내륙국은 모든 수송수단에 의하여 통과국의 영토를 지나는 통과의 자유를 향유한다.
2. 통과의 자유를 행사하기 위한 조건과 방식은 내륙국과 관련통과국 사이의 양자협정이나 소지역적·지역적 협정을 통하여 합의된다.
3. 통과국은 자국영토에 대한 완전한 주권을 행사함에 있어서 이 부에서 내륙국을 위하여 규정된 권리와 편의가 어떠한 방법으로든 통과국의 적법한 이익을 침해하지 아니하도록 보장하기 위하여 필요한 모든 조치를 취할 권리를 가진다.

제126조 최혜국대우조항의 적용제외

특수한 지리적 위치를 이유로 하여 내륙국의 권리와 편의를 설정하고 있는 이 협약의 규정과 해양출입권의 행사에 관한 특별협정은 최혜국대우조항의 적용으로부터 제외된다.

제127조 관세·조세와 그 밖의 부과금

1. 통과교통에 대하여는 이와 관련하여 제공된 특별한 용역에 대하여 징수되는 부과금을 제외하고는 어떠한 관세·조세 또는 그 밖의 부과금도 징수되지 아니한다.
2. 내륙국을 위하여 제공되고 또한 내륙국에 의하여 사용되는 통과운송수단과 그 밖의 시설에 대하여서는 통과국의 운송수단의 사용에 따라 징수되는 것보다 높은 조세나 부과금이 징수되지 아니한다.

제128조 자유지역과 그 밖의 세관시설

통과교통의 편의를 위하여 자유지역이나 그 밖의 세관시설을 통과국과 내륙국간 협정에 따라 그러한 통과국 내의 출입항에 설치할 수 있다.

제129조 운송수단의 건조·개선을 위한 협력

통과국에 통과의 자유를 실행할 수 있는 운송수단이 없거나 항구시설과 장비를 비롯한 기존 수단이 어느 면에서든 불충분한 경우, 통과국과 관련내륙국은 이를 건조하고 개선하는 데 서로 협력할 수 있다.

제130조 통과교통에 있어서 기술상의 지연·곤란을 회피·제거하기 위한 조치

1. 통과국은 통과교통에 있어서 지연 또는 그 밖의 기술상의 곤란을 피하기 위하여 적절한 모든 조치를 취한다.
2. 이러한 지연이나 곤란이 발생한 경우 관련통과국과 내륙국의 권한있는 당국은 이를 신속히 제거하기 위하여 서로 협력한다.

제131조 해항에 있어서 동등대우

내륙국의 국기를 게양한 선박은 해항에서 다른 외국선박에 부여된 것과 동등한 대우를 받는다.

제132조 통과편의 확대 허용

이 협약은 어떠한 경우에도 이 협약당사국간의 합의에 의하여 또는 어느 한 당사국에 의하여 부여된 통과편의로서 이 협약에 규정된 것 이상의 통과편의를 철회하는 결과를 초래하지 아니한다. 또한 이 협약은 장래에 더 많은 통과편의를 부여하는 것을 방해하지 아니한다.

제 11 부 심해저

제1절 총 칙

제133조 용어의 사용

이 부에서,

(a) "자원"이라 함은 복합금속단괴를 비롯하여, 심해저의 해저나 해저 아래에 있는 자연상태의 모든 고체성, 액체성 또는 기체성 광물자원을 말한다.

(b) 자원이 심해저로부터 채취된 경우 이를 "광물"이라 한다.

제134조 이 부의 적용범위

1. 이 부는 심해저에 적용된다.
2. 심해저활동은 이 부의 규정에 의하여 규율된다.
3. 제1조 제1항 (1)에 언급된 한계를 표시하는 해도나 지리적 좌표목록의 기탁과 공표에 관한 요건은 제6부에 규정한다.
4. 이 조의 규정은 제6부에 따른 대륙붕의 바깥한계 설정이나 해안을 마주하거나 해안이 인접한 국가간의 경계획정에 관한 협정의 효력에 영향을 미치지 아니한다.

제135조 상부수역과 상공의 법적지위

이 부 또는 이 부에 따라 부여되거나 행사되는 어떠한 권리도 심해저 상부수역이나 상공의 법적지위에 영향을 미치지 아니한다.

제2절 심해저를 규율하는 원칙

제136조 인류의 공동유산

심해저와 그 자원은 인류의 공동유산이다.

제137조 심해저와 그 자원의 법적지위

1. 어떠한 국가도 심해저나 그 자원의 어떠한 부분에 대하여 주권이나 주권적 권리를 주장하거나 행사할 수 없으며, 어떠한 국가·자연인·법인도 이를 자신의 것으로 독점할 수 없다. 이와 같은 주권, 주권적 권리의 주장·행사 또는 독점은 인정되지 아니한다.
2. 심해저 자원에 대한 모든 권리는 인류 전체에게 부여된 것이며, 해저기구는 인류 전체를 위하여 활동한다. 이러한 자원은 양도의 대상이 될 수 없다. 다만,

심해저로부터 채취된 광물은 이 부와 해저기구의 규칙, 규정 및 절차에 의하여서만 양도할 수 있다.
3. 국가, 자연인 또는 법인은 이 부에 의하지 아니하고는 심해저로부터 채취된 광물에 대하여 권리를 주장, 취득 또는 행사할 수 없다. 이 부에 의하지 아니한 권리의 주장, 취득 및 행사는 인정되지 아니한다.

제138조 심해저에 관한 국가의 일반적 행위
심해저에 관한 국가의 일반적 행위는 이 부의 규정, 국제연합헌장에 구현된 원칙 및 그 밖의 국제법 규칙에 따라 평화와 안전의 유지 및 국제협력과 상호이해의 증진을 위하여 수행되어야 한다.

제139조 협약준수의무 및 손해배상책임
1. 당사국은 당사국이나 국영기업에 의하여 수행되거나, 당사국의 국적을 가지거나 당사국 또는 그 국민에 의하여 실효적으로 지배되는 자연인 또는 법인에 의하여 수행되는 심해저활동이 이 부에 따라 수행되도록 보장할 의무를 진다. 국제기구가 수행하는 심해저활동에 있어서는 그 국제기구가 동일한 의무를 진다.
2. 국제법의 규칙과 제3부속서 제22조를 침해하지 아니하고, 당사국이나 국제기구는 이 부에 따른 의무를 이행하지 아니함으로써 발생한 손해에 대한 책임을 지며, 이와 함께 활동하는 당사국이나 국제기구는 연대책임 및 개별책임을 진다. 다만, 당사국이 제153조 제4항과 제3부속서 제4조 제4항의 규정에 따라 실효적인 준수를 보장하기 위하여 필요하고 적절한 모든 조치를 취한 경우에는, 그 당사국이 제153조 제2항 (b)의 규정에 따라 보증한 자가 이 부의 규정을 준수하지 아니하여 발생한 손해에 대하여는 책임을 지지 아니한다.
3. 국제기구의 회원국인 당사국은 그 국제기구와 관련하여 이 조의 이행을 보장하기 위한 적절한 조치를 취한다.

제140조 인류의 이익
1. 심해저활동은 이 부에 특별히 규정된 바와 같이 연안국이나 내륙국 등 국가의 지리적 위치에 관계없이 인류전체의 이익을 위하여 수행하며, 개발도상국의 이익과 필요 및 국제연합총회 결의 제1514(XV)호와 그 밖의 국제연합총회의 관련결의에 따라 국제연합에 의하여 승인된 완전독립 또는 그 밖의 자치적 지위를 획득하지 못한 주민의 이익과 필요를 특별히 고려한다.
2. 해저기구는 심해저활동으로부터 나오는 재정적 이익과 그 밖의 경제적 이익이 제160조 제2항 (f), (i)의 규정에 따라 적절한 제도를 통하여 차별없이 공평하게 배분되도록 한다.

제141조 심해저의 평화적 이용
심해저는 연안국이거나 내륙국이거나 관계없이 모든 국가가 차별없이, 이 부의 다른 규정을 침해하지 아니하고, 오로지 평화적 목적을 위하여 이용하도록 개방된다.

제142조 연안국의 권리와 적법한 이익

1. 국가관할권 한계에 걸쳐 존재하는 심해저 자원의 광상에 대한 심해저활동은 이러한 광상이 그 관할권에 걸쳐 존재하는 모든 연안국의 권리와 정당한 이익을 적절히 고려하여 수행된다.

2. 이러한 권리와 이익의 침해를 방지하기 위하여 관련국 사이에 사전통고제도를 포함한 협의를 유지한다. 심해저활동이 국가관할권 내에 있는 자원의 개발을 초래할 경우에는 관련 연안국의 사전동의를 필요로 한다.

3. 이 부 및 이 부에 따라 부여되거나 행사되는 어떠한 권리도 심해저활동으로부터 초래되거나 야기되는 오염이나 오염발생의 위험, 그 밖의 위험한 사태로부터 자국의 연안이나 관련 이익에 대한 중대하고도 급박한 위험을 방지, 경감 및 제거하기 위하여 제12부의 관련규정에 따라 필요한 조치를 취할 연안국의 권리에 영향을 미치지 아니한다.

제143조 해양과학조사

1. 심해저에서의 해양과학조사는 제13부에 따라 오로지 평화적 목적과 인류전체의 이익을 위하여 수행된다.

2. 해저기구는 심해저와 그 자원에 관한 해양과학조사를 수행할 수 있고 이 목적을 위한 계약을 체결할 수 있다. 해저기구는 심해저에서 해양과학조사의 수행을 증진하고 장려하며, 이용 가능한 경우 이러한 조사와 분석의 결과를 조정하고 보급한다.

3. 당사국은 심해저에서 해양과학조사를 수행할 수 있다. 당사국은 아래 방법에 따라 심해저에서의 해양과학조사를 위한 국제협력을 증진한다.

(a) 국제계획 참여 및 여러 국가와 해저기구 직원에 의하여 수행되는 해양과학조사를 위한 협력의 장려

(b) 다음의 목적을 위하여 해저기구 또는 그 밖의 적절한 국제기구를 통하여 개발도상국과 기술후진국의 이익을 위한 계획이 개발되도록 보장

(i) 이러한 국가의 조사능력 강화

(ii) 조사기술과 응용분야에 있어서 이러한 국가와 해저기구 직원의 훈련

(iii) 심해저조사분야에 있어서 이러한 국가의 자격있는 인원의 고용 촉진

(c) 해저기구나 그 밖의 국제경로를 통하여 적절한 시기에 이용 가능한 조사·분석결과를 효과적으로 보급

제144조 기술이전

1. 해저기구는 이 협약에 따라 다음을 위한 조치를 취한다.

(a) 심해저활동과 관련된 기술과 과학지식 획득

(b) 모든 당사국이 이익을 얻도록 개발도상국에 대한 그러한 기술과 과학지식의 이전의 증진 및 장려

2. 이러한 목적을 위하여 해저기구와 당사국은 심해저공사와 모든 당사국이 이익을 얻도록 심해저활동과 관련된 기술과 과학지식의 이전을 증진하기 위하여 상호 협력한다. 특히 다음 사항을 제안하고 증진한다.

(a) 심해저공사와 개발도상국에 대한 심해저활동 관련 기술이전계획(특히 심해저공사와 개발도상국이 공평하고 합리적인 조건 아래 관련 기술을 획득할 수 있도록 돕는 것을 포함)

(b) 심해저공사의 기술과 개발도상국의 국내기술 향상을 목적으로 한 조치(특히 심해저공사와 개발도상국의 인원에 대하여 해양과학기술에 관한 훈련과 심해저활동에 전면적으로 참여하는 기회 제공)

제145조 해양환경보호

심해저활동에 따라 초래될 수 있는 해로운 영향으로부터 해양환경을 효과적으로 보호하기 위하여 이 협약에 따라 심해저활동에 관하여 필요한 조치를 취한다. 이를 위하여 해저기구는 특히 다음의 목적을 위한 적절한 규칙, 규정 및 절차를 채택한다.

(a) 해안을 포함한 해양환경에 대한 오염과 그 밖의 위험 및 해양환경의 생태학적 균형에 대한 영향의 방지·경감 및 통제(시추·준설·굴착 및 폐기물투기, 이러한 활동에 관련된 시설, 관선과 그 밖의 장비의 건설·운용·유지와 같은 활동에 의한 해로운 영향으로부터 해양을 보호할 필요성에 특별히 유의함)

(b) 심해저 천연자원의 보호, 보존 및 해양환경의 동식물군에 대한 피해 방지

제146조 인명보호

심해저활동과 관련하여 인명을 효과적으로 보호하기 위하여 필요한 조치를 취한다. 이를 위하여 해저기구는 관련 조약에 구현된 기존 국제법을 보충할 적절한 규칙, 규정 및 절차를 채택한다.

제147조 심해저와 해양환경에서의 활동조정

1. 심해저활동은 해양환경에서의 다른 활동을 합리적으로 고려하여 수행된다.
2. 심해저활동에 사용되는 시설은 다음의 조건을 충족하여야 한다.

(a) 이러한 시설은 이 부의 규정과 해저기구의 규칙, 규정 및 절차에 따라서만 건조·설치·제거되며, 이러한 시설의 건조·설치·제거는 적절하게 통지되고, 또한 그 존재에 관한 항구적 경고수단이 유지되어야 한다.

(b) 이러한 시설은 국제항행에 필수적인 것으로 인정된 항로대의 사용을 방해할 수 있는 해역이나 어로활동이 집중되는 해역에는 설치할 수 없다.

(c) 이러한 시설 주위에는 항행과 설비의 안전을 보장하기 위하여 적절한 표지를 갖춘 안전수역을 설정한다. 이러한 안전수역의 형태와 위치는 특정 해역으로 향하는 합법적인 해운이나 국제항로대를 통한 항행을 방해하는 띠를 형성하는 방식으로 설정될 수 없다.

(d) 이러한 시설은 오로지 평화적 목적을 위하여 사용된다.

(e) 이러한 시설은 섬의 지위를 가지지 아니한다. 이러한 시설은 자체의 영해를 가지지 아니하며, 그 존재가 영해·배타적경제수역 또는 대륙붕의 경계획정에 영향을 미치지 아니한다.

3. 해양환경에서의 다른 활동은 심해저활동을 합리적으로 고려하여 수행된다.

제148조 개발도상국의 심해저활동 참여

개발도상국의 특수한 이익과 필요, 특히 개발도상국중 내륙국이나 지리적불리국이 심해저로부터의 원격성 또는 접근의 어려움 등 불리한 위치로 인한 장애를 극복하여야 하는 특별한 필요를 적절히 고려하여, 이 부에서 특별히 정한 바에 따라 개발도상국이 심해저활동에 효과적으로 참여하도록 조장한다.

제149조 고고학적·역사적 유물

심해저에서 발견된 고고학적·역사적 성격을 가진 모든 물건은 인류전체의 이익을 위하여 보존하거나 처분하며, 특히, 기원국, 문화적 기원국 또는 역사적·고고학적 기원국의 우선적 권리를 특별히 고려한다.

제3절 심해저자원 개발

제150조 심해저활동 관련 정책

심해저활동은 이 부에 특별히 규정된 바에 따라 세계경제의 건전한 발전과 국제무역의 균형된 성장을 촉진하고, 모든 국가, 특히 개발도상국의 전반적인 발전을 위한 국제협력을 촉진하는 방식으로 다음이 보장되도록 수행된다.

(a) 심해저자원 개발

(b) 심해저자원의 질서있고 안전하고 합리적인 관리(심해저활동의 능률적 수행, 건전한 보존원칙의 준수 및 불필요한 낭비의 방지 포함)

(c) 특히 제144조와 제148조의 규정에 부합되게 심해저활동 참여 기회 확대

(d) 이 협약에 규정된 해저기구의 수익 참여와 심해저공사와 개발도상국에 대한 기술이전

(e) 이러한 광물의 소비자에 대한 공급을 보장하기 위하여 다른 곳에서 생산된 광물과 관련하여 필요한 심해저 생산광물의 공급증대

(f) 심해저와 다른 곳으로부터 생산된 광물이 생산자에게 수익성이 있고 소비자에게 공정한 적정하고 안정된 가격을 유지하도록 조장하고 수요공급의 장기적 균형을 조장

(g) 사회적·경제적 체제나 지리적 위치에 관계없이 모든 당사국이 심해저자원의 개발에 참여할 수 있는 기회의 증대 및 심해저활동 독점의 방지

(h) 심해저 활동에 의하여 가격하락이나 수출량 감소로 인하여 개발도상국의 경제나 수출소득에 초래되는 부정적 영향으로부터 개발도상국을 보호(그러한 광물가격 하락이나 수출량감소가 제151조에 규정된 바에 따라 수행된 심해저활동에 의하여 초래된 범위내에서)

(i) 인류전체의 이익을 위한 공동유산 개발

(j) 심해저자원으로부터 생산된 광물과 이러한 광물로부터 생산된 상품의 수입을 위한 시장접근조건은 다른 곳으로부터의 수입에 적용되는 최혜조건보다 더 유리하지 아니하여야 한다.

제151조 생산정책

1. 〈이행협정에 의하여 삭제〉 (a) 제150조에 규정된 목적을 침해하지 아니하고 제150조 (h)를 이행하기 위하여, 해저기구는 생산자와 소비자를 포함한 모든 이해당사자가 참여하는 기존회의를 통하여 또는 적절한 경우 새로운 약정이나 협정을 통하여 활동함으로써 심해저에서 나오는 광물로부터 생산된 상품 시장의 성장·효율성 및 안정성이 생산자에게 수익성이 있고 소비자에게 공정한 가격에서 유지되도록 조장하기 위하여 필요한 조치를 취한다. 모든 당사국은 이러한 목적을 위하여 서로 협력한다.

(b) 해저기구는 이러한 상품을 다루고 생산자와 소비자를 비롯한 모든 이해당사자가 참여하는 모든 상품회의에 참여할 권리를 가진다. 해저기구는 이러한 회의로 부터 도출되는 모든 약정이나 협정의 당사자가 될 권리를 가진다. 이러한 약정이나 협정에 따라 설립되는 모든 기관에 대한 해저기구의 참여는 심해저에서의 생산에 관한 것이어야 하며 그 기관의 관련규칙에 따른다.

(c) 해저기구는, 심해저에서의 모든 관련 광물의 생산에 관한 통일적이고 차별 없는 시행을 보장하는 방식으로, 이 항에 언급된 약정이나 협정에 따른 의무를 이행한다. 이와 같이 함에 있어서 해저기구는 심해저공사의 기존약정 및 승인된 사업계획의 조건과 합치되는 방식으로 행동한다.

2. 〈이행협정에 의하여 삭제〉 (a) 제3항에 명시된 잠정기간 동안 상업생산은 조업자가 신청하고 해저기구에 의하여 생산인가가 발급될 때까지, 승인된 사업계획에 따라 수행되지 아니한다. 이러한 생산인가는 개발사업의 성격과 시기를 고려하여 해저기구의 규칙, 규정 및 절차가 다른 기간을 규정하지 아니하는 한, 사업계획에 따른 상업생산의 개시시점 보다 5년 이전에 신청되거나 발급될 수 없다.

(b) 생산인가의 신청에 있어서 조업자는 승인된 사업계획서상 연간 채취예상 니켈량을 명시한다. 신청서에는 조업자가 인가를 받은 후 지출할 경비계획서가 포함되어야 하며, 그 경비는 조업자가 계획된 날짜에 상업생산을 시작할 수 있도록 합리적으로 계산된다.

(c) (a)와 (b)의 목적을 위하여 해저기구는 제3부속서 제17조에 따른 적절한 이행요건을 설정한다.

(d) 해저기구는 잠정기간중 생산이 계획되어 있는 각 연도에 있어서 신청된 생산수준과 이미 인가된 수준의 합계가 인가발급년도에 제4항에 따라 계산된 니켈 생산량 한도를 넘지 아니하는 한, 신청된 생산수준에 대한 생산인가를 발급한다.

(e) 생산인가가 발급된 경우, 생산인가와 승인된 신청은 승인된 사업계획의 일부가 된다.

(f) 조업자의 생산인가 신청이 (d)에 따라 거부된 경우, 조업자는 언제라도 해저기구에 다시 신청할 수 있다.

3. 〈이행협정에 의하여 삭제〉 잠정기간은 승인된 사업계획서상 최초의 상업생산이 시작될 것으로 계획된 연도 1월 1일의 5년전에 개시된다. 최초의 상업생산이 원래 계획년도 이후로 연기되는 경우, 잠정기간의 시작과 원래 계산된 생산년도는 이에 따라 조정된다. 잠정기간은 25년이 되는 시점, 제155조에 언급된 재검토회의의 종료 시점, 또는 제1항에 언급된 새로운 약정이나 협정이 발효되는 시점 중에서 가장 빠른 시점까지 계속된다. 이러한 약정이나 협정이 소멸하거나

어떠한 이유로든 효력을 상실하는 경우, 해저기구는 잠정기간의 남은 기간 동안 이 조에 규정된 권한을 갖는다.
4. 〈이행협정에 의하여 삭제〉 (a) 잠정기간의 각 연도의 생산한도는 다음의 합계로 한다.

(i) (b)의 규정에 따라 계산된, 최초상업 생산년도의 직전년도와 잠정기간 개시 직전년도의 니켈 소비량에 대한 추세치 차이

(ii) (b)의 규정에 따라 계산된, 생산인가가 신청된 연도와 최초 상업생산년도 직전년도의 니켈 소비량에 대한 추세치의 차이의 60퍼센트

(b) (a)는 다음과 같이 적용한다.

(i) 니켈생산한도를 계산하는 데 사용되는 추세치는 생산인가 발급년도에 계산된 추세선상의 연간 니켈소비량으로 한다. 추세선은 시간을 독립변수로 하여 자료를 구할 수 있는 최근 15년간의 실제 니켈소비량에 관한 선형대수 회귀선으로부터 도출된다. 이 추세선을 원추세선이라고 한다.

(ii) 원추세선의 증가율이 3퍼센트 미만인 경우, (a)에 규정된 생산량의 결정에 사용된 추세선은 원추세선상의 최근 15년간의 최초년도값을 지나서 매년 3퍼센트씩 증가하는 추세선으로 대신한다. 다만, 잠정기간중 어떠한 연도에 대하여 설정된 생산년도는 어떠한 경우에도 그 해의 원추세치와 잠정기간 시작 직전년도의 원추세치의 차이를 넘지 아니한다.

5. 〈이행협정에 의하여 삭제〉 심해저공사의 최초생산을 위하여 해저기구는 제4항에 따라 계산된 이용가능한 생산한도 중에서 심해저공사에 38,000톤의 니켈을 유보한다.

6. 〈이행협정에 의하여 삭제〉 (a) 조업자는 생산총량이 생산인가에 명시된 양을 넘지 아니하는 경우에는 어느 해의 생산인가에 명시된 복합금속단괴로부터 광물의 연간생산수준의 8퍼센트까지 초과하여 생산할 수 있다. 어느 해에 8퍼센트 이상 20퍼센트 이하인 생산초과, 또는 생산초과가 2년 연속된 후 직후년도와 그 후 계속되는 연도의 생산초과는 해저기구와 협의되고, 해저기구는 조업자에게 추가생산에 관한 보충생산인가를 획득하도록 요구할 수 있다.

(b) 이러한 보충생산 인가신청은 아직 생산인가를 얻지 못한 조업자에 의한 모든 계류된 신청이 처리되고, 예상되는 다른 신청자에 대하여 적절히 고려한 후 해저기구에 의하여 심사된다. 해저기구는 잠정기간의 어떠한 연도의 생산한도에 따라 허용된 총생산량을 넘지 아니한다는 원칙에 따른다. 해저기구는 어떠한 사업계획 아래에서도 연간 46,500톤을 넘게 니켈생산을 인가할 수 없다.

7. 〈이행협정에 의하여 삭제〉 생산인가에 따라 채취된 복합금속단괴로부터 추출된 구리, 코발트 및 망간 등 그 밖의 광물 생산수준은 조업자가 이 조의 규정에 따라 그 단괴로부터 니켈을 최대한 생산할 경우에 생산될 수준보다 높지 아니하여야 한다. 해저기구는 이 항을 이행하기 위하여 제3부속서 제17조에 따라 규칙, 규정 및 절차를 제정한다.

8. 불공정한 경제적 관행에 관한 관련 다자무역협정상의 권리와 의무는 심해저 광물의 탐사와 개발에 적용된다. 이 규정에 관하여 발생하는 분쟁의 해결에 있어서 그러한 다자무역협정의 당사자인 당사국은 그러한 협정의 분쟁해결절차에 따른다.

9. 〈이행협정에 의하여 삭제〉 해저기구는 제161조 제8항에 따른 규칙을 채택함으로써 적절한 조건하에서 적절한 방법을 적용하여, 복합금속단괴로부터 생산되는 광물 이외에 심해저로부터 생산되는 광물의 생산수준을 제한할 권한을 가진다.
10. 경제기획위원회의 권고를 기초로 한 이사회의 권고에 따라 총회는 영향받은 광물의 가격하락 또는 수출량감소로 인하여 수출소득이나 경제에 심각한 부정적 영향을 받은 개발도상국을 그러한 가격하락과 수출량감소가 심해저활동에 의하여 야기된 한도내에서 원조하기 위하여 보상제도를 수립하거나 전문기구와 다른 국제기구와의 협력을 비롯한 경제조정 지원조치를 취한다. 해저기구는 요청이 있는 경우, 가장 중대한 영향을 받을 것으로 예상되는 국가들의 문제에 관하여 그 곤란을 최소화하고 그 국가의 경제조정을 지원하기 위한 연구를 추진한다.

제152조 해저기구의 권한행사와 임무수행

1. 해저기구는 심해저활동에 관한 기회의 제공을 비롯한 그 권한의 행사와 임무의 수행에 있어서 차별을 피한다.
2. 그러나, 이 부에 특별히 규정된 개발도상국에 대한 특별한 고려(개발도상국중 내륙국과 지리적불리국에 대한 특별고려 포함)는 허용된다.

제153조 탐사·개발제도

1. 심해저활동은 이 조의 규정, 이 부의 그 밖의 관련규정, 관련 부속서와 해저기구의 규칙·규정 및 절차에 따라 해저기구에 의하여 인류전체를 위하여 조직·수행·통제된다.
2. 심해저활동은 제3항의 규정에 따라 다음의 주체에 의하여 수행된다.
(a) 심해저공사
(b) 해저기구와 제휴한 당사국 또는 당사국이 보증하는 경우 당사국의 국적을 가지거나 당사국이나 그 국민에 의하여 실효적으로 지배되는 국영기업·자연인·법인 또는 제3부속서와 이 부에 규정된 요건을 충족하는 앞의 주체의 모든 집합체
3. 심해저활동은 제3부속서에 따라 작성되고 법률·기술위원회에 의하여 검토된 후 이사회가 승인한 공식 서면사업계획에 따라 수행된다. 해저기구가 인가한 바에 따라 제2항 (b)의 규정에 명시된 주체에 의하여 수행되는 심해저활동의 경우, 사업계획은 제3부속서 제3조에 따른 계약의 형태를 취한다. 이러한 계약에는 제3부속서 제11조의 규정에 따라 공동약정이 포함될 수 있다.〈이행협정부속서 제2절 4항 참조〉
4. 해저기구는 이 부의 관련규정, 관련 부속서 및 해저기구의 규칙, 규정 및 절차와 제3항에 따라 승인된 사업계획의 준수를 보장하는데 필요한 심해저활동에 대한 통제를 한다. 당사국은 제139조에 따른 준수를 보장하기 위하여 필요한 모든 조치를 취함으로써 해저기구를 지원한다.
5. 해저기구는 이 부의 규정의 준수를 보장하고 이 부 또는 계약에 따라 해저기구에 부여된 통제와 규제기능을 수행하기 위하여 언제라도 이 부에 규정된 모든 조치를 취할 권리를 가진다. 해저기구는 심해저활동과 관련하여 사용되는 모든 심해저 시설을 검사할 권리를 가진다.

6. 제3항에 따른 계약은 계약기간에 대한 보장을 규정한다. 이러한 계약은 제3부속서 제18조와 제19조에 의한 경우를 제외하고는 개정, 정지 또는 종료되지 아니한다.

제154조 정기적 재검토

총회는 이 협약이 발효한 후 5년마다 이 협약에 의하여 수립된 국제심해저제도의 실제 운영상황에 대하여 전반적이고 조직적인 재검토를 한다. 이러한 재검토에 비추어 총회는 이 부 및 이 부와 관련된 부속서의 규정과 절차에 따라서 제도운용의 개선을 가져올 조치를 취하거나 다른 기관이 그러한 조치를 취하도록 권고할 수 있다.

제155조 재검토회의

1. 〈이행협정에 의하여 삭제〉 승인된 사업계획에 따른 최초의 상업생산이 시작된 연도의 1월 1일로부터 15년 후에 총회는 심해저자원의 탐사·개발제도를 규율하는 이 부 및 관련 부속서의 규정을 재검토하기 위한 회의를 소집한다. 재검토회의는 그 기간중 얻어진 경험에 비추어 다음을 상세히 검토한다.

(a) 심해저자원의 탐사·개발제도를 규율하는 이 부의 규정이 인류전체에게 이익을 주었는지 여부를 비롯하여 모든 면에서 그 목적을 달성하였는지 여부

(b) 15년 기간동안 유보지역이 비유보지역과 비교하여 효과적이고 균형된 방식으로 개발되었는지 여부

(c) 심해저와 심해저자원의 개발과 이용이 세계경제의 건전한 발전과 국제무역의 균형적인 성장을 촉진하는 방식으로 수행되었는지 여부

(d) 심해저활동의 독점이 방지되었는지 여부

(e) 제150조와 제151조에 규정된 정책이 수행되었는지 여부

(f) 특히 개발도상국의 이익과 필요를 고려하여 그 제도가 심해저활동으로부터 나오는 이익의 공평한 분배를 가져왔는지 여부

2. 재검토회의는 인류공동유산원칙, 모든 국가, 특히 개발도상국의 이익을 고려하여 심해저자원의 공평한 개발을 보장하기 위한 국제제도 및 심해저활동을 조직·수행 및 통제하는 해저기구를 유지할 수 있도록 보장한다. 재검토회의는 심해저의 어떠한 부분에 대한 주권의 주장·행사의 배제, 심해저와 관련한 국가의 권리와 일반적인 행위, 이 협약에 따른 국가의 심해저활동 참여, 심해저활동 독점 방지, 평화적 목적만을 위한 심해저이용, 심해저활동의 경제적 측면, 해양과학조사, 기술이전, 해양환경보호, 인명보호, 연안국의 권리, 심해저의 상부수역과 상공의 법적지위 및 심해저활동과 해양환경에서의 그 밖의 활동과의 조정 등에 관하여 이 부에 규정된 원칙이 유지되도록 보장한다.

3. 〈이행협정에 의하여 삭제〉 재검토회의에서 적용하는 의사결정절차는 제3차 국제연합해양법회의에서 적용된 절차와 같다. 회의는 어떠한 개정이라도 컨센서스에 의하여 합의에 이르도록 모든 노력을 기울여야 하며 컨센서스에 이르기 위한 모든 노력을 다할 때까지 이러한 사항에 관하여 표결하지 아니한다.

4. 〈이행협정에 의하여 삭제〉 재검토회의의 시작으로부터 5년이 지난 후에도 심해저자원의 탐사·개발제도에 관하여 합의가 이루어지지 못하는 경우, 재검토 회의는

그로부터 12개월 이내에 당사국 3/4의 다수에 의하여 그 회의가 필요하고 적절하다고 결정하는, 기존의 제도를 변경하거나 수정하는 개정안을 채택하고 이를 비준·가입하도록 당사국에게 제시할 것을 결정할 수 있다. 이러한 개정안은 당사국의 3/4이 비준서나 가입서를 기탁한 12개월 후 모든 당사국에 대하여 발효한다.
5. 이 조의 규정에 따라 재검토회의가 채택한 개정안은 기존의 계약에 따라 획득한 권리에 영향을 미치지 아니한다.

제4절 해저기구

제1관 총 칙

제156조 해저기구의 설립
1. 이 부에 따라 임무를 수행하는 국제해저기구를 설립한다.
2. 모든 당사국은 당연히 해저기구의 회원국이 된다.
3. 최종의정서에 서명하고 제305조 제1항 (c), (d), (e) 또는 (f)에 언급되지 아니한 제3차 국제연합해양법회의의 옵서버는 해저기구의 규칙, 규정 및 절차에 따라 옵서버로 해저기구에 참여할 권리를 가진다.
4. 해저기구의 소재지는 자메이카에 둔다.
5. 해저기구는 그 임무를 수행하는 데 필요하다고 인정되는 지역사무소를 설치할 수 있다.

제157조 해저기구의 성격과 기본원칙
1. 해저기구는 당사국이 특히 심해저자원을 관리할 목적으로 이 부에 따라 이를 통하여, 심해저활동을 주관하고 통제하는 기구이다.
2. 해저기구의 권한과 임무는 이 협약에 의하여 명시적으로 부여된다. 해저기구는 심해저활동에 관한 그 권한의 행사와 임무의 수행에 내재하고 필요하며 이 협약에 부합하는 부수적 권한을 가진다.
3. 해저기구는 모든 회원국의 주권평등원칙에 기초를 둔다.
4. 해저기구의 모든 회원국은 회원자격으로부터 발생하는 권리와 이익을 모든 회원국에게 보장하기 위하여 이 부에 따라 스스로 진 의무를 성실히 이행한다.

제158조 해저기구의 기관
1. 해저기구의 주요기관으로서 총회, 이사회 및 사무국을 둔다.
2. 해저기구는 제170조 제1항에 규정된 임무를 수행하기 위한 기관으로서 심해저공사를 설치한다.
3. 필요하다고 인정하는 보조기관을 이 부의 규정에 따라 설치할 수 있다.
4. 해저기구와 심해저공사의 주요기관은 그에 부여된 권한을 행사하고 임무를 수행할 책임을 진다. 이러한 권한을 행사하거나 임무를 수행함에 있어서 각 기관은 다른 기관에게 부여된 특정한 권한의 행사와 임무의 수행을 손상하거나 방해하는 행동을 취하지 아니한다.

제2관 총 회

제159조 구성·절차 및 표결 〈이행협정부속서 제3절 참조〉

1. 총회는 해저기구의 모든 회원국으로 구성된다. 각 회원국은 총회에 1인의 대표를 파견하며, 대표는 교체대표와 고문을 대동할 수 있다.
2. 총회는 연례 정기회기 및 총회의 결정에 의하여 소집되거나 이사회의 요청, 또는 해저기구의 회원국 과반수의 요청에 따라 사무총장에 의하여 소집되는 특별회기에 회합한다.
3. 회기는 총회에서 달리 결정되지 아니하는 한, 해저기구의 소재지에서 개최된다.
4. 총회는 의사규칙을 채택한다. 총회는 각 정기회기 초에 의장과 그 밖의 필요한 임원을 선출한다. 이들은 다음 정기회의에서 새로운 의장과 그 밖의 임원이 선출될 때까지 재임한다.
5. 총회의 의사정족수는 회원국의 과반수로 한다.
6. 총회에서 각 회원국은 한 표의 표결권을 가진다.
7. 총회의 특별회기를 소집하는 결정을 포함한 절차문제에 관한 결정은 출석하여 투표한 회원국 과반수에 의하여 내려진다.
8. 실질문제에 관한 결정은 출석하여 투표하는 회원국의 2/3 이상의 다수에 의하여 내려지며 이러한 다수에는 그 회기에 참가한 회원국의 과반수가 포함되어야 한다. 어떠한 문제가 실질문제인지의 여부가 문제된 경우, 총회에서 실질문제의 표결에 요구되는 다수결에 의하여 달리 결정되지 아니하는 한 실질문제로 취급된다.
9. 실질문제가 처음 표결에 회부되는 경우, 의장은 5일을 넘지 아니하는 기간 동안 그 문제에 관한 표결을 연기할 수 있으며, 총회 회원국중 최소한 1/5 이상의 요구가 있을 때에는 이를 연기한다. 이 규칙은 어느 문제에 관하여 1회만 적용하되, 회기종료일 이후까지 그 문제를 연기할 목적으로 적용할 수 없다.
10. 해저기구의 회원국중 1/4 이상이 어떠한 사항에 관하여 총회에 제출된 제안이 이 협약에 합치하는 지에 관한 권고적 의견을 의장에게 서면으로 요청한 경우, 총회는 국제해양법재판소 해저분쟁재판부에 그에 대한 권고적 의견을 요청하고 재판부에 의한 권고적 의견을 접수할 때까지 그 제안에 대한 표결을 연기한다. 권고적 의견을 요청한 회기의 마지막 주까지 권고적 의견을 접수하지 못한 경우, 총회는 연기된 제안에 관하여 표결을 하기 위한 회합시기를 결정한다.

제160조 권한과 임무

1. 총회는 모든 회원국으로 구성되는 해저기구의 유일한 기관으로서, 이 협약에 특별히 규정된 바에 따라 다른 주요기관이 이에 대하여 책임을 지는 해저기구의 최고기관으로 본다. 총회는 해저기구의 권한에 속하는 모든 문제나 사항에 관하여 이 협약의 관련 규정에 따라 일반적인 정책을 수립할 권한을 가진다.
2. 또한 총회의 권한과 임무는 다음 사항을 포함한다.
   (a) 제161조의 규정에 따라 이사회 회원국 선출
   (b) 이사회가 제청한 후보자중에서 사무총장 선출
   (c) 이사회의 추천을 받아 심해저공사 관리위원회의 임원과 심해저공사의 사

무국장 선출

(d) 총회가 이 부의 규정에 따른 임무의 수행에 필요하다고 인정하는 보조기관의 설치. 이러한 보조기관의 구성에 있어서 공평한 지리적 배분원칙 및 그 보조기관이 취급하는 관련 기술사항에 있어서 자격과 능력을 갖춘 회원국의 특수한 이익 및 필요를 적절하게 고려한다.

(e) 해저기구가 다른 재원으로부터 행정경비에 충당하기에 충분한 수입을 얻을때 까지 국제연합의 정규예산 분담금 비율에 기초하여 합의된 분담금 비율에 따라 해저기구의 행정예산을 위한 회원국의 분담금 배정

(f) (i) 개발도상국 및 완전한 독립이나 자치적 지위를 얻지 못한 주민의 이익과 필요를 특별히 고려하여, 이사회의 권고에 따라 심해저활동으로부터 나오는 재정적 이익과 그 밖의 경제적 이익, 제82조의 규정에 따라 행하여진 금전지급과 현물공여의 공평한 배분에 관한 규칙, 규정 및 절차의 심의와 승인. 총회가 이사회의 권고를 승인하지 아니하는 경우 총회는 총회가 표명한 의견에 비추어 재심의하도록 그 권고를 이사회에 회송한다.

(ii) 제162조 제2항 (o) (ii)의 규정에 따라 이사회가 잠정적으로 채택한 해저 기구의 규칙, 규정 및 절차와 이에 관한 개정의 심의와 승인. 이러한 규칙, 규정 및 절차는 심해저의 개괄탐사, 탐사 및 개발, 해저기구의 재정관리와 내부행정, 그리고 심해저공사 관리위원회의 권고가 있는 경우 심해저공사로부터 해저기구로의 자금의 이전 등에 관련된 것이어야 한다.

(g) 심해저활동으로부터 나오는 재정적 이익과 그 밖의 경제적 이익을 이 협약과 해저기구의 규칙, 규정 및 절차에 따라 공평하게 배분하기 위한 결정

(h) 이사회가 제출한 해저기구 연례예산안의 심의와 승인

(i) 이사회와 심해저공사가 제출한 정기보고서, 이사회와 해저기구의 다른 기관이 요구에 따라 제출한 특별보고서의 심사

(j) 심해저활동에 관한 국제적 협력을 증진하고 이에 관한 국제법의 점진적 발전과 법전화를 장려하기 위한 연구의 추진과 권고의 채택

(k) 심해저활동과 관련하여, 특히 개발도상국에 관한 일반적 성격의 문제 및 각국의 지리적 위치에 기인하는 심해저활동과 관련한 문제, 특히 내륙국과 지리적 불리국에 관한 문제 심의

(l) 경제기획위원회의 조언을 기초로 한 이사회의 권고에 따라서 제151조 제10항에 규정된 보상제도나 그 밖의 경제조정지원 조치의 수립

(m) 제185조에 따라 회원국으로서의 권리와 특권 행사를 정지시키는 조치

(n) 해저기구의 권한에 속하는 모든 문제나 사항에 대한 토의 및 해저기구의 특정한 기관에 명시적으로 위임되지 아니한 문제나 사항을 해저기구 기관사이의 권한과 임무의 배분에 따라 해저기구의 어느 기관이 다룰 것인가에 관한 결정

제3관 이사회

제161조 구성·절차 및 표결〈이행협정부속서 제3절 참조〉

1. 〈이행협정에 의하여 삭제〉 이사회는 다음 순서에 따라 총회에서 선출된 해저

기구의 36개 회원국으로 구성된다.

(a) 통계를 이용할 수 있는 최근 5년간 심해저에서 채취되는 종류의 광물로부터 생산된 상품의 세계 총소비량의 2퍼센트 이상을 소비하는 당사국이나 세계 총수입량의 2퍼센트 이상을 순수입하는 당사국중 4개국. 어떠한 경우에도 최대소비국과 동구(사회주의)지역의 1개국을 포함한다.

(b) 직접 또는 그 국민을 통하여 심해저활동의 준비와 수행에 가장 많이 투자한 8개 당사국중 4개국. 적어도 동구(사회주의)국가중 1개국을 포함한다.

(c) 그 관할권 아래에 있는 지역에서의 생산을 기초로 하여 심해저로부터 채취되는 종류의 광물의 주요 순수출국인 당사국중에서 4개국. 적어도 이러한 광물의 수출이 그 경제에 중대한 관계를 가지는 개발도상국 2개국을 포함한다.

(d) 개발도상국인 당사국중에서 특별이익을 대표하는 6개국. 대표되는 특별이익은 인구 다수국, 내륙국이나 지리적 불리국, 심해저로부터 채취되는 종류의 광물의 주요수입국, 이러한 광물의 잠재적 생산국 및 최저개발국을 포함한다.

(e) 이사회 전체의석의 공평한 지리적배분 보장원칙에 따라 선출되는 18개국. 다만, 이 규정에 따라 선출된 이사국이 각 지역마다 최소 1개국은 있어야 한다. 이 규정을 적용함에 있어서 지리적 지역은 아프리카·아시아·동구(사회주의)·중남미·서구 및 기타 지역을 말한다.

2. 제1항의 규정에 따라 이사국을 선출함에 있어서 총회는 다음을 보장한다.

(a) 내륙국과 지리적 불리국은 그들이 총회에서 대표되는 정도에 합리적으로 비례하여 대표된다.

(b) 제1항 (a), (b), (c) 또는 (d)에 따른 자격을 갖추지 아니한 연안국, 특히 개발도상국은 총회에서 그들이 대표되는 정도에 합리적으로 비례하여 대표된다.

(c) 이사회에서 대표되는 각 당사국그룹은 그 그룹에 의하여 지명된 이사국이 있는 경우 지명된 이사국에 의하여 대표된다.

3. 선거는 총회 정기회기에서 행하여지고 이사회의 각 이사국은 4년 임기로 선출된다. 다만, 최초의 선거에 있어서는 제1항에 규정된 각 그룹에 속하는 이사국 반수의 임기는 2년으로 한다.

4. 이사국은 재선될 수 있으나 바람직한 의석 순환의 필요성을 적절히 고려한다.

5. 이사회는 해저기구의 소재지에서 임무를 수행하고, 해저기구의 업무상 필요한 횟수만큼 회합하나 최소한 연 3회 이상 회합한다.

6. 이사회의 의사정족수는 이사국의 과반수로 한다.

7. 각 이사국은 한 표의 투표권을 가진다.

8. (a) 절차문제에 관한 결정은 출석하여 투표하는 이사국 과반수에 의하여 내려진다.

(b) 〈이행협정에 의하여 삭제〉 다음 규정에 따라 일어나는 실질문제에 관한 결정은 출석하여 투표하는 이사국 2/3 이상의 다수결로 내리며, 이에는 이사국의 과반수가 포함되어야 한다: 제162조 제2항 (f), (g), (h), (i), (n), (p), (v) 및 제191조

(c) 〈이행협정에 의하여 삭제〉 다음 규정에 따라 일어나는 실질문제에 관한 결정은 출석하여 투표하는 이사국 3/4 이상의 다수결로 내리며, 이에는 이사국의 과반수가 포함되어야 한다: 제162조 제1항, 제162조 제2항 (a), (b), (c), (d), (e), (l), (q), (r), (s), (t). 계약자나 보증인에 의한 불이행의 경우에는 (u), (w) (d)에 따라 취하여진 결정에 의하여 추인되지 아니하는 한, 이에 따른 명령은 30일 이상의 구속력을 가지지 아니한다. 제162조 제2항 (x), (y), (z), 제163조 제2항 제174조 제3항 및 제4부속서 제11조

(d) 다음 규정에 따라 발생하는 실질문제에 관한 결정은 컨센서스에 의한다: 제162조 제2항 (m), (o) 및 제11부의 개정안의 채택

(e) (d), (f), (g)의 규정을 적용함에 있어서 "컨센서스"라 함은 공식적인 반대가 없는 것을 말한다. 제안이 이사회에 제출된후 14일 이내에 이사회의 의장은 제안의 채택에 공식적인 반대가 있는지 여부를 결정한다. 이사회의 의장이 이러한 반대가 있다고 결정한 경우, 이사회의 의장은 이러한 결정후 3일 이내에 이견을 조정하고 컨센서스에 의하여 채택될 수 있는 제안을 작성하기 위하여 9개국 이하의 이사국으로 구성되고 자신을 의장으로 하는 조정위원회를 설치하고 소집한다. 위원회는 신속히 작업하여 설치후 14일 이내에 이사회에 보고한다. 위원회가 컨센서스로 채택될 수 있는 제안을 권고하지 못할 경우, 위원회는 보고서에 그 제안이 반대되는 이유를 밝힌다.

(f) 해저기구의 규칙, 규정 및 절차에 의하거나 다른 방법에 의하여 이사회가 결정할 권한을 부여받았으나 위에 열거되지 아니한 문제에 대한 결정은, 규칙, 규정 및 절차에 명시된 이 항 각 호의 규정에 따라 내려지며, 그러한 규정이 명시되어 있지 아니한 경우에는 가능하면 사전에 이사회가 컨센서스로 결정한 어느 한 호의 규정에 따른다.

(g) 어떠한 문제가 (a), (b), (c) 또는 (d)의 규정에 해당되는지 여부에 관하여 문제가 제기된 때에는 경우에 따라 보다 많거나 또는 가장 많은 다수의 의결이나 컨센서스를 요하는 어느 한 호의 규정에 해당하는 것으로 취급한다. 다만, 이사회가 앞의 다수결이나 컨센서스로 달리 결정하는 경우에는 그러하지 아니하다.

9. 이사회는 이사국이 아닌 해저기구의 회원국이 요청하였을 경우나 특히 그 회원국에 영향을 미치는 문제가 심의중에 있을 경우에는 그 회원국이 이사회의 회의에 참석할 대표를 파견할 수 있도록 하는 절차를 수립한다. 그러한 대표는 심의에 참여할 수 있으나 투표할 수 없다.

제162조 권한과 임무

1. 이사회는 해저기구의 집행기관이다. 이사회는 이 협약 및 총회가 수립한 일반적인 정책에 따라 해저기구의 권한에 속하는 모든 문제나 사항에 관하여 해저기구가 수행하여야 할 개별정책을 수립할 권한을 가진다.

2. 또한 이사회는 다음을 행한다.

(a) 해저기구의 권한에 속하는 모든 문제와 사항에 관하여 이 부의 규정의 이행을 감독하고 조정하며, 불이행의 사례가 있을 경우 총회의 주의를 환기시킨다.

(b) 사무총장을 선출하기 위하여 후보자 명부를 총회에 제출한다.

(c) 심해저공사 관리위원회의 위원과 심해저공사의 사무국장을 선출하기 위하여 후보자를 총회에 추천한다.

(d) 적절한 경우 경제성과 효율성을 적정하게 고려하여 이 부에 따른 임무 수행에 필요한 보조기관을 설치한다. 보조기관의 구성에 있어서는 그 기관이 다루

는 관련 기술사항에 있어서 자격과 능력을 갖춘 위원이 선정되어야 하는 필요성에 역점을 두되, 공평한 지리적 배분원칙과 특별이익과 원칙을 적절히 고려한다.

(e) 이사회의 의장 선출방식을 포함한 이사회 의사규칙을 채택한다.

(f) 총회의 승인을 받을 것을 조건으로 하여, 해저기구를 대표하여 해저기구의 권한내에서 국제연합이나 다른 국제기구와 협정을 체결한다.

(g) 심해저공사의 보고서를 심의하고 권고와 함께 이를 총회에 송부한다.

(h) 연례보고서 및 총회가 요구하는 특별보고서를 총회에 제출한다.

(i) 제170조에 따라 심해저공사에 지시를 한다.

(j) 〈이행협정에 의하여 삭제〉 제3부속서 제6조에 따라 사업계획을 승인한다. 이사회는 이사회 회기중에 법률·기술위원회가 사업계획을 제출한 후 60일 안에 다음 절차에 따라 각 사업계획을 처리한다.

(i) 위원회가 사업계획을 승인하도록 권고한 경우, 어떠한 이사국도 14일 안에 의장에게 제3부속서 제6조의 요건을 갖추고 있지 못하다고 주장하는 명시적인 반대를 서면으로 제출하지 아니하면 그 사업계획이 이사회에 의하여 승인된 것으로 본다. 반대가 있는 경우, 제161조 제8항 (e)에 규정된 조정절차가 적용된다. 조정절차가 끝난 후에도 반대가 있는 경우, 그 사업계획은 신청국이나 신청자 보증국을 제외한 이사국의 컨센서스로 이사회가 승인을 거부하지 아니하는 한 이사회에 의하여 승인된 것으로 본다.

(ii) 위원회가 사업계획을 승인하지 아니하도록 권고하거나 권고 자체를 하지 아니하는 경우, 이사회는 출석하여 투표하는 이사국의 3/4 이상의 다수에 의하여 그 사업계획을 승인할 수 있다. 다만, 이에는 회기에 출석한 이사국의 과반수가 포함되어야 한다.

(k) (j)에 규정된 절차를 준용하여 제4부속서 제12조에 따라 심해저공사가 제출한 사업계획서를 승인한다.

(l) 제153조 제4항과 해저기구의 규칙, 규정과 절차에 따라 심해저활동을 통제한다.

(m) 경제기획위원회의 권고에 따라서 제150조 (h)에 명시된 부정적인 경제적 영향으로부터의 보호를 위하여 그 규정에 따라 필요하고도 적절한 조치를 취한다.

(n) 경제기획위원회의 권고를 기초로 하여 제151조 제10항에 규정된 보상제도나 그밖의 경제조정 지원조치에 관하여 총회에 권고한다.

(o) (i) 개발도상국 및 완전한 독립이나 그 밖의 자치적 지위를 얻지 못한 주민의 이익과 필요를 특별히 고려하여, 심해저활동으로부터 나오는 재정적 이익과 그 밖의 경제적 이익, 제82조에 따라 행하여진 금전지급과 부담 공여의 공평한 배분에 관한 규칙, 규정 및 절차를 총회에 권고한다.

(ii) 총회의 승인이 있을 때까지 법률·기술위원회나 그 밖의 하부 관련기관의 권고를 고려하여 해저기구의 규칙, 규정 및 절차 및 이에 대한 개정안을 잠정적으로 채택하고 적용한다. 이러한 규칙, 규정 및 절차는 심해저의 개괄탐사, 탐사 및 개발과 해저기구의 재정관리와 내부행정에 관련된 것이어야 한다. 복합금속단괴의 탐사와 개발에 대한 규칙, 규정 및 절차는 우선적으로 채택된다. 복합금속단괴 이외의 자원의 탐사와 개발을 위한 규칙, 규정 및 절차는 해저기구

의 회원국이 해저기구에 이러한 자원에 대한 규칙, 규정 및 절차의 채택을 요청한 날로부터 3년안에 채택된다. 모든 규칙, 규정 및 절차는 총회가 승인할 때까지 또는, 총회가 표명한 견해에 비추어 이사회가 이를 개정할 때까지 잠정적으로 효력을 가진다.

(p) 이 부의 규정에 따른 조업과 관련하여 해저기구가 행하거나 해저기구에 대하여 행하여진 모든 지불액의 징수를 심사한다.

(q) 〈이행협정에 의하여 삭제〉 제3부속서 제7조에 따라 선정이 필요한 경우에는 생산인가 신청자 중에서 선정한다.

(r) 해저기구 연간예산안을 총회에 제출하여 승인을 받는다.

(s) 해저기구의 권한에 속하는 모든 문제나 사항에 대한 정책에 관하여 총회에 권고한다.

(t) 제185조에 따라 회원국으로서의 권리와 특권 행사의 정지에 관하여 총회에 권고한다.

(u) 협약 불이행이 있는 경우, 해저기구를 대표하여 해저분쟁재판부에 소송을 제기한다.

(v) (u)에 따라 제기된 소송에 있어서 해저분쟁재판부의 결정을 총회에 통보하고 취하여야 할 조치에 관하여 적절하다고 판단하는 권고를 한다.

(w) 심해저활동으로부터 발생하는 해양환경에 대한 중대한 피해를 방지하기 위하여 조업정지명령이나 조업조정명령을 포함한 비상명령을 내린다.

(x) 해양환경에 대한 중대한 피해위험이 있다는 구체적인 증거가 있는 경우, 계약자나 심해저공사의 개발지역을 승인하지 아니한다.

(y) 아래와 관련된 재정에 관한 규칙, 규정 및 절차의 초안을 작성할 보조기관을 설치한다.〈이행협정부속서 제9절 9항 참조〉

(i) 제171조부터 제175조까지에 따른 재정관리

(ii) 제3부속서 제13조와 제17조 제1항 (c)에 따른 재정약정

(z) 이 부의 규정, 해저기구의 규칙, 규정 및 절차와 해저기구와의 계약조건이 준수되고 있는지의 여부를 결정하기 위하여 심해저활동을 검사할 검사관을 지시하고 감독하기 위한 적절한 제도를 수립한다.

제163조 이사회의 기관

1. 이사회에 다음 기관을 설치한다.

(i) 경제기획위원회

(ii) 법률·기술위원회

2. 각 위원회는 당사국이 지명한 후보자중에서 이사회가 선출한 15인의 위원으로 구성한다. 다만, 필요한 경우에 이사회는 경제성과 효율성을 적정하게 고려하여 각 위원회의 규모를 확대할 것을 결정할 수 있다.

3. 위원회의 위원은 그 위원회의 권한에 속하는 분야에서 적절한 자격을 갖추어야 한다. 당사국은 위원회가 임무를 효과적으로 수행하도록 보장하기 위하여 관련 분야에서 자격이 있고 최고수준의 능력과 성실성을 갖춘 후보자를 지명한다.

4. 위원회의 위원을 선출함에 있어서 공평한 지리적배분과 특별이익이 대표되도

록 적절히 고려한다.
5. 어느 당사국도 같은 위원회에서 2인 이상의 후보자를 지명할 수 없다. 누구도 2개 이상의 위원회에서 근무하도록 선출될 수 없다.
6. 위원회의 위원은 5년 임기로 재직한다. 위원은 1회에 한하여 재선될 수 있다.
7. 임기만료전 위원회의 위원의 사망, 무자격 또는 해직의 경우, 이사회는 잔여 임기 동안 재직할 위원을 동일한 지리적 지역이나 이해분야로부터 선출한다.
8. 위원회의 위원은 심해저에서의 탐사와 개발과 관련된 모든 활동에 관하여 어떠한 재정상의 이해관계도 가질 수 없다. 위원은 자신이 근무하는 위원회에 대한 책임에 따를 것을 조건으로 직무종료 후에도 산업상의 비밀이나 제3부속서 제14조에 따라 해저기구에 이전된 재산권 자료 또는 해저기구 임무수행중 알게 된 그 밖의 비밀정보를 누설하지 아니한다.
9. 각 위원회는 이사회가 채택하는 지침과 지시에 따라 임무를 수행한다.
10. 각 위원회는 위원회의 임무를 효율적으로 수행하기 위하여 필요한 규칙과 규정을 작성하고 승인을 얻기 위하여 이를 이사회에 제출한다.
11. 위원회의 의사결정절차는 해저기구의 규칙, 규정 및 절차에 따라 정한다. 필요한 경우 이사회에 대한 권고에 위원회내의 서로 다른 의견을 요약하여 첨부한다.
12. 각 위원회는 통상적으로 해저기구의 소재지에서 활동하며 임무를 효율적으로 수행하기 위하여 필요한 횟수만큼 회합한다.
13. 각위원회는 그 임무를 수행함에 있어서 적절한 경우, 다른 위원회, 국제연합과 그 전문기구의 권한 있는 기관 또는 이러한 협의의 주제에 관하여 권한있는 어떠한 국제기구와도 협의할 수 있다.

제164조 경제기획위원회

1. 경제기획위원회의 위원은 광업, 광물자원 활동의 관리, 국제무역이나 국제경제학 등과 관련된 적절한 자격을 갖춘다. 이사회는 위원회를 구성함에 있어 모든 적절한 자격이 반영되도록 보장하기 위하여 노력한다. 위원회는 심해저에서 채취되는 종류의 광물의 수출이 자국경제에 실질적인 관계가 있는 개발도상국 출신 위원을 적어도 2인 이상 포함한다.
2. 경제기획위원회는 다음 사항을 행한다.
(a) 이사회의 요청에 따라, 심해저활동과 관련하여 이 협약에 따라 내려진 결정을 이행하기 위한 조치를 제안한다.
(b) 수입국과 수출국 양쪽의 이익 특히 그 중에서도 개발도상국의 이익에 유의하여 심해저 광물의 공급, 수요, 가격 동향 및 이에 영향을 미치는 요인을 검토한다.
(c) 관계당사국이 주의를 환기시킨 제150조 (h)에 언급된 부정적인 영향을 초래할 수 있는 상황을 검토하여 이사회에 적절한 권고를 행한다.
(d) 제151조 제10항에 규정된 바와 같이 심해저활동으로 인하여 부정적인 영향을 받은 개발도상국을 위한 보상제도나 그 밖의 경제조정지원 조치를 총회에 제출하도록 이사회에 제안한다. 위원회는 총회가 채택한 이러한 보상제도나 그 밖의 조치를 구체적으로 적용하기 위하여 이사회에 필요한 권고를 한다.

제165조 법률·기술위원회

1. 법률·기술위원회의 위원은 광물자원의 탐사, 개발 및 가공, 해양학, 해양환경보호, 또는 해양광업 및 기타 관련 전문분야에 관한 경제적·법률적 사항 등에 관한 적절한 자격을 갖추어야 한다. 이사회는 위원회를 구성하는데 적합한 모든 자격이 반영되도록 보장하기 위하여 노력한다.

2. 법률·기술위원회는 다음을 행한다.

(a) 이사회의 요청에 따라 해저기구의 임무수행에 관한 권고를 한다.

(b) 제153조 제3항에 따라 심해저활동을 위한 공식문서로 된 사업계획을 심사하고 이사회에 적절한 권고를 한다. 위원회는 오로지 제3부속서에 규정된 근거에 기초하여 이러한 권고를 하고 이에 관하여 이사회에 충분히 보고한다.

(c) 이사회의 요청에 의하여, 적절한 경우, 심해저활동을 수행하는 주체나 관계국과 협의, 협력하여 심해저활동을 감독하고 이사회에 보고한다.

(d) 심해저활동이 환경에 미치는 영향에 관한 평가서를 작성한다.

(e) 해양환경보호에 관한 분야에서 인정된 전문가의 견해를 고려하여 이사회에 해양환경보호에 관한 권고를 한다.

(f) 심해저활동이 환경에 미치는 영향평가를 비롯한 모든 관련요소를 고려하여 제162조 제2항 (o)에 규정된 규칙, 규정 및 절차를 작성하여 이사회에 제출한다.

(g) 이러한 규칙, 규정 및 절차를 항상 검토하여 필요하거나 바람직하다고 판단되는 개정안을 수시로 이사회에 제출한다.

(h) 인정된 과학적 방법에 의하여 심해저활동으로 인한 해양환경오염의 위험이나 효과를 정기적으로 관찰, 측정, 평가 및 분석하는 감시계획의 수립에 관하여 이사회에 권고하고, 기존의 규칙이 적절히 이행되도록 보장하고 또한 이사회가 승인한 감시계획의 시행을 조정한다.

(i) 이 부 및 관련 부속서에 따라, 특히 제187조를 고려하여 해저기구를 대표하여 해저분쟁재판부에 소송을 제기할 것을 이사회에 권고한다.

(j) (i)에 따라 제기된 소송에서 해저분쟁재판부가 내린 결정에 근거하여 취하여야 할 조치에 대하여 이사회에 권고한다.

(k) 심해저활동으로부터 발생하는 해양환경에 대한 중대한 피해를 방지하기 위하여 조업정지명령이나 조업조정명령을 포함한 비상명령을 내릴 것을 이사회에 권고한다. 이사회는 이러한 권고를 우선적으로 취급한다.

(l) 해양환경에 대한 중대한 피해의 위험이 있다는 구체적인 증거가 있는 경우, 계약자 또는 심해저공사의 개발지역을 승인하지 아니할 것을 이사회에 권고한다.

(m) 이 부의 규정, 해저기구의 규칙, 규정 및 절차와 해저기구와의 계약조건이 준수되고 있는지 여부를 결정하기 위하여 심해저활동을 검사하는 검사관의 지휘와 감독에 관하여 이사회에 권고한다.

(n) 〈이행협정에 의하여 삭제〉 이사회가 제3부속서 제7조에 따라 생산인가 신청자중에서 필요한 자를 선정한 후 제151조 제2항부터 제7항까지에 따라 해저기구를 대표하여 생산한도를 계산하고 생산인가서를 발급한다.

3. 위원회의 위원은 감독과 검사 임무를 수행함에 있어서 당사국이나 다른 관련자의 요청이 있을 때에는 당사국이나 다른 관련자의 대표를 대동한다.

제4관 사무국

제166조 사무국

1. 해저기구의 사무국은 사무총장 및 해저기구가 필요로 하는 직원으로 구성된다.
2. 사무총장은 이사회가 제안한 후보자중에서 총회에 의하여 4년 임기로 선출되며 재선될 수 있다.
3. 사무총장은 해저기구의 수석행정직원이며, 그러한 자격으로 총회, 이사회 및 보조기관의 모든 회합에 참석하고 이들 기관에 의하여 위임된 다른 행정상의 임무를 수행한다.
4. 사무총장은 해저기구의 활동에 관한 연례보고서를 총회에 제출한다.

제167조 해저기구 직원

1. 해저기구의 직원은 해저기구의 행정상 임무를 수행하기 위하여 요구되는 과학적·기술적 자격과 그 밖의 자격을 갖춘 인원으로 구성된다.
2. 직원을 채용·고용하고 그 근무조건을 정함에 있어서 최고수준의 효율성, 능력 및 성실성을 확보할 필요성을 최우선적으로 고려한다. 이러한 고려를 할 것을 조건으로, 가능한 한 광범위한 지리적 기초 위에서 직원을 채용하는 것이 중요하다는 점을 적절히 고려한다.
3. 직원은 사무총장이 임명한다. 직원의 임명, 보수 및 해고조건은 해저기구의 규칙, 규정 및 절차에 따른다.

제168조 사무국의 국제적 성격

1. 사무총장과 직원은 그 직무를 수행함에 있어서 어떠한 정부나 해저기구 밖의 어떠한 출처로부터도 지시를 구하거나 받지 아니한다. 이들은 오직 해저기구에 대하여서만 책임을 지는 국제공무원으로서의 지위에 영향을 미치는 어떠한 행위도 삼간다. 각 당사국은 사무총장과 직원의 책임이 전적으로 국제적인 성격을 가진다는 것을 존중하며, 그들의 책임 수행에 영향을 미치려고 하지 아니할 것을 약속한다. 직원에 의한 책임 불이행은 해저기구의 규칙, 규정 및 절차에 규정된 적절한 행정재판소에 회부된다.
2. 사무총장과 직원은 심해저 탐사, 개발과 관련된 모든 활동에 있어서 어떠한 재정적 이해도 가질 수 없다. 그들은 해저기구에 대한 책임에 따를 것을 조건으로 직무가 종료한 이후에도 산업비밀이나 제3부속서 제14조에 따라 해저기구에 이전된 재산권 자료나 해저기구에 근무함으로써 알게 된 그 밖의 비밀정보를 누설하지 아니한다.
3. 제2항에 규정한 해저기구 직원에 의한 의무위반은, 그러한 위반에 의하여 피해를 입은 당사국의 요청이 있거나, 또는 제153조 제2항 (b)에 규정에 의거하여 당사국이 보증하고 그러한 위반에 의하여 피해를 입은 자연인이나 법인의 요청이 있으면 해저기구는 관련 직원을 해저기구의 규칙, 규정 및 절차에 지정된 재판소에 회부한다. 피해를 입은 당사국은 그 소송에 참가할 권리를 가진다. 재판소가 권고하는 경우 사무총장은 관련 직원을 해고한다.

4. 해저기구의 규칙, 규정 및 절차는 이 조를 이행하는 데 필요한 규정을 포함한다.

제169조 국제기구·비정부기구와의 협의·협력

1. 사무총장은 해저기구의 권한내 사항에 관하여 국제연합 경제사회이사회가 인정한 국제기구, 비정부기구와의 협의 및 협력을 위하여 이사회의 승인을 받아 적절한 약정을 체결한다.
2. 제1항의 규정에 의하여 사무총장과 약정을 체결한 기구는 해저기구의 기관의 의사규칙에 따라 그러한 기관의 회합에 옵서버로 참석할 대표를 지정할 수 있다. 적절한 경우 그러한 기구의 의견을 얻기 위한 절차를 확립한다.
3. 사무총장은 제1항에 언급된 비정부간기구가 특별한 권한을 가지는 사항으로서 해저기구의 활동과 관련된 사항에 관하여 제출한 서면보고서를 당사국에 배포할 수 있다.

제5관 심해저공사

제170조 심해저공사

1. 심해저공사는 제153조 제2항 (a)에 따라 심해저활동을 직접 수행하며 심해저로부터 채취된 광물의 수송, 가공 및 판매를 수행하는 해저기구의 기관이다.
2. 심해저공사는 해저기구의 국제법인격의 테두리 안에서 제4부속서에 규정된 정관에 따른 법적 능력을 가진다. 심해저공사는 이 협약, 해저기구의 규칙, 규정 및 절차, 또한 총회가 확립한 일반정책에 따라 행동하여야 하며 이사회의 지시와 통제에 따른다.
3. 심해저공사는 해저기구의 소재지에 주사무소를 둔다.
4. 심해저공사는 제173조 제2항과 제4부속서 제11조에 따라 그 직무를 수행하기 위하여 필요한 자금을 제공받으며 제144조와 그 밖의 이 협약 관련규정에 따라 기술을 인수한다.〈이행협정부속서 제2절 6항 참조〉

제6관 해저기구의 재정

제171조 해저기구의 자금

해저기구의 자금은 다음을 포함한다.

(a) 제160조 제2항 (e)의 규정에 따라 해저기구의 회원국이 납부한 분담금

(b) 제3부속서 제13조의 규정에 따라 심해저활동과 관련하여 해저기구가 받은 자금

(c) 제4부속서 제10조의 규정에 따라 심해저공사로부터 이전된 자금

(d) 제174조의 규정에 따라 차입한 자금

(e) 회원국이나 다른 주체가 납부한 자발적 기부금

(f) 제151조 제10항에 따라 경제기획위원회가 권고하는 재원으로부터의 보상기금에 대한 납입금

제172조 해저기구의 연간예산

사무총장은 해저기구의 연간예산안을 작성하여 이사회에 제출한다. 이사회는 연간예산안을 심의하여 이에 대한 권고와 함께 총회에 제출한다. 총회는 제160조 제2항 (h)에 따라 연간예산안을 심의하고 승인한다.

제173조 해저기구의 경비

1. 제171조 (a)에 언급된 분담금은 해저기구가 다른 재원으로부터 해저기구의 행정경비를 충당하기에 충분한 자금을 가질 때까지 이러한 경비를 충당하기 위한 특별계정에 불입된다.

2. 해저기구의 행정경비는 해저기구의 자금에서 우선적으로 지급된다. 제171조 (a)에 규정된 분담금을 제외하고, 행정경비 지급후 남은 자금은 특히 다음과 같이 배분하거나 사용한다.

(a) 제140조및 제160조 제2항 (g)에 따라 배분한다.

(b) 제170조 제4항에 따라 심해저공사에 자금을 제공하기 위하여 사용한다.

(c) 제151조 제10항 및 제160조 제2항 (l)에 따라 개발도상국에 보상하기 위하여 사용한다.

제174조 해저기구의 차입권한

1. 해저기구는 자금을 차입할 권한을 가진다.〈이행협정부속서 제1절 14항 참조〉

2. 총회는 제160조 제2항 (f)에 따라 채택된 재정규칙내에 해저기구의 차입권한에 대한 제한을 규정한다.

3. 이사회는 해저기구의 차입권한을 행사한다.

4. 당사국은 해저기구의 채무에 대하여 책임을 지지 아니한다.

제175조 연례감사

연차재무제표를 비롯한 해저기구의 기록, 장부와 계산서류는 총회가 임명하는 독립된 감사관에 의하여 매년 감사를 받는다.

제7관 법적지위, 특권·면제

제176조 법적지위

해저기구는 국제법인격 및 그 임무의 수행과 목적의 달성에 필요한 법적 능력을 가진다.

제177조 특권·면제

해저기구가 그 임무를 수행할 수 있도록 하기 위하여 해저기구는 각 당사국의 영토안에서 이 관에서 규정된 특권·면제를 향유한다. 심해저공사에 관한 특권·면제는 제4부속서 제13조에 규정된 특권·면제와 같다.

제178조 법절차로부터의 면제

해저기구가 특별한 사건에 대하여 명시적으로 면제를 포기한 경우 이외에는 해저기구와 해저기구의 재산과 자산은 법절차로부터 면제된다.

제179조 수색·압수로부터의 면제

해저기구의 재산과 자산은 그 소재지와 점유자에 관계없이 행정 또는 입법조치에 의한 수색, 징발, 몰수, 수용 또는 그 밖의 형태의 압수로부터 면제된다.

제180조 제한·규제·통제·동결로부터의 면제

해저기구의 재산과 자산은 어떠한 성격의 제한, 규제, 통제 및 동결조치로부터도 면제된다.

제181조 해저기구의 문서보관소와 공용통신

1. 해저기구의 문서보관소는 어디에 있든 불가침이다.

2. 재산권 자료·산업비밀 또는 이와 유사한 정보 및 인사기록은 공공에 개방되는 문서보관소에 비치될 수 없다.

3. 해저기구는 공용통신에 관하여 각 당사국이 다른 국제기구에 부여한 것보다 불리하지 아니한 대우를 각 당사국으로부터 부여받는다.

제182조 해저기구 관련인사의 특권·면제

총회나 이사회의 회합 또는 총회나 이사회 기관의 회합에 출석하는 회원국 대표, 해저 기구의 사무총장 및 직원은 각 당사국의 영토안에서 다음 사항을 향유한다.

(a) 직무수행중에 행한 행위에 관한 법절차로부터의 면제(단, 이들이 대표하는 국가 또는 적절한 경우 해저기구가 특정한 사건에 대하여 명시적으로 면제를 포기한 경우를 제외)

(b) 이들이 그 당사국의 국민이 아닌 경우, 그 당사국이 이들과 동등한 지위에 있는 다른 당사국의 대표 및 공무원과 고용인에게 부여하는 것과 동일한 출입국제한, 외국인 등록요건 및 국민으로서의 의무로부터의 동등한 면제 및 외환제한에 관한 동일한 편의와 여행편의에 관한 동일한 대우

제183조 조세·관세의 면제

1. 해저기구, 그 재산과 자산, 수입 그리고 이 협약에 의하여 인정된 해저기구의 운영과 거래는 해저기구의 공적활동 범위안에서 모든 직접세로부터 면제되고, 또한 해저기구 공용으로 수입되거나 수출되는 물품은 모든 관세로부터 면제된다. 해저기구는 제공된 용역에 대하여 부과되는 수수료로부터의 면제를 주장할 수 없다.

2. 해저기구의 공적활동에 필요한 실질적 가치가 있는 상품과 용역의 구입이 해저기구에 의하여 또는 해저기구를 대리하여 이루어지고 또한 이러한 상품과 용역의 가격에 조세나 관세가 포함되어 있는 경우, 실행가능한 범위 안에서 당사국은 이러한 조세나 관세로부터의 면제를 부여하거나 이를 환급하기 위한 적절한 조치를 취한다. 이 조의 규정에 따른 면제하에 수입되거나 구입된 물품은, 면제를 부여한 당사국과 합의한 조건에 따르는 경우를 제외하고는, 그 당사국의

영토안에서 매각되거나 또는 달리 처분되지 아니한다.

3. 해저기구의 사무총장과 직원, 해저기구를 위하여 임무를 수행하는 자로서 당사국의 국민이 아닌 전문가에게 해저기구가 지급한 봉급, 수당이나 다른 형태의 지급에 대하여 그 당사국은 조세를 부과할 수 없다.

제8관 회원국의 권리·특권 행사의 정지

제184조 표결권 행사의 정지

해저기구에 대한 재정분담금 납부를 지체하고 있는 당사국은 그 체납액이 과거 2년 동안 납부하여야 할 분담금액과 동일하거나 이를 넘는 경우에는 표결권을 가지지 아니한다. 분담금을 납부하지 못한 것이 회원국이 통제할 수 없는 상황 때문이라는 점이 납득될 경우 총회는 이러한 회원국이 투표하도록 허가할 수 있다.

제185조 회원국의 권리·특권행사의 정지

1. 총회는 중대하고도 계속적으로 이 부의 규정을 위반한 당사국에 대하여는 이사회의 권고에 따라 회원국으로서의 권리와 특권의 행사를 정지시킬 수 있다.
2. 당사국이 중대하고도 계속적으로 이 부의 규정을 위반하였다는 것을 해저분쟁재판부가 결정할 때까지는 제1항에 따른 어떠한 조치도 취할 수 없다.

제5절 분쟁해결과 권고적 의견

제186조 국제해양법재판소의 해저분쟁재판부

해저분쟁재판부의 설치와 그 관할권 행사방식은 이 부, 제15부 및 제6부속서의 규정에 의하여 규율된다.

제187조 해저분쟁재판부의 관할권

해저분쟁재판부는 이 부 및 이 부와 관련된 부속서에 따라 다음 범주에 속하는 심해저 활동 관련 분쟁에 대한 관할권을 가진다.

(a) 이 부 및 이 부와 관련된 부속서의 해석 또는 적용에 관한 당사국 사이의 분쟁

(b) 다음 사항에 관한 당사국과 해저기구 사이의 분쟁

(i) 이 부 또는 이 부와 관련된 부속서 또는 이에 따라 채택된 해저기구의 규칙, 규정 및 절차를 위반한 것으로 주장되는 해저기구나 당사국의 작위나 부작위

(ii) 관할권의 일탈 또는 권한남용이라고 주장되는 해저기구의 행위

(c) 당사국, 해저기구 또는 심해저공사, 국영기업 및 제153조 제2항 (b)에 규정된 자연인이나 법인 등 계약당사자 사이의 다음 사항에 관한 분쟁

(i) 관련 계약이나 사업계획의 해석 또는 적용

(ii) 다른 계약당사자를 대상으로 하거나 또는 그의 적법한 이익에 직접적으로 영향을 미치는 심해저활동에 관한 계약당사자의 작위나 부작위

(d) 제153조 제2항 (b)의 규정에 따라 국가가 보증하고 제3부속서 제4조 제6항

및 제13조 제2항에 규정된 조건을 적절하게 이행한 계약예정자와 해저기구 사이의 분쟁으로서 계약의 거부 또는 계약의 협상중에 발생하는 법적 문제에 관한 분쟁

(e) 해저기구가 제3부속서 제22조에 규정된 책임을 지게 되었다고 주장되는 경우, 해저기구와 당사국, 국영기업 또는 제153조 제2항 (b)의 규정에 따라 당사국이 보증한 자연인이나 법인 사이의 분쟁

(f) 해저분쟁재판부의 관할권에 속하는 것으로 이 협약에 특별히 규정된 그 밖의 분쟁

제188조 국제해양법재판소 특별재판부나 해저분쟁재판부 임시재판정 또는 구속력이 있는 상사중재에의 분쟁 회부

1. 제187조 (a)에 언급된 당사국 사이의 분쟁은 다음 재판부에 회부될 수 있다.

(a) 분쟁당사자의 요청이 있을 경우 제6부속서 제15조 및 제17조에 따라 구성되는 국제해양법재판소 특별재판부

(b) 어느 한 분쟁당사자의 요청이 있을 경우 제6부속서 제36조에 따라 구성되는 해저분쟁재판부 임시재판정

2. (a) 제187조 (c) (i)에 언급된 계약의 해석·적용에 관한 분쟁은 당사자가 달리 합의하지 아니하는 한, 어느 한 분쟁당사자의 요청이 있으면 구속력 있는 상사중재에 회부된다. 분쟁이 회부되는 상사중재재판소는 이 협약의 해석문제를 결정할 관할권을 가지지 아니한다. 분쟁이 심해저활동에 관하여 제11부 및 이와 관련된 부속서의 해석문제를 포함하는 경우, 이러한 문제는 해저분쟁 재판부에 회부하여 재정되도록 한다.

(b) 이러한 중재를 시작할 때 또는 도중에 중재재판소가 분쟁의 어느 한 당사자의 요청에 의하여 또는 재판소의 직권으로 재판소의 결정이 해저분쟁재판부의 재정에 의존한다고 판정한 경우, 중재재판소는 재정을 위하여 이 문제를 해저분쟁재판부에 회부한다. 중재재판소는 해저분쟁재판부의 재정에 합치되게 결정을 내린다.

(c) 분쟁에 적용할 중재절차에 관한 규정이 계약서에 없는 경우, 중재는 두 당사자가 달리 합의하지 아니하는 한, 국제연합상거래위원회의 중재규칙이나 해저기구의 규칙, 규정 및 절차에 규정된 중재규칙에 따라 이루어진다.

제189조 해저기구의 결정에 대한 재판관할권의 제한

해저분쟁재판부는 이 부에 따른 해저기구의 재량권행사에 관하여는 관할권을 가지지 아니한다. 어떠한 경우에도 해저분쟁재판부는 자신의 재량으로 해저기구의 재량을 대체할 수 없다. 해저분쟁재판부는 제191조를 침해하지 아니하고 제187조에 따라 관할권을 행사함에 있어 해저기구의 규칙, 규정 및 절차가 이 협약과 합치하는지 여부에 대한 문제에 관하여 판단하지 아니하여야 하며 이러한 규칙, 규정 및 절차가 무효임을 선언하지 아니한다. 다만, 해저분쟁재판부의 관할권은 개별사건에 있어서 해저기구의 규칙, 규정 및 절차를 적용하는 것이 분쟁 당사자의 계약상 의무나 이 협약상의 의무와 충돌된다는 주장, 관할권의 일탈 또는 권한남용에 관한 주장, 다른 당사자의 계약상 의무 또는 이 협약상의 의무 불이행에 대하여 관련 당사자에게 지불되어야 할 손해배상 또는 그 밖의 구제의 주

장을 결정하는데 국한된다.

제190조 보증당사국의 소송절차 참가와 출석

1. 자연인이나 법인이 제187조에 언급된 분쟁당사자인 경우 보증국은 이에 관하여 통지를 받고 서면진술 또는 구두진술을 통하여 소송절차에 참가할 권리를 가진다.
2. 제187조 (c)에 언급된 분쟁에 있어서 어느 한 당사국을 상대로 다른 당사국이 보증하는 자연인이나 법인이 소송을 제기할 경우, 피소국은 그 보증국에 대하여 자연인이나 법인을 대리하여 소송에 출석하도록 요청할 수 있다. 그러한 불출석의 경우, 피소국은 자국 국적의 법인을 대리로 내보낼 수 있다.

제191조 권고적 의견

해저분쟁재판부는 총회나 이사회의 활동범위 안에서 발생하는 법률문제에 관하여 총회나 이사회의 요청에 따라 권고적 의견을 제시한다. 그러한 권고적 의견은 긴급사항으로 제시된다.

제 12 부 해양환경의 보호와 보전

제1절 총 칙

제192조 일반적 의무

각국은 해양환경을 보호하고 보전할 의무를 진다.

제193조 천연자원의 개발에 관한 국가의 주권적 권리

각국은 자국의 환경정책과 해양환경을 보호하고 보전할 의무에 따라 자국의 천연자원을 개발할 주권적 권리를 가진다.

제194조 해양환경 오염의 방지, 경감 및 통제를 위한 조치

1. 각국은 개별적으로 또는 적절한 경우 공동으로, 자국이 가지고 있는 실제적인 최선의 수단을 사용하여 또한 자국의 능력에 따라 모든 오염원으로부터 해양환경 오염을 방지, 경감 및 통제하는 데 필요한 이 협약과 부합하는 모든 조치를 취하고, 또한 이와 관련한 자국의 정책을 조화시키도록 노력한다.
2. 각국은 자국의 관할권이나 통제하의 활동이 다른 국가와 자국의 환경에 대하여 오염으로 인한 손해를 주지 않게 수행되도록 보장하고, 또한 자국의 관할권이나 통제하의 사고나 활동으로부터 발생하는 오염이 이 협약에 따라 자국이 주권적 권리를 행사하는 지역 밖으로 확산되지 아니하도록 보장하는 데 필요한 모든 조치를 취한다.
3. 이 부에 따라 취하여진 조치는 해양환경의 모든 오염원을 다룬다. 이러한 조치는 특히 다음의 사항을 가능한 한 가장 극소화시키기 위한 조치를 포함한다.

(a) 육상오염원으로부터, 대기로부터, 대기를 통하여 또는 투기에 의하여 특히 지속성있는 유독·유해하거나 해로운 물질의 배출

(b) 선박으로부터의 오염, 특히 사고방지, 긴급사태의 처리, 해상작업의 안전확보, 고의적 및 비고의적 배출의 방지, 선박의 설계·건조·장비·운용 및 인원배치의 규제를 위한 조치

(c) 해저와 하층토의 천연자원의 탐사나 개발에 사용되는 설비나 장치로부터의 오염, 특히 사고방지, 긴급사태의 처리, 해상작업의 안전확보, 또한 이러한 설비나 장치의 설계·구조·장비·운용 및 인원배치의 규제를 위한 조치

(d) 해양환경에서 운용되는 그 밖의 설비나 장치로부터의 오염. 특히 사고방지, 긴급사태의 처리, 해상작업의 안전확보, 또한 이러한 설비나 장치의 설계·구조·장비·운용 및 인원배치를 규제하기 위한 조치

4. 각국은 해양환경 오염을 방지, 경감 및 통제하기 위한 조치를 취함에 있어서 다른 국가가 이 협약에 따른 권리 행사나 의무 이행상 수행하는 활동을 부당하게 방해하지 아니한다.

5. 이 부에 따라 취하여진 조치는 매우 희귀하거나 손상되기 쉬운 생태계, 고갈되거나 멸종의 위협을 받거나 위험에 처한 생물종 및 그 밖의 해양생물체 서식지의 보호와 보존에 필요한 조치를 포함한다.

제195조 피해나 위험을 전가시키거나 오염형태를 변형시키지 아니할 의무

각국은 해양환경 오염을 방지, 경감 및 통제하기 위한 조치를 취함에 있어서 직접·간접적으로 피해나 위험을 어느 한 지역에서 다른 지역에 전가시키거나 어떤 형태의 오염을 다른 형태의 오염으로 변형시키지 아니하도록 행동한다.

제196조 기술의 사용 또는 외래 종이나 새로운 종의 도입

1. 각국은 해양환경에 중대하고도 해로운 변화를 초래할 우려가 있는 자국의 관할권이나 통제하에 있는 기술의 사용으로부터 또는 해양환경의 특정한 부분에 대한 외래의 종이나 새로운 종의 고의적, 우발적인 도입으로부터 발생하는 해양환경 오염을 방지, 경감 및 통제하기 위하여 필요한 조치를 취한다.

2. 이 조는 해양환경 오염의 방지, 경감 및 통제에 관한 이 협약의 적용에 영향을 미치지 아니한다.

제2절 지구적·지역적 협력

제197조 지구적·지역적 차원의 협력

각국은 지구적 차원에서 그리고 적절한 경우 지역적 차원에서 특수한 지역특성을 고려하여 직접 또는 권한있는 국제기구를 통하여 해양환경을 보호하고 보존하기 위하여 이 협약과 합치하는 국제규칙, 기준, 권고관행 및 절차의 수립 및 발전에 협력한다.

제198조 급박한 피해나 현실적 피해의 통고

어느 국가가 해양환경이 오염에 의하여 피해를 입을 급박한 위험에 처하거나 피해를 입은 을 알게 된 경우, 그 국가는 그러한 피해에 의하여 영향을 받을 것으

로 생각되는 다른 국가와 권한있는 국제기구에 신속히 통고한다.

제199조 오염대비 비상계획

제198조에 언급된 경우, 피해지역에 있는 국가는 자국의 능력에 따라서 권한있는 국제기구와 함께 가능한 한 오염의 영향을 제거하고 피해를 방지하거나 최소화하도록 협력한다. 이러한 목적을 위하여 각국은 공동으로 해양환경내의 오염사고에 대처하기 위한 비상계획을 개발하고 촉진시킨다.

제200조 연구·조사계획과 정보·자료교환

각국은 과학조사연구를 촉진시키고 과학조사계획을 실시하며 또한 해양환경오염에 관하여 획득된 정보와 자료의 교환을 장려하기 위하여 직접 또는 권한있는 국제기구를 통하여 협력한다. 각국은 오염의 성격과 범위의 평가, 오염에의 노출, 그 경로, 위험 및 구제조치에 관한 지식을 얻기 위하여 지역적·세계적 계획에 적극적으로 참여하도록 노력한다.

제201조 규칙제정을 위한 과학적 기준

제200조에 따라 획득된 정보와 자료를 고려하여 각국은 직접적으로 또는 권한있는 국제기구를 통하여 해양환경오염의 방지, 경감 및 통제에 관한 규칙, 기준, 권고관행 및 절차를 수립하고 발전시키기 위한 적절한 과학적 기준을 설정하도록 협력한다.

제3절 기술지원

제202조 개발도상국에 대한 과학·기술지원

각국은 직접 또는 권한있는 국제기구를 통하여 다음을 행한다.

(a) 해양환경의 보호 및 보존과 해양오염의 방지, 경감 및 통제를 위하여 개발도상국에 대한 과학적·교육적·기술적 지원 및 그 밖의 지원계획을 촉진시킨다. 이러한 지원에는 특히 다음 사항이 포함된다.

(i) 개발도상국의 과학·기술요원의 훈련

(ii) 관련있는 국제계획에 개발도상국 요원의 참여 촉진

(iii) 개발도상국에 대한 필요장비와 시설의 제공

(iv) 개발도상국의 이러한 장비의 생산능력 제고

(v) 연구·감시·교육 및 그 밖의 계획을 위한 시설의 개발과 조언

(b) 해양환경에 심각한 오염을 가져올 수 있는 심각한 사고의 영향을 최소화하기 위하여 특히 개발도상국에 적절한 지원을 제공한다.

(c) 환경평가 준비에 관하여 특히 개발도상국에 적절한 지원을 제공한다.

제203조 개발도상국에 대한 우선적 대우

개발도상국은 해양환경오염의 방지, 경감 및 통제 또는 그 영향의 최소화를 위하여 국제기구로부터 다음 사항에 관한 우선권을 부여받는다.

(a) 적절한 자금과 기술원조의 할당
(b) 국제기구의 전문적 용역의 이용

제4절 감시와 환경평가

제204조 오염의 위험이나 영향의 감시

1. 각국은 다른 국가의 권리와 양립하는 범위내에서 직접적 또는 권한있는 국제기구를 통하여 해양환경 오염의 위험이나 영향을 인정된 과학적 방법에 의하여 관찰, 측정, 평가 및 분석하기 위하여 실행가능한 한 노력한다.
2. 특히 각국은 자국이 허가하거나 참여하는 모든 활동이 해양환경을 오염시킬 가능성이 있는지의 여부를 결정하기 위하여 그 활동의 영향을 계속 감시한다.

제205조 보고서 발간

각국은 제204조에 따라 획득한 결과에 대한 보고서를 발간하거나 적절한 시간 간격을 두고 권한있는 국제기구에 이러한 보고서를 제출하며, 그 국제기구는 이를 모든 국가가 이용할 수 있도록 한다.

제206조 활동의 잠재적 영향평가

각국은 자국의 관할권이나 통제하에 계획된 활동이 해양환경에 실질적인 오염이나 중대하고 해로운 변화를 가져올 것이라고 믿을만한 합리적인 근거가 있는 경우, 해양환경에 대한 이러한 활동의 잠재적 영향을 실행가능한 한 평가하고 제205조가 규정한 방식에 따라 이러한 평가의 결과에 관한 보고서를 송부한다.

제5절 해양환경 오염의 방지, 경감, 통제를 위한 국제규칙과 국내입법

제207조 육상오염원에 의한 오염

1. 각국은 국제적으로 합의된 규칙, 기준 및 권고관행과 절차를 고려하여 강, 하구, 관선 및 배출시설을 비롯한 육상오염원에 의한 해양환경오염을 방지, 경감 및 통제하기 위하여 법령을 제정한다.
2. 각국은 이러한 오염을 방지, 경감 및 통제하기 위하여 필요한 그 밖의 조치를 취한다.
3. 각국은 이와 관련하여 적절한 지역차원에서 각국의 정책을 조화시키도록 노력한다.
4. 각국은 개발도상국의 지역적 특성, 경제적 능력 및 경제개발의 필요성을 고려하여 권한있는 국제기구나 외교회의를 통하여 육상오염원에 의한 해양환경 오염을 방지, 경감 및 통제하기 위한 세계적·지역적 규칙, 기준 및 권고관행과 절차를 확립하기 위하여 노력한다. 이러한 규칙, 기준 및 권고관행과 절차는 필요에 따라 수시로 재검토된다.
5. 제1항, 제2항 및 제4항에 언급된 법령, 조치, 규칙, 기준 및 권고관행과 절차는 특히 지속성이 있는 유독·유해한 물질의 해양환경으로의 배출을 가능한 한

최소화시키기 위한 것을 포함한다.

제208조 국가관할권하의 해저활동에 의한 오염

1. 연안국은 자국의 관할권 아래에 있는 해저활동으로 부터 또는 이와 관련하여 발생하는 해양환경의 오염 및 제60조와 제80조에 자국 관할권내에 건설된 인공섬, 설비 및 구조물로부터 발생하는 해양환경의 오염을 방지, 경감 및 통제하기 위한 법령을 제정한다.
2. 각국은 이러한 오염을 방지, 경감 및 통제하기 위하여 필요한 그 밖의 조치를 취한다.
3. 이러한 법령과 조치는 적어도 국제규칙, 기준 및 권고관행과 절차와 동등한 효력을 갖도록 한다.
4. 각국은 이와 관련하여 적절한 지역적 차원에서 각국의 정책을 조화시키도록 노력한다.
5. 각국은 특히 권한있는 국제기구나 외교회의를 통하여 제1항에 언급된 해양환경의 오염을 방지, 경감 및 통제하기 위한 세계적·지역적 규칙, 기준 및 권고관행과 절차를 확립한다. 이러한 규칙, 기준 및 권고관행과 절차는 필요에 따라 수시로 재검토된다.

제209조 심해저활동에 의한 오염

1. 심해저활동으로 인한 해양환경 오염을 방지, 경감 및 통제하기 위하여 제11부에 따라 국제규칙, 규정 및 절차를 수립한다. 이러한 규칙, 규정 및 절차는 필요에 따라 수시로 재검토한다.
2. 이 절의 관계규정에 따를 것을 조건으로, 각국은 자국기를 게양하거나 자국에 등록되었거나 또는 자국의 권한 아래 운영되는 선박, 설비, 구조물 및 그 밖의 장비에 의하여 수행되는 심해저활동으로 인한 해양환경의 오염을 방지, 경감 및 통제하기 위한 법령을 경우에 따라 제정한다. 이러한 법령의 요건은 적어도 제1항에 언급된 국제규칙, 규정 및 절차와 동등한 효력을 가져야 한다.

제210조 투기에 의한 오염

1. 각국은 투기에 의한 해양환경 오염을 방지, 경감 및 통제하기 위하여 법령을 제정한다.
2. 각국은 이러한 오염의 방지, 경감 및 통제에 필요한 그 밖의 조치를 취한다.
3. 이러한 법령과 조치는 권한있는 당국의 허가없이는 투기가 이루어지지 아니하도록 보장한다.
4. 각국은 특히 권한있는 국제기구나 외교회의를 통하여 이러한 오염을 방지, 경감 및 통제하기 위한 세계적·지역적 규칙, 기준 및 권고관행과 절차를 수립하기 위하여 노력한다. 이러한 규칙, 기준 및 권고관행과 절차는 필요에 따라 수시로 재검토된다.
5. 영해와 배타적경제수역에서의 투기 또는 대륙붕상의 투기는 연안국의 명시적인 사전승인 없이는 행할 수 없으며, 연안국은 지리적 여건으로 인하여 불리한

영향을 받을 다른 국가와 함께 그 문제를 적절히 검토한 후 이러한 투기를 허용, 규제 및 통제할 권리를 가진다.

6. 국내법령과 조치는 이러한 오염을 방지, 경감 및 통제하는 데 있어서 적어도 세계적규칙 및 기준과 동등한 효력을 가져야 한다.

제211조 선박에 의한 오염

1. 각국은 권한있는 국제기구나 외교회의를 통하여 선박에 의한 해양환경 오염을 방지, 경감 및 통제하기 위한 국제적 규칙과 기준을 수립하여야 하며, 적절한 경우, 동일한 방식으로 연안을 포함한 해양환경을 오염시킬 수 있는 사고의 위협 및 연안국의 관련이익에 대한 오염피해를 최소화하기 위한 항로제도의 채택을 촉진한다. 이러한 원칙과 기준은, 동일한 방식으로, 필요에 따라 수시로 재검토된다.

2. 각국은 자국기를 게양하고 있거나 자국에 등록된 선박으로부터의 해양환경 오염을 방지, 경감 및 통제하기 위하여 법령을 제정한다. 이러한 법령은 권한있는 국제기구나 일반외교회의를 통하여 수립되어 일반적으로 수락된 국제규칙 및 기준과 적어도 동등한 효력을 가져야 한다.

3. 해양환경 오염의 방지, 경감 및 통제를 위하여 외국선박의 자국 항구와 내수로의 진입이나 연안정박시설 방문에 대해 특별한 조건을 규정한 국가는 이러한 요건을 적절히 공표하고 권한있는 국제기구에 통보한다. 2개국 이상의 연안국이 정책을 조화시키기 위하여 이러한 요건을 동일하게 규정한 경우, 이러한 협력약정에 참가하는 국가를 명시하여 통보한다. 모든 국가는 자국기를 게양하거나 자국에 등록된 선박이 이러한 협력약정에 참여하고 있는 국가의 영해를 항행할 경우, 그 국가의 요청이 있으면 그 선박이 이러한 협력약정에 참여하고 있는 동일지역의 국가로 항진하고 있는지 여부에 관한 정보를 제공할 것과 또한 그러한 항진이 있을 경우 그 국가의 입항조건을 준수하고 있는지 여부를 밝히도록 선장에게 요구한다. 이 조는 선박의 계속적인 무해통항권 행사나 제25조 제2항의 적용에 영향을 미치지 아니한다.

4. 연안국은 자국 영해에서 주권을 행사함에 있어서 무해통항권을 행사하는 선박을 포함한 외국선박으로부터의 해양오염을 방지, 경감 및 통제하기 위하여 국내법령을 제정할 수 있다. 제2부 제3절에 따라 이러한 법령은 외국선박의 무해통항을 방해하지 아니한다.

5. 연안국은 제6절에 규정된 법령을 집행하기 위하여 자국의 배타적경제수역에서 선박으로부터의 오염을 방지, 경감 및 통제하기 위하여 권한있는 국제기구나 일반 외교회의를 통하여 확립된 일반적으로 수락된 국제규칙과 기준에 합치하고 또한 이에 대하여 효력을 부여하는 법령을 제정할 수 있다.

6. (a) 제1항에 언급된 국제규칙과 기준이 특별한 상황에 대처하기 부적당하고, 연안국이 자국의 배타적경제수역중 명확히 지정된 특정수역이 그 수역의 이용, 그 자원의 보호 및 교통상의 특수성과 그 수역의 해양학적·생태학적 조건과 관련하여 인정된 기술적 이유에 비추어 선박으로부터의 오염을 방지하기 위한 특별강제조치를 채택할 필요가 있는 수역이라고 믿을 만한 합리적인 근거가 있는 경우, 연안국은 권한있는 국제기구를 통하여 모든 관계국과 적절히 협의한 후, 그 국제

기구에 수역을 통보하고 이를 뒷받침하는 과학기술적인 증거와 필요한 수용시설에 관한 정보를 제출할 수 있다. 국제기구는 이러한 통보를 접수한 후 12개월 이내에 통보된 수역이 위 요건에 부합하는지 여부를 결정한다. 국제기구가 이러한 요건에 적합하다고 결정한 경우, 연안국은 그 수역에 있어서 선박으로부터의 오염의 방지, 경감 및 통제를 위한 법령을 제정하여, 국제기구가 특별수역에 적용되는 국제규칙과 기준, 또는 항행상의 관행을 시행할 수 있다. 이러한 법령은 권한있는 국제기구에 통보한 후 15개월동안 외국선박에 대하여 적용하지 아니한다.

(b) 연안국은 명확히 획정된 이러한 특별수역의 한계를 공표한다.

(c) 연안국이 선박으로부터의 오염의 방지, 경감 및 규제를 위하여 특정해역에 대한 법령을 추가로 채택하고자 하는 경우, 전술한 통보를 제출함과 동시에 이를 국제기구에 통고한다. 이러한 추가법령은 배출 또는 항행상의 관행과 관련될 수 있으나, 외국선박에 대하여 일반적으로 수락된 국제규칙과 기준 이외에 설계·구조·인원배치 또는 장비에 관한 기준을 준수하도록 요구하지 아니한다. 이러한 법령은 통보를 제출한 후 12개월내에 위의 국제기구가 동의할 것을 조건으로, 통보를 제출한 후 15개월 이후에 외국선박에 적용된다.

7. 이 조에 언급된 국제규칙과 기준은 특히 배출 또는 배출가능성이 있는 해난을 비롯한 사고에 의하여 연안이나 관련이익이 영향을 받을 수 있는 연안국에 대한 신속한 통보에 관한 규칙과 기준을 포함한다.

제212조 대기에 의한 또는 대기를 통한 오염

1. 각국은 대기로부터 또는 대기를 통한 해양환경 오염을 방지, 경감 및 통제하기 위하여 국제적으로 합의된 규칙, 기준, 권고관행과 절차 및 항공의 안전을 고려하여 자국의 주권아래 있는 영공과 자국기를 게양하고 있는 선박 또는 자국에 등록된 선박과 항공기에 적용되는 법령을 채택한다.

2. 각국은 이러한 오염의 방지, 경감 및 통제에 필요한 그 밖의 조치를 취한다.

3. 각국은 특히 권한있는 국제기구나 외교회의를 통하여 이러한 오염을 방지, 경감 및 통제하기 위한 세계적·지역적 규칙과 기준 및 권고관행과 절차를 확립하도록 노력한다.

제6절 법령집행

제213조 육상오염원에 의한 오염관련 법령집행

각국은 제207조에 따라 제정된 자국의 법령을 집행하고 육상오염에 의한 해양환경 오염을 방지, 경감 및 통제하기 위하여 권한있는 국제기구나 외교회의를 통하여 수립된 적용가능한 국제규칙과 기준을 시행하는 데 필요한 법령을 제정하고 그 밖의 조치를 취한다.

제214조 해저활동에 의한 오염관련 법령집행

각국은 제208조에 따라 제정된 자국의 법령을 집행하며 자국관할권하의 해저활동으로 부터 또는 이와 관련하여 발생하는 해양환경 오염과 제60조 및 제80조에 따라 자국의 관할권하에 설치한 인공섬, 설비 및 구조물로부터 발생하는 해양환경오염을 방지, 경감 및 통제하기 위하여 권한있는 국제기구나 외교회의를 통하여 수립된 적용가능한 국제규칙과 기준을 시행하는 데 필요한 법령을 제정하고 그 밖의 조치를 취한다.

제215조 심해저활동으로 인한 오염관련 법령집행

심해저활동으로 인한 해양환경 오염을 방지, 경감 및 통제하기 위하여 제11부에 의거하여 수립된 국제규칙, 규정 및 절차의 집행은 제11부에 따라 규율된다.

제216조 투기에 의한 오염관련 법령집행

1. 투기에 의한 해양환경의 오염을 방지, 경감 및 통제하기 위하여 이 협약에 따라 제정된 법령과 권한있는 국제기구나 외교회의를 통하여 수립된 적용가능한 국제규칙과 기준은 다음에 의하여 집행된다.

(a) 영해, 배타적경제수역내 또는 대륙붕상의 투기에 관하여는 연안국

(b) 자국기를 게양하고 있는 선박이나 자국에 등록된 선박, 항공기에 관하여는 기국

(c) 자국의 영토나 연안정박시설에서 폐기물이나 그 밖의 물질을 싣는 행위에 대하여서는 그 국가

2. 다른 국가가 이 조에 의거하여 이미 소송을 제기한 경우에는 어떠한 국가도 이 조의 규정에 따라 소송을 제기할 의무를 지지 아니한다.

제217조 기국에 의한 법령집행

1. 각국은 자국기를 게양하고 있거나 자국에 등록된 선박이 선박으로부터의 해양환경 오염을 방지, 경감 및 통제하기 위하여 권한있는 국제기구나 일반외교회의를 통하여 수립된 적용가능한 국제규칙과 기준 및 이 협약에 따라 제정된 자국의 법령을 준수하도록 보장하고, 그 시행에 필요한 법령을 제정하며 그 밖의 조치를 취한다. 기국은 위반행위의 발생장소에 관계없이 이러한 규칙, 기준 및 법령을 실효적으로 집행한다.

2. 각국은 특히 자국기를 게양하고 있거나 자국에 등록된 선박이 설계, 구조, 장비 및 인원배치에 관한 요건을 비롯하여 제1항에 규정된 국제규칙과 기준의 요건을 준수하며 항행할 수 있을 때까지 그 항행이 금지되도록 보장하기 위하여 적절한 조치를 취한다.

3. 각국은 자국기를 게양하고 있거나 자국에 등록된 선박이 제1항에 언급된 국제규칙과 기준에 따라 요구되며 이에 따라 발급된 증명서를 선상에 비치하도록 한다. 각국은 이러한 증명서가 선박의 실제상태와 부합하는지 여부를 확인하기 위하여 자국기를 게양한 선박이 정기적으로 검사되도록 보장한다. 다른 국가는 선박의 상태가 증명서의 기재사항과 실질적으로 부합되지 아니한다고 믿을 만한 명백한 근거가 있지 아니하는 한, 이러한 증명서를 선박의 상태에 관한 증거로 인정하고 그 증명서가 자국이 발급한 증명서와 동일한 효력을 갖는 것으로 본다.

4. 선박이 권한있는 국제기구나 일반외교회의를 통하여 수립된 규칙과 기준을

위반한 경우, 제218조, 제220조 및 제228조의 적용을 침해함이 없이 기국은 위반 발생장소나 이러한 위반으로 인한 오염이 발생하거나 발견된 장소에 관계없이 주장된 위반에 관하여 신속히 조사하고 적절한 경우 소송을 제기한다.
5. 위반을 조사하는 기국은 사건의 상황을 명백히 밝히기 위하여 다른 국가와의 협력이 유용한 경우에는 어떠한 국가에라도 조력을 요청할 수 있다. 각국은 기국의 적절한 요청에 응하도록 노력한다.
6. 각국은 다른 국가의 서면요청이 있을 경우, 자국기를 게양한 선박이 범하였다고 주장되는 위반을 조사한다. 기국은 위반주장에 대하여 소송이 제기될 수 있는 충분한 증거가 있다고 판단되는 경우 지체없이 자국의 법률에 따라 이러한 소송절차를 개시한다.
7. 기국은 취하여진 조치와 그 결과를 요청한 국가 및 권한있는 국제기구에 신속히 통보한다. 이러한 정보는 모든 국가가 이용할 수 있도록 한다.
8. 자국기를 게양한 선박에 대하여 각국이 법령으로 규정한 형벌은 위반이 발생한 장소에 관계없이 그 위반을 억제하기에 충분할 만큼 엄격하여야 한다.

제218조 기항국에 의한 법령집행

1. 선박이 어느 국가의 항구나 연안정박시설에 자발적으로 들어온 경우 그 국가는 권한있는 국제기구나 일반외교회의를 통하여 수립된 적용가능한 국제규칙과 기준에 위반하여 자국의 내수, 영해 또는 배타적경제수역 밖에서 행하여진 그 선박으로부터의 배출에 관하여 조사를 행하고 증거가 허용하는 경우에는 소송을 제기할 수 있다.
2. 제1항에 따른 소송은, 자국의 내수, 영해나 배타적경제수역에서 배출 위반이 발생한 국가나 기국 또는 배출 위반으로 인하여 피해를 입었거나 위협을 받는 국가에 의하여 요청되거나 또는 위반이 소송을 제기하는 국가의 내수, 영해나 배타적경제수역에서 오염을 초래하거나 오염을 초래할 위험이 있는 경우를 제외하고는, 다른 국가의 내수, 영해나 배타적경제수역에서의 배출 위반에 관하여 제기될 수 없다.
3. 선박이 어느 국가의 항구나 연안정박시설에 자발적으로 들어온 경우 그 국가는 어떤 국가가 자국의 내수, 영해나 배타적경제수역에서 발생하였거나 이들 수역에 대하여 피해를 입히거나 피해의 위협을 주었다고 판단되는 제1항에 언급된 배출 위반에 관한 조사요청을 할 경우, 실행가능한 한 이에 응한다. 그 국가는 위반이 발생한 장소에 관계없이 기국이 배출 위반에 관한 조사요청을 하는 경우에도 마찬가지로 실행가능한 한 응한다.
4. 이 조에 따라 기항국이 수행한 조사기록은 기국이나 연안국이 있으면 기국이나 연안국에 전달된다. 위반이 연안국의 내수, 영해나 배타적경제수역에서 발생한 경우 이러한 조사를 기초로 하여 기항국이 제기한 소송은 제7절에 따를 것을 조건으로, 연안국의 요청에 따라 중단될 수 있다. 이러한 경우 사건의 증거와 기록은 기항국의 당국에 제공된 보석금이나 그 밖의 재정적 담보와 함께 연안국에 이송된다. 이러한 이송이 행하여지는 경우 기항국에서의 소송은 계속되지 아니한다.

제219조 오염방지를 위한 선박감항성 관련조치

제7절에 따를 것을 조건으로, 각국은 요청에 의하거나 자발적으로 자국 항구나 연안정박시설에 있는 어떠한 선박이 선박의 감항성에 관하여 적용되는 국제규칙과 기준을 위반함으로써 해양환경에 대해 피해를 입힐 위험이 있다고 확인한 경우, 실행가능한 한 그 선박의 항행을 금지시키기 위한 행정조치를 취한다. 각국은 그 선박이 가장 가까이 있는 적절한 수리장소까지만 운항하도록 허가할 수 있고 또한 위반원인이 제거되는 즉시 항행을 계속하도록 허가한다.

제220조 연안국에 의한 법령집행

1. 선박이 어느 국가의 항구나 연안정박시설에 자발적으로 들어온 경우, 그 국가는 위반이 자국의 영해나 배타적경제수역에서 발생한 때에는 선박으로부터의 오염을 방지, 경감 및 통제하기 위하여 이 협약이나 적용가능한 국제규칙 또는 기준에 따라 제정된 자국 법령위반에 관하여 제7절에 따를 것을 조건으로 소송을 제기할 수 있다.
2. 어느 국가의 영해를 항행하는 선박이 운항중에 선박으로부터의 오염을 방지, 경감 및 통제하기 위하여 이 협약 또는 적용가능한 국제규칙과 기준에 따라 제정된 국내법령을 위반하였다고 믿을만한 명백한 근거가 있는 경우, 그 국가는 제2부 제3절의 관련 규정의 적용을 침해함이 없이 위반 관련 선박의 물리적 조사를 행할 수 있고, 증거가 허락하는 경우 제7절에 따를 것을 조건으로 자국 법률에 따라 선박의 억류를 포함한 소송을 제기할 수 있다.
3. 어느 국가의 배타적경제수역이나 영해를 항행중인 선박이 배타적경제수역에서 선박으로 부터의 오염의 방지, 경감 및 통제를 위하여 적용가능한 국제규칙과 기준 또는 이에 합치하고 또한 이를 시행하기 위한 그 국가의 법령을 위반하였다고 믿을 만한 명백한 증거가 있는 경우, 그 국가는 그 선박에 대하여 선박식별, 등록항, 직전 및 다음 기항지에 관한 정보와 위반발생 여부를 확인하는 데 필요한 그 밖의 관련 정보를 요구할 수 있다.
4. 각국은 자국기를 게양한 선박이 제3항에 따른 정보제공 요구에 따르도록 법령을 제정하고 그 밖의 조치를 취한다.
5. 어느 국가의 배타적경제수역이나 영해를 항행중인 선박이 그 국가의 배타적경제수역에서 제3항에 언급된 위반을 하여 해양환경의 중대한 오염을 야기하거나 야기할 위험이 있는 실질적인 배출이 발생하였다고 믿을 만한 명백한 근거가 있는 경우, 그 국가는 그 선박이 정보제공을 거부하거나 또는 제공한 정보가 명백히 실제상황과 어긋나는 경우 및 사건의 상황이 이러한 조사를 정당화하는 경우에는 그 선박에 대한 물리적 조사를 행할 수 있다.
6. 어느 국가의 배타적경제수역이나 영해를 항행하는 선박이 그 국가의 배타적경제수역에서 제3항에 언급된 위반을 하여 연안국의 해안이나 관련이익, 또는 영해나 배타적경제수역의 자원에 중대한 피해를 야기하거나 야기할 위험이 있는 배출을 행하였다는 명백하고 객관적인 증거가 있는 경우, 그 국가는 제7절에 따를 것을 조건으로 증거가 허락하는 경우, 자국 법률에 따라 선박의 억류를 포함한 소송을 제기할 수 있다.

7. 제6항에도 불구하고 권한있는 국제기구를 통하여 또는 달리 합의된 바에 따라 보석금이나 그 밖의 적절한 금융 담보요건을 충족할 수 있는 적절한 절차가 수립되고, 연안국은 이러한 절차의 적용을 받는 경우, 연안국은 그 선박의 출항을 허용한다.
8. 제3항, 제4항, 제5항, 제6항 및 제7항은 제211조 제6항에 따라 제정된 국내법령에도 적용된다.

제221조 해난사고에 의한 오염을 방지하기 위한 조치
1. 이 부의 어떠한 규정도, 각국이 관습국제법이나 성문국제법에 따라, 중대한 해로운 결과를 초래할 것이 합리적으로 예측되는 해난사고나 이러한 사고에 관련된 행위로 인한 오염, 또는 오염의 위험으로부터 자국의 해안이나 어로를 포함한 관계이익을 보호하기 위하여, 실제상의 피해 또는 발생할 위험이 있는 피해에 상응하는 조치를 영해밖까지 취하고 집행할 권리를 침해하지 아니한다.
2. 이 조를 적용함에 있어서 "해난사고"라 함은 선박의 충돌, 좌초, 그 밖의 항행상의 사고 또는 그 밖에 선상이나 선외에서 사건으로서 선박이나 화물에 실질적인 피해나 급박한 피해의 위협을 초래하는 그 밖의 사건을 말한다.

제222조 대기에 의한 또는 대기를 통한 오염관련 법령집행
각국은 자국의 관할권하의 영공에서, 또는 자국기를 게양하고 있거나 자국에 등록된 선박이나 항공기에 관하여, 제212조 제1항과 그 밖의 이 협약 규정에 따라 제정된 자국의 법령을 집행하며, 항공의 안전에 관한 모든 관련 국제규칙과 기준에 따라 대기에 의한 또는 대기를 통한 해양환경의 오염을 방지, 경감 및 통제하기 위하여 권한있는 국제기구나 외교회의를 통하여 수립된 적용가능한 국제규칙과 기준을 시행하는 데 필요한 국내법령을 제정하고 그 밖의 조치를 취한다.

제7절 안전조치

제223조 소송을 용이하게 하기 위한 조치
각국은 이 부에 따라 제기된 소송에 있어 증인심문 및 다른 국가의 당국이나 권한있는 국제기구가 제출한 증거의 채택을 용이하게 할 조치를 취하고, 권한있는 국제기구, 기국 및 위반으로 발생한 오염에 의하여 영향을 받는 국가의 공식대표가 소송에 용이하게 출석할 수 있도록 한다. 이러한 소송절차에 출석하는 공식대표는 국내법령이나 국제법에 규정된 권리와 의무를 가진다.

제224조 법령집행권한 행사
이 부에 따른 외국선박에 대한 집행권한은 공무원이나 군함, 군용항공기나 정부업무에 사용되는 것이 명백하게 표시되고 식별가능한 그 밖의 선박이나 항공기에 의하여서만 행사될 수 있다.

제225조 법령집행권한 행사상의 부정적 영향 방지의무

각국은 이 협약에 따라 외국선박에 대한 집행권한을 행사함에 있어서 항행의 안전을 위태롭게 하거나 그 밖에 선박에 어떠한 위험을 초래하거나 또는 선박을 안전하지 못한 항구나 정박지로 이동시키거나 또는 해양환경을 불합리한 위험에 노출시키지 아니한다.

제226조 외국선박조사

1. (a) 각국은 제216조, 제218조 및 제220조에 규정된 조사의 목적을 위하여 긴요한 기간 이상 외국선박을 지체시키지 아니한다. 외국선박에 대한 어떠한 물리적 검사도 일반적으로 수락된 국제규칙과 기준에 따라 그 선박에 비치하도록 요구된 증명서, 기록 및 그 밖의 서류나 그 선박이 비치하고 있는 유사한 서류심사에 국한된다. 선박에 대한 추가적인 물리적 조사는 오직 그러한 심사가 수행된 후 다음의 경우에 한하여 실시할 수 있다.

(i) 선박이나 장비의 상태가 서류의 기재내용과 실질적으로 부합되지 아니하다고 믿을만한 명백한 근거가 있는 경우

(ii) 이러한 서류의 내용이 위반혐의를 확인하거나 입증하기에 충분하지 아니한 경우

(iii) 선박이 유효한 증명서와 기록을 비치하지 아니한 경우

(b) 조사에 의하여 해양환경의 보호, 보존을 위하여 적용되는 법령이나 국제규칙과 기준의 위반이 밝혀지는 경우 보석금이나 그 밖의 적절한 금융 보증과 같은 합리적 절차에 따를 것을 조건으로 신속히 석방된다.

(c) 선박의 감항성에 관한 적용가능한 국제규칙과 기준의 적용을 침해하지 아니하고 선박의 석방으로 해양환경에 불합리한 피해가 초래될 위험이 되는 경우 선박의 석방을 거부하거나 가장 가까이 있는 적절한 수리소로 항진할 것을 조건으로 석방할 수 있다. 석방이 거부되거나 조건부로 된 경우, 선박의 기국에 신속히 통보하고, 기국은 제15부에 따라 선박의 석방을 요구할 수 있다.

2. 각국은 해상에서 선박에 대한 불필요한 물리적 조사를 피하기 위한 절차를 발전시키도록 노력한다.

제227조 외국선박 차별금지

이 부의 규정에 따른 권리를 행사하고 의무를 이행함에 있어서 각국은 다른 국가의 선박을 형식상 또는 실질상으로 차별하지 아니한다.

제228조 소송의 정지·제한

1. 소송을 제기한 국가의 영해 밖에서 외국선박이 선박으로부터의 오염의 방지, 경감 및 통제에 관하여 적용되는 법령이나 국제규칙과 기준을 위반한 데 대하여 처벌하는 소송은, 그 소송이 연안국에 대하여 중대한 피해를 발생시킨 경우와 관련되었거나 문제된 기국이 자국선박이 행한 위반에 대하여 적용가능한 국제규칙과 기준을 실효적으로 집행할 의무를 반복하여 무시하지 아니하는 한 소송이 시작된 날로부터 6개월 이내에 기국이 동일한 혐의에 대하여 처벌하는 소송을 시작한 경우 정지된다. 기국이 이 조에 따라 소송의 중지를 요청한 경우, 그 기

국은 이전에 소송을 제기한 국가에게 적절한 시기에 따라 사건의 모든 서류와 소송기록을 제공한다. 기국이 제기한 소송이 종결되었을 때 정지된 소송은 종료된다. 이러한 소송에 관하여 발생한 비용이 지급된 경우 연안국은 정지된 절차와 관련하여 제공된 보석금과 그 밖의 금융보증을 반환한다.

2. 외국선박에 형벌을 부과하는 소송은 위반발생일로부터 3년이 지난 후에는 제기될 수 없으며, 제1항의 규정에 따를 것을 조건으로 어느 한 국가가 소송을 제기한 경우에는 어떠한 다른 국가도 소송을 제기할 수 없다.

3. 이 조는 다른 국가에 의한 이전의 소송제기에 관계없이 기국이 자국법률에 따라 처벌하기 위하여 소송을 포함한 조치를 취할 권리를 침해하지 아니한다.

제229조 민사소송 제기

이 협약의 어떠한 규정도 해양환경 오염으로 인한 손실이나 피해의 청구를 위한 민사소송의 제기에 영향을 미치지 아니한다.

제230조 벌금과 피고인의 인정된 권리의 존중

1. 외국선박이 영해밖에서 해양환경오염의 방지, 경감 및 통제를 위한 국내법령이나 적용가능한 국제규칙과 기준을 위반한 데 대하여는 벌금만 부과할 수 있다.

2. 영해에서 고의적으로 중대한 오염행위를 한 경우를 제외하고는 외국선박이 영해에서 해양환경 오염의 방지, 경감 및 통제를 위한 국내법령이나 적용가능한 국제규칙과 기준을 위반한 데 대하여는 벌금만 부과할 수 있다.

3. 외국선박이 형벌의 부과를 초래할 수 있는 위반을 한 데 대한 소송의 진행에 있어서 형사피고인에게 인정된 권리는 존중된다.

제231조 기국과 관련국에 대한 통지

각국은 제6절에 따라 외국선박에 대하여 취한 조치를 기국과 그 밖의 모든 관련국에 신속히 통고하고, 이러한 조치에 관한 모든 공식보고서를 기국에 제출한다. 다만, 영해에서 행하여진 위반에 관하여는 연안국의 이러한 의무는 소송에서 취한 조치에만 적용된다. 기국의 외교관이나 영사관원 및 가능한 경우 해양당국은 제6절에 따라 외국선박에 대하여 취하여진 조치에 관하여 신속히 통보받는다.

제232조 집행조치로 인한 국가책임

각국은 제6절에 따라 취하여진 조치가 불법적이거나 또는 이용 가능한 정보에 비추어 합리적으로 요구되는 한도를 넘을 경우, 이러한 조치 때문에 자국에게 귀책되는 손해나 손실에 대하여 책임을 진다. 각국은 자국 법원에서 이러한 손해나 손실의 구제를 청구하는 절차를 규정한다.

제233조 국제항행에 이용되는 해협관련 보장제도

제5절, 제6절 및 제7절의 어떠한 규정도 국제항행에 사용되는 해협의 법제도에 영향을 미치지 아니한다. 다만, 제10절에 언급된 선박이외의 외국선박이 제42조 제1항 (a)와 (b)에 언급된 법령을 위반하여 해협의 해양환경에 중대한 피해를

초래하거나 초래할 위험을 야기한 경우, 해협연안국은 적절한 집행조치를 취할 수 있고, 이 경우 이 절의 규정이 준용된다.

제8절 결빙해역

제234조 결빙해역

연안국은 특별히 가혹한 기후조건과 연중 대부분 그 지역을 덮고 있는 얼음의 존재가 항해에 대한 장애나 특별한 위험이 되고 해양환경오염이 생태학적 균형에 중대한 피해를 초래하거나 돌이킬 수 없는 혼란을 가져올 수 있는 경우, 배타적경제수역에 있는 결빙해역에서 선박으로부터의 해양오염을 방지, 경감 및 통제하기 위한 차별없는 법령을 제정하고 집행할 권리를 가진다. 이러한 법령은 항행과 이용 가능한 최선의 과학적 증거에 근거하여 해양환경의 보호와 보존을 적절하게 고려한다.

제9절 책임

제235조 책임

1. 각국은 해양환경의 보호와 보전을 위한 국제적 의무를 이행할 의무를 진다. 각국은 국제법에 따라 책임을 진다.
2. 각국은 자국 관할권하에 있는 자연인이나 법인에 의한 해양환경 오염으로 인한 손해에 관하여 자국의 법제도에 따라 신속하고 적절한 보상이나 그 밖의 구제를 위한 수단이 이용될 수 있도록 보장한다.
3. 각국은 해양환경의 오염으로 인한 모든 손해에 대한 신속하고 적절한 보상을 보장할 목적으로 손해평가와 손해보상 및 분쟁해결을 위한 책임에 관한 현행 국제법의 이행과 국제법의 점진적 발전을 위하여 협력하고, 또한 적절한 경우, 강제보험이나 보상기금 등 적절한 보상지급에 관한 기준과 절차의 발전을 위하여 협력한다.

제10절 주권면제

제236조 주권면제

해양환경의 보호·보존에 관한 이 협약의 규정은 군함, 해군보조함 및 국가가 소유하거나 운영하며 당분간 정부의 비상업용 업무에만 사용되는 그 밖의 선박이나 항공기에는 적용되지 아니한다. 다만, 각국은 자국이 소유하거나 운영하고 있는 이러한 선박이나 항공기의 운항 또는 운항능력에 손상을 주지 아니하는 적절한 조치를 취함으로써 이러한 선박이나 항공기가 합리적이고 실행가능한 범위내에서 이 협약에 합치하는 방식으로 행동하도록 보장한다.

제11절 해양환경 보호·보전을 위한 다른 협약상의 의무

제237조 해양환경 보호·보전을 위한 다른 협약상의 의무

1. 이 부의 규정은 해양환경의 보호·보전과 관련하여 이미 체결된 특별 협약과 협정에 따라 국가가 지는 특정한 의무 및 이 협약에 규정된 일반원칙의 증진을 위한 협정의 체결에 영향을 미치지 아니한다.

2. 해양환경의 보호·보전에 관하여 특별 협약에 따라 국가가 지는 특정한 의무는 이 협약의 일반원칙과 목적에 합치하는 방식으로 이행된다.

제 13 부 해양과학조사

제1절 총 칙

제238조 해양과학조사권

그 지리적 위치에 관계없이 모든 국가와 권한있는 국제기구는 이 협약에 규정된 다른 국가의 권리와 의무를 존중할 것을 조건으로 해양과학조사를 수행할 권리를 가진다.

제239조 해양과학조사의 촉진

각국 및 권한있는 국제기구는 이 협약에 따라 해양과학조사의 발전과 수행을 촉진하고 용이하게 한다.

제240조 해양과학조사의 일반원칙

해양과학조사 수행에 있어서 다음 원칙을 적용한다.

(a) 해양과학조사는 오로지 평화적 목적을 위하여 수행한다.

(b) 해양과학조사는 이 협약에 합치하는 적절한 과학적 수단과 방법에 따라 수행한다.

(c) 해양과학조사는 이 협약에 합치하는 다른 적법한 해양의 이용을 부당하게 방해하지 아니하며, 이러한 이용과정에서 적절히 존중된다.

(d) 해양과학조사는 해양환경의 보호·보전을 위한 규칙을 비롯하여 이 협약에 따라 제정된 모든 관련 규칙을 준수하여 수행된다.

제241조 권리주장의 법적 근거로서의 해양과학조사활동 불인정

해양과학조사활동은 해양환경이나 그 자원의 어느 한 부분에 대한 어떠한 권리주장의 법적 근거도 될 수 없다.

제2절 국제협력

제242조 국제협력 증진

1. 각국 및 권한있는 국제기구는 주권 및 관할권 존중 원칙에 따라, 상호 이익의 바탕위에 평화적 목적을 위한 해양과학조사에 있어서 국제협력을 증진한다.

2. 이와 관련하여, 각국은 이 부를 적용함에 있어서 이 협약상의 국가의 권리와 의무를 침해하지 아니하고, 적절한 경우, 인간의 건강과 안전 및 환경에 대한 손

상을 방지하고 통제하는 데 필요한 정보를 자국으로부터, 또는 자국과 협력하여 얻을 수 있는 합리적인 기회를 다른 국가에 제공한다.

제243조 유리한 여건의 조성

각국 및 권한있는 국제기구는, 양자협정 또는 다자협정 체결을 통하여, 해양환경에서의 해양과학조사 수행을 위한 유리한 여건을 조성하고 해양환경에서 발생하는 현상과 과정의 본질 및 그 상호관계를 연구함에 있어서 과학자들의 노력을 결집하기 위하여 서로 협력한다.

제244조 정보·지식의 출판·보급

1. 국가와 권한있는 국제기구는 이 협약에 따라 주요 제안사업과 그 사업의 목적에 관한 정보 및 해양과학조사로부터 얻은 지식을 이용할 수 있도록 적절한 경로를 통하여 공표, 보급한다.

2. 이를 위하여 각국은 개별적으로 그리고 다른 국가나 권한있는 국제기구와 협력하여 과학자료 및 정보의 교류와 해양과학조사로부터 얻은 지식의 이전, 특히 개발도상국에 대한 이전을 적극적으로 증진하고, 특히 개발도상국의 기술·과학 분야의 직원에 대한 적절한 교육과 훈련을 제공하기 위한 계획을 통하여 개발도상국의 독자적인 해양과학조사능력의 강화를 적극적으로 증진한다.

제3절 해양과학조사의 수행과 촉진

제245조 영해에서의 해양과학조사

연안국은 그 주권을 행사함에 있어서 자국 영해에서의 해양과학조사를 규제, 허가 및 수행할 배타적 권리를 가진다. 영해에서의 해양과학조사는 연안국의 명시적 동의와 연안국이 정한 조건에 따라서만 수행된다.

제246조 배타적경제수역과 대륙붕에서의 해양과학조사

1. 연안국은 그 관할권을 행사함에 있어서 이 협약의 관련 규정에 따라 자국의 배타적경제수역과 대륙붕에서의 해양과학조사를 규제, 허가 및 수행할 권리를 가진다.

2. 배타적경제수역과 대륙붕에서의 해양과학조사는 연안국의 동의를 얻어 수행한다.

3. 연안국은, 통상적 상황에서, 다른 국가 또는 권한있는 국제기구가 오로지 평화적인 목적을 위하여, 또한 모든 인류에 유익한 해양환경에 대한 과학지식을 증진시키기 위하여 이 협약에 따라 자국의 배타적경제수역과 대륙붕에서 수행하는 해양과학조사 사업에 동의한다. 이를 위하여 연안국은 이러한 동의가 부당하게 지연되거나 거부되지 아니하도록 보장하는 규칙이나 절차를 확립한다.

4. 제3항을 적용함에 있어서, 연안국과 조사국간에 외교관계가 없는 경우에도 통상적 상황은 있을 수 있다.

5. 그러나 연안국은 자국의 배타적경제수역과 대륙붕에서 다른 국가 또는 권한

있는 국제기구에 의한 해양과학조사 실시사업이 다음과 같을 경우에는 동의를 거부할 수 있는 재량권을 가진다.

(a) 생물 또는 무생물 천연자원의 탐사와 개발에 직접적인 영향을 미치는 경우

(b) 대륙붕의 굴착, 폭발물의 사용 또는 해양환경에 해로운 물질의 반입을 수반하는 경우

(c) 제60조와 제80조에 언급된 인공섬, 시설 및 구조물의 건조, 운용 또는 사용을 수반하는 경우

(d) 제248조에 따라 조사사업의 성질과 목적에 관하여 전달된 정보가 부정확한 경우나 조사국이나 권한있는 국제기구가 이전에 실시된 조사사업과 관련하여 연안국에 대한 의무를 이행하지 아니한 경우

6. 제5항의 규정에도 불구하고 영해기선으로부터 200해리 밖의 대륙붕 중 연안국이 개발이나 세부적인 탐사작업이 수행되고 있거나 또한 상당한 기간내에 수행될 지역으로 언제라도 공적으로 지정할 수 있는 특정 지역을 제외한 곳에서 이 부의 규정에 따라 실시되는 해양과학조사사업에 대하여서는 제5항 (a)의 동의를 유보할 수 있는 재량권을 행사할 수 없다. 연안국은 이러한 지역의 지정 및 변경을 합리적으로 통지하여야 하나, 그러한 지역안에서의 세부활동내용을 통지할 의무는 없다.

7. 제6항의 규정은 제77조에서 수립된 대륙붕에 관한 연안국의 권리를 침해하지 아니한다.

8. 이 조에 언급된 해양과학조사활동은 이 협약에 규정된 연안국의 주권적 권리와 관할권의 행사로서 연안국이 실시하는 활동을 부당하게 방해하지 아니한다.

제247조 국제기구에 의하여 또는 국제기구의 후원하에 실시되는 해양과학조사사업

국제기구의 회원국이거나 국제기구와 양자협정을 체결한 연안국의 배타적경제수역이나 대륙붕에서 그 기구가 직접 또는 그 후원하에 해양과학조사사업을 수행하는 경우, 그 국제기구가 사업의 실시를 결정할 때 연안국이 세부사업을 승인하거나, 사업에 참여할 의사를 가지거나, 그 국제기구가 연안국에 대하여 사업을 통보한 후 4개월내에 연안국이 반대의사를 표명하지 아니한 경우에는 그 연안국이 합의된 내역에 따라 그러한 조사사업이 시행되도록 인가한 것으로 본다.

제248조 연안국에 대한 정보제공의무

연안국의 배타적경제수역과 대륙붕에서 해양과학조사를 수행하려는 국가와 권한있는 국제기구는 적어도 해양과학조사사업 개시예정일 6개월 이전에 관계연안국에게 다음 사항에 관한 완전한 내역을 제공한다.

(a) 사업의 성질과 목적

(b) 사용될 수단과 방법 및 과학장비의 설명서(선박의 명칭, 톤수, 형태 및 선급을 포함)

(c) 사업이 수행될 정확한 지리적 위치

(d) 조사선박의 최초 도착예정일과 최종 철수예정일, 또는 적절한 경우 장비의 설치 및 제거예정일

(e) 후원기관 명칭과 기관장, 사업책임자의 성명

(f) 연안국이 그 사업에 참여하거나 대표를 파견할 수 있다고 고려되는 범위

제249조 특정조건 준수의무

1. 각국과 권한있는 국제기구는 연안국의 배타적경제수역이나 대륙붕에서 해양과학조사를 수행함에 있어 다음 조건을 준수한다.

(a) 연안국이 희망할 경우, 해양과학조사사업에 참여하고 그 대표를 파견할 연안국의 권리, 특히 실행가능한 경우 연안국 과학자에 대한 보수지급이나 조사사업 비용을 분담할 의무없이 조사선박과 그 밖의 선박 또는 과학조사 시설에 탑승하여 사업에 참여하고 대표를 파견할 연안국의 권리를 보장한다.

(b) 연안국의 요청이 있는 경우 가능한 한 신속히 예비보고서 및 조사 완료후 최종적인 결과와 결론을 연안국에 제공한다.

(c) 연안국의 요청이 있는 경우 해양과학조사사업으로부터 얻어진 모든 자료와 견본을 연안국이 이용할 수 있도록 하고, 또한 복사될 수 있는 자료와 과학적 가치의 손상없이 분할될 수 있는 견본을 연안국에게 제공한다.

(d) 연안국의 요청이 있는 경우 이러한 자료, 견본 및 조사결과의 평가를 연안국에 제공하거나 연안국이 이를 평가 또는 해석하는 것을 지원한다.

(e) 제2항에 따를 것을 조건으로, 조사결과가 가능한 한 신속히 적절한 국내적·국제적 경로를 통하여 국제적으로 이용될 수 있도록 보장한다.

(f) 조사사업에 주요 변경이 있는 경우 즉시 연안국에 통보한다.

(g) 달리 합의되지 아니하는 한, 조사가 완료되면 과학조사를 위한 설비나 장비를 철거한다.

2. 이 조는 천연자원의 탐사와 개발에 직접적인 관련이 있는 사업의 조사결과를 국제적으로 이용가능하도록 하기 위한 사전합의 요구를 비롯하여, 제246조 제5항에 따라 동의를 부여하거나 거부할 수 있는 연안국의 재량권 행사를 위하여 연안국의 법령에 정한 조건을 침해하지 아니한다.

제250조 해양과학조사사업 관련 통보

달리 합의되지 아니하는 한, 해양과학조사사업에 관한 통보는 적절한 공식경로를 통하여 이루어진다.

제251조 일반적 기준과 지침

각국이 해양과학조사의 성질과 의미를 확인하는 것을 돕기 위한 일반적인 기준과 지침 수립을 촉진하기 위하여 각국은 권한있는 국제기구를 통하여 노력한다.

제252조 묵시적 동의

각국과 권한있는 국제기구는 연안국이 제248조에 따라 요청되는 정보가 연안국에 제공된 날로부터 6개월이 경과한 때에는 해양과학조사사업을 시작할 수 있다. 다만, 연안국이 그러한 정보를 포함한 통보를 수령한 후 4개월내에 조사를 행하는 국가나 국제기구에 다음 중의 어느 하나를 통보하는 경우에는 그러하지

아니하다.

(a) 연안국이 제246조의 규정에 따라 동의를 거부하였다는 것

(b) 사업의 성질과 목적에 관하여 조사를 행하는 국가나 권한있는 국제기구가 제공한 정보가 명백히 사실과 합치하지 아니한다는 것

(c) 연안국이 제248조와 제249조에 언급된 조건과 정보에 관련된 보충적인 정보를 요구한다는 것

(d) 국가나 국제기구가 이전에 실시한 해양과학조사사업과 관련하여 제249조에 수립된 조건에 비추어 이행되지 아니한 의무가 있다는 것

제253조 해양과학조사의 정지나 중지

1. 연안국은 다음의 경우 자국의 배타적경제수역이나 대륙붕에서 수행되고 있는 해양과학조사활동의 정지를 요구할 권리를 가진다.

(a) 조사활동이 제248조의 규정에 따라 통보된 정보로서 연안국 동의의 기초가 되었던 정보에 따라 수행되고 있지 아니한 경우

(b) 조사활동을 수행하고 있는 국가나 권한있는 국제기구가 해양과학조사사업에 관한 연안국의 권리에 관한 제249조의 규정을 이행하지 아니한 경우

2. 제248조 규정이 이행되지 아니하고 또 이러한 불이행이 조사사업이나 조사활동의 중대한 변경에 해당하는 경우, 연안국은 해양과학조사활동의 중지를 요구할 권리를 가진다.

3. 연안국은 또한 제1항에 해당하는 상황이 합리적인 기간내에 시정되지 아니하는 경우 해양과학조사활동의 중지를 요구할 수 있다.

4. 해양과학조사활동 수행을 허가받은 국가나 권한있는 국제기구는 연안국에 의한 정지나 중지결정 통보가 있으면 이러한 통고의 대상이 되는 조사활동을 종료한다.

5. 조사를 수행하는 국가나 권한있는 국제기구가 제248조와 제249조에 따른 요구 조건을 이행하는 경우, 연안국은 제1항에 의한 정지명령을 해제하고 해양과학조사활동이 계속되도록 허용한다.

제254조 인접내륙국과 지리적불리국의 권리

1. 제246조 제3항에 언급된 해양과학조사 사업계획을 연안국에 제출한 국가나 권한있는 국제기구는 제안된 조사사업계획을 인접내륙국과 지리적불리국에 통보하고 또한 연안국에도 통보한다.

2. 제246조와 그 밖의 이 협약 관련 규정에 따라 관계 연안국이 제안된 해양과학조사사업에 동의한 후, 이러한 사업을 수행하는 국가와 권한있는 국제기구는 인접내륙국과 지리적불리국에 대하여 이들 국가의 요청에 따라, 또한 적절한 경우, 제248조와 제249조 제1항 (f)에 명시된 관련정보를 제공한다.

3. 앞에 언급된 인접내륙국과 지리적불리국은 이들이 임명하고 연안국이 반대하지 아니하는 자격있는 전문가를 통하여 관계 연안국과 해양과학조사를 실시하는 국가 또는 권한있는 국제기구간에 이 협약의 규정에 부합되게 합의된 사업조건에 따라 제안된 해양과학조사사업에 실행 가능한 경우 참여할 수 있는 기회를 요청하여 부여받는다.

4. 제1항에 언급된 국가와 권한있는 국제기구는 앞에 언급된 인접내륙국과 지리적 불리국이 요청하는 경우 제249조 제2항에 따를 것을 조건으로 제249조 제1항 (d)에 명시된 정보와 지원을 제공한다.

제255조 해양과학조사촉진 및 조사선지원을 위한 조치

각국은 자국의 영해 밖에서 이 협약에 따라 수행되는 해양과학조사를 촉진하고 용이하게 하기 위한 합리적 규칙, 규정 및 절차를 채택하기 위하여 노력하고, 적절한 경우, 자국의 법령에 따를 것을 조건으로, 이 부의 관련규정을 준수하는 해양과학조사선의 자국 항구 출입을 용이하게 하고 그에 대한 지원을 촉진한다.

제256조 심해저에서의 해양과학조사

지리적 위치에 관계없이 모든 국가와 권한있는 국제기구는 제11부의 규정에 따라 심해저에서 해양과학조사를 수행할 권리를 가진다.

제257조 배타적경제수역 바깥 수역에서의 해양과학조사

지리적 위치에 관계없이 모든 국가와 권한있는 국제기구는 이 협약에 따라 배타적경제수역 바깥 수역에서 해양과학조사를 수행할 권리를 가진다.

제4절 해양환경내의 과학조사시설이나 장비

제258조 설치와 사용

해양환경의 모든 수역에 있어서 모든 종류의 과학조사시설이나 장비의 설치 및 사용은 이러한 수역에서의 해양과학조사 수행에 관하여 이 협약에 규정된 것과 동일한 조건에 따른다.

제259조 법적지위

이 절에 언급된 시설이나 장비는 섬의 지위를 가지지 아니한다. 이들은 자체의 영해를 가지지 아니하며 또한 그 존재가 영해, 배타적경제수역 또는 대륙붕의 경계설정에 영향을 미치지 아니한다.

제260조 안전수역

이 협약의 관련규정에 따라 과학조사를 위한 시설의 주위에 500미터를 넘지 아니하는 합리적인 폭의 안전수역을 설정할 수 있다. 모든 국가는 자국의 선박이 이러한 안전수역을 준수하도록 보장한다.

제261조 해운항로 불가침

어떠한 종류의 과학조사시설이나 장비의 설치와 사용도 확립된 국제해운항로에 대한 장애가 되지 아니하여야 한다.

제262조 식별표지와 경고신호

이 절에 언급된 시설과 장비는 등록국이나 소속 국제기구를 나타내는 식별표지를 부착하며, 권한있는 국제기구에 의하여 설정된 규칙과 기준을 고려하여, 해상안전과 항공운항 안전을 보장하기 위하여 국제적으로 합의된 적절한 경고신호를 갖춘다.

제5절 책임

제263조 책임

1. 각국과 권한있는 국제기구는 그들이 수행하거나 그들을 대리하여 수행되는 해양과학조사가 이 협약에 따라 실시되도록 보장할 책임을 진다.
2. 각국과 권한있는 국제기구는 다른 국가나 그 국가의 자연인에 의하여 법인 또는 권한있는 국제기구에 의하여 수행되는 해양과학조사와 관련하여 이 협약을 위반하여 취한 조치에 대한 책임을 지며 이러한 조치로 인하여 초래된 손해를 보상하여야 한다.
3. 각국과 권한있는 국제기구는 그들이 수행하거나 그들을 대리하여 수행되는 해양과학조사로 해양환경오염으로 초래된 손해에 대하여 제235조에 따라 책임을 진다.

제6절 분쟁해결과 잠정조치

제264조 분쟁해결

해양과학조사에 관한 이 협약 규정의 해석이나 적용에 관한 분쟁은 제15부 제2절과 제3절에 따라 해결된다.

제265조 잠정조치

해양과학조사사업 수행을 승인받은 국가나 권한있는 국제기구는 제15부 제2절과 제3절에 따라 분쟁이 해결될 때까지 관계연안국의 명시적 동의없이는 조사활동을 개시하거나 계속할 수 없다.

제 14 부　해양기술의 개발과 이전

제1절 총 칙

제266조 해양기술의 개발과 이전의 촉진

1. 각국은 공평하고 합리적인 조건에 따라 해양과학 및 해양기술의 개발과 이전을 적극 증진하기 위하여 직접 또는 권한있는 국제기구를 통하여 자국의 능력에 따라 협력한다.
2. 각국은 개발도상국의 사회적, 경제적 발전을 촉진하기 위하여 해양자원의 탐사·개발·보존 및 관리, 해양환경의 보호와 보전, 해양 환경내에서의 해양과학조사 및 이 협약과 양립하는 그 밖의 활동에 관하여 해양과학기술분야의 원조를

필요로 하고 이를 요청한 국가, 특히 내륙국과 지리적불리국을 비롯한 개발도상국의 해양과학기술분야의 능력개발을 촉진한다.
3. 각국은 모든 당사자의 공평한 이익을 위하여 해양기술 이전에 유리한 경제적, 법률적 여건 조성에 노력한다.

제267조 적법한 이익의 보호
각국은, 제266조에 따른 협력을 증진함에 있어서, 특히 해양기술의 보유자, 제공자 및 수혜자의 권리와 이익을 비롯한 모든 적법한 이익을 적절히 고려한다.

제268조 기본목표
각국은 직접 또는 권한있는 국제기구를 통하여 다음을 증진한다.
(a) 해양기술 지식의 획득·평가·보급 및 이러한 정보와 자료의 이용
(b) 적절한 해양기술 개발
(c) 해양기술이전을 용이하게 하기 위하여 필요한 기술적 기반의 개발
(d) 개발도상국의 국민, 특히 최저개발국 국민의 훈련과 교육을 통한 인적자원 개발
(e) 모든 수준, 특히 지역적·소지역적 및 양자차원을 비롯한 모든 차원에서의 국제협력

제269조 기본목표 달성을 위한 조치
각국은 제268조에 언급된 목적을 달성하기 위하여 직접 또는 권한있는 국제기구를 통하여 특히 다음을 위하여 노력한다.
(a) 해양기술분야에서 기술원조를 필요로 하고 요청하는 국가, 특히 개발도상국과 지리적불리국에 대하여, 또한 해양과학과 해양자원의 탐사, 개발에 있어서 자국의 기술력을 확립, 발전시킬 수 없거나 그러한 기술의 기반을 발전시킬 수 없는 그 밖의 개발도상국에 대하여, 모든 종류의 해양기술을 효과적으로 이전하기 위한 기술협력계획의 수립
(b) 협정, 계약 및 그 밖의 유사한 약정이 공평하고 합리적인 조건하에 체결될 수 있는 유리한 여건의 조장
(c) 과학·기술관련 주제, 특히 해양기술 이전을 위한 정책과 방법에 관한 회의, 세미나 및 심포지움의 개최
(d) 과학자, 기술자 및 그 밖의 전문가 교류의 증진
(e) 사업수행 및 합작사업과 그 밖의 형태의 양자협력 및 다자협력의 증진

제2절 국제협력

제270조 국제협력의 방법과 수단
해양기술의 개발과 이전을 위한 국제협력은, 적절하고 가능한 경우 해양과학조사, 특히 새로운 분야의 해양기술이전을 촉진하고 해양연구개발을 위한 적절한 국제기금 조성을 촉진하기 위하여, 기존의 양자적·지역적 또는 다자적 계획과

새로운 확대계획을 통하여 수행된다.

제271조 지침과 기준

각국은, 직접 또는 권한있는 국제조직을 통하여 특히 개발도상국의 이익과 필요를 고려하여 양자차원에서 또는 국제기구와 그 밖의 국제회의에서 일반적으로 수락된 해양기술이전의 지침과 기준의 수립을 촉진한다.

제272조 국제적 활동계획의 조정

각국은 해양기술이전 분야에서 개발도상국, 특히 내륙국과 지리적불리국의 이익과 필요를 고려하여 권한있는 각 국제기구가 지역적·세계적 계획을 비롯한 각 국제기구의 활동을 조정하도록 보장하기 위하여 노력한다.

제273조 국제기구·해저기구와의 협력

각국은 심해저활동 관련 기능과 해양기술을 개발도상국과 그 국민, 심해저공사에 이전하도록 장려하고 촉진하기 위하여 권한있는 국제기구 및 해저기구와 적극적으로 협력한다.

제274조 해저기구의 목표

해저기구는 특히 기술의 보유자, 제공자 및 수혜자의 권리와 의무를 비롯한 모든 적법한 이익을 존중할 것을 조건으로, 심해저활동에 관하여 다음을 보장한다.

(a) 공평한 지리적배분의 원칙에 입각하여, 연안국, 내륙국 또는 지리적불리국 여부에 관계없이 개발도상국의 국민을 훈련목적상 해저기구의 사업을 위하여 구성되는 관리직원, 연구직원 및 기술직원으로 채용한다.

(b) 관련장비, 기계, 장치 및 공정에 관한 기술서류는 모든 국가, 특히 이 분야의 기술원조를 필요로 하고 요청하는 개발도상국이 이용할 수 있도록 한다.

(c) 해저기구는 해양기술분야의 기술원조를 필요로 하고 요청하는 국가, 특히 개발도상국에 의한 해양기술분야의 기술지원 획득을 용이하게 하고 그 국민이 직업훈련을 포함한 필요한 기능과 지식 획득을 용이하게 할 수 있도록 적절한 규정을 마련한다.

(d) 이 분야에서 기술원조를 필요로 하고 요청하는 국가, 특히 개발도상국은 이 협약에 규정된 재정상의 약정을 통하여 필요한 장비, 공정, 공장설비 및 그 밖의 기술지식의 획득을 위한 지원을 받는다.

제3절 국내·지역 해양과학기술연구소

제275조 국내연구소의 설립

1. 각국은, 직접 또는 권한있는 국제기구와 해저기구를 통하여, 개발도상연안국의 해양과학조사 실시를 장려·발전시키기 위하여, 또한 개발도상 연안국이 자국의 경제적 이익을 위하여 자국의 해양자원을 이용·보전하는 능력을 높일 수 있도록 하기 위하여, 특히 개발도상국 국내에 해양과학연구소가 설립되고 기존 국

내연구소가 강화되도록 장려한다.

2. 각국은, 권한있는 국제기구와 해저기구를 통하여, 원조를 필요로 하고 요청하는 국가에게, 높은 수준의 훈련시설, 필요한 장비·기능과 기술지식 및 기술전문가를 제공하기 위하여 이러한 국내연구소의 설립·강화를 촉진하기 위한 적절한 지원을 한다.

제276조 지역연구소의 설립

1. 각국은 권한있는 국제기구, 해저기구 및 국내해양과학기술 연구기관과의 조정을 거쳐 개발도상국에 의한 해양과학조사의 실시를 장려, 촉진시키고 해양기술이전을 조장하기 위하여 특히 개발도상국내에 지역 해양과학기술연구소의 설립을 증진한다.

2. 역내 모든 국가는 지역연구소의 목적을 보다 효과적으로 달성하기 위하여 지역연구소와 협력한다.

제277조 지역연구소의 기능

이러한 지역연구소의 기능에는 특히 다음을 포함한다.

(a) 특히 생물자원의 보존과 관리를 포함한 해양생물학, 해양학, 수로학, 공학, 해저지질탐사, 채광 및 탈염기술 등 해양과학기술연구의 여러 분야의 모든 수준에서의 훈련 및 교육계획

(b) 경영연구

(c) 해양환경의 보호·보존 및 오염의 방지·경감·통제에 관한 연구계획

(d) 지역회의, 세미나 및 심포지움의 조직

(e) 해양과학기술에 관한 자료와 정보의 획득·분석

(f) 해양과학기술조사 결과를 쉽게 이용할 수 있는 출판물에 의하여 신속히 보급

(g) 해양기술이전에 관한 국가정책의 공표와 그러한 정책의 체계적 비교연구

(h) 기술판매, 계약 및 특허에 관한 그 밖의 약정에 대한 정보의 수집과 체계화

(i) 역내 다른 국가와의 기술협력

제4절 국제기구간 협력

제278조 국제기구간 협력

이 부 및 제13부에 언급된 권한있는 국제기구는 직접적으로 또는 그 국제기구 서로간의 긴밀한 협력을 통하여 이 부에 따른 임무와 책임을 효과적으로 이행하기 위하여 모든 적절한 조치를 한다.

제 15 부 분쟁의 해결

제1절 총 칙

제279조 평화적 수단에 의한 분쟁해결의무

당사국은 이 협약의 해석이나 적용에 관한 당사국간의 모든 분쟁을 국제연합헌장 제2조 제3항의 규정에 따라 평화적 수단에 의하여 해결하여야 하고, 이를 위하여 헌장 제33조 제1항에 제시된 수단에 의한 해결을 추구한다.

제280조 당사자가 선택한 평화적 수단에 의한 분쟁해결

이 부의 어떠한 규정도 당사국이 언제라도 이 협약의 해석이나 적용에 관한 당사국간의 분쟁을 스스로 선택하는 평화적 수단에 의하여 해결하기로 합의할 수 있는 권리를 침해하지 아니한다.

제281조 당사자간 합의가 이루어지지 아니한 경우의 절차

1. 이 협약의 해석이나 적용에 관한 분쟁의 당사자인 당사국이 스스로 선택한 평화적 수단에 의한 분쟁해결을 추구하기로 합의한 경우, 이 부에 규정된 절차는 그 수단에 의하여 해결이 이루어지지 아니하고 당사자간의 합의로 그 밖의 다른 절차를 배제하지 아니하는 경우에만 적용된다.
2. 당사자가 기한을 두기로 합의한 경우, 제1항은 그 기한이 만료한 때에 한하여 적용한다.

제282조 일반협정·지역협정·양자협정상의 의무

이 협약의 해석이나 적용에 관한 분쟁의 당사자인 당사국들이 일반협정·지역협정·양자협정을 통하여 또는 다른 방법으로 어느 한 분쟁당사자의 요청에 따라 구속력있는 결정을 초래하는 절차에 그 분쟁을 회부하기로 합의한 경우, 그 분쟁당사자가 달리 합의하지 아니하는 한, 이 부에 규정된 절차 대신 그 절차가 적용된다.

제283조 의견교환의무

1. 이 협약의 해석이나 적용에 관하여 당사국간 분쟁이 일어나는 경우, 분쟁당사자는 교섭이나 그 밖의 평화적 수단에 의한 분쟁의 해결에 관한 의견을 신속히 교환한다.
2. 당사자는 이러한 분쟁의 해결절차에 의하여 해결에 도달하지 못하였거나 또는 해결에 도달하였으나 해결의 이행방식에 관한 협의를 필요로 하는 상황인 경우, 의견을 신속히 교환한다.

제284조 조 정

1. 이 협약의 해석이나 적용에 관한 분쟁당사자인 당사국은 제5부속서 제1절에 규정된 절차나 그 밖의 조정절차에 따라 다른 당사자에게 그 분쟁을 조정에 회부하도록 요청할 수 있다.
2. 이러한 요청이 수락되고 당사자가 적용할 조정절차에 합의한 경우, 어느 당사자라도 그 분쟁을 조정절차에 회부할 수 있다.
3. 이러한 요청이 수락되지 아니하거나 당사자가 조정절차에 합의하지 아니하는 경우, 조정이 종료된 것으로 본다.

4. 당사자가 달리 합의하지 아니하는 한, 분쟁이 조정에 회부된 때에는 조정은 합의된 조정절차에 따라서만 종료될 수 있다.

제285조 제11부에 따라 회부된 분쟁에 대한 이 절의 적용

이 절은 제11부 제5절에 의거하여 이 부에 규정된 절차에 따라 해결하는 모든 분쟁에 적용한다. 국가가 아닌 주체가 이러한 분쟁의 당사자인 경우에도 이 절을 준용한다.

제2절 구속력있는 결정을 수반하는 강제절차

제286조 이 절에 따른 절차의 적용

이 협약의 해석이나 적용에 관한 분쟁이 제1절에 따른 방법으로 해결이 이루어지지 아니하는 경우, 제3절에 따를 것을 조건으로, 어느 한 분쟁당사자의 요청이 있으면 이 절에 의하여 관할권을 가지는 재판소에 회부된다.

제287조 절차의 선택

1. 어떠한 국가도 이 협약의 서명, 비준, 가입시 또는 그 이후 언제라도, 서면 선언에 의하여 이 협약의 해석이나 적용에 관한 분쟁의 해결을 위하여 다음 수단중의 어느 하나 또는 그 이상을 자유롭게 선택할 수 있다.

(a) 제6부속서에 따라 설립된 국제해양법재판소

(b) 국제사법재판소

(c) 제7부속서에 따라 구성된 중재재판소

(d) 제8부속서에 규정된 하나 또는 그 이상의 종류의 분쟁해결을 위하여 그 부속서에 따라 구성된 특별중재재판소

2. 제1항에 따라 행한 선언은 제11부 제5절에 규정된 범위와 방식에 따라 국제해양법재판소 해저분쟁재판부의 관할권을 수락하여야 하는 당사국의 의무에 영향을 미치지 아니하거나 또는 이로부터 영향을 받지 아니한다.

3. 유효한 선언에 포함되어 있지 아니한 분쟁의 당사자인 당사국은 제7부속서에 따른 중재를 수락한 것으로 본다.

4. 분쟁당사자가 그 분쟁에 관하여 동일한 분쟁해결절차를 수락한 경우, 당사자간 달리 합의하지 아니하는 한, 그 분쟁은 그 절차에만 회부될 수 있다.

5. 분쟁당사자가 그 분쟁에 관하여 동일한 분쟁해결절차를 수락하지 아니한 경우, 당사자간 달리 합의하지 아니하는 한, 그 분쟁은 제7부속서에 따른 중재에만 회부될 수 있다.

6. 제1항에 따라 행한 선언은 취소통고가 국제연합사무총장에게 기탁된 후 3개월까지 효력을 가진다.

7. 새로운 선언, 선언의 취소 또는 종료의 통고는 당사자간 달리 합의하지 아니하는 한, 이 조에 따른 관할권을 가지는 재판소에 계류중인 소송에 어떠한 영향도 미치지 아니한다.

8. 이 조에 언급된 선언과 통고는 국제연합사무총장에게 기탁되어야 하며, 사무

총장은 그 사본을 당사국에 전달한다.

제288조 관할권

1. 제287조에 언급된 재판소는 이 부에 따라 재판소에 회부되는 이 협약의 해석이나 적용에 관한 분쟁에 대하여 관할권을 가진다.

2. 제287조에 언급된 재판소는 이 협약의 목적과 관련된 국제협정의 해석이나 적용에 관한 분쟁으로서 그 국제협정에 따라 재판소에 회부된 분쟁에 대하여 관할권을 가진다.

3. 제6부속서에 따라 설립된 국제해양법재판소 해저분쟁재판부와 제11부 제5절에 언급된 그 밖의 모든 재판부나 중재재판소는 제11부 제5절에 따라 회부된 모든 문제에 대하여 관할권을 가진다.

4. 재판소가 관할권을 가지는지 여부에 관한 분쟁이 있는 경우, 그 문제는 그 재판소의 결정에 의하여 해결한다.

제289조 전문가

과학·기술적 문제를 수반하는 분쟁에 있어서 이 절에 따라 관할권을 행사하는 재판소는 어느 한 분쟁당사자의 요청이나 재판소의 직권에 의하여 당사자와의 협의를 거쳐 우선적으로 제8부속서 제2조에 따라 준비된 관련 명부로부터 투표권 없이 재판에 참여하는 2인 이상의 과학·기술전문가를 선임할 수 있다.

제290조 잠정조치

1. 어느 재판소에 정당하게 회부된 분쟁에 대하여 그 재판소가 일응 이 부나 제11부 제5절에 따라 관할권을 가지는 것으로 판단하는 경우, 그 재판소는 최종판결이 날 때까지 각 분쟁당사자의 이익을 보전하기 위하여 또는 해양환경에 대한 중대한 손상을 방지하기 위하여 그 상황에서 적절하다고 판단하는 잠정 조치를 명령할 수 있다.

2. 잠정조치는 이를 정당화하는 상황이 변화하거나 소멸하는 즉시 변경하거나 철회할 수 있다.

3. 잠정조치는 어느 한 분쟁당사자의 요청이 있는 경우에만 모든 당사자에게 진술의 기회를 준 후 이 조에 따라 명령·변경 또는 철회할 수 있다.

4. 재판소는 분쟁당사자와 재판소가 적절하다고 인정하는 그 밖의 당사국에게 잠정 조치의 명령, 변경 또는 철회를 즉시 통지한다.

5. 이 절에 따라 분쟁이 회부되는 중재재판소가 구성되는 동안 잠정조치의 요청이 있는 경우 당사자가 합의하는 재판소가, 만일 잠정조치의 요청이 있은 후 2주일 이내에 이러한 합의가 이루어지지 아니하는 경우에는 국제해양법재판소(또는 심해저활동에 관하여서는 해저분쟁재판부)가, 이 조에 따라 잠정조치를 명령, 변경 또는 철회할 수 있다. 다만, 이는 장차 구성될 중재재판소가 일응 관할권을 가지고 있고 상황이 긴급하여 필요하다고 인정된 경우에 한한다. 분쟁이 회부된 중재재판소는 구성 즉시 제1항부터 제4항까지에 따라 그 잠정조치를 변경, 철회 또는 확인할 수 있다.

6. 분쟁당사자는 이 조의 규정에 따라 명령된 잠정조치를 신속히 이행한다.

제291조 분쟁해결절차의 개방

1. 이 부에 규정된 모든 분쟁해결절차는 당사국에게 개방된다.
2. 이 부에 규정된 분쟁해결절차는 이 협약에 특별히 규정된 경우에만 당사국이외의 주체에게 개방된다.

제292조 선박·선원의 신속한 석방

1. 어느 한 당사국의 당국이 다른 당사국의 국기를 게양한 선박을 억류하고 있고, 적정한 보석금이나 그 밖의 금융 보증이 예치되었음에도 불구하고 억류국이 선박이나 선원을 신속히 석방해야 할 이 협약상의 규정을 준수하지 아니하였다고 주장되는 경우, 당사국간 달리 합의되지 아니하는 한, 억류로부터의 석방문제는 당사국간 합의된 재판소에 회부될 수 있으며, 만일 그러한 합의가 억류일로부터 10일 이내에 이루어지지 아니하면 제287조에 따라 억류국이 수락한 재판소나 국제해양법재판소에 회부될 수 있다.
2. 석방신청은 선박의 기국에 의하여 또는 기국을 대리하여서만 할 수 있다.
3. 재판소는 지체없이 석방신청을 처리하고, 선박과 그 소유자 또는 선원에 대한 적절한 국내법정에서의 사건의 심리에 영향을 미침이 없이 석방문제만을 처리한다. 억류국의 당국은 선박이나 승무원을 언제라도 석방할 수 있는 권한을 가진다.
4. 재판소가 결정한 보석금이나 그 밖의 금융 보증이 예치되는 즉시 억류국의 당국은 선박이나 선원들의 석방에 관한 재판소의 결정을 신속히 이행한다.

제293조 적용법규

1. 이 절에 따라 관할권을 가지는 재판소는 이 협약 및 이 협약과 상충되지 아니하는 그 밖의 국제법규칙을 적용한다.
2. 당사자가 합의한 경우, 제1항은 이 절에 따라 관할권을 가지는 재판소가 형평과 선에 기초하여 재판하는 권한을 침해하지 아니한다.

제294조 예비절차

1. 제287조에 규정된 재판소에 제297조에 언급된 분쟁에 관한 신청이 접수된 경우, 그 재판소는 어느 한 당사자의 요청에 따라 청구가 법적 절차의 남용에 해당되는 지의 여부나 청구에 일응 정당한 근거가 있는 지의 여부를 결정하여야 하며, 재판소의 직권으로 이를 결정할 수도 있다. 재판소는 청구가 법적 절차의 남용에 해당하거나 또는 일응 근거가 없다고 결정한 경우, 그 사건에 관하여 더 이상의 조치를 취할 수 없다.
2. 재판소는 신청을 접수한 즉시 다른 당사자에게 그 신청을 신속히 통지하여야 하며 다른 당사자가 제1항에 따라 재판소의 결정을 요청할 수 있는 합리적인 기한을 정한다.
3. 이 조의 어떠한 규정도 적용가능한 절차규칙에 따라 선결적 항변을 제기할 수 있는 분쟁당사자의 권리에 영향을 미치지 아니한다.

제295조 국내적 구제의 완료

이 협약의 해석이나 적용에 관한 당사국간의 분쟁은 국제법상 국내적 구제가 완료되어야 하는 경우에는 이러한 절차를 완료한 후에만 규정된 절차에 회부될 수 있다.

제296조 판결의 종국성과 구속력

1. 이 절에 따라 관할권을 가지는 재판소의 판결은 종국적이며 분쟁당사자에 의하여 준수되어야 한다.
2. 어떠한 판결도 그 특정 분쟁과 당사자 외에는 구속력을 가지지 아니한다.

제3절 제2절 적용의 제한과 예외

제297조 제2절 적용의 제한

1. 이 협약에 규정된 연안국의 주권적 권리 또는 관할권 행사와 관련된 이 협약의 해석이나 적용에 관한 분쟁으로서 다음의 각 경우 제2절에 규정된 절차에 따른다.

(a) 연안국이 항해·상공비행의 자유와 권리, 해저전선·해저관선 부설의 자유와 권리 또는 제58조에 명시된 그 밖의 국제적으로 적법한 해양이용권에 관한 이 협약의 규정에 위반되는 행위를 하였다고 주장되는 경우

(b) 어느 한 국가가 앞에 언급된 자유, 권리 또는 이용권을 행사함에 있어서 이 협약 또는 이 협약 및 이 협약과 상충하지 아니하는 그 밖의 국제법규칙에 부합하여 연안국이 채택한 법령에 위반되는 행위를 하였다고 주장되는 경우

(c) 연안국이 이 협약에 의하여 수립되었거나 또는 권한있는 국제기구나 외교회의를 통하여 이 협약에 부합되게 수립되어 연안국에 적용되는 해양환경의 보호와 보전을 위한 특정의 규칙과 기준에 위반되는 행위를 하였다고 주장된 경우

2. (a) 해양과학조사와 관련한 이 협약의 규정의 해석이나 적용에 관한 분쟁은 제2절에 따라 해결된다. 다만, 연안국은 다음의 경우로부터 발생하는 분쟁에 대하여는 제2절에 규정된 절차에 회부할 것을 수락할 의무를 지지 아니한다.

(i) 제246조에 따르는 연안국의 권리나 재량권의 행사

(ii) 제253조에 따르는 조사계획의 정지나 중지를 명령하는 연안국의 결정

(b) 특정 조사계획에 관하여 연안국이 제246조와 제253조에 의한 권리를 이 협약과 양립하는 방식으로 행사하고 있지 않다고 조사국이 주장함으로써 발생하는 분쟁은 어느 한 당사국의 요청이 있는 경우, 제5부속서 제2절에 규정된 조정에 회부되어야 한다. 다만, 조정위원회는 제246조 제6항에 언급된 특정 지역을 지정할 수 있는 연안국의 재량권 행사나 제246조 제5항에 따라 동의를 거부할 수 있는 연안국의 재량권 행사를 문제삼지 아니하여야 한다.

3. (a) 어업과 관련된 이 협약 규정의 해석이나 적용에 관한 분쟁은 제2절에 따라 해결된다. 다만, 연안국은 배타적경제수역의 생물자원에 대한 자국의 주권적 권리 및 그 행사(허용어획량, 자국의 어획능력, 다른 국가에 대한 잉여량 할당 및 자국의 보존관리법에서 정하는 조건을 결정할 재량권 포함)에 관련된 분쟁을 그러한 해결절차에 회부할 것을 수락할 의무를 지지 아니한다.

(b) 이 부 제1절에 의하여 해결되지 아니하는 분쟁은 다음과 같은 주장이 있는 경우, 어느 한 분쟁당사자의 요청이 있으면 제5부속서 제2절에 따른 조정에 회부된다.

(i) 연안국이 적절한 보존·관리조치를 통하여 배타적경제수역의 생물자원의 유지가 심각하게 위협받지 아니하도록 보장할 의무를 명백히 이행하지 아니하였다는 주장

(ii) 연안국이 다른 국가의 어획에 관심을 가지고 있는 어종의 허용어획량과 자국의 생물자원 어획능력 결정을 그 다른 국가의 요청에도 불구하고 자의적으로 거부하였다는 주장

(iii) 연안국이 존재한다고 선언한 잉여분의 전부나 일부를 제62조, 제69조 및 제70조에 따라, 또한 연안국이 이 협약에 부합되게 정한 조건에 따라 다른 국가에게 할당할 것을 자의적으로 거부하였다는 주장

(c) 어떠한 경우에도 조정위원회는 그 재량권으로써 연안국의 재량권을 대체할 수 없다.

(d) 조정위원회의 보고서는 적절한 국제기구에 송부된다.

(e) 당사국은, 제69조와 제70조에 따라 협정을 교섭함에 있어, 달리 합의하지 아니하는 한, 협정의 해석이나 적용에 관한 의견 불일치의 가능성을 최소화하기 위한 조치에 관한 조항과 그럼에도 불구하고 발생하는 경우에 대처하기 위한 절차에 관한 조항을 포함시켜야 한다.

제298조 제2절 적용의 선택적 예외

1. 국가는 제1절에 의하여 발생하는 의무에 영향을 미침이 없이 이 협약 서명, 비준, 가입시 또는 그 이후 어느 때라도 다음 분쟁의 범주중 어느 하나 또는 그 이상에 관하여 제2절에 규정된 절차중 어느 하나 또는 그 이상을 수락하지 아니한다는 것을 서면선언할 수 있다.

(a) (i) 해양경계획정과 관련된 제15조, 제74조 및 제83조의 해석이나 적용에 관한 분쟁 또는 역사적 만 및 권원과 관련된 분쟁. 다만, 이러한 분쟁이 이 협약 발효후 발생하고 합리적 기간내에 당사자간의 교섭에 의하여 합의가 이루어지지 아니하는 경우, 어느 한 당사자의 요청이 있으면 이러한 선언을 행한 국가는 그 사건을 제5부속서 제2절에 따른 조정에 회부할 것을 수락하여야 하나, 육지영토 또는 도서영토에 대한 주권이나 그 밖의 권리에 관한 미해결분쟁이 반드시 함께 검토되어야 하는 분쟁은 이러한 회부로부터 제외된다.

(ii) 조정위원회가 보고서(그 근거가 되는 이유 명시)를 제출한 후, 당사자는 이러한 보고서를 기초로 합의에 이르기 위하여 교섭한다. 교섭이 합의에 이르지 못하는 경우, 당사자는, 달리 합의하지 아니하는 한, 상호 동의에 의해 제2절에 규정된 어느 한 절차에 그 문제를 회부한다.

(iii) 이 호는 당사자간의 약정에 따라 종국적으로 해결된 해양경계분쟁, 또는 당사자를 구속하는 양자협정이나 다자협정에 따라 해결되어야 하는 어떠한 해양경계분쟁에도 적용되지 아니한다.

(b) 군사활동(비상업용 업무를 수행중인 정부 선박과 항공기에 의한 군사활동

포함)에 관한 분쟁 및 주권적 권리나 관할권의 행사와 관련된 법집행활동에 관한 분쟁으로서 제297조 제2항 또는 제3항에 따라 재판소의 관할권으로부터 제외된 분쟁

(c) 국제연합안전보장이사회가 국제연합헌장에 따라 부여받은 권한을 수행하고 있는 분쟁. 다만, 안전보장이사회가 그 문제를 의제로부터 제외하기로 결정하는 경우 또는 당사국에게 이 협약에 규정된 수단에 따라 그 문제를 해결하도록 요청한 경우에는 그러하지 아니하다.

2. 제1항에 따른 선언을 행한 당사국은 언제라도 이를 철회할 수 있으며, 또한 그 선언에 따라 제외되는 분쟁을 이 협약에 규정된 절차에 회부하기로 합의할 수 있다.

3. 제1항에 따라 선언을 행한 당사국은 다른 당사국을 상대방으로 하는 분쟁으로서 제외된 분쟁의 범주에 속하는 분쟁을 그 다른 당사국의 동의없이 이 협약의 절차에 회부할 수 없다.

4. 어느 한 당사국이 제1항 (a)에 따라 선언을 행한 경우, 다른 모든 당사국은 제외된 범주에 속하는 분쟁을 선언당사국을 상대방으로 하여 그 선언에 명시된 절차에 회부할 수 있다.

5. 새로운 선언이나 선언의 철회는, 당사자가 달리 합의하지 아니하는 한, 이 조에 따라 재판소에 계류중인 소송절차에 어떠한 영향도 미치지 아니한다.

6. 이 조에 따라 행한 선언이나 그 철회의 통지는 국제연합사무총장에게 기탁하며, 국제연합사무총장은 당사국에게 그 사본을 전달한다.

제299조 분쟁해결절차에 관하여 합의할 수 있는 당사국의 권리

1. 제297조에 따라 배제되거나 제298조에 따른 선언으로 제2절에 규정된 분쟁해결절차로부터 제외된 분쟁은 분쟁당사자간의 합의에 의하여만 이러한 절차에 회부될 수 있다.

2. 이 절의 어떠한 규정도 이러한 분쟁의 해결을 위하여 다른 절차에 합의하거나 우호적 해결에 이를 수 있는 분쟁당사자의 권리를 침해하지 아니한다.

제 16 부 일반규정

제300조 신의성실과 권리남용

당사국은 이 협약에 따른 의무를 성실하게 이행하여야 하며, 이 협약이 인정하고 있는 권리, 관할권 및 자유를 권리남용에 해당되지 아니하도록 행사한다.

제301조 해양의 평화적 이용

이 협약에 따른 권리행사와 의무이행에 있어서 당사국은 다른 국가의 영토보전 또는 정치적 독립에 해가 되거나 또는 국제연합헌장에 구현된 국제법의 원칙에 부합되지 아니하는 방식에 의한 무력의 위협이나 행사를 삼가야 한다.

제302조 정보의 공개

이 협약에 규정된 분쟁해결절차를 이용할 수 있는 당사국의 권리를 침해하지 아

니하고 이 협약의 어떠한 규정도 당사국이 이 협약상의 의무를 이행함에 있어서, 공개될 경우 자국의 중대한 안보 이익에 반하는 정보를 제공하도록 요구하는 것으로 보지 아니한다.

제303조 해양에서 발견된 고고학적·역사적 유물

1. 각국은 해양에서 발견된 고고학적·역사적 유물을 보호할 의무를 지며, 이를 위하여 서로 협력한다.

2. 이러한 유물의 거래를 통제하기 위하여 연안국은 제33조를 적용함에 있어서, 연안국의 승인없이 제33조에 규정된 수역의 해저로부터 유물을 반출하는 것을 제33조에 언급된 자국의 영토나 영해에서의 자국 법령 위반으로 추정할 수 있다.

3. 이 조의 어떠한 규정도 확인가능한 소유주의 권리, 해난구조법 또는 그 밖의 해사규칙, 또는 문화교류에 관한 법률과 관행에 영향을 미치지 아니한다.

4. 이 조는 고고학적·역사적 유물의 보호에 관한 그 밖의 국제협정과 국제법규칙을 침해하지 아니한다.

제304조 손해배상책임

손해배상책임에 관한 이 협약의 규정은 국제법상 책임에 관한 기존 규칙의 적용과 장래 이러한 규칙의 발전을 저해하지 아니한다.

제 17 부 최종조항

제305조 서명

1. 이 협약은 다음에 의한 서명을 위하여 개방된다.

(a) 모든 국가

(b) 국제연합나미비아위원회에 의하여 대표되는 나미비아

(c) 국제연합총회 결의 제1514(XV)호에 따라 국제연합에 의하여 감독되고 승인되는 민족자결 행위로서 그 지위를 선택하고, 이 협약에 의하여 규율되는 사항에 관한 권한(그러한 사항에 관한 조약체결권 포함)을 가지는 모든 자치연합국

(d) 각각의 연합문서에 따라 이 협약에 의해 규율되는 사항에 관한 권한(조약체결권 포함)을 가지는 모든 자치연합국

(e) 완전한 국내자치를 누리고 있어 국제연합에 의하여 그러하게 승인되고 있으나, 국제연합총회 결의 제1514(XV)호에 따른 완전한 독립을 얻지 못하고, 이 협약에 의하여 규율되는 사항에 관한 권한(그러한 사항에 관한 조약체결권 포함)을 가지는 모든 영토

(f) 제9부속서에 따른 국제기구

2. 이 협약은 1984년 12월 9일까지는 자마이카 외무부에서, 1983년 7월 1일부터 1984년 12월 9일까지 뉴욕에 있는 국제연합본부에서 서명을 위하여 개방된다.

제306조 비준과 공식확인

이 협약은 국가 및 제305조 제1항 (b), (c), (d), (e)에 언급된 그 밖의 주체에

의하여 비준되고 제305조 제1항 (f)에 언급된 주체에 의하여 제9부속서에 따라 공식확인되어야 한다. 비준서와 공식확인서는 국제연합사무총장에게 기탁된다.

제307조 가입

협약은 국가 및 제305조에 언급된 그 밖의 주체에 의한 가입을 위하여 개방된다. 제305조 제1항 (f)에 규정된 주체에 의한 가입은 제9부속서에 따른다. 가입서는 국제연합사무총장에게 기탁된다.

제308조 발효

1. 이 협약은 60번째 비준서나 가입서가 기탁된 날로부터 12개월 후 발효한다.

2. 이 협약은 60번째 비준서나 가입서가 기탁된 후 비준 또는 가입하는 국가에 대하여, 제1항의 규정을 따를 것을 조건으로, 비준서 또는 가입서 기탁후 30일째 발효한다.

3. 해저기구 총회는 이 협약의 발효일에 개최되며 해저기구 이사회의 이사국을 선출한다. 이사회 제1회기는 제161조의 규정을 엄격하게 적용할 수 없는 경우 제161조의 목적에 합치하는 방식으로 구성된다.

4. 준비위원회에 의하여 기초된 규칙, 규정 및 절차는 제11부에 따라 해저기구가 정식 채택할 때까지 잠정적으로 적용된다.

5. 해저기구와 그 기관은 선행투자와 관련한 제3차 국제연합해양법회의의 결의 Ⅱ와 그 결의에 따라 준비위원회가 내린 결정에 따라 행동한다.

제309조 유보와 예외

이 협약의 다른 조항에 의하여 명시적으로 허용되지 아니하는 한 이 협약에 대한 유보나 예외는 허용되지 아니한다.

제310조 선언과 성명

제309조는 어떠한 국가가 특히 자국의 국내법령을 이 협약의 규정과 조화시킬 목적으로 이 협약의 서명, 비준, 가입시 그 표현이나 명칭에 관계없이 선언이나 성명을 행하는 것을 배제하지 아니한다. 다만, 그러한 선언이나 성명은 그 당사국에 대하여 이 협약의 규정을 적용함에 있어서 협약규정의 법적효과를 배제하거나 변경시키려고 의도하지 아니하여야 한다.

제311조 다른 협약·국제협정과의 관계

1. 이 협약은 당사국간에 있어 1958년 4월 29일자 해양법에 관한 제네바협약에 우선한다.

2. 이 협약은 이 협약과 양립가능한 다른 협정으로부터 발생하거나 또는 다른 당사국이 이 협약상의 권리를 행사하거나 의무를 이행함에 영향을 미치지 아니하는 당사국의 권리와 의무를 변경하지 아니한다.

3. 2개국 이상의 당사국은 오직 그들 상호관계에만 적용되는 협정으로서 이 협약의 규정의 적용을 변경하거나 정지시키는 협정을 체결할 수 있다. 다만, 이러

한 협정은 이 협약의 목적과 대상의 효과적 이행과 양립하지 않는 조항 일탈에 관한 것이어서는 아니되며, 이 협약에 구현된 기본원칙의 적용에 영향을 미치지 아니하며, 그 협정의 규정이 이 협약상 다른 당사국의 권리행사나 의무이행에 영향을 미치지 아니하여야 한다.

4. 제3항에 언급된 협정을 체결하고자 하는 당사국은 이 협약의 수탁자를 통하여 협정체결의사 및 그 협정이 규정하고 있는 이 협약에 대한 변경이나 정지를 다른 모든 당사국에 통고하여야 한다.

5. 이 조는 이 협약의 다른 규정에 의하여 명시적으로 허용되거나 보장되어 있는 국제협정에 영향을 미치지 아니한다.

6. 당사국은 제136조에 규정된 인류공동유산에 관한 기본원칙에 대한 어떠한 개정도 있을 수 없으며, 이 기본원칙을 일탈하는 어떠한 협정의 당사국도 되지 아니한다는 데 합의한다.

제312조 개정

1. 당사국은 이 협약 발효일로부터 10년이 지난 후 국제연합사무총장에 대한 서면통보를 통하여 심해저활동 관련규정을 제외한 이 협약의 규정에 대한 개정안을 제안하고 그 개정안을 다룰 회의의 소집을 요청할 수 있다. 사무총장은 이러한 통보를 모든 당사국에 회람한다. 통보 회람일로부터 12개월 이내에 당사국의 1/2 이상이 요청에 긍정적인 답변을 한 경우 사무총장은 회의를 소집한다.

2. 개정회의에 적용하는 의사결정절차는 그 회의에서 달리 결정하지 아니하는 한, 제3차 국제연합해양법회의에 적용된 의사결정절차와 동일하다. 개정회의는 어떠한 개정안에 대하여서도 컨센서스에 의한 합의에 이르기 위한 모든 노력을 다하여야 하며, 컨센서스를 위한 모든 노력이 끝날 때까지 표결하지 아니한다.

제313조 약식절차에 의한 개정

1. 당사국은 국제연합사무총장에 대한 서면통보를 통하여 심해저활동 관련규정을 제외한 이 협약의 규정에 대한 개정안을 회의를 소집하지 아니하고 이 조에 규정하는 약식절차에 의하여 채택되도록 제안할 수 있다. 사무총장은 이러한 통보를 모든 당사국에 회람한다.

2. 이러한 통보가 회람된 후 12개월 이내에 어느 한 당사국이 개정안에 대하여 또는 약식절차를 통한 개정안 채택 제의에 대하여 반대하는 경우, 그 개정안은 기각된 것으로 본다. 사무총장은 모든 당사국에 즉시 이를 통고한다.

3. 이러한 통보가 회람된 후 12개월이 경과할 때까지 어떠한 당사국도 개정안에 대하여 또는 약식절차를 통한 개정안 채택 제안에 근거하여 반대하지 아니하는 경우, 그 개정안은 채택된 것으로 본다. 사무총장은 모든 당사국에게 개정안이 채택되었음을 통고한다.

제314조 심해저활동에만 관련된 규정의 개정

1. 당사국은 해저기구 사무총장에 대한 서면통보를 통하여 심해저활동에만 관련된 협약규정(제6부속서 제4절을 포함)에 대한 개정을 제안할 수 있다. 사무총장

은 이러한 통보를 모든 당사국에 회람한다. 개정안은 이사회의 승인 후 총회의 승인을 받는다. 이러한 기관에서 당사국 대표는 제안된 개정안을 검토하고 승인할 전권을 가진다. 이사회와 총회에 의하여 승인된 개정안은 채택된 것으로 본다.
2. 제1항의 규정에 따라 개정안을 승인하기에 앞서 이사회와 총회는 그 개정안이 제155조에 따른 재검토회의 이전에는 심해저자원의 탐사·개발체제를 침해하지 아니하도록 보장한다.〈이행협정부속서 제4절 참조〉

제315조 개정안의 서명·비준·가입과 정본

1. 이 협약에 따라 채택된 개정안은 개정안 자체에 달리 규정되지 아니하는 한, 당사국에 의한 서명을 위하여 채택일로부터 12개월동안 뉴욕에 있는 국제연합본부에서 개방된다.
2. 제306조, 제307조 및 제320조는 이 협약에 대한 모든 개정에 적용된다.

제316조 개정의 발효

1. 제5항에 언급된 개정을 제외한 이 협약에 대한 개정은 당사국의 3분의 2 또는 60개 당사국중 더 많은 수의 비준서 또는 가입서가 기탁된 후 30일째 되는 날에 이를 비준하거나 가입한 국가에 대하여 발효한다.
2. 개정은 그 효력발생을 위하여 이 조가 요구하는 것보다 더 많은 수의 비준·가입을 필요로 함을 규정할 수 있다.
3. 필요한 수의 비준서나 가입서가 기탁된 후 제1항에 규정된 개정에 비준하거나 가입하는 당사국에 대하여는, 개정은 비준서 또는 가입서가 기탁된 후 30일째 발효한다.
4. 제1항에 따른 개정의 발효이후 이 협약의 당사국이 된 국가는 그 국가에 의한 다른 의사표시가 없는 한,
(a) 개정된 이 협약의 당사국으로 본다.
(b) 개정에 기속되지 아니한 협약당사국에 대하여는 개정되지 아니한 협약의 당사국으로 본다.
5. 심해저활동에만 관련된 개정과 제6부속서에 대한 개정은 당사국 4분의 3의 비준서나 가입서가 기탁된 후 1년이 되는 날부터 모든 당사국에게 발효한다.
6. 제5항에 따른 개정의 발효 후 이 협약의 당사국이 된 국가는 개정된 이 협약의 당사국으로 본다.

제317조 폐기

1. 당사국은 국제연합사무총장에 대한 서면통고를 통하여 이 협약을 폐기하고 그 이유를 명시할 수 있다. 폐기이유를 명시하지 아니하여도 폐기의 효력에 영향을 미치지 아니한다. 폐기는 통고서에 폐기일자를 더 늦게 지정하지 아니하는 한, 통고수령일 후 1년이 지난 날부터 유효한다.
2. 어떠한 당사국도 폐기를 이유로 당사국이었던 중에 발생한 재정적 의무와 계약상 의무로부터 면제되지 아니하며, 폐기는 이 협약이 그 국가에 대하여 종료되기 전에 이 협약의 시행을 통하여 발생한 그 당사국의 권리, 의무 또는 법적

상황에 영향을 미치지 아니한다.

3. 폐기는 이 협약에 구현된 의무로서 이 협약과는 관계없이 국제법에 따라 부과된 의무를 이행해야 할 당사국의 의무에 어떠한 영향도 미치지 아니한다.

제318조 부속서의 지위

부속서는 이 협약과 불가분의 일체를 이루며, 명시적으로 달리 규정되지 아니하는 한, 협약이나 협약의 각부에 대한 언급은 이와 관련된 부속서에 대한 언급을 포함한다.

제319조 수탁자

1. 국제연합사무총장은 이 협약과 이에 대한 개정의 수탁자가 된다.

2. 사무총장은 수탁자로서의 기능 이외에 다음을 수행한다.

(a) 이 협약과 관련하여 발생한 일반적 성격의 문제를 모든 당사국, 해저기구 및 권한있는 국제기구에 보고

(b) 이 협약에 대한 비준, 공식확인, 가입, 개정 및 폐기에 관하여 해저기구에 통고

(c) 제311조 제4항에 따른 협정을 당사국에 통고

(d) 이 협약에 따라 채택된 개정의 비준이나 가입을 위하여 당사국에 회람

(e) 이 협약에 따라 필요한 당사국회의의 소집

3. (a) 사무총장은 제156조에 언급된 옵서버에게 다음을 전달한다.

(i) 제2항 (a)에 언급된 보고

(ii) 제2항 (b)와 (c)에 언급된 통고

(iii) 제2항 (d)에 언급된 개정문안(옵서버 참고용)

(b) 사무총장은 이러한 옵서버를 제2항 (e)에 언급된 당사국회의에 옵서버로 참가하도록 초청한다.

제320조 정본

아랍어, 중국어, 영어, 불어, 노어 및 스페인어본을 동등하게 정본으로 하는 이 협약의 원본은 제305조 제2항에 따라 국제연합사무총장에게 기탁된다.

이상의 증거로서 다음의 전권대표들은 정당히 권한을 위임받아 이 협약에 서명하였다.

1982년 12월 10일 몬테고베이에서 작성되었다.

제1부속서 〈고도회유성어종〉 생략
제2부속서 〈대륙붕한계위원회〉 생략
제3부속서 〈개괄탐사, 탐사 및 개발의 기본조건〉 생략
제4부속서 〈심해저공사 정관〉 생략

제5부속서 〈조정〉 생략
제6부속서 〈국제해양법재판소 규정〉 생략
재7부속서 〈중재재판〉 생략
재8부속서 〈특별중재재판〉 생략

「1982년12월10일자해양법에관한국제연합협약제11부이행에관한협정」

이 협정의 당사국은,

1982년12월10일자해양법에관한국제연합협약(이하 "협약"이라 함)이 세계 모든 사람들을 위한 평화·정의 및 진보의 유지에 대한 중대한 공헌임을 인식하고,

국가관할권 한계 밖의 해저·해상 및 그 하층토(이하 "심해저"라 함)와 심해저의 자원은 인류공동유산임을 재확인하며,

해양환경의 보호와 보전을 위한 협약의 중요성과 지구환경에 대한 점증하는 우려에 유념하고,

협약 제11부 및 그 관련규정(이하 "제11부"라 함)에 관한 현안을 토의하기 위하여 1990년부터 1994년까지 국가간에 개최된 비공식협의의 결과에 관한 국제연합사무총장의 보고서를 검토하고,

제11부의 이행에 영향을 미치는 시장지향적 접근방식을 비롯한 정치적·경제적 변화에 유의하고,

협약에의 보편적인 참여를 촉진시킬 것을 희망하며,

제11부 이행에 관한 협정이 그러한 목적에 가장 잘 부응하리라는 것을 고려하여,

다음과 같이 합의하였다.

제1조 제11부의 이행
1. 이 협정의 당사국은 이 협정에 따라 제11부를 이행할 것을 약속한다.
2. 부속서는 이 협정의 불가분의 일부를 이룬다.

제2조 이 협정과 제11부와의 관계

1. 이 협정과 제11부의 규정은 단일문서로 해석되고 적용된다. 이 협정과 제11부가 일치하지 아니하는 경우 이 협정의 규정이 우선한다.

2. 협약 제309조부터 제319조까지는 협약에 적용되는 것과 동일하게 이 협정에 적용된다.

제3조 서명

이 협정은 채택일로부터 12개월동안 협약 제305조 제1항 (a), (c), (d), (e) 및 (f)에 언급된 국가와 주체에 의한 서명을 위하여 국제연합 본부에서 개방된다.

제4조 기속적 동의

1. 이 협정 채택후에는 협약 비준서, 협약 공식확인서 또는 협약 가입서는 이 협정에 대한 기속적 동의도 나타낸다.

2. 어떠한 국가나 주체도 이 협정에 대한 기속적 동의를 확정하기 전이나 확정과 동시에 협약에 대한 기속적 동의를 확정하지 아니하고는 이 협정에 대한 기속적 동의를 확정할 수 없다.

3. 제3조에 규정된 국가나 주체는 아래와 같이 기속적 동의를 표명할 수 있다.

(a) 비준, 공식확인 또는 제5조에 규정된 절차에 따를 것을 조건으로 하지 아니한 서명

(b) 비준 또는 공식확인을 조건으로 서명한 후 비준 또는 공식확인

(c) 제5조에 규정된 절차를 따를 것을 조건으로 한 서명

(d) 가입

4. 협약 제305조 제1항 (f)에 규정된 주체에 의한 공식확인은 협약 제9부속서에 따른다.

5. 비준서, 공식확인서 또는 가입서는 국제연합 사무총장에게 기탁된다.

제5조 약식절차

1. 이 협정 채택일 이전에 협약의 비준서, 공식확인서 또는 가입서를 기탁하고 제4조 제3항 (c)에 따라 이 협정에 서명한 국가나 주체는, 그 국가나 주체가 이 조에 규정된 약식절차에 따르지 아니할 것을 채택일 이전에 서면으로 수탁자에게 통고하지 아니하는 한, 협정채택일 후 12개월이 지나면 이 협정에 기속되는 것으로 본다.

2. 그러한 통고가 있는 경우, 이 협정에 의한 기속적 동의는 제4조 제3항 (b)에 따라 확정된다.

제6조 발 효

1. 이 협정은 40개국 이상이 제4조와 제5조에 따라 기속적 동의를 확정한 날로부터 30일 후 발효한다. 다만, 이러한 국가에는 제3차 국제연합해양법회의의 결의ii(이하 "결의ii"라 함) 제1항 (a)에 언급된 국가중 최소한 선진 5개국을 비롯한 7개국이 포함되어야 한다. 이 협정의 발효를 위한 요건이 1994년 11월 16일 이전에 충족되는 경우에는 이 협정은 1994년 11월 16일에 발효한다.

2. 제1항에 규정된 요건이 충족된 이후에 이 협정에 기속적 동의를 확정한 각국과 주체에 대하여는 이 협정은 기속적 동의가 확정된 날로부터 30일 후 발효한다.

제7조 잠정적용

1. 1994년 11월 16일에 이 협정이 발효하지 아니하는 경우, 이 협정은 발효할 때까지 다음 국가와 주체에 대하여 잠정적으로 적용된다.

(a) 국제연합 총회에서 협정채택에 찬성한 국가. 다만, 1994년 11월 16일 이전에 이 협정을 잠정적용하지 아니하겠다는 의사 또는 추후 서명이나 서면통고에 의하여서만 그러한 잠정적용에 동의하겠다는 의사를 수탁자에게 서면으로 통고한 국가는 제외한다.

(b) 이 협정 서명국 및 주체. 다만, 서명시 이 협정을 잠정적용하지 아니하겠다는 의사를 수탁자에게 서면으로 통고한 국가나 주체는 제외한다.

(c) 수탁자에게 서면통고로써 잠정적용에 동의한 국가나 주체

(d) 이 협정 가입국

2. 그러한 모든 국가와 주체는 1994년 11월 16일부터, 그 이후에는 서명일, 동의통고일이나 가입일부터 자국의 국내법령에 따라 이 협정을 잠정적으로 적용한다.

3. 잠정적용은 이 협정발효일에 종료한다. 결의ii 제1항 (a)에 언급된 국가중 최소한 7개국(선진 5개국 포함) 이상의 기속적 동의를 필요로 하는 제6조 제1항의 요건이 1998년 11월 16일 이전에 충족되지 아니하는 경우, 잠정적용은 1998년 11월 16일에 종료한다.

제8조 당사국

1. 이 협정에서 "당사국"이라 함은 이 협정에 기속적 동의를 표시하고 이 협정이 발효하고 있는 국가를 말한다.

2. 이 협정은 협약 제305조 제1항 (c), (d), (e) 및 (f)에 규정된 주체로서 각기 관련되는 조건에 따라 이 협정의 당사자가 된 주체에 대하여 준용하며, 그러한 한도내에서 "당사국"이라 함은 이러한 주체를 포함한다.

제9조 수탁자

국제연합사무총장은 이 협정의 수탁자가 된다.

제10조 정본

아랍어, 중국어, 영어, 불어, 러시아어, 스페인어본이 동등하게 정본인 이 협정의 원본은 국제연합사무총장에게 기탁된다.

이상의 증거로, 아래 전권대표들은 정당히 권한을 위임받아 이 협정에 서명하였다.

1994년 7월 28일 뉴욕에서 작성되었다.

<부 속 서>

제1절 당사국의 부담경비와 기구정비

1. 국제해저기구(이하 "해저기구"라 함)는 제11부와 이 협정에 의하여 수립된 심해저 제도에 따라 협약당사국이 이를 통하여 심해저활동을 조직하고 통제하며, 특히 심해저자원을 관리할 목적으로 설립되는 기구이다. 해저기구의 권한과 임무는 협약에 의하여 해저기구에 명시적으로 부여된 바와 같다. 해저기구는 심해저활동에 관한 권한의 행사와 임무의 수행에 내재하고 이를 위하여 필요한 것으로서 협약에 부합하는 부수적 권한을 가진다.
2. 당사국이 부담하는 경비를 최소화하기 위하여, 협약과 이 협정에 따라 설립되는 모든 기관과 보조기관은 비용을 절약하여 운영한다. 이러한 원칙은 회합의 횟수, 기간 및 일정에도 적용한다.
3. 해저기구의 각종 기관과 보조기관은 심해저활동의 각 단계에서 각각의 임무를 효과적으로 수행할 수 있도록 관련기관과 보조기관의 기능적 필요성을 고려하여, 점진적으로 설립·운영한다.
4. 협약발효에 따른 해저기구의 초기기능은 총회, 이사회, 사무국, 법률·기술위원회 및 재정위원회가 수행한다. 경제기획위원회의 기능은 이사회가 달리 정할 때까지 또는 최초의 개발계획서가 승인될 때까지 법률·기술위원회가 수행한다.
5. 협약발효시기와 최초 개발계획서 승인시기 사이의 기간 동안 해저기구는 아래 활동에 중점을 둔다.

(a) 제11부와 이 협정에 따른 탐사사업계획 승인신청서 처리

(b) 국제해저기구 및 국제해양법재판소 설립 준비위원회(이하 "준비위원회"라 함)가 협약 제308조 제5항과 결의ii 제13항에 따라 등록 선행투자가 및 그 인증국과 관련하여 내린 결정(이들의 권리와 의무 포함)의 이행

(c) 계약형식으로 승인된 탐사사업계획의 이행감시

(d) 심해저 광업활동과 관련된 경향과 개발상황의 감시 및 재검토(세계금속시장의 상황, 금속가격, 경향 및 전망에 대한 정기적 분석 포함)

(e) 심해저광물의 육상생산 개발도상국의 어려움을 최소화하고 이들의 경제조정을 지원할 목적으로, 준비위원회에서 이와 관련하여 검토된 사항을 고려하여, 심해저광물 생산으로 인하여 가장 심하게 피해를 입을 것으로 예상되는 육상생산 개발도상국의 경제에 미치는 심해저 광물생산의 잠재적 영향에 대한 연구

(f) 심해저활동이 진전됨에 따라 이의 수행을 위하여 필요한 규칙, 규정 및 절차의 채택. 협약 제3부속서 제17조 제2항 (b) 및 (c)의 규정에도 불구하고, 이러한 규칙, 규정 및 절차는 이 협정의 조건, 심해저 상업생산의 장기지연 및 심해저활동의 진전상황을 고려한다.

(g) 해양환경 보호와 보전을 위하여 적용가능한 기준을 구체화하는 규칙, 규정 및 절차의 채택

(h) 심해저활동과 관련된 해양과학조사 수행의 촉진·장려 및 가능한 경우, 심해저활동의 환경영향과 관련된 조사에 특별한 중점을 둔 그러한 조사와 분석 결과의

수집·배포의 촉진·장려

(i) 심해저활동과 관련된 과학지식의 획득 및 해양기술, 특히 해양환경의 보호와 보전 관련 기술의 개발 관찰

(j) 개괄탐사 및 탐사와 관련된 입수가능한 자료의 평가

(k) 개발을 위한 규칙, 규정 및 절차(해양환경의 보호·보전과 관련된 것 포함)의 적기 정비

6. (a) 탐사사업계획 승인신청서는 신청에 대한 법률·기술위원회의 추천을 받아 이사회가 심의한다. 탐사사업계획 승인신청서는 제3부속서를 포함한 협약과 이 협정의 규정에 따라 다음을 조건으로 처리한다.

(i) 신청자가 연구 및 탐사활동에 미화 3천만달러 이상을 지출하고 그중 최소한 10퍼센트 이상을 사업계획서상의 광구 위치설정, 탐사 및 평가에 지출하였음을 후원국이 확인한 경우, 협약발효 이전에 이미 실질적인 심해저활동을 수행하였던 등록 선행투자가 이외에 결의ii 제1항 (a) (ii) 또는 (iii)에 언급된 국가나 주체 또는 그러한 주체의 구성원과 그들의 이익승계자의 이름으로 제출된 사업계획서는 사업계획 승인에 필요한 재정적, 기술적 자격을 갖춘 것으로 본다. 사업계획서가 협약 및 협약에 따라 채택된 규칙, 규정 및 절차상의 요건을 달리 충족시키는 경우, 이는 이사회에서 계약의 형태로 승인된다. 이 부속서 제3절 제11항의 규정은 이에 따라 적절히 해석되고 적용된다.

(ii) 결의 ii 제8항 (a)의 규정에도 불구하고, 등록 선행투자가는 협약 발효후 36개월 이내에 탐사사업계획서의 승인을 요청할 수 있다. 탐사사업계획서는 준비위원회에 등록전과 등록후에 제출된 서류, 보고서 및 그 밖의 자료로 구성되며, 이에는 결의 ii 제11항 (a)에 따라 준비위원회에서 발행한 선행투자가제도상의 의무이행상태를 기술한 사실보고서로 구성된 이행 증명서가 첨부되어야 한다. 이러한 사업계획서는 승인된 것으로 보아야 한다. 이렇게 승인된 사업계획서는 제11부와 이 협정에 따라 해저기구와 등록선행투자가간에 체결된 계약의 형태로 이루어진다. 결의ii 제7항 (a)에 따라 지불되는 미화 25만달러의 수수료는 이 부속서 제8절 제3항에 따른 탐사단계와 관련된 수수료로 본다. 이 부속서 제3절 제11항은 이에 따라 적절히 해석되고 적용된다.

(iii) 무차별원칙에 따라 (a) (i)에 언급된 국가나 주체, 또는 이러한 주체의 구성원과의 계약에는 (a) (ii)에 언급된 등록 선행투자가와 합의된 약정과 비슷하거나 또는 불리하지 아니한 약정이 포함되어야 한다. (a) (i)에 언급된 국가, 주체 또는 이러한 주체의 어느 구성원에게 보다 유리한 약정이 부여된 경우, 이사회는 (a) (ii)에 언급된 등록 선행투자가의 권리 및 의무와 관련하여 이와 비슷하거나 불리하지 아니한 약정을 체결한다. 다만, 그러한 약정이 해저기구의 이익에 영향을 주거나 이익을 침해하지 아니하여야 한다.

(iv) 제7조에 따라 이 협정을 잠정적으로 적용하는 당사국, 또는 제12항에 따른 해저기구의 잠정회원국은 (a) (i) 또는 (ii)의 규정에 따른 사업계획신청서 후원국이 될 수 있다.

(v) 결의 ii 제8항 (c)는 (a) (iv)에 따라 해석되고 적용된다.

(b) 탐사사업계획서 승인은 협약 제153조 제3항에 따른다.

7. 사업계획서 승인신청에는 계획된 활동의 잠재적인 환경영향 평가서와 해저기구가 채택한 규칙, 규정 및 절차에 따른 해양학연구 및 기초환경연구를 위한 사업계획 기술서가 첨부되어야 한다.
8. 제6항 (a) (i) 또는 (ii)에 따를 것을 조건으로, 탐사사업계획 승인신청서는 이 부속서 제3절 제11항에 규정된 절차에 따라 처리된다.
9. 탐사사업계획서는 15년의 기간으로 승인된다. 탐사사업계획이 종료되면 계약자는 개발사업계획을 신청한다. 다만, 계약자가 개발사업계획을 이미 신청하였거나 탐사사업계획 기간연장을 받은 경우에는 그러하지 아니하다. 계약자는 그러한 기간연장을 각기 5년이내에 한하여 신청할 수 있다. 계약자가 사업계획의 요구조건을 준수하기 위하여 성실히 노력하였으나 계약자가 통제할 수 없는 사유로 인하여 생산단계로의 진전에 필요한 준비작업을 완수하지 못하였거나 또는 주된 경제여건상 개발단계로 이행할 수 없는 경우, 탐사기간 연장은 승인된다.
10. 협약 제3부속서 제8조에 따라 해저기구에 유보되는 광구의 지정은 탐사사업 신청 승인 또는 탐사 및 개발사업 신청 승인과 관련하여 이루어진다.
11. 제9항의 규정에도 불구하고, 이 협정을 잠정적용하는 국가중 최소한 1개국이 후원하고 있는 승인된 탐사사업계획은, 그러한 국가가 이 협정에 대한 잠정적용을 종료하여 제12항에 따른 잠정회원자격을 상실하는 경우 또는 당사국이 되지 못한 경우에는 종료된다.
12. 이 협정 발효시, 협정 제3조에 언급된 국가나 주체로서 제7조에 따라 협정을 잠정 적용하고 있거나 이 협정이 발효되지 않고 있는 국가나 주체는 그러한 국가나 주체에 대하여 협정이 발효할 때까지 다음 각호에 따라 해저기구의 잠정회원자격을 계속 유지할 수 있다.
(a) 이 협정이 1996년 11월 16일 이전에 발효하는 경우, 그러한 국가나 주체는 잠정회원으로서 참여하겠다는 의사를 이 협정 수탁자에게 통고하면, 해저 기구의 잠정회원으로서 계속 참여할 수 있는 자격을 가진다. 잠정회원자격은 1996년 11월 16일 또는 그러한 잠정회원국에 대하여 이 협정과 협약이 발효하는 날중 빠른 날에 종료된다. 관련 국가나 주체의 요청이 있으면 이사회는 그러한 국가나 주체가 협정과 협약의 당사자가 되기 위하여 성실히 노력하고 있다고 판단할 경우, 1996년 11월 16일이후 잠정회원 자격을 총 2년까지 연장할 수 있다.
(b) 이 협정이 1996년 11월 15일 이후에 발효하는 경우, 잠정회원인 국가나 주체는 1998년 11월 16일을 넘지 아니하는 기간내에서 계속적으로 해저기구의 잠정회원 자격을 부여하여 주도록 이사회에 요청할 수 있다. 이사회는 그 국가나 주체가 이 협정과 협약의 당사자가 되기 위하여 성실히 노력하고 있다고 판단할 경우, 신청일로부터 잠정회원 자격을 부여할 수 있다.
(c) (a)와 (b)에 따라 해저기구의 잠정회원인 국가와 주체는 그 국내법령 또는 내부법령 및 예산상황에 따라 제11부와 이 협정의 조건을 적용하며, 다음을 포함하여 다른 회원국과 동일한 권리와 의무를 가진다.
(i) 할당된 분담금비율에 따라 해저기구의 행정예산을 분담할 의무
(ii) 탐사사업계획서 승인신청을 후원할 수 있는 권리. 2개국 이상의 국적을 가지는 자연인이나 법인으로 구성되는 주체의 경우, 그 주체를 구성하는 자연인이나

법인이 속하는 모든 국가가 당사국이거나 잠정회원이 아니면 탐사사업계획서는 승인되지 아니한다.

(d) 제9항의 규정에도 불구하고, 계약의 형태로 승인된 탐사사업계획으로서 (c)(ii)에 따라 잠정회원인 국가가 후원한 사업계획은 그러한 잠정회원자격이 종료되거나 그 국가나 주체가 당사국이 되지 아니할 경우에는 종료한다.

(e) 잠정회원이 분담금을 납부하지 아니하거나 다른 방법으로 이 항에 따른 의무를 준수하지 아니하는 경우, 잠정회원자격은 종료된다.

13. 협약 제3부속서 제10조의 기준을 만족스럽게 수행하지 아니하는 경우, 계약자가 해저기구로부터 사업계획서의 요건을 준수하라는 서면경고를 받고서도 이를 준수하지 아니한 것으로 해석한다.

14. 해저기구는 독자적인 예산을 가진다. 이 협정이 발효하는 해의 다음 해 말까지 해저기구의 행정비용은 국제연합 예산으로 충당한다. 그 이후에는 해저기구의 행정예산은 해저기구가 그 비용을 충당할 수 있는 충분한 자금을 다른 재원으로부터 확보할 때까지 협약 제171조 (a), 제173조 및 협정에 따라, 모든 잠정회원국을 포함한 해저기구 회원국의 분담금으로 충당한다. 해저기구는 행정예산을 충당하기 위하여는 협약 제174조 제1항에 규정된 자금차입권한을 행사하지 아니한다.

15. 해저기구는 협약 제162조 제2항 (o) (ii)에 따라 이 부속서 제2절, 제5절, 제6절, 제7절 및 제8절에 포함되어 있는 원칙에 기초한 규칙, 규정과 절차 및 탐사 또는 개발계획서 승인을 용이하게 하는 데 필요한 추가 규칙, 규정 및 절차를 다음 각호에 따라 정비하고 채택한다.

(a) 이사회가 심해저활동 수행을 위하여 규칙, 규정 및 절차의 전부 또는 일부가 필요하다고 판단하거나, 상업생산이 임박하였다고 결정하거나, 또는 자국국민이 개발사업계획 승인을 신청하고자 하는 국가의 요청이 있는 경우 이사회는 언제라도 이를 정비할 수 있다.

(b) (a)에 언급된 국가에 의한 요청이 있는 경우, 이사회는 협약 제162조 제2항 (o) 에 따라, 그 요청후 2년 이내에 그러한 규칙, 규정 및 절차의 채택을 완료하여야 한다.

(c) 이사회가 규정된 기간내에 개발과 관련된 규칙, 규정 및 절차 정비를 완료하지 아니하였고 개발사업계획 승인신청이 계류중인 경우에도 이사회는 협약의 규정 및 이사회가 잠정적으로 채택한 규칙, 규정 및 절차, 또는 협약에 포함된 규범과 이 부속서에 포함된 조건과 원칙뿐만 아니라 계약자간의 무차별원칙에 기초한 사업계획을 검토하고 잠정적으로 승인한다.

16. 해저기구는, 제11부와 이 협정에 따르는 규칙, 규정 및 절차를 채택함에 있어서, 준비위원회의 각종 보고서와 권고에 포함되어 있는 규칙, 규정, 절차의 초안 및 제11부의 규정에 관한 권고를 고려한다.

17. 협약 제11부 제4절의 관련규정은 이 협정에 부합되게 해석되고 적용된다.

제2절 심해저공사

1. 해저기구의 사무국은 심해저공사가 해저기구 사무국으로부터 독자적인 운영을

시작할 때까지 심해저공사의 기능을 수행한다. 해저기구 사무총장은 해저기구 직원 중에서 사무국에 의한 다음의 기능수행을 감독할 임시사무국장을 임명한다.

(a) 세계금속시장 상황, 금속가격, 추세 및 전망에 대한 정기적 분석을 포함한 심해저광업활동과 관련된 추세와 발전상황의 감시 및 재검토

(b) 심해저활동의 환경영향과 관련된 조사에 특별한 중점을 둔 심해저활동 관련 해양과학조사 수행결과의 평가

(c) 개괄탐사 및 탐사(이를 위한 기준 포함)와 관련된 가용 자료의 평가

(d) 심해저활동 관련 기술, 특히 해양환경의 보호 및 보전 관련 기술발전의 평가

(e) 해저기구에 유보된 지역과 관련된 정보와 자료의 평가

(f) 합작사업운용 접근방식 평가

(g) 훈련된 기술인력의 활용가능성에 관한 정보의 수집

(h) 심해저공사 운영의 각단계에서 심해저공사 관리를 위한 경영정책대안 연구

2. 심해저공사는 합작사업을 통하여 초기 심해저광업활동을 수행한다. 심해저공사가 아닌 주체의 개발사업계획을 승인하였을 때, 또는 심해저공사와의 합작사업신청이 이사회에 접수되었을 때, 이사회는 심해저공사가 사무국으로부터 독립하여 기능을 수행하는 문제를 검토한다. 심해저공사와의 합작사업활동이 건전한 상업원칙과 조화되는 경우, 이사회는 이러한 독자적인 기능을 규정하고 있는 협약 제170조 제2항에 따라 지침을 내린다.

3. 협약 제4부속서 제11조 제3항에 규정된 심해저공사의 어느 한 광구에 자금을 지원할 당사국의 의무는 적용하지 아니하며, 당사국은 심해저공사의 어떠한 광구에서의 어떠한 활동 또는 심해저공사의 합작사업 약정에 의한 어떠한 활동에 대해서도 자금을 지원할 의무를 지지 아니한다.

4. 계약자에게 적용되는 의무는 심해저공사에도 적용된다. 협약 제153조 제3항과 제3부속서 제3조 제5항의 규정에도 불구하고, 심해저공사의 사업계획은 승인되는 즉시 해저기구와 심해저공사간에 체결된 계약의 형태를 취한다.

5. 해저기구에 특정지역을 유보지역으로 기부한 계약자는 그 유보지역을 탐사, 개발하기 위한 합작사업약정을 심해저공사와 체결할 수 있는 1차적인 권리를 가진다. 심해저공사가 해저기구 사무국으로부터 독립적인 기능을 시작한 이후 15년 이내에 또는 그 지역이 해저기구에 유보된 날로부터 15년 이내의 기간중 늦은 기간까지 심해저공사가 이러한 유보지역에 대한 활동사업계획을 신청하지 아니하는 경우, 그 지역을 기부한 계약자가 심해저공사를 합작사업의 상대자로 포함하겠다고 성실히 제안할 것을 조건으로 그 지역에 대한 사업계획서를 제출할 자격을 가진다.

6. 심해저공사와 관련된 협약 제170조 제4항, 제3부속서 및 그 밖의 협약규정은 이 절에 따라 해석되고 적용된다.

제3절 의사결정

1. 해저기구의 일반정책은 이사회와 협력하여 총회가 수립한다.

2. 일반적으로 해저기구 기관의 의사결정은 컨센서스에 의한다.

3. 컨센서스에 이르기 위한 모든 노력을 다하고도 합의에 이르지 못한 경우, 총회

에서의 표결에 의한 결정은 절차문제에 관하여서는 출석하여 투표한 회원국의 과반수에 의하여, 실질문제에 관하여서는 협약 제159조 제8항에 규정된 바와 같이 출석하여 투표한 회원국의 2/3에 의하여 내려진다.
4. 이사회도 권한을 가지고 있는 사항으로서 행정, 예산 또는 재정사항에 관한 총회의 결정은 이사회의 권고에 기초한다. 어떠한 사항에 관하여 총회가 이사회의 권고를 받아들이지 아니하는 경우, 이는 이사회에 회송되어 재심의된다. 이사회는 총회가 표명한 의견에 비추어 그 사항을 재심의한다.
5. 컨센서스에 이르기 위한 모든 노력을 다하고도 합의에 이르지 못한 경우, 이사회에서의 표결에 의한 결정은 절차문제에 관하여서는 출석하여 투표한 회원국의 과반수에 의하여, 실질문제에 관하여서는, 이사회에서 컨센서스에 의하여 결정하도록 협약에 규정되어 있는 경우를 제외하고는, 그러한 결정이 제9항에 언급된 어느 한 그룹내의 다수결에 의하여 반대되지 아니하는 한, 출석하여 투표한 회원국의 2/3에 의하여 내려진다. 결정을 채택함에 있어서 이사회는 해저기구의 모든 회원국의 이익을 증진시키도록 노력한다.
6. 어느 문제에 대하여 컨센서스에 이르기 위한 모든 노력이 완료되지 않았다고 보일 때에는 이사회는 언제라도 향후 협상이 용이하도록 결정채택을 연기할 수 있다.
7. 재정 또는 예산에 관계되는 사항에 대한 이사회나 총회의 결정은 재정위원회의 권고를 기초로 한다.
8. 협약 제161조 제8항 (b)와 (c)의 규정은 적용하지 아니한다.
9. (a) 제15항 (a), (b), (c)에 의하여 선출된 각 국가그룹은 이사회에서의 표결을 위한 그룹으로 본다. 제15항 (d), (e)에 의하여 선출된 개발도상국은 이사회에서의 표결을 위한 단일그룹으로 본다.

(b) 이사회의 이사국을 선출하기 이전에, 총회는 제15항 (a)부터 (d)까지의 국가그룹의 자격기준을 갖춘 국가목록을 작성한다. 어느 한 국가가 두 그룹 이상의 자격기준을 갖춘 경우, 그 국가는 이사회 선출을 위하여 오직 한 그룹으로서만 입후보하며, 이사회 표결에서 오직 그 한 그룹만을 대표할 수 있다.
10. 제15항 (a)부터 (d)까지의 각 국가그룹은 그 그룹에 의하여 지명된 회원국에 의하여 이사회에서 대표된다. 각 그룹은 그 그룹을 구성하는 데 필요한 의석수 만큼의 후보자만을 지명한다. 제15항 (a)에서 (e)까지에 언급된 각 그룹의 후보국수가 각 그룹의 의석수를 넘을 때에는 일반적으로 윤번원칙을 적용한다. 각 그룹의 회원국은 해당 그룹내에서 이 원칙의 적용방법을 결정한다.
11. (a) 이사회의 각 그룹에 참석하여 투표하는 회원국의 다수결을 포함하여, 참석하여 투표하는 회원국 2/3 이상의 다수에 의하여 이사회가 사업계획을 승인하지 아니하기로 결정하지 아니하는 한, 이사회는 법률·기술위원회의 권고에 따라 사업계획을 승인한다. 이사회가 규정된 기간내에 사업계획승인 권고에 대한 결정을 내리지 아니하는 경우, 그 권고는 이사회에 의하여 그 기간 종료시에 승인된 것으로 본다. 규정된 기간은 이사회가 더 길게 정하지 아니하는 한 통상 60일로 한다. 위원회가 사업계획의 불승인을 권고하거나 또는 권고를 하지 아니하는 경우에도 이사회는 실질문제의 의사결정에 관한 의사규칙에 따라 사업계획을 승인할 수 있다.

(b) 협약 제162조 제2항 (j)의 규정은 적용하지 아니한다.

12. 사업계획의 불승인에 관하여 분쟁이 발생하는 경우, 그러한 분쟁은 협약에 규정된 분쟁해결절차에 회부된다.
13. 법률·기술위원회에서의 표결에 의한 결정은 출석하여 투표하는 회원국의 다수결에 의하여 내려진다.
14. 협약 제11부 제4절 제2관 및 제3관은 이 절에 따라 해석되고 적용된다.
15. 이사회는 다음 순서에 따라 총회에서 선출되는 해저기구의 36개 회원국으로 구성된다.

(a) 통계를 이용할 수 있는 최근 5년 동안 심해저로부터 채취되는 광물과 같은 종류의 광물로부터 생산된 상품 세계총소비중 금액기준으로 2퍼센트 이상을 소비한 당사국이나, 세계총수입중 금액기준으로 2퍼센트 이상을 순수입한 당사국중 4개국. 다만, 이 4개국 가운데는 협약 발효시 국내총생산의 관점에서 보아 동유럽지역에서 경제규모가 가장 큰 1개국과 국내총생산의 관점에서 보아 세계에서 가장 큰 경제규모를 가진 국가가 이 그룹에 포함되기를 희망하는 경우 이러한 국가를 포함한다.

(b) 직접 또는 그 국민을 통하여 심해저활동 준비와 수행에 가장 많이 투자한 8개 당사국중 4개국

(c) 심해저로부터 채취되는 광물과 같은 종류의 광물의 주요 순수출국(자국 관할권 지역에서의 생산을 기준으로 하여)인 당사국중 4개국(그러한 광물의 수출이 자국경제에 중대한 영향을 미치는 개발도상국중 최소한 2개국을 포함)

(d) 특별이익을 대표하는 개발도상국중 6개 당사국(대표되는 특별이익으로는 인구다수국, 내륙국이나 지리적불리국, 도서국, 심해저에서 나오는 광물종류의 주요 수입국, 이러한 광물의 잠재생산국 및 최빈개발도상국의 이익이 포함된다.)

(e) 이사회에서 전체적으로 의석의 공평한 지리적배분 보장원칙에 따라 선출되는 18개 회원국. 다만, 각 지리적 지역에는 이 호에 따라 선출되는 최소한 1개 회원국이 배정된다. 이러한 목적상, 지리적 지역은 아프리카, 아시아, 동유럽, 라틴 아메리카와 카리브해, 서유럽 및 기타 지역이다.

16. 협약 제161조 제1항의 규정은 적용하지 아니한다.

제4절 재검토회의

협약 제155조 제1항, 제3항 및 제4항의 재검토회의와 관련된 규정은 적용하지 아니한다. 협약 제314조 제2항의 규정에도 불구하고, 총회는 이사회의 권고에 따라 협약 제155조 제1항에 언급된 사항을 언제라도 재검토할 수 있다. 이 협정과 제11부의 개정은, 협약 제155조 제2항에 언급된 원칙, 제도 및 조건이 유지되고 동조 제5항에 언급된 권리가 영향을 받지 아니하는 한, 협약 제314조, 제315조 및 제316조에 포함된 절차에 따라야 한다.

제5절 기술이전

1. 제11부의 목적을 위한 기술이전은 협약 제144조의 규정 및 다음 원칙에 따라

규율된다.

(a) 심해저공사 및 심해저광업기술 획득을 희망하는 개발도상국은 공개시장에서 공정하고 합리적인 상업적 조건으로, 또는 합작투자약정을 통하여 그러한 기술을 획득한다.

(b) 심해저공사나 개발도상국이 심해저광업기술을 획득할 수 없는 경우, 해저기구는 심해저공사, 심해저공사와의 합작사업체, 또는 개발도상국이나 심해저광업기술을 공정하고 합리적인 상업적 조건에 따라 획득하기를 희망하는 국가가, 효과적인 지적재산권 보호에 부합되게 심해저광업기술을 용이하게 획득하도록 계약자와 그 보증국이 협력할 것을 요청할 수 있다. 당사국은 이러한 목적을 위하여 해저기구와 효과적으로 협력하고 그들이 보증한 계약자가 해저기구와 전적로 협력하도록 보장하여야 한다.

(c) 일반적으로 당사국은 관련 당사자간의 협력을 통하여, 또는 해양과학기술 및 해양환경보호·보전 분야의 훈련, 기술원조 및 과학협력계획의 개발을 통하여 심해저활동에 관한 국제적 과학기술협력을 증진한다.

2. 협약 제3부속서 제5조는 적용하지 아니한다.

제6절 생산정책

1. 기구의 생산정책은 다음 원칙에 기초를 둔다.

(a) 심해저자원의 개발은 건전한 상업원칙에 따라 수행된다.

(b) 관세와 무역에 관한 일반협정, 이와 관련된 규칙, 후속협정 또는 교체협정의 규정은 심해저활동에 적용된다.

(c) 특히, (b)에 언급된 협정에 의하여 허용된 경우를 제외하고는 심해저활동에 대한 보조금은 지급할 수 없다. 이러한 원칙상 보조금이라 함은 (b)에 언급된 협정의 조건에 따라 정의된 바와 같다.

(d) 심해저로부터 생산된 광물과 다른 지역으로부터 생산된 광물을 차별하지 아니한다. 심해저에서 생산된 광물시장 또는 그러한 광물로부터 생산된 상품의 수입시장에 있어서 특히, 다음과 같은 우선적 접근이 허용되지 아니한다.

(i) 관세 또는 비관세장벽 이용을 통한 우선적 접근

(ii) 당사국의 국영기업, 그 국적을 가진 자연인이나 법인 또는 당사국이나 그 국민에 의하여 지배되는 자연인이나 법인에 대하여 당사국이 부여하는 우선적 접근

(e) 각 광구에 대하여 해저기구가 승인한 개발사업계획서에는 사업계획에 따라 생산할 광물의 연간 최대 추정생산량을 포함한 생산계획이 표시되어야 한다.

(f) (b)에 언급된 협정의 규정에 관한 분쟁해결에는 다음 사항을 적용한다.

(i) 관련당사국이 그러한 협정의 당사자인 경우, 그러한 협정상의 분쟁해결 절차를 이용한다.

(ii) 관련당사국중 1개국 또는 그 이상이 그러한 협정의 당사자가 아닌 경우, 협약에 규정된 분쟁해결절차를 이용한다.

(g) (b)에 언급된 협정에 의하여 어느 한 당사국이 금지된 보조금을 지급하였거나 또는 다른 당사국의 이익에 불리한 영향을 미쳤으며, 관련당사국에 의하여 적

절한 조치가 취하여지지 아니하였다는 결정이 내려지는 경우, 당사국은 이사회가 적절한 조치를 취할 것을 요청할 수 있다.

2. 제1항에 포함된 원칙은 제1항 (b)에 언급된 협정 및 관련 자유무역협정 및 관세동맹협정의 당사자인 당사국간에는 그러한 협정상의 권리와 의무에 영향을 미치지 아니한다.

3. 협정 제1항 (b)에 언급된 협정에 의하여 허용되는 것을 제외하고는, 계약자에 의한 보조금수령은 심해저활동 수행을 위한 사업계획을 구성하는 계약의 근본적인 조건의 위반에 해당한다.

4. 제1항 (b)에서 (d)까지 또는 제3항에 규정된 요건의 위반이 있었다고 믿을 만한 합리적인 이유를 가진 당사국은 제1항 (f) 또는 (g)에 따라 분쟁해결절차를 취할 수 있다.

5. 당사국은 제1항 (b)에서 (d)까지에 규정된 요건과 부합하지 아니한다고 보이는 활동에 대하여는 어느 때라도 이에 대하여 이사회의 주의를 환기시킬 수 있다.

6. 해저기구는 사업계획 승인을 규율하는 규칙, 규정 및 절차를 포함하여, 이 절의 규정 이행을 보장하는 규칙, 규정 및 절차를 발전시킨다.

7. 협약 제151조 제1항부터 제7항까지와 제9항, 제162조 제2항 (q), 제165조 제2항 (n), 제3부속서 제6조 제5항 및 제7조는 적용하지 아니한다.

제7절 경제지원

1. 광물가격의 하락이나 수출량감소로 인하여 수출소득이나 경제에 심각하게 해로운 영향을 받은 개발도상국에 대하여 심해저활동에 의하여 야기된 손실의 범위내에서 지원을 제공하기 위한 해저기구의 정책은 다음의 원칙에 기초를 둔다.

(a) 해저기구는 해저기구의 행정비용 충당에 필요한 자금을 초과하는 해저기구의 기금중 일부분으로 경제지원기금을 설립한다. 이러한 목적으로 계상하는 기금의 액수는 재정위원회의 권고에 따라 수시로 이사회가 결정한다. 심해저공사를 포함하여 계약자로부터 받은 납부액과 자발적인 기여금만이 경제지원기금으로 사용될 수 있다.

(b) 심해저로부터의 광물생산에 의하여 심각하게 자국의 경제가 피해를 입은 육상생산 개발도상국은 해저기구의 경제원조기금의 지원을 받는다.

(c) 해저기구는 피해를 입은 육상생산 개발도상국에게 기금으로부터 지원을 제공하며, 적절한 경우, 그러한 지원사업을 수행하기 위하여 하부조직과 전문기술을 가진 기존의 세계적 또는 지역적 개발기구와 협력한다.

(d) 그러한 경제지원의 범위와 기간은 사안별로 결정된다. 이러한 결정에는, 피해를 입은 육상생산 개발도상국이 직면하고 있는 문제점의 성질과 중요성을 적절히 고려한다.

2. 협약 제151조 제10항은 제1항에 언급된 경제지원조치의 수단으로서 이행된다. 협약 제160조 제2항 (l), 제162조 제2항 (n), 제164조 제2항 (d), 제171조 (f) 및 제173조 제2항 (c)는 이에 따라 적절히 해석된다.

제8절 계약의 재정조건

1. 다음 원칙은 계약의 재정조건에 대한 규칙, 규정 및 절차 수립의 기초를 이룬다.

(a) 해저기구에 대한 납부제도는 계약자와 해저기구 모두에게 공정하여야 하며, 계약자가 이를 이행하도록 하기 위한 적절한 수단을 갖춘다.

(b) 납부제도하의 납부율은 심해저광업자에게 인위적인 경쟁우위를 부여하거나 인위적인 경쟁열위를 부과하지 아니하도록 동일한 광물이나 유사한 광물의 육상 광업에 널리 적용되는 비율의 범위내에서 정한다.

(c) 납부제도는 복잡하지 아니하여야 하며, 해저기구나 계약자에게 과중한 행정 비용을 초래하지 않아야 한다. 특허사용제도의 채택 또는 특허사용제도와 이익분배 제도의 혼합제도의 채택에 관한 고려가 있어야 한다. 대안이 결정되는 경우, 계약자는 자신의 계약에 적용할 수 있는 제도를 선택할 권리가 있다. 그러나 후속적인 대안선택 변경은 해저기구와 계약자간의 합의에 의하여 이루어진다.

(d) 연간 고정수수료는 상업생산 개시일부터 납부한다. 이 수수료는 (c)에 따라 채택된 제도하에 납부하는 다른 지불금에서 공제될 수 있다. 수수료의 금액은 이사회에서 정한다.

(e) 납부제도는 변화하는 여건을 고려하여 주기적으로 수정될 수 있다. 어떠한 수정도 차별없이 적용된다. 그러한 수정은 계약자 선정에 있어서만 기존 계약에 적용될 수 있다. 후속적인 대안선택의 수정은 해저기구와 계약자간의 합의에 의하여 이루어진다.

(f) 이러한 원칙에 기초한 규칙과 규정의 해석이나 적용에 관한 분쟁은 협약에 규정된 분쟁해결절차에 따라 해결한다.

2. 협약 제3부속서 제13조 제3항부터 제10항까지의 규정은 적용하지 아니한다.

3. 협약 제3부속서 제13조 제2항의 이행과 관련하여, 탐사단계이든 개발단계이든 어느 한 단계에 국한된 사업계획 승인신청의 처리를 위한 수수료는 미화 25만달러로 한다.

제9절 재정위원회

1. 재정위원회를 설립한다. 위원회는 재정문제에 관하여 적절한 자격을 갖춘 15인의 위원으로 구성한다. 당사국은 최고 수준의 능력과 성실성을 갖춘 후보자를 지명한다.

2. 재정위원회의 어느 두 위원도 동일한 당사국의 국적인일 수 없다.

3. 재정위원회의 위원은 총회에서 선출되며, 공평한 지리적 배분과 특수이익을 대표할 필요성을 적절히 고려한다. 이 부속서 제3절 제15항 (a), (b), (c) 및 (d)에 언급된 각 국가그룹을 위원회에서 대표하는 위원이 적어도 1인 있어야 한다. 해저기구가 분담금이외의 재원으로 그 행정비용을 충분히 충당할 수 있을 때까지 해저기구의 행정예산 최대 출연 5개국의 대표가 위원회에 포함되어야 한다. 그 이후에는, 각 그룹으로부터의 위원의 선출은 각각의 그룹이 1명의 위원을 지명하며, 각 그룹으로부터 그 이상의 위원이 선출될 수도 있다.

4. 재정위원회 위원의 임기는 5년이다. 위원은 1회 재선될 수 있다.

5. 재정위원회의 위원이 임기만료 전에 사망, 자격상실 또는 사직할 경우, 총회는

잔여임기동안 재직할 위원을 동일한 지리적 지역이나 국가그룹에서 선출한다.
6. 재정위원회의 위원은 위원회가 권고할 책임이 있는 사항과 관련된 활동에 있어서 어떠한 재정적 이해관계도 가지지 아니하여야 한다. 위원은 직무가 종료된 이후에도 해저기구를 위한 임무수행 과정에서 알게 된 비밀정보를 누설하지 아니하여야 한다.
7. 다음 문제에 관한 총회와 이사회의 결정에 있어서는 재정위원회의 권고가 고려되어야 한다.

(a) 해저기구 각기관의 재정규칙, 규정 및 절차의 초안과 해저기구의 재정관리 및 내부 재정행정

(b) 협약 제160조 제2항 (e)에 따른 해저기구 행정예산의 회원국 분담금 산정

(c) 협약 제172조에 따라 해저기구 사무총장이 작성한 연간 예산안과 사무국 업무계획 이행의 재정적 측면을 포함한 모든 재정관련 사항

(d) 행정예산

(e) 이 협정과 제11부 이행으로부터 발생하는 당사국의 재정적 의무 및 해저기구기금의 지출을 수반하는 행정 및 예산관련 제안 및 권고

(f) 심해저활동으로부터 얻어진 재정적 이익 및 그 밖의 경제적 이익의 공평한 배분에 관한 규칙, 규정 및 절차와 그러한 토대에서 이루어지는 결정

8. 절차문제에 관한 재정위원회의 결정은 출석하여 투표하는 위원의 과반수에 의하여 내려진다. 실질문제에 관한 결정은 컨센서스에 의하여 내려진다.
9. 재정사항을 다루기 위한 보조기관 설립을 위한 협약 제162조 제2항 (y)의 요건은 이 절에 따라 재정위원회를 설립함으로써 촉진한다.

참고문헌

■ 한국문헌: 단행본 및 논문

김명기, 『독도와 국제법』, 화학사, 1987.

김부찬, 『제주의 국제화전략』, 온누리, 2007.

_____, 『국제법특강』, 보고사, 2014.

김영구, 『한국과 바다의 국제법』, 효성출판사, 1999.

_____, 『이어도 문제의 해양법적 해결방법』, 동북아역사재단, 2008.

김종헌, 『해양과 국제정치』, 세종출판사, 1997.

김태현 편, 『신동아시아 안보질서』, 세종연구소, 1997.

김현수, 『국제해양법』, 연경문화사, 2007.

박종성, 『한국의 영해』, 법문사, 1985.

박찬호 외, 『유엔해양법협약 해설서 Ⅰ』, 사단법인 해양법포럼, 2010.

_____·김한택, 『국제해양법』, 서울경제경영, 2011.

박춘호·유병화, 『해양법』, 민음사, 1986.

신기철·신용철 편저, 『새우리말 큰사전 (상)』, 삼성출판사, 1986.

외교통상부, 『파랑도(이어도)와 한중어업협정』, 1999.

_________조약국 편, 『동북아 해양법령집』, 일조각, 2003.

_________·해양수산부, 『한중어업협정해설』, 해양수산부, 1999.

유병화, 『동북아지역과 해양법』, 진성사, 1991.

이창위 외, 『유엔해양법협약 해설서 Ⅱ』, 사단법인 해양법포럼, 2009.

최재훈 외 5인, 『국제법신강』, 제2판, 신영사, 2004.

최종화, 『한-중어업협정에 관한 연구』, 해양수산부, 2002.

_____, 『현대국제해양법』, 세종출판사, 2000.

한국정신문화연구원 편, 『독도연구』, 한국정신문화연구원, 1996.

강석규, "이어도 어장의 경제성 평가," 『이어도연구』, 창간호, 이어도 연구회, 2010.

강영훈, "한·중·일의 직선기선 비교분석," 「한국해양수산개발원 주최 학술대회 토론자료집」, 1997.

강효백, "한-중 해양경계 획정문제 - 이어도를 중심으로 -," 『한국동북아논총』, 통권 50호, 한국동북아학회, 2009.

_____, "한·중 배타적경제수역·대륙붕법제 비교연구: 한국의 대륙붕법 입법의 필요성을 겸론하여," 『한국동북아논총』, 통권 72호, 한국동북아학회, 2014.

권문상, "해양구조물의 국제법적 지위에 관한 고찰," 『해양정책연구』, 제3권 제2호, 한국해양수산개발원, 1988.

_____·이용희·박성욱, "한·중·일 EEZ 어업관리체제 및 새로운 어업협정에 관한 고찰," 『국제법학회논총』, 제44권 제1호, 대한국제법학회, 1999.

김국진, "동남아시아의 남사군도 영유권 분쟁," 『국제문제』, 통권 326호, 국제문제연구소, 1997.

김병렬, "이어도의 법적 지위," 『교수논총』, 제11집, 국방대학원, 1997.

_____, "이어도 주변해역의 해양분쟁 요인과 대책," 『이어도 연구』, 창간호, 이어도연구회, 2010.

김부찬, "해양법상 도서의 지위," 『법과 정책』, 창간호, 제주대학교 법과정책연구소, 1995.

_____, "한·중어업협정과 '이어도' 주변수역의 법적 문제," 『동아시아연구논총』, 제10호, 제주대학교 동아시아연구소, 1999.

_____, "동북아해역의 분쟁해결 및 평화체제의 구축," 『국제법평론』, 통권 제16호, 2001.

_____, "이어도 및 이어도 주변수역의 해양법적 지위," 『법과 정책』,

제13집 제2호, 제주대학교 법과정책연구소, 2007.

김석균, "국제판례를 통해 본 해양경계획정의 원칙에 관한 소고," 『해사법연구』, 제21권 제1호, 한국해사법학회, 2009.

김영구, "한중간의 해양경계획정을 위한 법적 기준의 고찰," 『국제법학회논총』, 제42권 제1호, 대한국제법학회, 1997.

김정건, "서해 5도 주변수역의 법적 지위," 『국제법학회논총』, 제33권 2호, 대한국제법학회, 1988.

김지홍, "한·중·일 대륙붕경계획정에 관한 연구," 『해사법연구』, 제25권 제2호, 한국해사법학회, 2013.

김찬규, "釣魚臺列嶼에 대한 중·일간의 영유권 분쟁," 『국제문제』, 통권 326호, 국제문제연구소, 1997.

_____·노명준·이창위, "한일어업협정 및 한중어업협정 체결 이후 동북아의 어업질서 운영방안," 『국제법학회논총』, 제44권 제1호, 대한국제법학회, 1999.

김태영·이석용, "국제법상 도서제도와 이어도의 법적 지위," 『사회과학연구』, 제20집 2호, 2011.

김현수, "한국의 대륙붕한계위원회 제출문건에 관한 법적 고찰," 『영토해양연구』, 제5권, 동북아역사재단, 2013.

_____·양희철, "동중국해 이어도 주변 해양경계획정시 활용가능한 기점 및 기선에 관한 해양법적 연구," 『이어도연구』, 제5호, 이어도 연구회, 2014.

노홍길, "Socotra 암초 주변해역의 수산학적 특성," 『해양정책연구』, 제6권 제2호, 한국해양수산개발원, 1991.

문일주 외, "태풍 예측 및 연구에 있어 이어도 과학기지의 중요성," 『이어도연구』, 창간호, 이어도 연구회, 2010.

문정식, "국제해양법상 도서가 해양의 경계획정에 미치는 영향," 『해양정책동향』, 제16호, 한국해양수산개발원, 1985.

박창건·김지예, "동북아 지역 협력으로서의 한중해양경계획정: 이어도 문제를 중심으로," 『아태 연구』, 제20권 제3호, 2013.

백진현, “해양경계획정원칙의 변천과 한반도 주변해역의 경계문제,” 『해양정책연구』, 제6권 제1호, 한국해양수산개발원, 1991.

______, “동아시아 지역의 변화하는 해양안보 환경,” 한국해로연구회 편, 『동아시아 지역의 해운과 해로안보』, 연세대 동서문제연구원, 2006.

송춘복·한송헌·김맹진, “이어도 주변해역의 어류자원에 대한 연구,” 『이어도연구』, 창간호, 이어도 연구회, 2010.

신창훈, “대한민국의 대륙붕선언의 기원과 1947년 한일대륙붕공동개발협정의 의의,” 『서울국제법연구』, 제13권 2호, 서울국제법연구원, 2006.

심재설, “해양과학의 보고, 이어도,” 『이어도, 지금 우리에게 무엇인가』, 강창일 국회의원 2007년 정책토론회 자료집, 2007.

______·박광순·이동영, “이어도 해양과학기지 건설방안 분석,” 『해양정책연구』, 제11권 제2호, 한국해양수산개발원, 1996.

양희철, “한중 황해 해양경계획정에서의 고려요소와 대응방안에 관한 연구,” 『국제법학회논총』, 제57권 제3호, 대한국제법학회, 2012.

______, “ITLOS의 방글라데시-미얀마 경계획정 사례의 의미와 시사점,” 『독도연구저널』, Vol. 20, 한국해양수산개발원, 2012.

이동원, “중국의 해양법 형성과정과 해양경계획정 연구,” 『독도연구』, 제16호, 영남대학교 독도연구소, 2014.

이문기, “중국의 해양도서 분쟁 대응전략: 조어도와 남사군도 사례를 중심으로,” 『아시아 연구』, Vol.10, No.3, 한국아시아학회, 2008.

이상면, “신 한일어업협정상 중간수역 문제,” 『국제법학회논총』, 제43권 제2호, 대한국제법학회, 1998.

이석용, “우리나라의 해양경계획정에 관한 고찰,” 『해양정책연구』, 제4권 제1호, 한국해양수산개발원, 1989.

______, “우리나라와 중국간 해양경계획정,” 『국제법학회논총』, 제52권 제2호, 대한국제법학회, 2007.

______, “ITLOS의 벵갈만 해양경계획정사건 판결에 나타난 특징 분

석,"『강원법학』, 제39권, 강원대학교 비교법학연구소, 2013.

이정태, "중국의 해양영토 귀속판단,"『한국동북아논총』, 제44집, 한국동북아학회, 2007.

이중범, "한국·일본 간의 독도문제,"『국제문제』, 통권 326호, 국제문제사, 1997.

이창열, "형평의 객관화와 해양경계획정," 성균관대학교 박사학위논문, 2010.

______, "'ICJ, 니카라과-콜롬비아 간 영토 및 해양경계획정 분쟁'의 해양경계획정 관련 함의,"『독도연구저널』, Vol. 20, 한국해양수산개발권, 2012.

______, "해양경계획정에 있어 분쟁당사국 간 행위의 법적 효과,"『국제법평론』, 통권 제39호, 국제법평론회, 2014.

이창위, "독도문제에 대한 일본의 입장에 관한 고찰,"『국제법학회논총』, 제39권 제1호, 대한국제법학회, 1994.

______, "중국의 해양관할권 확대 정책에 대한 소고,"『해사법연구』, 제20권 제3호, 해사법학회, 2008.

정갑용, "중국이 주장하는 남중국해 '9단선'의 합법성 검토,"『독도연구』, 제16호, 영남대학교 독도연구소, 2014.

______·주문배, "대륙붕 한계설정에 관한 주요 쟁점 및 대응방안,"『한국해양수산개발원 기본연구』, 한국해양수산개발원, 2014.

정공흔, "Socotra礁의 由來에 대하여,"『탐라문화』, 제4집, 제주대학교 탐라문화연구소, 1985.

정인섭, "1952년 평화선 선언과 해양법의 발전,"『서울국제법연구』, 제13권 2호, 서울국제법연구원, 2006.

조성윤, "일본의 소코트라 락(Socotra Rock) 인공섬 조성계획,"『이어도연구』, 제5호, 이어도 연구회, 2014.

진행남, "이어도 문제의 현황과 해결방안 모색,"『JPI 정책포럼』, 4호, 제주평화연구원, 2012.

최경락, "일본·러시아 간의 북방 4개 도서분쟁,"『국제문제』, 통권

326호, 국제문제사, 1997.

최지현, "2012년도 국제해양법재판소의 재판사건에 관한 연구," 『안암법학』, 제42집, 안암법학회, 2013.

한상복, "해양학에서 본 '파랑도'의 가치," 『해양정책연구』, 제6권 제2호, 한국해양수산개발원, 1991.

홍규덕, "동아시아의 지역분쟁," 김태현 편, 『신동아시아 안보질서』, 세종연구소, 1997.

■ 외국문헌: 단행본 및 논문

Antunes, Nuno Marques, *Toward the Conceptualization of Maritime Delimitation: Legal and Technical Aspects of a Political Process*, Maritunus Nijhoff Publishers, 2003.

Attard, David J., *The Exclusive Economic Zone in International Law*, Clarendon Press, 1987.

Bowett, D. W., *The Legal Regime of Islands in International Law*, Oceana Publications, 1979.

Buchholz, Hanns J., *Law of the Sea Zones in the Pacific Ocean*, Institute of Southeast Asian Studies, 1987.

Churchill, R. R. & A. V. Lowe, *The Law of the Sea*, Manchester University Press, 1983.

Gidel, *Le Droit International public de la mer, Vol.Ⅲ*, Chateauroux, 1934.

Harris, D. J., *Cases and Materials on International Law*, Sweet & Maxwell, 1983.

Hodgson, Robert D., *Islands; Normal and Special Circumstances*, U.S. Dept. of State, Bureau of Intelligence and Research Study RGE-3, 1973.

Keyuan, Zou, *Law of the Sea in East Asia – Issues and Prospects –*,

Routledge, 2005.

Merrills, J. G., *International Dispute Settlement*, 4th ed., Cambridge University Press, 2005.

O'Connell, D. P., *The International Law of the Sea*, Vol. I, A. Shearer (ed.), Clarendon Press, 1984.

______________., *The International Law of the Sea*, Vol. II, A. Shearer (ed.), Clarendon Press, 1984.

Oppenheim, L., *International Law,* Vol.I, 8th. ed., Lauterpacht (ed.), Longmans, 1967.

Ott, David H., *Public International Law in the Modern World*, Pitman Publishing, 1987.

Park, Choon-ho, *East Asia and the Law of the Sea*, Seoul National University Press, 1983.

Papadakis, Nikolas, *The International Legal Regime of Artificial Islands*, Sijthoff, 1977.

Sohn, Louis B. & John E. Noyes, *Cases and Materials on the Law of the Sea*, Transnational Publishers, 2004.

____________. *et al*, *Law of the Sea*, 2nd. ed., West, 2010.

UN, *Third UN Conference on the Law of the Sea,* Official Records Vol. 12, UN, 1980.

___, *The Law of the Sea - United Nations Convention on the Law of the Sea -*, UN, 1983.

Bassler, Rosean, "International Disputes Over Control of the Oceans," *Georgetown International Environmental Law*, Vol.7, 1995.

Bederman, David J., "U.S. State Boundaries-Submerged Lands Act-1958 Geneva Convention on the Territorial Sea-Straight Baselines-Fringing Islands-Ice Elevations," *American Journal of International Law*, Vol.92, 1998.

Chao, John K. T., "South China Sea: Boundary Problems Relating to the Nansha and Hsisha Islands," *Chinese (Taiwan) Yearbook of International Law and Affairs 1989–1990*, Vol.9, 1990.

Charney, Jonathan I., "The Delimitation of Ocean Boundaries," *Ocean Development and International Law*, Vol.18, No.5, 1987.

Churchill, R. R., "The Bangladesh/Myanmar case: Continuity and Novelty in the Law of Maritime Boundary Delimitation," *Cambridge Journal of International and Comparative Law*, Vol. 1, Issue 1, 2012.

Emery, K. O. *et al.*, "Geological Structure and Some Water Characteristics of the East China and Yellow Sea," *ECAFE/CCOP Tech. Bull.*, Vol.2, 1969.

Heijmans, A. M. J., "Artificial Islands and the Law of Nations," *Netherlands International Law Review*, Vol. 21, Issue 2, 1974.

Karl, Donald E., "Islands and the Delimitation of the Continental Shelf: a Framework for Analysis," *American Journal of International Law*, Vol. 71, 1977.

Keyuan, Zou, "Implementing the United Nations Convention on the Law of the Sea in East Asia: Issues and Trends," *Singapore Year Book of International Law,* Vol.9, 2005.

Kim, Boo-Chan & Seok-Woo Lee, "Protection of the Sea Lanes in the Jeju Waters and Maritime Cooperation in Northeast Asia," David D. Caron & Nilufer Oral (ed.), *Navigating Straits – Challenges for International Law* –, Brill/Nijhoff, 2014.

The New Encyclopedia Britannica, Vol.3, 1988.

Valencia, Mark J., "The East China Sea Dispute: Claims, Issues, and Possible Solutions," *Asian Perspective*, Vol.31, No.1, 2007.

Van Dyke, Jon M., "The Republic of Korea's maritime boundaries," *The International Journal of Maritime and Coastal Law*, Vol.18, No.4, 2003.

郁志榮, "對韓國在蘇岩礁建造海洋環境觀測平臺的幾点思考,"『海洋開發與管理』, 第3期, 2007.
劉亞丁, "蘇岩礁的法律地位及其意義,"『世紀橋』, 第3期, 2008.

■ 기타

뉴시스, 2006년 11월 29일자.
연합뉴스, 2014년 8월 17일자.
중앙일보, 1999년 5월 30일자.
중앙일보, 2015년 12월 21일자.
한라일보, 2007년 1월 7일자.

■ website

해양조사원(http://www.khoa.go.kr)
이어도 종합해양과학기지(http://ieodo.nori.go.kr)
중국 포털사이트 百度百科(http://baike.baidu.com)
중국 국가해양정보센터(http://www.coi.gov.cn)
中國新聞網(http://www.chinanews.com.cn/other/news)
http://kr.blog.yahoo.com/dasolsys_china/2147

색인

ㄴ

ㄷ

ㄹ

ㅁ

ㅂ

ㅅ

ㅇ

ㅈ

ㅊ

ㅋ

ㅌ

ㅍ

영문

숫자

김부찬(金富燦)

■ 약력

서울대학교 법과대학 졸업
부산대학교 대학원 졸업(법학석사 및 박사)

제주대학교 법정대학 전임강사~교수
제주대학교 동아시아연구소장
제주대학교 기획처장 및 산학협력단장
미국 Washington Univ. Law School 및 Cornell Univ. Law School 객원교수

사법시험, 외무·행정고시 시험위원 및 출제위원
변호사(모의)시험 출제위원
외교통상부 국제법자문위원
국회 입법지원 위원
국제법평론회 회장
대한국제법학회 회장 등 역임

현 제주대학교 법학전문대학원 교수
국민안전처 해양경비안전본부 국제해양법위원
영남국제법학회 회장
국제법평론회 명예운영위원
대한국제법학회 상임이사 및 독도교육홍보센터 소장
서울국제법연구원 이사
세계국제법협회(ILA) 회원 및 한국지부 이사
미국국제법학회(ASIL) 회원
유엔체제학회(ACUNS) 회원

■ 주요저술

『법학의 기초이론』(동현출판사, 1994)
『국제법신강』(공저), 제2판(신영사, 2004)
『제주의 국제화전략』(온누리, 2007)
International Legal Issues in Korea-Japan Relations(공저)(Northeast Asian History Foundation, 2008)
Global Governance and International Law(BoGoSa, 2011)
『국제법특강: 국제법의 쟁점 및 과제』(보고사, 2014) 외 저서 및 논문 다수

E-mail: kimboo@jejunu.ac.kr

국제해양법과 이어도 문제

초판인쇄__ 2015년 12월 24일
초판발행__ 2015년 12월 31일

저자__ 김부찬

펴낸곳__ 온누리디앤피
주소__ 제주특별자치도 제주시 신성로12길 21-2
전화__ 064)722-0086
팩스__ 064)755-3380
등록__ 1995년 8월 31일 제51호

ISBN 978-89-94495-40-8 93360

값 22,000원

이 도서의 국립중앙도서관 출판예정도서목록(CIP)은 서지정보유통지원시스템 홈페이지(http://seoji.nl.go.kr)와 국가자료공동목록시스템(http://www.nl.go.kr/kolisnet)에서 이용하실 수 있습니다.(CIP제어번호: CIP2015035502)